판도라의 상자

중국

판도라의 상자

수잔 셔크 지음 | 강준영·장영희 옮김

HUEBOOKs

이 책은 2012학년도 한국외국어대학교 학술연구비 지원에 의해 이루어진 것입니다.

역자 서문

이 책은 캘리포니아 샌디에고 대학 (USCD)정치학과 교수이자 클린턴 행정부 시절 태평양 관계 부차관보로 중국 문제 실무 분야를 담당했던 수잔 셔크(Susan Shirk)가 2007년 4월 출판한 『China: Fragile Superpower』를 완역한 책이다. 필자는 이 책에서 중국이 비록 개혁개방 30년의 성과를 바탕으로 강대국으로 성장했지만 실제로 중국은 '깨지기 쉬운 강대국(fragile superpower)'이라고 지적한다. 개혁개방 노선 추진 이후 30년 간의 압축 성장을 통해 축적된 모순이 사회 곳곳에서 터져 나오고 있으며, 중국 인민들에게 더 이상 사회주의 이데올로기는 정치 체제의 정당성과 합법성을 담보할 만한 설득력을 제공하지 못하고 있기 때문이다. 게다가 소위 중국 특색을 지닌 사회주의를 영도하는 중국의 정치지도자들은 국민에 의해 선출된 이들이 아니며 그들만의 방식으로 조정과 타협에 의해 권력을 장악하고 있어 선천적으로 합법성 위기에 노출되어 있다고 주장한다. 이러한 상황에서 사회적 모순이 심해지면 국내정치가 불안해질 수 있는데, 이를 강압적으로 해결하려고 시도하거나 대외적으로는 배타적이고 민족주의적인 정책을 추진함으로서 새로운 위기를 초래할 수 있다는 것이다. 결국 중국이 현재 문제를 해결하지 못하면 오히려 더욱 위험한 중국을 잉태하게 될 것임을 경고하고 있는 것이다.

이러한 상황에서 중국은 2012년 11월, 제18차 공산당 전국대표대회를 열고 소위 5세대 지도부를 출범시켰다. 시진핑(習近平)을 총서기로 하는 중국 5세대 지도부의 등장은 여러 가지 측면에서 주목을 받는다. 이들은 젊은 시절에 문화대혁명의 소용돌이를 겪었으며, 농촌이나 오지로 하방돼 농업과 공업 분야의 학습을 경험했다. 1977년 이후에는 다시 학교로 돌아와 현대화된 정규 교육을 이수하였고 사회주의와 시장경제라는 두 세계에서 거대한 사회 변천을 거친 세대다. 이들은 개혁개방 시기 지방의 수장으로 성공적인 업적을 가지고 중앙에 진출한 매우 현실적이고 결과를 중시하는 신 중국 본토파(本土派) 인물들로 볼 수 있다. 5세대는 문화대혁명과 개혁개방을 거치면서 사회주의의 경직성과 시장경제의 유연성을 동시에 경험한 세대이며, 세계화의 세례 속에서 서방 문화의 충격을 경험한 세대이기도 하다. 또 덩샤오핑(鄧小平)과 장쩌민(江澤民) 시기의 발전 제일주의와 후진타오-원자바오 시대의 기술관료 통치 시대와는 다른 인문사회학적인 학문 배경을 가진 그룹이다. 이들의 부상은 중국이 이제 지난 30여 년에 걸친 개혁개방의 그림자도 함께 치유해야 하는 국가관리 단계로 진입했음을 의미하는 것이기도 하다.

이들은 개혁개방의 그림자를 치유하면서 그 성과를 지속하기 위한 '지속 가능한 발전'을 이룩하고, G2로 까지 떠오른 중국의 강대국화를 계속 추진해야 하는 이중의 목표를 갖고 있다. 특히 지난 세대 지도부까지는 각종 사회 부조화 현상에 대해 강력한 국가기기를 통한 통제와 처리가 가능했었지만 이제는 개혁개방의 그림자를 누구보다 잘 알고 있는 5세대 지도부는 과거와는 다른 형태로 이 문제들을 해결해야 한다는 점을 누구보다 잘 알고 있다. 이제 소수 관료 자본가에 의지하는 국가 발전 형태나 인권을 희생하면서 시장 질서를 확보하는 방법으로는 더 이상 세계적 국가 중국의 부상을 지속하기 어려울 것이기 때문이다. 대외적으로는 소위 G2시대에 어떻게 미국과의 관계를 설정할 것인가, 그리고 어떻게 세계 경제의 기관차로써 경제적 영향력을 유지 확대할 것인가도 관심사이다. 이는 동맹관계를 유지하고 있는 한미 관계의 구조적 틀 속에서 중국과의 경제 관계가 날로 확대되고 있는 한국의 미래와 직결될 만큼 중요한 문제이기도 하다.

그러나 5세대 지도부 앞에 펼쳐진 현실은 매우 복잡하다. 소위 명실상부한 G2중국의 설정은 향후 적어도 10년은 7-8%대의 성장을 유지해야하는 대전제가 있기 때문이다. 현재 중국은 경제적으로 무한할 것 같던 개발도상국의 노동력이 어느 순간 결핍되어 노동임금의 상승을 초래하는 루이스 변곡점(Lewisian turning point)을 맞았으며, 이 연장 선상에서 경제발전 초기에는 높은 성장률을 기록하다 중진국 수준에 와서는 성장이 장기간 정체하는 현상인 중진국 함정(middle-income trap)에 빠질 위험성도 있다. 30여 년의 압축 성장은 그만큼 문제도 압축적으로 쌓여있음을 의미하며, 심화되는 빈부격차. 지역격차 그리고 부정부패의 만연 등은 국민들의 심리적 저항선을 넘어선지 이미 오래이며 사회적 불평등을 나타내는 지니계수(Gini's coefficient)는 이미 폭동 진입 상태로 분류되는 0.6을 넘어선 것으로 알려져 있다.

이에 따라 중국의 시위 건수도 급증 추세다. 2006년 6만 건 정도였던 시위가 2012년에는 20만 건으로 추산될 정도로 사회주의 정권의 통제력을 무색하게 하고 있다. 물론 사회 소통과 관리 차원에서 중국 당국이 소규모 민생형 항의에 대해서는 보다 관용적인 태도를 보이기 때문이기도 하지만, 최근 벌어지는 시위의 양상이 과거와는 조금 다른 형태로 나타나고 있다는 점에서 상당한 폭발력을 가지고 있다. 과거의 시위가 농촌지역에서 많이 발생했던 데 비해 이제는 도시노동자들이 시위를 벌일 뿐 아니라 폭력 양상까지 띠고 있기 때문이다. 이러한 시위자들은 주로 농촌에서

도시로 고용된 농민공들로 근로자 인권, 비싼 주택가격, 고물가 등의 해결을 비롯해 임금 인상 등을 보다 직접적으로 요구하고 있다. 광둥성 일대에 약 2,000만 명으로 추산되는 농민공들은 도시 호구를 갖지 못해 보수, 자녀의 취학, 공중위생, 주택임대 등에서 정부의 사회보장 수혜에 제한을 받고 있기 때문이다. 단순 민생형보다는 노동자의 인권 보장과 인간다운 삶을 살 권리를 보다 직접적으로 주장하고 있는 것이다. 게다가 권력의 상징인 정부나 공공기관 건물을 직접 공격하는 방식으로 불만을 표출하고 있다.

중요한 것은 현재 중국 지도부가 이러한 상황들을 어떻게 인식하고 있는가에 있다. 여전히 과거와 같은 방식으로 압도적 공권력을 이용해 그때그때 임기응변으로 문제를 해결할 수 있다고 생각한다면 이는 더 큰 문제를 야기할 수 있다. 지금은 더 이상 서슬이 퍼렇던 1950년대가 아니며 문화대혁명 시기는 더욱 아니기 때문이다. 중국 지도부가 강조하는 사회 안정은 힘으로 되는 것이 아니며 제도와 정책의 개선 및 뒷받침을 통해 민심을 얻어야 이루어지는 것이다. 구호로만 강조하는 '민주'와 '인권'이 되어서는 안 된다. 지나친 자신감과 힘의 우위에 도취해 시기를 놓치면 개혁개방 30년의 성과가 무색해질 수도 있다. 때문에 현재 중국에서 가장 시급한 것은 중국 지도부가 일단 산적한 국내문제 해결의 방향성을 제시해야 한다는 점이다.

우선, 중국식 사회주의라는 틀 속에서 추진된 경제발전의 이면에 자본주의보다 더 심각한 분배 불균형이 초래한 사회양극화문제를 완화시켜야 한다. 자본주의의 각종 불균형 폐해를 극복하기 위한 사회주의 제도가 그 자본주의보다 더 큰 양극화를 초래한다면 이는 결정적인 이념의 위기이며, 통치 정통성과 합법성의 위기를 초래하게 되는 이데올로기적 패륜이다. 또, 과도한 '중국식'의 틀에서 벗어나 세계적 국가로서 국제사회의 규범을 같이 공유하는 척도를 더욱 높여야 한다. 세계적 국가로 부상한 거대중국에 걸맞은 정치 개혁도 요구된다. 언제까지나 중국식만을 강조하면서 중국의 예외성을 강조한다면 국제사회의 공감을 얻을 수 없다. 어느 국가든 문제는 있다. 중요한 것은 문제를 해결하는 방식이 변해야 한다는 점이다. 이제 중국은 과연 과거와 같은 방식으로 지속적인 발전이 가능할 수 있는지에 대한 매우 근본적인 문제에 대한 답을 마련해야 한다.

이를 위해 시진핑 체제는 할 일이 많다. 동서고금을 막론하고 민심을 얻지 못하는 정권은 유지될 수 없다. 이 점을 잘 알고 있는 중국공산당도 다양한 정책 마련에 부심하고 있다. 내수를 중심으로 한 성장방식의 전환, 사회적 불균형을 치유하면서 발전하자는 '포용적 성장', 부정부패 척결에 대한 확고한 의지 천명, 그리고 이를 뒷받침할 수 있는 정치개혁 등은 시진핑 시대의 정책적 언어로 기능하게 될 것이다. 특히 8% 경제성장률을 고집하지 않고 내수 진작이나 합리적 소득 재분배를 위한 법적 조치를 강구함으로써 민생에 바탕을 둔 사회적 합의를 도출해 정권의 안정을 도모하겠다는 정책 노선을 천명하고 있다. 이들 정책이 제대로 기능하지 못하면 아래로부터의 정치 개혁이나 정치 민주화에 대한 국민적 요구와 직접적으로 부딪힐 수밖에 없기 때문이다.

문제는 5세대가 기본적으로 기존 세대가 갖고 있는 국가-사회 관념과는 다른 발전관을 갖고 있는 것으로 보인다. 특히 지난 30여 년 중국의 발전을 이끈 중국 공산당이 서방세계의 우려에도 불구하고 적절한 이데올로기 수정을 통해 '중국 특색을 지닌 사회주의 중국 건설'로 세계적 국가로 성장한데 대한 자신감을 갖고 있으며, 미국식 발전모델과 대비되는 중국식 발전 모델 - 베이징 컨센서스(Beijing Consensus)를 만들어가고 있다고 자부하고 있기 때문이다. 이러한 상황에서 공산당 정권의 유지라는 대전제하에 기존의 불합리와 부조화에 대해 과연 얼마나 구체적이고 적극적으로 국내 양극화와 부정부패 척결을 위한 사회 개혁에 뛰어들 수 있을 것인가는 의문이다. 이 점에서 정치개혁이나 민주 실험은 적어도 서방이 기대하는 수준으로 가기는 어려운 상황이다. 시진핑 시기 중국의 정치 개혁은 주로 당내 민주화 및 부정부패 척결에 집중될 전망이며 개혁의 의도 역시 중국 공산당의 통치 정당성 강화에 초점이 맞춰질 것으로 보인다.

대외적 환경도 복잡하다. 국제적으로는 '떠오르는 중국'에 대한 견제론이 팽배해 있고, 일본과의 아시아 지역 헤게모니를 둘러싼 갈등이 지속되고 있으며, 미국과의 힘겨루기가 치열하게 전개되고 있다. 중국은 미국과의 안정적인 관계 설정이 일단 첫 번째 외교 목표다 중국은 협력을 바탕으로 한 미래 양국 관계를 강조하고 있다. 중국은 적어도 미소 대립시기의 소련이 아니며 협력의 대상이고 공존의 대상이므로 새로운 대국관계를 형성해야 한다는 의미다. 이러한 인식에서 중국은 최근 중미 관계를 거론할 때마다 소위 신형대국관계라는 수사를 사용하고 있으며 G2 개념보다는 C2 개념이 양국 관계에 맞는다는 주장을 펼친다. 여기서 C는 조정(Coordination)과 협력(Cooperation)의 의미에 운명공동체(Community)까지 다양한 함의를 갖고 있으며 중미가 모든 일에서 소통하고 대등관계에서 협력한다면 세계의 안정과 발전, 번영에 아주 유익할 수 있다는 의미다. 이는 중국은 G2 체제를 미국 중심의 구조에 중국이 끌려들어가는 것이라고 인식하고 있기 때문에 동등한 협력적 파트너 관계를 주창하고 있는 것이다. 그러나 미국의 입장에서 보면 중국은 협력을 해야 하지만 여전히 자신들의 이익과 계속 충돌할 수밖에 없는 가장 큰 세력이다. 향후 중미관계를 친구와 적의 합성어인 프레너미(frenemy)로 표현하는 것도 이 때문이다. 이러한 측면에서 중미 관계는 관리된 범위 내의 '경쟁과 갈등'의 틀 속에서 매우 실리적이고 실용적인 접근의 양상을 보일 것이다.

문제는 지역적 범위 내에서 중국의 역량 과시가 강화되는 형태로 나타날 수 있다는 점이다. 중국은 최근 10여 년간 국제적 비난을 무릅쓰고 군사비를 계속 증액하면서 항공모함을 진수시켰고, 스텔스기를 개발하는 등 군사력 확장에 부심하고 있다. 이는 기본적으로 미국이 중국의 부상을 견제하기 위해 설정한 일본에서 대만 그리고 남중국해로 연결된 대중국 1차

방어선인 소위 제1도련(島鏈)을 돌파하고자 하기 때문이다. 이 방어선이 공고해지면 수천 km 미터에 달하는 중국의 해안선은 '호(湖)안선'이 되어 야심찬 해양 제국 건설에 결정적인 제약이 되기 때문이다. 중국이 남중국해 등에서 많은 국가와 영토 분쟁을 하고 있는 것도 바로 이 제1도련의 돌파에 초점이 맞춰져있는 것이다. 이를 잘 알고 있는 미국은 필리핀과 베트남을 지원하고 일본에 힘을 실어주면서 중국을 견제하는 정책을 추진하고 있다. 미국의 제1도련 봉쇄 전략은 기본적으로 중국의 대국화를 견제하고 확실한 역내 위협세력으로 성장하는 것을 방지하면서 미국이 구축한 세계질서에 중국을 묶어두려는 계산이다. 중국은 소위 자신들의 핵심 이익(core interest)에 티벳, 신강 위그루, 대만 등이 포함되며 다양한 경로를 통해 주변 해역도 핵심이익에 포함됨을 암시하면서, 미국의 아시아 회귀 정책과 충돌하고 있는 것이다. 때문에 적어도 역내에서는 자신들의 핵심 이익과 연관된다고 판단되면 힘을 숨기지 않을 것으로 보인다.

이의 연장선상에서 한중 관계 역시 고민이 많다. 지도부가 교체되기는 했지만 중국 대외 정책이 갑자기 변하지는 않을 것이다. 이번 18차 당 대회에서도 한반도 문제에 대한 구체적 언급은 없었다 하지만 기본적으로 '국가주권, 안보, 발전이익을 수호하고 이에 대한 어떠한 외부의 압력에도 절대 굴복하지 않겠다'는 핵심이익의 견지, '국제적 지위에 걸맞은 안보·발전이익을 위해 공고한 국방과 강대한 군대 건설'을 선언한 점, 해양, 우주, 인터넷 공간의 안보 중시 등을 강조한 것을 보면 향후 시진핑 지도부가 자국의 이익을 수호하는데 이전보다 더 강경한 태도를 보일 수 있음을 시사한다. 특히 북한 문제와 관련해서 중국의 대북 전략 변화를 기대하기 어렵다. 중국은 여전히 한반도의 평화와 안정 유지, 영향력 우위를 통한 입지 강화라는 한반도정책 기조를 유지할 것이며, 이 부분에서 북한의 전략적 가치가 여전히 유효하기 때문이다. 때문에 북한의 현상 유지 및 김정은 정권의 북한 체제 유지나 이를 위한 최소한의 지원은 계속될 전망이다.

특히 6자 회담 의장국으로서 기존 중국의 대북정책 목표 역시 단기간에 조정될 이유는 없는 것으로 보인다.

중국의 발전과 안정은 우리에게도 매우 중요하다. 경제적으로 이미 한국의 최대 무역 상대국이며 우리도 중국의 3대 무역 파트너로 매우 중요한 관계를 설정하고 있다. 그러나 정치 외교적으로는 '전략적 협력동반자'라는 외교상의 최고 수식에도 불구하고 미흡한 면이 있다. 중국은 여전히 북한의 최대 후원국이며 한미 동맹 구조를 자신들에 대한 궁극적 압박으로 인식하고 있기도 하다. 더욱이 미국의 아시아 중시 정책이 지속되는 현 구도 하에서 시진핑 지도부도 전통적 사회주의 우호국인 북한의 지정학적·전략적 가치를 유효하게 평가할 수밖에 없으며, 경제난과 탈북자문제, 핵무기 개발과 대남 도발 등 부담스러운 북한의 행위에도 불구 북한을 지원하는 정책 기조를 유지할 것으로 전망된다. 궁극적으로는 북한의 안정이 자국의 이익에 중요하기 때문에 중국에 유리한 방향으로 북한의 변화를 유도할 개연성도 있다. 특히 이번에 18차 당 대회를 통해 정치국 상무위원에 선출된 장더장은 연변대 조선어과를 졸업하고 김일성종합대학에서 경제학을 전공한 북한통이다. 장더장(張德江) 역시 개혁을 주창하는 시장주의자임을 감안해보면 향후 북한에 대한 관여(engagement) 정책도 증가할 수 있다. 문제는 북한의 태도다. 여전히 자신들의 목표와 중국의 목표가 일치하지 않기 때문이다. 이 때문에 북한을 둘러싸고 중미 관계가 갈등을 보일 수 있으며 이는 한국-미국 밀착과 중국-북한 밀착이라는 대립 구도를 형성해 한국은 양자 관계 속에서 선택을 강요받을 수도 있다. 이러한 구조를 탈피하는 것 결코 쉬운 일이 아니다. 이제 한국도 세계적인 중견국가로 성장했으니 보다 능동적으로 양측에 목소리를 내는 적극적인 자세가 필요하다.

역자들은 이 책을 번역하면서 책 제목을 "판도라의 상자, 중국"으로 하기로 했다. 전설속의 판도라의 상자는 열면 안 되는 것이지만 열었다가 겁이 나서 덮으면 '희망'은 계속 상자 속에 남아있기 때문이다. 중국 지도부는 중국의 미래를 위해 이 상자를 열어야 한다. 아니 열기 전에 이미 상자 속의 많은 부분이 흘러나왔다. 이제 선택의 여지는 없는 것으로 보인다. 그동안 중국의 발전을 이끌었던 '일사분란한 공산당 통치'는 이제 중국의 발전을 가로막는 '성공의 역설'이 되었음은 주지의 사실이다. 제5세대가 통치하는 향후 10년의 중국은 '세계적 국가'로의 운명을 결정할 마지막 기회다. 문제는 현재 중국이 안고 있는 근본 문제에 대해 새 지도부가 '공산당 통치의 지속'이라는 대명제 하에 과연 달려들 용기를 가지고 있는가에 있다. 중국지도부의 과감한 용기가 필요하다.

2013년 1월
역자를 대표하여
강준영 씀

저자 서문

필자는 스탠퍼드대학교 행위과학고등연구센터(CASBS)의 초빙연구원으로 있던 2004-2005학년도에 이 책의 집필을 시작했다. 당시 센터의 직원들(특히 캐슬린 머치)과 동료 연구원들에게 감사를 표하고 싶다. 특별히 돈 램은 학계를 넘어 더 넓은 독자층을 위해 책을 쓰고 싶어하던 필자의 구상에 많은 격려를 해 주었다. 이러한 필자의 바람은 연구조교인 위쩡과 딕스트라 에이전시의 에이전트 질 마셜, 옥스포드대 출판부의 편집자들 덕분에 이뤄질 수 있었다. 옥스포드대 출판부의 편집자들 중에 원고를 정리해준 피터 기나, 팀 바틀렛, 데디 펠만, 팀 벤트, 그리고 카피 에디터인 파울라 쿠퍼에게 고마움을 전한다.

캘리포니아대 샌디애고분교(UCSD) 국제관계 및 태평양학 대학원의 동료들(특히 피터 카우위, 스테판 해거드, 배리 노턴), 그리고 캘리포니아대 글로벌 분쟁 및 협력 연구소(IGCC)와 미 행정부에서 함께 일했던 동료들과 직원들은 필자에게 많은 지적 자극과 개인적 도움을 주었는데, 그들은 이 책의 탄생에 엄청난 공헌을 했다. 제프리 배이더, 쩡타이밍, 토머스 크리스텐슨, 앤드류 월더는 본서에 유용한 논평을 많이 해 주었는데, 그들에게 고마움을 전하고 싶다. 그리고 알래스테어 이언 존스톤이 그의 미발표 연구 내용을 필자가 참고할 수 있도록 제공해 준 것에 대해 감사한다. 남편인 샘 팝킨, 자녀들인 루시 팝킨과 데이빗 팝킨(가족 중 새내기 중국 전문가)은 인생의 매 순간마다 애정어린 격려와 훌륭한 조언을 많이 해 주었다.

마지막으로 중국에서 만난 수많은 중국정부 관리들, 군 간부들, 학자들, 싱크탱크의 전문가들, 언론인들, 그리고 인터뷰했던 학생들에게 깊은 감사를 전한다. 그들은 필자와 독자들에게 중국의 국내사정과 외교정책에 대해 많은 것을 가르쳐 주었다.

수잔 셔크Susan Shirk

목차

01

외부적으로 부강하지만 내부적으로 취약한 나라

필자는 클린턴 행정부에서 국무부 부차관보를 역임하면서 중미관계를 담당했다. 당시 양대 핵 강국 사이에 전쟁이 일어날까 봐 늘 조마조마한 시간을 보냈다. 미국과 중국 사이의 전쟁은 생각만 해도 끔찍한 일이다. 중국의 아시아 지역 주변국들은 그 전쟁에서 절대 자유로울 수 없을 것이다. 전쟁의 최전선에 서게 될 것이며, 전세계가 공포감을 느끼게 될 것이다. 퇴임 후 학교로 돌아와 대학교수로서의 본업을 다시 시작했지만, 당시의 염려를 완전히 벗어버릴 수는 없었다. 지금도 여전히 국무부 상황실로부터 염려하던 전화가 걸려올 것만 같다.

"국방부에서 방금 통지가 들어왔습니다. 중국 SU-27 전투기와 대만 F-16 전투기가 대만해협 상공에서 충돌했다고 합니다."

내 가슴은 덜컥 내려앉는다. 중국과 대만의 전투기들이 우리의 경고에도 불구하고 위험을 무릅쓰고 좁은 해협 위를 순찰하면서 서로에게 접근한 것이라는 보고가 들어온다.

"조종사들은 어떻게 됐어요?" 나는 다급히 묻는다. "낙하산으로 탈출했어요? 구조상황은 어때요?"

아직 파악되지 않았다는 상황실의 목소리가 들려온다.

"공개적인 성명을 발표한 쪽이 있어요? 우리에게 의사를 전달한 곳이 있나요? 특별한 군사행동이 포착된 쪽이 있어요?"

"아직 어떤 정보도 전달되지 않았습니다. 다만 CNN이 막 보도를 시작했습니다."

나는 다급히 자동차로 달려가 국무부로 향한다. 위기의 폭풍 속으로 들어가기 전에 잠깐이라도 차분히 대책을 강구해야 한다.

중국과 대만 사이의 전쟁이 발발하는 것을 막기 위해 우리 정부는 무엇을 해야 하는가? 이 전쟁은 미국을 끌어들일 가능성이 매우 높은 사건이다. 나는 여러 종류의 가능한 시나리오를 머리에 떠올린다. 그 시나리오들은 공통요소를 가지고 있다. 만약 CNN이 충돌소식을 방송하면, 중국 당국의 검열관들이 이 소식을 차단하기 전에 인터넷 상에 이 소식이 여기저기 뿌려질 것이다. 일단 뉴스가 공개화되면, 중국의 지도자들은 대중여론으로부터 강경하게 대응하라는 압박을 받게 될 것이다.

중국의 강경한 대응이 놀랄만한 일은 아니다. 최근 몇 년간 중국과 미국 사이에 군사적 충돌이 일어날 가능성은 증폭되어 왔다. 대다수의 미국인들은 망각하고 있지만, 사실 중국과 미국은 1996년에 전쟁 직전까지 갔었다. 중국은 대규모 군사 훈련을 실시했고 대만 앞바다에 미사일을 발사했다. 대만 총통의 미국 방문을 허가한 것에 대한 분노의 표현이었다. 대만 총통의 미국 방문은 1979년 미국이 대만에 대한 국가승인을 취소하고 중화인민공화국과 수교한 이후 처음 있는 일이었다.

펼쳐지는 시나리오를 계속 머리 속에 그려 보면서, 필자는 국무부의 사무실에 도착한다. 후진타오 주석이 이미 중국중앙텔레비전(CCTV)에 나왔다는 소식을 전해 듣는다.

"동지 여러분, 오늘 아침 이른 시각 대만 전투기가 대만 해협의 중간선을 넘어 갑자기 우리 인민해방군 전투기를 향해 돌진했습니다. 양측의 전투기는 충돌하여 해상으로 추락했고, 우리의 용감한 조종사는 희생되었습니다. 이러한 야만적이고 극악한 행위는 양안 간 긴장을 고조시키고 기존의 균형을 깨뜨리려는 대만 당국의 계획적 도발입니다. 중국 대륙과 대만은 하나의 중국입니다."

이전의 위기들에 나타났던 패턴에 따라 중국 지도부는 즉시 이 상황을 중국에 대한 고의적인 도발행위로 규정하고 자신들을 불리한 입장으로 몰아갈 것이다. 그러면 중국의 지도자들은 이러한 계획적인 도발에 맞서 국가의 존엄을 지키겠다는 자신들의 결의를 어떻게 증명할 것인가? 대만 문제는 중국에서 가장 격렬한 민족주의 정서를 불러일으킬 수 있는 의제이다. 중국이 무력했던 시절 일본은 그 섬을 식민지화했다. 그 시기를 중국 학교의 교과서에서는 '치욕의 세기'라고 묘사한다. 중국의 내전이 공산당의 승리로 끝을 맺고 국민당이 대만으로 패퇴한 1949년 이래, 중국의 어린 학생들은 대만이 중국 본토와 다시 통일될 때 그 치욕의 세기가 끝날 것이라고 배워왔다. 만약 대만이 공식적으로 독립을 선포하는데 중국공산당이 어떠한 군사행동도 취하지 않는다면, 분노한 대중들이 중공 체제를 전복시킬 수도 있다는 것은 국내외적으로 널리 알려진 사실이다. 중국을 움직이는 당, 정, 군의 지도자들은 법률상으로는 개입할 의무가 없지만 미국이 대만의 방위권 행사를 도울 정치적, 도의적 책임의식을 갖고 있다는 것을 잘 알고 있다. 그들은 또한, 대만 혹은 미국과 자신들이 군사적 충돌을 벌일 경우, 가장 우선적으로 중국의 경제 호황이 타격을 입을 것이라는 것을 알고 있다. 그럼에도 불구하고, 정권의 존망이 달려 있다고 믿는다면 무력을 사용해서라도 내부적 수치를 피하려 할 것이다.

국무부 장관과 상의한 후, 나는 국가안보회의(NSC) 담당자에게 전화를 건다. 우리는 대통령이 즉시 중국 국가주석에게 전화를 걸어 대만에 대한 어떠한 군사력 동원이나 공개적 위협을 중지하도록 촉구해야 한다는 것을 협의한다. 외교부 채널을 사용하는 것은 지금 상황에서는 잊어야 한다. 우리는 중국 최고지도자에게 직접 호소해야 한다. 그는 국제적으로뿐만 아니라 국내적으로도 압박을 느끼고 있을 것이다. 미국 대통령만이 중국 국가주석의 마음을 움직일 수 있다. 우리 쪽에서는 대만 정부를 설득할 것이다. 그래서 대만이 군사력을 동원하지 않고 중국 조종사를 신속히 돌려 보내도록 요구할 것이다.

그러나 너무 늦었다. 정보부로부터 중국이 정규군 뿐만 아니라 공안까지 동원하기 시작했다는 정보가 들어 온다. 분노한 중국의 학생들은 베이징의 천안문 광장과 각 도시의 광장으로 일제히 쏟아져 나와 "대만 분리주의자들을 처단하라" 고 외치고 있다. 군중 속의 일부 사람들은 급하게 갈겨 쓴 프랑카드를 가지고 나왔다.

"친미주의 공산당 기회주의자들을 처단하라!"

"중국은 도대체 언제 일어날 것인가?"

이상의 장면들은 어디까지나 가설에 불과하지만, 전혀 일어날 가능성이 없는 일이 아니다. 이러한 위기들은 과거에도 일어났었고, 미래에도 일어날 수 있기 때문이다. 대만은 미국의 동맹국이나 다름없다. 법률상 미국은 대만을 보호할 의무가 없다. 그러나 1979년에 제정된 대만관계법(Taiwan Relations Act)이라 불리는 미국의 국내법은, 미국의 대통령에게 대만에 대한 중국의 어떠한 무력사용도 "평화와 안보에 대한 위협"으로 간주하도록 요구하고 있으며, 대응방법에 대해 국회와 협의하도록 규정하고 있다.

미국인들(특히 의회의원들)은 늘 거대한 공산주의 국가인 중국보다 민주주의 체제를 갖춘 작은 섬 대만에 더 많은 동정심을 갖고 있다. 미국의 행정부와 외교계에서는 미국이 만약 중국의 위협을 저지하는데 실패할 경우, 아시아와 전세계에서 미국의 위신이 심각하게 손상될 수 있다는 것을 우려할 것이다. 미국은 동맹국을 보호하고 외부의 침략을 저지하기 위해 아시아 지역에 7만 명 이상의 병력을 배치하고 있다. 만약 미국이 대만을 보호하는 데 이 병력을 사용하지 않는다면, 다른 나라들은 미국을 종이 호랑이로 보지 않겠는가?

이러한 이유들 때문에, 누가 미국의 대통령이 되든 대만 해협에서 중국의 군사도발에 대하여 강력히 대응하도록 강한 압박을 받는다. 이러한 결연한 태도가 1996년에 그랬던 것처럼, 베이징 정부로 하여금 물러서게 만들고 위기를 종결시킬 수 있다고 믿기 때문이다.

그러나 만약 중국의 지도자들 입장에서 미국에게 굴복하는 것이 국내적으로 그들에게 모멸감을 가져다 주고 정권의 존속을 위태롭게 만든다면 위기는 더 높은 수준으로 증폭될 수 있다. 위기의 증폭은 그 자체로 생명력을 갖는다. 아무도 전쟁의 발발을 원하지 않지만, 전쟁은 일어날 수 있는 것이다.

대만은 중국과 미국 간에 군사적 충돌이 일어날 가능성이 가장 높은 지점이다. 그렇다고 유일한 곳은 아니다. 미국의 가까운 동맹국인 일본과 중국의 관계는 지난 몇 년간 위험할 정도로 험악한 관계가 되었다. 중국 인민해방군의 해군 함정들이 조어도 부근의 동중국해의 해역을 순찰하기 시작했다. 조어도는 중국과 일본 모두가 자신들의 영토라고 주장하는 곳이다. 만약 중국과 일본의 정치인들이 국내적으로 자신들에게 적대적인 비난 여론을 버텨내지 못하면 해상에서 통제불능의 상황이 발생할 수 밖에 없다.

중국의 이웃이자 과거의 동맹국인 북한은 장거리 미사일과 핵무기들을 실험해 왔다. 지금까지 이 문제를 해결하기 위한 협상들은 실패를 거듭해 왔고, 국제적 경제제재가 북한을 압박하고 있다. 만약 북한이 갑작스럽게 붕괴하고 수천 명의 난민들이 중국의 동북지역으로 넘어가게 된다면, 중국 정부는 남한과 미국의 반대에도 불구하고 질서회복이라는 명목으로 북한에 병력을 파견할 개연성이 높다. 이와 같은 상황에서 중국의 지도자들은 미국과 정면대결로 이어질 수 있는 내부적 압력을 이겨내지 못 할 수도 있다.

중국의 부상

지난 150여년간 중국은 세계무대에서 약한 나라였지만 다시 강대국으로 부상하고 있다. 이 150년이란 세월은 중국의 장구한 역사에 비하면 아주 짧은 순간에 불과하다. 미국에 따라 잡힌 19세기 말엽까지의 2천년 동안 중국은 세계 최대의 경제국이었다. 1978년 이래, 중앙통제식 계획경제체제를 버리고 시장경제를 창조하며 세계에 문호를 개방함으로써 중국은 경제대국으로, 그리고 세계강국으로 다시 살아났다.

미국 CIA는 21세기 중반 즈음에는 중국의 경제가 규모 면에서 미국 경제를 다시 한번 앞지를 것으로 내다보고 있다. 물론 1인당 소득지수는 여전히 미국보다 훨씬 낮을 것이지만 말이다. 역사는 우리에게 부상하는 세력들은 전쟁을 일으킬 가능성이 있다고 가르친다. 고대의 역사가 투키디데스는 아테네의 부상이 주변 국가들 사이에 두려움을 일으켰고, 이 두려움이 결국 펠로폰네소스 전쟁의 원인이 되었다고 밝히고 있다.

20세기에 들어서 부상한 독일과 일본도 두 번의 파괴적 세계대전을 일으킨 원인이 되었다.

중국과 미국은 21세기에 적이 될 수 밖에 없는 운명인가? 중국은 경제적으로, 기술적으로 발전의 사다리를 타고 올라갈수록 미국과 경쟁할 것이며 전지구적 영향력을 확대해 나갈 것이다. 그러나 더 심각한 위험은, 중국의 힘이 세질수록 미국이 중국을 오판하고 잘못 대응함으로써 적대적 관계 속으로 휩쓸려 들어가는 것이다.

비록 양측이 가까스로 전쟁을 피한다 하더라도, 중국과의 냉전은 미국과 전세계에 엄청난 피해를 가져다 줄 것이다. 두 나라는 경제적으로 점점 더 서로에게 의존적 상태가 되었다. 미국은 중국의 최대 수출시장 (중국 전체 수출의 약 20%를 소비)이고, 중국은 무역을 통해 벌어들인 대부분의 달러를 미국 정부에 빌려 준다. 그리고 그 돈을 미국 정부는 대규모 재정 적자를 메우는 데 사용한다. 만약 워싱턴이 중국에 경제 제재를 가하면 중국은 자신이 소유하고 있는 수 십억 달러의 미국 정부의 채권을 팔아버림으로써 보복할 것이다. 결국 미국의 금리는 급등하고 미국의 경제가 더욱 침체되면서 전지구적인 경제 대공황으로 이어질 것이다. 중국과의 적대적 관계는 또한 에이즈, 조류독감, 지구온난화, 테러리즘과 같이 두 나라 국민들에게 영향을 미칠 여러 가지 전지구적 이슈들에 대한 협력을 불가능하게 만들 것이다.

중국과의 적대관계를 피할 최선의 가능성은, 중국 국내정치의 블랙박스를 열어 그 안을 들여다 보고, 무엇이 세계무대에서 중국을 그렇게 행동하게 하는지 이해하는 것이다. 우리는 경제개혁과 세계에 대한 개방으로 대대적으로 변화하고 있는 한 사회를 지켜보고 있다. 중국은 더 이상 우리에게 냉전적 두려움을 불러일으켰던 마오쩌둥 시대의 황폐한 인민공화국이 아니다. 오늘날의 중국은 훨씬 더 친절하고 친숙해 보인다. 덜 전체주의적이고, 덜 획일적이며, 덜 단조로우며, 덜 고립되어 있다. 또 한편으로는, 더 자본주의적이고, 더 다양하며, 더 다채로워졌고, 더 많이 세계화되었다.

중국 내부에서 진행되는 변동들이 국제평화에 적지 않은 도움이 되고 있는 것은 물론이지만, 중국 지도자들이 정치적 통제권을 유지하기 위해 더 애를 쓸수록 더 큰 위험요소로 작용할 수 있다. 중국의 지도자들은 해결하기 쉽지 않은 이율배반적 상황에 직면해 있다. 자신들의 나라가 더 많이 발전하고 번영할수록 그들은 더 불안하고 위협감을 느끼게 될 것이다. 오늘의 중화인민공화국은 자신의 국민들을 두려워하는 부서지기 쉬운 권위주의 체제이자, 외국정부의 요구에 적응하기 위해 온 힘을 기울여야만 하는 처지에 놓여 있다.

새로운 경제 라이벌

경제대국으로서의 중국이라는 나라의 등장은 미국인들에게는 매우 적응하기 어려운 사건이다. 중국의 관리들이 종종 우리에게 상기시켜 주듯이, 중국은 현재 여전히 개발도상국이다. 중국의 연간 일인당 소득이 국제순위에서 밑바닥에 위치해 있으며 미국에 비하면 아주 미미한 수준이다. 그러나 우리는 등 뒤에서 느껴지는 경제적 거룡의 뜨거운 숨결을 느낀다.

중국의 급성장을 증명하는 경제 수치들을 언론매체를 통해 반복적으로 접하면서 사람들은 적지 않은 우려감을 느낀다. 매일 전해지는 뉴스 보도는 현재 중국이 세계에서 가장 빠른 속도로 성장하고 있음을 되새겨 주고 있다. 중국은 지난 25년간 매년 10% 정도씩 성장해 왔다. 중국은 세계최대의 해외투자 대상국으로서, 그리고 정보기술 제품의 최대수출국으로서 미국을 앞질렀다.

중국은 세계에서 가장 많은 외환보유고를 갖고 있다. 중국은 강철과 시멘트 사용에 있어서 최대 소비자이다. 중국은 세계 3대 무역국이다. 미국의 계산에 따르면, 중국은 미국으로부터의 수입보다 2,000억 달러 이상이 더 많은 상품과 서비스를 미국에 수출하고 있다. 이것은 미국에 가장 큰 규모의 무역수지 적자를 가져왔다.

미국 기업들이 공장을 중국 연해지역으로 옮기고 미국인들이 중국으로부터 더 많은 수입품을 들여오면서 미국의 제조업 분야에서 일하는 수많은 노동자들이 일자리를 잃었다. 미국인들은 경제적인 면에서뿐만 아니라 기술적 측면에서도 뒤떨어질까 걱정한다. 중국 과학자들은 세계 최초로 쌀에 대한 유전자 지도를 완성했다. 중국의 엔지니어들은 새롭고 더 안전한 원자력 동력로를 설계하고 있고, 보다 효율적인 자동차 엔진을 만들고 있다.

첨단기술 분야의 기업들이 중국의 우수한 두뇌들을 활용하기 위해 중국에 R&D 설비들을 설립하고 있다. 미국 첨단기술 분야의 황금알이라 할 수 있는 IBM의 퍼스널 컴퓨터 분야가 중국기업에 의해 인수되었을 때, 이 사건은 미국 사회에 상당한 불안감을 불어 일으켰다. 중국 석유회사가 미국의 한 석유회사를 매입하려고 했을 때는, 워싱턴 정계의 반발로 인해 그 거래가 무산되었다.

미국이 막대한 재정적자에 대한 자금을 조달하기 위해 중국에 의존하면 할수록 미국사람들의 불안감은 깊어만 간다.

불안한 지도자들

급속히 성장하는 경제력 덕분에 중국의 지도자들은 우리 눈에 마치 십 피트가 넘는 거인처럼 보이기도 한다. 그러나 중국 지도자들의 갖고 있는 자아상은 전혀 다르다. 여전히 숭배를 받고 있는 마오쩌둥과 덩샤오핑의 유령에 시달리면서, 중국의 당대 지도자들은 자신들이 마치 난쟁이라도 된 듯한 심정일 것이다. 경제 변화가 만들어낸 사회적 동요 속에서 자신들의 통치력을 유지하기 위해 고군분투하고 있기 때문이다.

중국은 현재 19세기 이래 경제적으로 강해졌고, 국제적으로는 더욱 안전해졌다. 그러나 역설적이게도 중국 공산당 지도자들은 국내적으로 깊은 불안감을 느끼고 있다. 중국은 새로운 초강대국일지 모르지만, 취약한 초강대국이다. 따라서 중국이 우리에게 가져 올 가장 큰 위험성은 중국의 경제력이나 군사력이 아니라, 중국 내부의 취약성에서 비롯될 것이다.

미국이 만약 중국 지도자들을 자극하는 그 두려움을 이해하지 못한다면, 미국은 중국과의 충돌에 직면하게 될 것이다. 모든 정치인들이 그런 것처럼, 중국의 지도자들도 자신들의 정치적 존망을 가장 우선적으로 생각한다. 그들은 선거에 나설 필요가 없지만, 민주 국가의 지도자들이 걱정할 필요가 없는 다른 정치적 위험들에 직면한다. 라이벌 지도자가 자신을 몰아내려고 할 수도 있다.

대규모 저항운동이 일어나 정권을 무너뜨릴 수도 있다. 중국의 지도자들이 군부의 지지를 잃게 된다면, 단 한번의 대중 저항운동에도 그들은 정권을 잃을 수 있다. 민주주의 국가에서와는 달리 중국의 지도자들이 감수하게 될 패배의 대가는 아주 참담할 수 있다. 정치적 패배는 그들과 그들 가족으로부터 생계를 박탈하거나 심지어는 목숨까지도 앗아갈 수 있다. 중국의 지도자들은 그들이 권좌에 있을 날이 얼마 남지 않았다는 두려움에 사로잡혀 있다. 그들은 1989년부터 시작된 소련과 동유럽의 공산정권이 하룻밤 사이에 붕괴하는 장면을 불길한 예감 속에서 지켜봤다. 1989년은 베이징의 천안문 광장과 100여 개가 넘는 도시에서 민주주의를 요구하는 대규모의 시위들이 일어나 중국 공산당 체제를 붕괴 직전까지 몰고 갔던 해이기도 하다.

천안문 사건 이후, 1990년대의 중국을 이끌었던 장쩌민과 현재의 최고 지도자 후진타오는 그들에게 마오쩌둥이나 덩샤오핑이 가졌던 개인적 카리스마가 부족하다는 것을 잘 알고 있다. 마오와 덩은 1949년에 중화인민공화국을 세우는 데 혁혁한 공을 세웠다. 지난 20여 년간 경제개혁과 대외개방으로 중국사회가 급진적으로 변했고 정치적으로 공산당 통치에 대한 잠재적 도전요인들이 많이 생겨났다는 것을 그들은 잘 인식하고 있다. 조지 W. 부시 대통령은 연임에 성공한 뒤 그의 두 번째 취임연설에서, 전세계 곳곳으로 자유의 가치를 확대할 것이라고 말했다. 그리고 모든 권위주의 정권에 경고했다. 중국의 지도자들이 그 메시지 속에 담긴 의미를 모를리 없다.

중국의 지도자들에게 가장 끔찍한 악몽은, 실직 노동자들과 가난에 찌들린 농민들, 그리고 학생들로 구성된 불만 세력들이 민족주의적 열정으로 똘똘 뭉쳐 체제에 저항하는 전국적 시위 운동을 감행하는 것이다. 중국의 과거 역사는 중국의 지도자들이 왜 이러한 시위에 두려움을 갖는지 타당한 이유를 제시한다. 중국의 과거 두 왕조는 민족주의적 혁명 운동 앞에 무너졌다. 외부의 침략으로부터 나라를 지켜내지 못한 지도자들을 비난하는 대규모 시위운동으로 1911년에는 청조가, 1949년에는 중화민국이 중국대륙에서 패퇴했다.

중국의 지도자들이 현재 중화인민공화국이 같은 운명에 맞닥뜨릴 수도 있다는 두려움에 휩싸여 있고, 대중적 민족주의의 물결이 온 나라를 휘몰아칠 수도 있다는 생각 속에 마음을 졸이는 것은 전혀 이상한 일이 아니다. 1989년 중국은 전국적인 학생시위뿐만 아니라 이들에 어떻게 대응할 것인가로 불거진 지도부 내부의 분열로 인해 체제가 뿌리까지 흔들린 적이 있다. 만약 군이 강압적으로라도 질서를 유지하라는 덩샤오핑의 명령에 따르지 않았거나 분열되었다면, 중국 공산당은 소련처럼 역사의 뒤안길로 사라져 버렸을 것이다.

1989년의 위기 이후, 중국의 지도자들은 그들이 '사회안정'이라고 부르는 것에 병적으로 집착하게 되었다. 그들은 질서와 번영을 유지하기 위해 공산당의 통치가 필수불가결하며, 중국과 같이 큰 나라는 공산당의 일당지배 없이는 내전이나 혼란 속에 빠질 수 밖에 없다는 완곡어법으로 국민들을 설득하고 있다. 그들은 공개적인 연설에서 사회불안에 대한 우려감을 감추지 않는다.

주룽지는 총리직에서 물러나던 자신의 고별연설에서 '사회안정'을 강조하면서 공직자들에게 다음과 같은 당부를 했다.

"우선 새로운 상황 속에서 발생할 수 있는 국민들 사이의 내부적 갈등을 제대로 파악해야 합니다. 그리고 돌발적으로 일어날 수 있는 집단시위에 적절하게 대처하십시오. 마지막으로, 기층에서 생겨나는 충돌과 분쟁을 미연에 방지하도록 열심히 노력해 주기 바랍니다."

2004년 9월 발행된 중국 공산당 중앙위원회의 한 중요 문건에서는 공산당의 통치가 중국에서 영원히 지속되지는 않을 것이라는 것을 공개적으로 인정했다. 내용은 다음과 같다.

"소련과 동유럽 공산당이 통치권력으로서의 지위를 상실했던 사건이 우리에게 보여주는 뼈아픈 교훈은 무산계급의 정당이 권력을 획득하는 것이 쉬운 일이 아니라는 것이다. 정치권력을 잘 실행하는 것은 어려운 일이며, 오랫동안 집권할 경우 더 어려운 것이다. 당의 집권당으로서의 지위는 태어날 때부터 생래적으로 주어지는 것이 아니며, 한번 집권했다고 해서 영원히 집권할 수 있는 것도 아니다."

원자바오 총리는 2006년의 연례기자회견에서 중국의 안정을 해칠 수 있는 위협들에 신중하게 대처해야 한다고 간곡하게 조언했다.

"위험에 대해 잘 생각하면 안전을 지켜낼 수 있고, 혼란이 왜 발생하는지 잘 생각하면 평화를 지켜낼 수 있으며, 나라가 왜 무너지는지 잘 생각하면 나라를 지켜낼 수 있습니다."

매일 보도되는 폭력적 시위에 직면하여 공산당 지도자들은 국제적인 고려를 우선순위에 둘 여유가 없을지도 모른다. 그들의 최우선순위는 늘 공산당 일당 통치의 유지에 있을 것이다. 몇 해 전 기밀로 분류되지 않는 한 시뮬레이션 훈련에 참가한 적이 있다. 미국의 정책담당자들이 미래에 맞닥뜨리게 될 상황을 예상해 보기 위해 기획된 역할극 게임이었는데, 나는 중국 최고 지도자 역할을 맡았는데, 그 과정에서 이 교훈을 생생하게 배웠다. 배경은 중국의 여러 지역에서 대규모 노동 소요가 발생하는 상황이었다. 훈련에 참여한 우리 모두는 시위를 진압하기 위해 군과 경찰력을 동원하고, 시위가 다른 집단이나 지역으로 확산되지 않게 전념하는 중국 지도자의 역할을 맡았다. 우리는 훈련실에 배치된 TV에서 방송되고 있는 국제사회로부터의 비판의 목소리에 전혀 주의를 기울이지 못했다. 중국 지도자들 각각의 성격에 대해 구체적인 정보가 없더라도, 상황 자체가 국제사회의 반응에 주의를 기울이기에 앞서 국내적 문제를 먼저 해결하도록 요구하고 있었다.

내부적 위기 상황에서는 국내적으로 사태의 혼란을 막는 것이 대외관계보다 훨씬 중요한 것이다. 1999년 베오그라드(Belgrade)에 있는 중국 대사관에 대한 미국의 우발적인 폭격과 2001년에 있었던 중국 전투기와 미국 정찰기의 충돌, 그리고 대만 또는 일본과 연관된 여러 차례의 위기에서 볼 수 있듯이, 국제적 위기 상황에서도 국내적 고려가 대외관계보다 우선시된다는 것은 당연한 귀결이다. 국내정치에 대한 집착이 중국지도자들만의 특징은 아니다. 미국과 같은 서구 민주주의 국가에서도 외교정책은 동맹국이나 다른 나라의 의견뿐만 아니라 종종 국내 상황에 영향을 받는다. 다른 점이 있다면, 중국의 상황은 차기 선거가 아니라 체제의 존망과 연결된다는 것이다.

새롭게 부상하는 강대국들과 전쟁의 위험

우리가 국제사회에서 중국 지도자들의 행위에 영향을 미치는 두려움에 대해 이해하지 못하고, 그에 상응하는 정책을 적절하게 세우지 못한다면 역사는 우리에게 평화가 아닌 전쟁을 예고할 것이다. 새로운 강대국의 부상이 전쟁을 야기할 것이라는 통칙에 대한 가장 확실한 예외는 19세기 말엽 미국의 국력이 영국을 능가했을 때였다. 미국과 영국은 많은 부분에서 동일한 가치와 문화를 공유하고 있었기 때문에 전쟁을 피할 수 있었다. 그러나 민주주의의 나라 미국과 공산주의의 나라 중국의 경우는 다르다. 중국은 부유해질수록 자신의 군사력을 키우고 있다. 중국은 역사학자 폴 케네디가 묘사한 새롭게 부상하는 강대국의 전형적인 패턴에 따라 움직이고 있다.

"경제적 부는 일반적으로 군사력을 지탱하기 위해 필요한 것이며, 군사력은 경제적 부를 획득하고 보호하기 위해 필요한 것이다."

1989년 이후로 중국의 국방비는 연간 두 자리 수 이상의 증가율을 기록하고 있고, 1990년대 내내 중국의 군사력 현대화의 속도는 가속화되었다. 대만의 지도자들이 대만을 중국의 일부로서가 아니라 독립적인 주권 국가로 탈바꿈시키려는 움직임을 보이면서부터이다. 중국의 군사비 지출 규모에 대한 추정치는 많은 부분이 예산항목 밖에서 이뤄지기 때문에 큰 차이를 보인다. 추정치의 범위가 높게는 800억 달러와 900억 달러(국방부와 CIA의 추정치)에서 400억 달러(국제전략연구소 추정치), 그리고 310억 달러에서 380억 달러(랜드연구소 추정치)까지 걸쳐 있다. 상대적으로 미국은 5,180억 달러(2004년), 러시아는 650억 달러, 일본은 430억 달러, 영국은 380억 달러(2003년)를 국방비로 지출하고 있다. 중국의 군사 전문가들은 2005년 이후에는 중국이 대만을 제압하고 미국의 개입에 반격할 수 있는 현대화된 군사력을 갖게 될 것이라고 공언한다.

오인과 전쟁위기

세계무대에 새로 등장한 강대국 중국과 오랫동안 스타의 자리를 지켜온 미국 간의 까다로운 관계를 다루는 것은 상당히 어려운 도전이다. 중국은 미국에게 자신이 위협적인 존재가 아님을 안심시켜야 한다. 즉, 중국이 미국의 지배적 지위에 맞서지 않을 것이며 미국을 지지하는 역할에 만족할 것이라는 점이다. 반면에, 미국은 자신이 중국과 스포트라이트를 기꺼이 공유할 것이며 협력적인 파트너가 될 것이라는 믿음을 심어줘야 한다.

양국은 서로에게 조금씩 양보해야 할 것이다. 중국과 미국 같은 주요국의 정치인들은 타협의 전략적 필요성을 잘 이해하고 있음에도 불구하고 외부의 위협을 국내적 지지를 얻어내는 구실로 이용하고 싶은 유혹을 받곤 한다. 초강대국들은 세계무대에서 당당하게 행동하는 강한 지도자를 원하기 때문이다. 전쟁은 종종 이해관계의 충돌에 의해서 발생하지만, 오인(misperception)에 의해서도 시작된다. 즉, 한 나라가 다른 나라의 행위를 가장 위협적인 것으로 해석하는 것이다. 중국과 미국 간에 오해의 위험은 우리가 단극체제의 세계에 살고 있기 때문에 더욱 증대되었다.

현재의 단극 체제는 미국이라는 지배적 국가와 다른 나라 간에 힘의 격차가 세계 역사상 가장 큰 상태다. 미국의 경제는 일본, 독일, 영국, 프랑스, 이탈리아의 경제를 모두 합한 규모이다. 중국 경제에 비해서는 6배나 크다. 미국의 군비지출은 세계 모든 나라의 군비지출을 합한 것보다 크고, 중국 군비지출에 비해서는 최소 6배가 더 많다. 여러 강대국이 존재했던 제2차 세계대전 이전에는 새로운 강국의 출현이 다른 나라의 지위를 손상시키지 않았다. 그러나 지금 대다수의 미국인들은 중국의 부상이 미국의 우월적 지위에 직접적인 위협이 된다고 생각한다. 반면에, 중국은 미국이 경제력을 키우고 국제적 영향력을 높이려는 자신의 노력에 가장 큰 걸림돌이 된다고 생각한다. 결국, 21세기가 평화로운 세기가 될 것인가는 두 나라가 이 위험스러운 역사의 과도기를 어떻게 헤쳐나갈 것인가에 달려 있다.

중국 국력의 두 가지 면모

중국이 다른 나라들에 위협적인 존재가 될 것인가의 문제는 많은 관측가들이 전망하는 것처럼 중국의 성장률이나 기술발전, 혹은 군비지출 같은 중국의 미래 능력을 예측하는 것만으로는 답할 수 없는 것이다. 국력은 단지 이 방정식의 일부일 뿐이다. 중국이 자신의 힘을 어떻게 사용하고 싶어하는지의 '의도(intention)'가 결국 전쟁이냐 평화냐를 가름할 것이다. 내부적 도전들에 대한 두려움 때문에 중국 공산당 지도자들은 자신들의 권력을 아주 다른 두 방식으로 사용한다. 우선, 기본적으로 자신의 내부 문제를 진지하게 고민하면서 경제성장과 사회안정을 흔들 수 있는 충돌을 피하려고 노력하는 조심스럽고 책임감 있는 대국의 면모를 보여준다. 대규모 노동불안으로 이어질 수 있는 광범위한 실업을 방지하고 일자리를 창출하기 위해 적어도 매년 7%의 경제성장률을 유지하는 것을 정치의 가장 중요한 책무로 여긴다. 중국의 기업인들과 각지의 지방정부 입장에서 해외무역과 투자유치는 큰 이익이 걸려있는 문제다.

이웃 나라들과 협력함으로써 중국 정부는 한편으로는 경제성장을 위한 좋은 환경을 조성하고, 다른 한편으로는 티벳, 신장, 내몽고 등지에서의 인종적, 종교적 불안을 해소한다. 자신의 급작스런 부상에 다른 나라들이 위협을 느낀다는 것을 민감하게 의식하고 있기 때문에, 중국의 외교관들은 1990년대 이래로 지역 사회의 좋은 이웃이자 선량한 세계시민이라는 이미지를 구축하기 위해 열심히 노력해 왔다.

중국은 세계무역기구(WTO)와 핵확산방지조약(NPT)의 충실한 지지자로 변모했으며, 자신의 발전 수준에 비해 우리가 기대하는 것 이상으로 더 많은 다자기구에 참여함으로써 자신이 국제적으로 현상유지 세력임을 작정한 듯이 보여주고 있다. 아시아의 이웃나라들을 안심시키려고 국경분쟁과 관련한 대부분의 문제들을 해소하고, 동남아, 한국, 일본 들의 나라들에 자유무역협정을 제안했다. 또한 지역협력을 위한 새로운 포럼들을 설립했다.

중국은 또한 남중국해의 분쟁해역에서 충돌이 발생하는 것을 예방하기 위해 동남아 국가들과 체결한 행동지침을 준수하기도 했다. 그리고 석유와 가스를 공동으로 시굴하기 위해 베트남과 필리핀 간에 삼자협정을 체결했다. 더 놀라운 것은 중국이 북한의 핵무기 프로그램으로 인한 미국과 북한간의 위험스런 대치상황을 중재하기 위해 나섰다는 점이다. 북한이 핵무기 실험을 한 후에는 유엔안전보장이사회 회원국들과 함께 북한에 대한 경제제재 조치에 가담했다. 이 모든 협력적인 행동들은 중국의 국제적 영향력을 높이는데 일조하고 있으며, 경제성장을 유지하고 사회불안을 방지하는데 유리한 국제적 환경을 조성해야 한다는 측면에서 지도자들의 이익과도 일치하는 것이다. 그러나 위기상황, 특히 중국에게 위기를 불러올 것으로 잘 알려진 몇 가지 문제들을 다룰 때는, 중국의 또 다른 모습인 아주 공격적인 면모를 발견하게 될 것이다. 일본, 대만, 미국과 관련되어있는 아주 민감한 문제일 경우에는 더욱 그렇다. 더 이상 어느 누구도 공산주의를 고집할 수 없는 시대를 맞이하면서 중국 공산당은 민족주의를 자신의 새로운 이데올로기로 수용했다. 중국의 신흥 상업매체와 인터넷은 더 높은 독자층을 확보하기 위해 일본, 대만, 미국 등으로부터의 위협을 과대포장하는 일면 기사들을 내보내 민족주의를 부추긴다.

대중들이 어떤 사안에 대해 촉각을 곤두세울 때면, 중국의 지도자들은 자신들이 얼마나 강력한지 보여주기 위해 강경하게 대응할 필요를 느낀다. 마치 클락 켄트(슈퍼맨으로 변하기 전의 인물)처럼, 평소의 온순한 태도를 버리고 민족주의적인 슈퍼맨으로 변해 버린다. 신중한 태도는 바람 속에 날려 보내고 중국의 국가적 존엄을 지키기 위해 위험을 기꺼이 무릅쓴다. 이처럼 분열적 인격에서 나오는 감정적으로 폭발하기 쉬운 중국의 면모는—우리는 그것을 중국의 이드(id)라고 부를 수 있겠다— 중국을 군사적 대치상황으로 몰아갈 수 있다. 나는 이 책에서 국제무대에서의 중국의 행동방식을 분석하고자 한다. 중국의 지도자들이 품고 있는 정권 존립에 대한 두려움에서부터 시작하여 중국의 외교정책을 구석구석 살펴봄으로써 중국이 강대국으로 부상할 미래에 어떻게 행동할 것인지 예측해 볼 것이다.

유능한 외교관은 테이블 건너에 앉아있는 상대방의 입장을 이해하지 않고는 아무것도 얻어낼 수 없다는 것을 잘 안다. 이 책에서 필자는 독자들로 하여금 중국을 국제적인 강국으로 만드는 동시에 국내의 정치적 위협을 관리하느라 분투하고 있는 중국지도자의 입장에서 생각해 볼 수 있는 기회를 제공할 것이다. 중국 지도자들이 직면하고 있는 상황을 잘 이해하고 공감할 때에만, 미국과 주변국들은 중국으로 하여금 평화적인 방향으로 굴기하도록 유도할 수 있는 것이다.

02

중국의 경제기적

필자가 대학에서 중국어를 공부하기 시작한 것은 거의 40년 전의 알이다. 당시에는 중국이 마치 달나라와 같이 아득한 곳으로 여겨졌다. 내 일생에 그곳을 방문할 수 있을지에 대해서도 모르던 시절이었다. 중국은 당시 오늘날의 북한보다도 더 비밀스럽고 고립된 곳이었다. 중국은 미국과 외교적으로나 사회적으로는 물론이고, 경제적으로도 아무 접촉이 없었다. 공산권 밖의 나라들과는 거의 어떤 나라와도 접촉이 없었다. 그러나 나의 경우는 운이 아주 좋은 편이었다. 나는 1971년 중화인민공화국을 최초로 방문하는 미국인들 사이에 낄 수 있었다. 15명의 대학원생으로 구성된 우리 일행은 중국 정부의 초청으로 한 달간 중국의 여러 도시와 지방을 여행했다. 나는 세상으로부터 자신을 차단시켜버린 한 가난한 전체주의 국가를 발견했다. 그 나라는 여전히 문화대혁명의 진통을 겪고 있었다.

마오쩌둥은 1966년 이념의 성전(聖戰)을 발동함으로써 중국 전역을 뒤흔들었고 혁명정신을 되살리려 했다. 마오쩌둥은 학교의 문을 닫아버렸고, 학생들로 하여금 홍위병이 되어 '부르주아 전문가'로 일컬어졌던 교사, 교장, 교수들에 대항하는 혁명투쟁을 벌이도록 선동했다. 이 혁명운동은 사회전체를 혼란에 빠뜨렸다. 병원에서는 의사들이 화장실 청소를 하도록 강요당했고, 청소부들이 환자를 돌보았다. 홍위병들은 "자본주의의 길로 가고 있다"면서 정부와 당의 간부들을 공격하고 군부대의 무기고에서 탈취한 무기를 들고 싸움을 벌였다. 1969년에 인민해방군이 질서를 회복하기 전까지 온 나라가 사실상 무정부 상태 직전까지 치달아 있었다. 홍콩을 통해 중국 대륙으로 국경을 넘어 들어가는 과정에서 나는 두 지역이 보여주는 편차에 큰 충격을 받았다. 홍콩은 상업이 발달하여 시끌벅적했고 화려한 고층건물들이 운집해 있었던 반면에 중국은 빈궁하고 낙후해 보였다. 중국대륙 사람들은 마오쩌둥 얼굴 모양의 브로치를 달고 있거나, 빨간 소책자로 된 마오쩌둥 어록을 소지하고 있었는데, 그것들을 제외하고는 눈에 띄는 것이 아무것도 없었다. 베이징이나 상하이에서 가장 높은 건물이라고는 10층짜리 밖에 없었다.

벗겨진 페인트, 녹이 슨 난간, 깨진 창문, 그리고 지저분한 공원들은 가난과 태만을 말해주고 있었다. 거리에서 볼 수 있는 자동차들은 정부관료들이 공무용으로 쓰는 덩치 큰 소련제 세단들뿐이었다. 자전거의 부드러운 경적 소리는 전봇대 위에 매달려 있는 확성기에서 울려퍼지는 쩌렁쩌렁한 정치구호들에 묻혀버리곤 했다.

베이징 호텔에서 볼 수 있는 다른 외국 손님이라고는 훈련차 중국을 방문한 캄보디아 군인들 뿐이었다. 우리 일행이 가는 곳마다 호기심에 가득 찬 군중들이 주변에 모여들었다. 1920년대와 1930년대 국제적으로 유명했던 불야성의 도시 상하이는 어둡고 음산했다. 네온 사인도 전혀 없고 가로등도 거의 보이지 않았다. 어느날 저녁 우리 일행은 상하이 선착장에서 당시 이용가능한 유일한 교통수단이었던 작은 나룻배(사공이 긴 장대를 이용해 바닥을 찍어 배를 밀어내는 방식으로 운행함)을 타고 강 건너 푸동 지역에 갔다. 거기에서 우리가 발견한 것이라고는 노동자들이 사는 초라한 주택들이 주욱 늘어선 모습뿐이었다.

제철공장과 기관차 공장, 그리고 방직 공장에서 일하는 노동자들에게는 활기가 느껴지지 않았다. 그들은 공장 내부의 모든 벽에 노동의욕을 자극하기 위해 칠해진 마오쩌둥주의적 구호에 무관심해 보였다. 건설현장의 노동자들은 삽에 기대어 서있기 일쑤였다. 일터에서 장기결근은 흔한 일이었다. 국영 백화점의 진열대에는 국방색 면직물과 파란색 모직으로 만들어진 유니폼 스타일의 옷들이 드문드문 놓여져 있었다. 국영 식료품점에서는 여름철임에도 과일과 야채들의 공급이 모자랐다. 쌀, 계란, 고기, 자전거, 그리고 재봉틀을 사기 위해서 중국 소비자들은 배급표를 넘겨줘야 했다. 쇼핑이라면 사족을 못쓰는 내가 집에 사 가지고 갈 물건이라고는 검은색 캔버스천으로 만든 굽이 낮은 구두와 "인민을 위해 봉사하라"는 중국어 표어가 쓰여진 국방색 가방 밖에 없었다.

1971년의 여름은 국제사회를 향한 중국의 태도에 변화가 생긴 시기였다. 마오 주석은 중국이 20년간 유지해 온 자발적 고립상태에 종지부를 찍기 위해 미국에 손을 뻗었다. 우리 일행이 베이징에 머무는 동안 미국 국가안보담당 보좌관인 헨리 키신저가 닉슨 대통령의 중국방문을 조율하기 위해 중국에 왔다.

저우언라이 총리는 우리 일행을 인민대회당에 초대했다. 우리의 의견을 듣기 원했고 특별히 우리에게 녹음기를 가지고 올 것을 부탁했다. 그는 이 기회를 통해 중국 외교정책의 갑작스런 변화에 대해 국내외에 설명하고자 한 것이다. 나는 그날 오후 시간을 낸시 탕(탕원성, 唐聞生)과 함께 보냈다. 그녀는 저우 총리와 마오 주석의 젊은 통역관이었는데, 나와 마찬가지로 뉴욕에서 성장했다. 그녀의 아버지는 유엔 외교관으로 일했고 후에 중국으로 돌아 온 사람이었다. 낸시는 온화한 성품의 저우 총리에게 나에 대해 얘기했던 것 같다. 왜냐하면 저우 총리가 여러 차례 내 이름을 언급했기 때문이다. 그는 중국 정부가 왜 닉슨 대통령을 중국에 초청하기로 결정했는가에 대해 설명하면서, 두 나라의 관계를 개선하기 위해서는 양국의 지도자가 직접 만나야 한다고 말했다. 그는 또한, "수잔 셔크가 미국의 대

▌사진▌수잔 셔크와 저우언라이 총리, 1971년 7월 19일

통령이었다면 좋았겠지만" 닉슨이 미국의 대통령이기 때문에 그를 초청할 수 밖에 없었다고 재치있게 얘기했다.

떠오르는 경제강국

내가 요즘 방문하는 중국은 1971년에 방문했던 중국과는 완전히 다른 세계처럼 보인다. 중국은 이념적 속박을 벗어 버렸고, 중앙계획체제를 시장경제체제로 전환했다. 그리고 세계를 향해 활짝 문을 열었다. 중국의 으리으리한 고층빌딩, 곳곳에 보이는 휴대폰, 꽉꽉 막히는 교통체증, 사람들로 가득한 스타벅스의 모습은 서울이나 도쿄, 또는 뉴욕과도 별반 차이를 느끼지 못하게 한다. 인구가 백만이 넘는 도시가 중국에는 174개나 있다. 그러나 그보다 더 작은 규모의 도시들이 만들어내는 스카이라인조차도 내 고향 샌디에고를 무색하게 만든다. 또한 이제는 외국인들의 모습을 곳곳에서 볼 수 있어서 더 이상 유명인사와 같은 대우를 누리지 못 한다. 상하이에는 세 개의 터널과 세 개의 대교가 강 건너의 푸동 지역과 연결되어 있는데, 매일 각각 십 만대 이상의 차량이 운행한다. 푸동 지역은 이제 중국의 금융중심이 되었는데, 세계에서 가장 높은 호텔과 중국의 증권거래소 두 곳 중 하나가 이곳에 있다.

경제성장은 다른 한편으로는 세계에서 가장 심각한 수질오염과 공기오염을 일으켰다. 일시해고된 노동자들과 기타 사회적 불만을 품은 그룹들의 시위는 매일 계속되고 있다. 가난한 사람들과 눈에 띄게 사치를 부리는 부자들 사이의 새로운 계급모순도 나타나고 있다. 어떤 기준으로 보든, 중국은 놀랄만한 속도로 경제력을 키워가고 있는 경제대국이다. 덩샤오핑이 1978년 스탈린주의식 중앙계획경제를 시장경제체제로 바꾸는 개혁정책과 대외무역과 외자유치를 위한 개방정책을 도입한 이후로, 중국은 세계에서 가장 거대하고 역동적인 경제체가 되었다. 기존의 환율기준에 따라 평가해 보면, 2005년까지만 해도 중국은 이미 세계 4대 경제체이다. 중국의 국내총생산(GDP)은 2조 2300억 달러로 프랑스, 영구, 이탈리아를 추월했으며, 미국, 일본, 독일을 뒤쫓고 있다.

구매력평가기준으로 따지면 중국은 이미 미국의 뒤를 이어 두번째로 큰 경제국이다. 영국이 19세기 말에 그랬던 것처럼, 중국은 세계의 제조공장이 되었다. 세계 최대의 철강 생산국으로 세계 철강 생산량의 3분의 1을 책임지고 있다. 제조업 분야의 총생산은 미국과 일본을 바짝 뒤쫓고 있다. 중국의 공장들(대다수가 외자기업 소유)은 전세계 복사기, 전자레인지, DVD 플레이어, 신발 등의 3분의 2를 생산하고 있다. 미국인들이 구매하는 수입소비재의 40%가 중국에서 만들어졌다. 만약 우리가 각자 집에서 사용하는 옷, 가구, 가전제품 등의 목록을 만들어 본다면, 그들 중 많은 품목들이 중국에서 만들어졌고, 중국이 그것들을 생산하기 시작한 20년 전 우리가 소유하고 있던 것들보다 훨씬 저렴해졌다는 것을 알게 될 것이다. (개인적으로는 한때 사치품이었던 캐시미어가 지금은 대학교수도 구매할 수 있을 정도의 값이 되었다는 것에 고마워하고 있다.)

그러나 가장 눈여겨 볼 만한 것은, 중국이 미국을 추월하여 휴대폰, 노트북 컴퓨터, 디지털 카메라와 같은 정보통신기술분야 제품의 수출을 주도하는 나라가 되었다는 사실이다. 소프트웨어의 개발에서 뒤쳐져있기는 하지만, 중국은 컴퓨터 하드웨어 분야에서 최대 생산국이다. 서구의 기준을 충족시키는데 약간의 어려움이 존재하지만, 화천 자동차(Brilliance China Auto)가 생산하는 세단형 모델 '중화(中華)'는 유럽 각국에 수출되고 있다. 또 다른 자동차 제조업체인 체리 자동차(奇瑞汽車, Chery Automobile)는 미국 시장에 진출하려는 계획을 갖고 있다. (이러한 추세는 1970년대 미국에 대거 진출했던 일본 자동차를 연상시킨다)

중국은 과거에 화약과 종이, 나침반 등의 발명품을 세계에 선사했던 나라로서, 기술적 창의성의 역사적 전통을 다시 이어가려고 한다. 아직은 미국과 일본에 뒤쳐져있지만, 빠르게 따라잡고 있다. 중국의 대학들은 2004년에만 80만 명의 과학자와 엔지니어들을 배출했다. 미국의 두 배에 가까운 인원이다. 중국의 엔지니어들은 새로운 유형의 민간용 핵원자로와 에너지 혁신 방안을 고안해 냈다. 미국의 정보기술전문 경제월간지 『와이어드(Wired)』는 중국에게 '세계 최초의 모방 강대국'이라는 별명을 붙였다. 중국 과학자들은 생명공학기술이 사용된 농작물을 개발했으며, 줄기세포 연구에서도 상당한 발전을 이루었다. 중국 최초의 우주인 양리웨이(楊利偉)를 2003년 지구궤도에 진입시킴으로써 중국은 인간을 우주에 보낸 세 번째 나라가 되었다. 중국의 연구개발(R&D) 투자비중은 빠른 증가추세를 보이고 있고(구매력평가지수를 사용하면 1995년에 179억 달러에서 2004년 1030억 달러로 증가함), 일본 수준(2004년 1130억 달러)에 육박하고 있다. 하지만 아직까지는 미국의 3분의 1에도 미치지 못하는 수준이다. 중국은 2005년에 처음으로 특허권을 신청한 상위 10개국 안에 들어갔다. 그러나 중국의 2,500 건의 신청건수는 미국의 45,000 건에 비하면 아직은 미미한 수준이다.

과거에 외국계기업들이 중국에 연구개발(R&D) 실험실을 설립하는 것은, 중국시장에 진입하는 대가로 중국정부가 강요할 경우에만 가능했던 일이다. 그러나 지금은 어떤 강요도 필요치 않다. 급증하고 있는 중국의 기술인재들을 활용하기 위해 외국계기업들이 자발적으로 나서고 있기 때문이다. 국제적인 첨단기술 통신회사들은 모두 중국에 연구개발 기지를 설립했다. 중국 상업부의 통계에 따르면, 외국기업들이 중국에 투자설립한 연구개발센터는 4년 전의 200개에서 750개로 늘어났다. 서구의 벤처기업가들은 중국의 생명과학기술과 신생 텔레콤 기업들에 투자하고 있다. 한 세기 이상 약자의 굴욕을 겪은 중국은 중국 경제의 획기적인 전환 덕분에 지역 강국과 세계 강국으로 부활하게 되었다. 중국이 부유해질수록 군사력 또한 강화되고 있다. 중국의 공장들이 노동집약적인 장난감과 신발의 생산에서 기술집약적인 컴퓨터와 자동차의 생산으로 그 수준을 높여가면서, 중국과 미국은 서로를 경쟁자로 의식하기 시작했다. 그러나 두 나라의 경제는 또 다른 한편으로는 더욱 상호의존적으로 묶여지고 있다. 경제적 유대관계가 국가들로 하여금 싸우지 않도록 보장해 주는 것은 아니다. 우선, 무역관계가 새로운 갈등을 양산하기도 한다. 그러나 경제적 이해관계로 인해 양국이 상호간의 차이를 평화적으로 해결하려고 노력을 기울이게 된다. 중국 내부적으로는 시장개혁과 빠른 경제성장 덕분에 공산당 정권이 숨돌릴 틈을 얻었다. 중국은 여전히 일인당 국민소득이 낮은 나라이다. 중국의 추정치에 따르면, 경제적 근대화의 측면에서 중국은 미국과 같은 선진국보다 100여 년 이상 뒤쳐져 있다. 중국 최고의 경제 기획통인 마카이(馬凱: 중국국가발전개혁위원회의 주임(장관급))가 2006년 2월에 집산한 통계에 따르면, 중국에는 아직도 하루 1달러 이하의 돈으로 생활하는 빈곤인구가 1억 명이나 된다고 한다. 그러나 25년 만에 중국인들은 엄청난 생활수준의 향상을 경험했다. 세계은행에 따르면, 1979년 이후로 중국의 개혁은 4억 명의 사람들을 빈곤(하루 1달러 미만의 지출 수준)에서 구해냈다.

유니세프(UNICEF)에 따르면, 지난 15년간 중국 아동의 영양실조는 엄청나게 감소했다. 저체중 아동의 비율이 반으로 줄었고, 5세 이하 아동의 사망률도 크게 감소했다. 수백만 명의 농민들이 시골에서 도시로 이주했는데, 도시 인구는 17.9%(1978년)에서 41.8%(2004년)으로 확대되었다. 천만 명이 넘는 사람들이 개인 소유의 자동차를 가지고 있고 3억 9천 3백만 명이 휴대폰을 소지하고 있다. 1990년대 중반까지 중국은 '패자없는 개혁(reform without losers)'의 시기를 누렸다. 모든 사람들의 살림살이가 나아졌다.

생활수준이 이처럼 빠르게 개선되면서, 중국인들은 지금 전세계에서 자신들의 미래에 대해 가장 낙관적인 견해를 가진 국민들이다. 그러나 심각한 사회문제들(권위주의 정치체제 하에서의 급속한 경제성장이 가져온 부작용들)이 수면 위로 어렴풋이 떠오르고 있다. 부자와 가난한 사람 간의 불평등의 심화, 국유 건강보험체제의 붕괴, 생명에 위협을 주는 환경문제 등은 대중적인 불만과 폭력시위를 격발시키고 있다. 이러한 불안 요인들이 결국 중국의 경제발전을 좌절시킬 수 있는 것이다.

중국의 경제 기적

경제학자 후안강(胡鞍鋼)은 다음과 같이 기술하고 있다. "중국은 1950년대에 세계에서 가장 가난한 나라였다. 일인당 GDP에 있어서 산업화의 초기단계에 있었던 유럽과 미국의 1820년대보다도 훨씬 낮은 수준이었다. 1975년에도 중국의 일인당 국민소득은 세계에서 가장 낮은 수준이었다." 구소련의 중앙계획경제체제를 답습하는 한편, 집단농업체제를 실행하고 세계경제로부터 고립되어있었음에도 불구하고, 중국경제가 매년 6%의 성장률을 유지했던 것은 꽤 놀랄만한 일이다. 그러나 농업생산량은 개선되지 않은 채 인구는 계속 증가했기 때문에 중국의 생활수준은 정체되어 있었다. 1인당 식량소비는 1950년대에 비해 1970년대에도 더 나아지지 않았다. 농민들을 거대한 집단농장에 집어 넣고 단숨에 서구를 앞지르겠다는 망상이 만들어낸 마오쩌둥의 대약진운동(1958년)은 세계 어디에서도 찾아

볼 수 없는 20세기 최대의 기아 사태를 야기시켰다. 2,500만 명에서 3,000만 명의 사람들이 죽었고, 영양실조와 식량부족으로 3,000만 명의 출산에 영향을 미쳤다.

1976년 마오쩌둥이 죽고, 마오에 의해 두 번이나 숙청되었던 덩샤오핑이 2년 뒤 권력에 복귀했다. 덩샤오핑은 정책결정을 왜곡시켰던 마오 시대의 이념적 맹목으로부터 비교적 자유로웠다. 그는 과감한 경제개혁을 추진함으로써 생활수준을 향상시키고 문화대혁명으로 실추된 공산당의 사기와 사회적 지지를 되살렸다. 당시 인구의 80%를 차지하던 농업 분야에 시장경쟁과 성과급제도를 도입했다. 농지의 소유권은 공식적으로는 집체소유로 규정되어 있었지만 집단농장은 가족단위로 해체되었다. 분권화의 결과로 농민들의 생산성이 향상되면서 식량생산이 대폭 증가했고 여타 경제분야에서의 변화를 촉진했다. 공장과 농장은 계획된 할당량 이상으로 생산한 것은 무엇이든 시중에 내다팔고 이득을 챙겼다. 관리자들은 더 많은 결정권을 갖게 되었다. 고용된 사람들은 공장의 이윤에 따라 보너스를 받았다. 성과에 따른 인센티브가 생산성을 증대시켰다.

문호의 개방

덩샤오핑은 또한 수십년간의 고립정책을 뒤로 하고 세계에 중국의 문호를 여는 과감한 조치를 취했다. 덩샤오핑은 다음과 같이 설명했다.

"서구 국가들의 산업혁명 이후 중국이 낙후하게 된 가장 중요한 원인은 쇄국정책 때문이다. 세계에 중국의 문호를 개방함으로써, 외국의 자본뿐만 아니라 그들의 선진기술과 경영관리분야의 경험까지 이용할 수 있다."

명나라 시대(1368년~1644년)로 거슬러 올라가면, 중국이 실크로드와 해로를 통해 광범위한 무역활동을 벌였음을 알 수 있다. 그러나 청조 시대에는 유럽 열강들에 의해 강제로 개방되기 전까지 외국과의 해상무역을 금했다. 마오(毛)의 통치 하에서 중화인민공화국은 스스로 담을 쌓은 채 외부세계와 완전히 격리되어 있었다. 유럽과 미국뿐만 아니라 일본에 점점 뒤쳐졌고, 심지어 한국과 대만보다도 뒤떨어졌다. 그러나 1979년을 시작으로 덩샤오핑은 다시 한번 세계를 향해 중국의 문호를 활짝 열었다.

중국은 홍콩, 대만, 동남아 등지에 사는 화교 출신 사업가들에게 접근성이 좋은 남쪽 연해지역에 경제특구를 설치하는 것을 시작으로 적극적으로 외자를 유치했다. 중국에서 제조된 수출품들이 속속 세계시장에 나왔다. 물론 그 수출품들의 대다수는 외국인 투자가의 자본이 투입된 공장에서 제조된 것이었다. 치열한 국제경쟁 속에서 중국 제품의 질은 향상되고 중국 기업가들은 더욱 경쟁력을 갖추었다. 1990년대 말에 이르러서는 국내시장을 개방하고 세계무역기구(WTO)에 가입하는 큰 걸음을 내디딜 준비가 되었다. 중국의 평균 관세율은 1982년의 56%에서 2003년에는 11%로 떨어졌다. 중국은 이제 미국과 독일에 이어 세계에서 세번째로 큰 수입국이다. 중국의 교역량은 1978년에서 2001년 사이 25배나 증가했다. 25년만에 중국은 폐쇄형 경제에서 세계경제와 고도로 통합된 경제로 변모했다. 현재 중국이 세계화를 받아들이게 된 것은 지난 수십년간 경제개방의 최대수혜자였기 때문이다. 그들의 입장에서는 세계화가 충분히 승산이 있는 게임인 것이다.

얼마나 오래 지속될 것인가?

시장개혁과 대외개방은 중국에 급격한 경제적 도약을 선사했다. 1982년에 중국 정부가 2002년까지 자신들의 경제규모를 4배로 키우겠다는 구상은 2년이나 앞당겨 이뤄졌다. 당시 그들의 목표는 어이가 없을 정도로 황당하게 들렸다. 1978년부터 2004년까지 중국의 GDP는 연평균 9.5%씩 성장했다(가장 최근의 추산으로는 약 10% 정도). 더욱 놀랄만한 것은 중국의 일인당 GDP가 매년 8%씩 성장했다는 것이다(경제가 성장하면서 인구 증가는 둔화됐다).

6% 이상의 일인당 GDP 성장률은 세계 경제 역사상 아주 드문 경우다. 일본이 1955년에서 1973년 사이 그 같은 업적을 이룬 적이 있다. 한국과 대만, 그리고 태국이 아시아 금융위기로 타격을 입기 전인 1982년부터 1996년까지 그와 같은 경제성과를 냈었다. 하지만 세계 역사상 그 어떤 나라도 중국만큼 오랫동안 그처럼 높은 1인당 경제성장률을 유지한 적이 없다. 중국의 경제기적이 얼마나 오랫동안 지속될 수 있을까? 정치경제적으로 특별한 곤경에 처하지 않는다면, 중국은 앞으로 20년 이상 그와 같은 경제적 번영을 유지할 수 있을 것이다.

중국의 경제는 이미 두 번의 경기하락을 경험했지만 다시 회생했다. 한번은 1989년 천안문 시위 이후였고, 또 한번은 아시아 금융위기 이후였다. 일본, 한국, 대만, 그리고 태국 등의 나라들과 달리, 중국은 풍부한 천연자원을 보유하고 있고, 싼 인건비의 숙련된 노동력을 많이 확보하고 있다. 중국은 노동력의 절반이 아직 농업에 종사하고 있다. 외자기업과 수출 위주의 공장들이 밀집한 해안도시의 임금이 상승함에 따라, 기업들은 더 적은 임금에도 기꺼이 일하기 원하는 노동력을 찾아 내륙지방으로 눈을 돌리고 있다. 중국은 미국보다 크기 때문에 기업들이 오랜 기간 이러한 성장을 유지할 수 있다. 현재 중국의 저축률은 40% 정도로 세계에서 가장 높지만, 이러한 추세는 앞으로 조금씩 낮아질 것이고 경제성장을 위한 자본투입도 감소할 것이다. 그러나 국내소비의 증가가 경제를 활성화하고 세계 수출시장에 대한 의존도를 낮출 것이다.

인구통계 시간표와의 경주

중국의 인구가 노령화되면서 2025년 이후에는 중국의 성장이 둔화될 것이다. 현재 중국은 아이들과 노부모를 부양할 수 있는 노동 연령층의 인구비율이 높기 때문에 (2000년의 경우 전체인구의 70%를 차지함) 큰 복을 누리고 있다. 60세 이상의 인구가 2000년의 1억2천8백만 명에서 2030년에는 3억5천만 명으로 대폭 증가함에 따라 중국의 연금과 건강보험제도에 상당한 부담으로 작용할 것이다. 이 기간 동안 퇴직연금과 건강보험제도를 잘 정비하지 않는다면 상황은 심각하다. 2065년에는 인구의 54%가 60세 이상이 될 것이고, 전체 인구의 22%만이 일하게 될 것이다. (정부가 출생률을 높이기 위해 인센티브를 주거나 이민에 대한 문호를 열지 않을 경우를 상정함.)

일본과 한국 같은 나라들은 이미 인구의 노령화 문제를 해결하기 위해 고심하고 있다. 그러나 중국에서는 더 심각한 문제가 될 것이다. 배리 노턴(Barry Naughton)의 예측대로라면, "중국이 부유한 나라가 되기 전에 나이가 들어버릴 것"이기 때문이다.

이러한 인구통계의 시간표는 왜 중국의 지도자들이 2000년에 앞으로 20년 후인 2020년까지가 '전략적 기회의 시기(戰略機遇期)'라고 선언했는지 잘 보여준다. 또 한번의 20년간 중국은 빠른 경제성장과 함께 경제규모가 다시 4배로 커질 것이다. 1인당 국민소득이 3,000불을 넘는 소강사회(小康社會)로 진입하게 될 것이며, 세계은행 기준으로 상위 중등소득 국가(upper-middle-income country)가 될 것이다. 향후 20년간의 성장은 중국의 '포괄적 국력'과 국제경쟁력을 강화할 것이다. 이로써 중국은 세계를 이끌어 나갈 힘을 가진 세계적 강국이 될 것이다. 여러 세대에 걸쳐 중국의 지도자들이 바라 마지않던 '부강한 나라'의 꿈이 이루어질 날이 머지않은 것이다. 지금 중국의 지도자들이 해야 할 일은 인구통계 시간표와 대결해야 하는 경주에서 발목을 잡을 수 있는 국내외적 장애물들을 피하는 것이다.

부국강병

경제기적과 함께 중국의 인민해방군은 현재 초라한 농민군에서 현대화된 군대로 환골탈태했다. 그러나 이를 위해 중국의 중앙정부는 현대식 군사력을 갖추기 위해 필요한 자원을 모아야 했다. 그래서 1980년대에 중앙정부는 지방정부와 협조하는 카드를 쓰기로 했다. 베이징의 국고에 들어있는 돈을 푸는 대신에, 지방 차원의 상업활동으로 만들어진 이윤의 대부분을 지방정부가 처분할 수 있도록 내버려 둠으로써 지방 관료들의 지지를 얻어냈다. 당시 중앙정부는 도로나 철도 등의 공공설비나 군비확충에 돈을 쓰기에는 너무 가난했다. 덩샤오핑은 군의 확고한 지지를 받고 있었기 때문에 중국이 좀 더 번영하면 국방예산을 늘려주겠다는 약속으로 군의 예산확대 요구를 무마시켰다. 그러나 1990년대 중반에 들어서 중국의 중앙정부는 재정위기와 국가분열이라는 일촉즉발의 상황 아래 있었다. 청조를 무너뜨린 것과 유사한 상황에 빠질 것을 우려하면서 중앙정부는 '국가능력'을 재건하기 시작했다.

1994년에 주룽지(朱鎔基) 총리는 각 지역의 성(省) 정부에 강력하게 압력을 행사하여 세제개혁을 단행하고 중앙정부의 재정수입을 증대시켰다. 이로써 중국정부는 국방과 민간 프로젝트에 막대한 자금을 동원할 수 있게 되었다. 1990년대 초반부터 인민해방군의 국방예산은 공식적으로 두자리 수 증가세를 보이기 시작했다. 민간부문의 기술적 발전도 인민해방군의 군사력을 강화하는 데 일조하고 있다.

중국의 경제력은 국제정치에 있어서의 영향력 증대로도 이어졌다. 환구시보(環球時報)는 중국이라는 경제적 블랙홀이 자본과 기술의 흡수뿐만 아니라 국제정치적 측면의 영향력과 매력 또한 빨아들이고 있다고 평가했다. 미국과 중국같이 다른 나라로부터 많은 것을 수입하는 대국들은 영향력을 행사하기 위해 시장지배력을 사용할 수 있다.

어떤 나라도 자신의 최대 교역상대국에 미움을 사고 싶어하지 않는다.

항공기 구매, 기초건설 분야 프로젝트 계약, 보험회사와 은행에 대한 영업 허가권 같이 큰 거래가 걸려있는 사안의 결정을 통해 우방에는 보상을 베풀고 적대국에는 대가를 치르게 할 수 있는 것이다. 1997년에 덴마크가 유엔인권위원회에서 중국의 인권상황을 비판했을 때, 중국정부는 덴마크 기업들에 보복조치를 취했다. 시스코, 마이크로소프트, 야후, 구글 같은 인터넷 기업들은 인터넷 서비스와 관련하여 세계에서 가장 빨리 성장하는 시장을 버릴 수가 없기 때문에 중국의 검열 요구를 마지 못해 따르고 있다.

세계시장에 대한 영향력

경제기적은 변방에 물러나 앉아있던 가난한 나라를 세계경제의 강자로 변모시켰다. 중국과 같이 거대하고 빠르게 성장하는 나라가 세계경제에 통합되었을 때 곳곳에서 그 여파가 느껴지는 것은 어쩌면 불가피한 일이다. 1978년까지 중국을 세계경제의 주변부에 머물도록 한 것은 마오쩌둥이 전세계의 노동자들에게 베푼 가장 커다란 은전(恩典)이었다. 경제개혁이 시작된 후 중국의 수많은 저임금 노동력이 세계 노동시장에 유입되었고, 다른 나라의 노동자들과 경쟁하고 그들의 임금을 낮추는 압력으로 작용했다. (경제학자들의 관점에 따라, 거시경제적 요소와 생산력 증대를 함께 고려하면 임금 하락의 충격이 상상하는 것처럼 그렇게 크다고 보여지지 않을 수도 있다)

개발도상국의 노동자들은 중국 노동력과의 경쟁으로부터 오는 압박에 시달리고 있다. 2005년 1월1일 국제시장에서 섬유와 의류 품목의 쿼터제가 소멸되면서 방글라데시와 캄보디아의 의류업 종사 노동력은 미국과 유럽시장에서 보장되었던 자신들의 몫을 잃게 되었다. 수요의 측면에서 보면, 중국경제의 확장으로 에너지, 금속, 광물 및 기타 원자재에 대한 수요가 증가하면서 세계 상품시장의 가격까지 높아졌다. 중국의 수요는 이러한 물자를 수입하는 다른 나라의 가격에까지 영향을 미친다. 반면에 이 물자들을 수출하는 가난한 나라들은 이윤을 본다. 2004년에 중국은 다른 원료들은 말할 것도 없고, 고무(14%), 면(15%), 구리(18%), 그리고 알루미늄(20%) 등의 소비에 있어서 전세계 생산량의 많은 부분을 차지했다. 중국 정부가 2005년에 지나치게 과열된 경제를 가라앉히면서 중국의 원료수입은 다소 둔화되었고 세계시장의 원료 가격도 다시 떨어졌다. 저널리스트 앤드류 브라운(Andrew Browne)은 "세계경제에서 중국이 성장동력으로 역할을 하고 있는 지금, 우리는 변동이 심한 상황에 적응해야 할 것"이라고 평했다.

자동차의 상용화가 이루어지면서 중국은 세계에서 두번째로 석유를 많이 소비하는 나라가 되었다(2004년의 경우 매일 650만 배럴 소비). 미국 에너지부는 2025년에 중국의 석유 소비량이 매일 1,420만 배럴에 달할 것으로 예상하고 있다. 물론, 1970년대 일본의 석유 수요량에 대한 예측이 빗나간 것을 기억할 필요가 있다. 에너지 절약의 측면에서 일본이 많은 개선을 가져올 것이라는 것을 예상하지 못한 것이다. 2006년 2월 필자가 중국 최고의 경제 기획가인 마카이(馬凱)를 만났을 때, 그는 중국이 에너지 소비의 효율성 개선과 에너지 절약에 대해 점점 더 중시하고 있다고 설명했다. 오늘날 중국의 철강제조업체들은 미국에서 같은 양의 철강을 생산하기 위해 사용하는 에너지의 네 배를 소비한다. 중국 정부는 에너지 집약도(단위별 경제성장에 대한 에너지 소비의 증가율로 집약도가 높을수록 에너지가 많이 소비됨을 뜻함)를 2010년까지 20%까지 낮추기로 했다. 자동차 연료의 경제성에 대한 중국의 새로운 기준은 미국보다 더 엄격해졌다. (2008년 기준에 의하면 경차는 갤런당 43마일이고, 대형 트럭은 갤런당 21마일로 되어 있다.)

마카이(馬凱)는 중국 정부가 600개 지역에서 풍력발전을 테스트하고 있다고 설명했다. 또한 재생가능한 에너지원을 개발하기 위해 연구를 진행하고 있는데, 재생가능 에너지의 사용을 10%까지 높힐 구상을 하고 있다. 마카이에 의하면, 중국은 현재 자신이 소비하는 에너지의 94%를 생산하고 있고, 90% 이하로 떨어지지 않도록 할 작정이다. 중국해양석유총공사(China Natural Offshore Oil Corporation)의 최고경영자는 2006년 2월 한 연설에서 다음과 같이 말했다. “석유에 대한 수요, 특히 수입된 석유에 대한 미래 수요는 현재보다 그리 높아지지 않을 것입니다…… 우리는 에너지 효율성을 높이는데 더 많은 투자를 할 것입니다.”

요즘 아프리카와 남미의 수도에서는 중국인들을 많이 볼 수 있다. 중국의 공무원들과 관리자들이 안정된 에너지 공급과 원자재 확보를 위해 전 세계 곳곳을 누비고 있다. 중국은 시장에서 에너지를 구매하는 것 외에 새로운 유전과 천연가스 발굴에 투자하고 있다. 미국이나 다른 나라들과 관계가 틀어졌을 때 타격을 받지 않기 위한 것이다. 미국도 과거에 같은 이유로 동일한 투자를 했다. ‘석유 안보’라는 논리는 (석유시장이 세계적으로 시장통합을 이루고 있기 때문에) 경제적으로는 비합리적 행위라 할 수 있지만, 정치적으로는 꽤 설득력을 갖는다.

이름난 산유국들에 의해 공급되는 에너지가 미국, 유럽, 일본 등의 나라에 선점되어 있기 때문에 중국은 국제사회가 기피하는 나라들에 진출하는 수밖에 없다고 생각한다. 중국이 적극적으로 수단, 베네수엘라, 이란, 그리고 버마 같은 나라들에 접근함으로써, 미국과 그 동맹국들이 이들 나라의 인권을 개선하기 위해 사용하는 불매운동과 경제적 지렛대의 효과는 반감되었다. 이러한 상황이 중미관계의 새로운 마찰 요인이 된 것은 두말할 나위 없다.

미국 에너지부는 2006년의 한 보고서에서, 일부 의회 의원들의 우려와 달리, 중국의 대대적인 에너지 자원 매입이 경제적으로 중립적이며 미국의 이익에 반하지 않는다고 평가했다. 긍정적인 측면에서 바라볼 때, 새로운 유전을 개발하기 위한 중국의 대대적인 투자는 도리어 전세계의 석유 공급량을 확대하는 효과를 가져올 것으로 보인다. 중국은 현재 석유와 가스, 그리고 다른 물자들의 가격이 높기 때문에 이 자원들에 많은 돈을 쏟아 붓고 있다. 만약 가격이 떨어지면, 중국이나 다른 지역에서 경기둔화의 영향으로 물자에 대한 수요가 증가할 것이고, 이로 인해 중국은 대대적인 손실을 겪게 될 것이다. 일본이 1970년대 경제 호황으로 국제자원에 대해 과도한 비용을 지불해야 했던 것과 마찬가지 상황이다.

상호의존성의 심화

세계 경제에서 고도의 개방성을 가진 중국과 같은 대국은 대외교역량이 국내총생산(GDP)의 75%를 차지할 정도로 자국의 번영과 안정을 위해 타국에 많이 의존한다. 중국은 국제경제로부터의 충격에 상당히 취약하다. 또한 중국의 부상에 대한 다른 나라들의 정치적 반응에도 취약한 편이다. 중국에 대한 반발로, 미국, 유럽, 일본 등의 주요 시장이 중국을 자국의 시장에서 제외시켜 버린다면, 중국의 경제 성장은 둔화되고 국내 실업률은 위험한 수준까지 상승할 것이다.

국내에서 생산된 제품을 해외에서 부당하게 저가로 판매하는 불공정 행위로 많은 중국의 생산자들이 고발됨으로써 중국은 세계 최대의 반덤핑조사 대상국이 되었다. 대외무역과 투자에 손상을 입히는 부작용을 초래할까 봐 중국의 외교분야 정책결정자들은 대부분의 나라들에 대해 조심스럽고 호의적인 태도를 취한다. 결국 다른 나라들도 중국의 성장에 걸림돌이 되지 않기 위해 신중하게 행동한다. 싱가폴의 저널리스트 제너다스 데번(Janadas Devan)이 이런 상황을 다음과 같이 묘사한다. “중국은 다른 나라가 별 염려 없이 대립 각을 세우기에는 세계 경제의 핵심 주체로 자리를 잡아 버렸습니다.”

경제적 상호의존이 심화되면서 대만, 일본과의 긴장관계도 완화되는 효과를 보게 되었다. 중국은 대만과 일본 모두에게 최대의 교역 상대국이다. 대만과 일본의 기업들은 자국 내의 공장을 중국대륙으로 옮기고 있으며,

그 두 나라는 중국에 가장 많이 투자하는 나라가 되었다. 100만 명 이상의 대만 상인들이 현재 그들의 공장이 있는 중국에 거주하고 있다. 대만 정치에서 이들은 양안관계의 현상유지(status quo)를 지지할 가장 중요한 유권자들이다. 그들은 중국에서의 자신들의 투자에 위협이 될 대만 정치인들의 지나친 독립 지향적 움직임을 좋아하지 않는다.

한편, 일본에서는 비즈니스 상의 이해관계를 가진 사람들이 고이즈미 총리의 야스쿠니 신사 참배에 반대한다. 야스쿠니 신사는 제2차 세계대전 이후 유죄가 선고된 A급 전범 14명을 포함한 일본 군인들의 위패가 모여 있는 곳이다. 고이즈미의 야스쿠니 참배는 과거 일제의 잔악행위에 고통을 당한 중국과 한국 국민들을 분개하게 만들고, 중국에서 일본인들의 투자와 생산활동에 화(禍)를 부른다.

아직 민주적이라 할 수 없는 중국에서는 경제적 이해관계가 외교정책에 미치는 영향력이 그리 크지 않다. 대만 및 일본과의 경제 관계로 가장 큰 이득을 보는 민간기업, 외자기업, 연해지역 등은 사실 외교정책 결정과정에서 발언권이 없다. 중국의 지도자들은 경제 교류의 중요성을 인정하고 그것을 유지하기 원한다. 그러나 대만과 일본에 대한 대중의 분노가 폭발하면, 경제적 실용주의가 민족주의적 정서와 정치적 존망의 문제를 누그러뜨릴 수 없게 될 것이다.

미국과의 경제적 공생관계

중국의 지도자들은 미국과의 관계에서 책략을 부리기에는 그 관계가 너무 중요해졌다는 것을 알고 있다. 두 거대 경제체 사이에 존재하는 공생적 관계는 쌍방이 서로를 흔들지 못하도록 만들고 있다. 미국은 중국의 가장 큰 해외 시장이고, 해외 직접투자에 있어서 누적치 기준으로 두번째 투자국이다. 미국은 중국이 세계경제에 진입하는 과정에 가장 주요한 후원자였고, 특히 2001년 중국의 WTO 가입 협상에서 큰 역할을 했다. 6만 명의 중국 학생들이 미국의 대학에서 공부하고 있다. 중국은 또한 미국의 주요 채권국인데, 막대한 외환보유고를 동원하여 미국의 국채를 매입하는 방식으로 2005년에는 약 2천5백억 달러를 미국에 빌려주었다.

중국은 미국 경제의 호황이 지속되는 것에 미국만큼 강한 이해관계를 갖고 있다. 중국의 관점에서 미국과 중국의 경제는 이미 같은 배를 타고 있는 것이다. 그러나 양국 경제관계의 미래를 장밋빛으로 그리는 미국인은 그리 많지 않다. 미국의 대 중국 수출과 비교하면, 중국은 미국에 훨씬 더 많은 물건을 팔고 있다. 2005년 미국의 통계를 보면, 미국의 대 중국 무역적자는 2,016억 달러에 달한다. 미국은 역사상 그 어떤 나라와도 이렇게 큰 무역적자를 기록한 적이 없다. 2005년 7월까지 중국의 위안화 환율은 미국 달러화에 연동되는 고정환율제를 유지하고 있었다. 중국의 환율은 여전히 시장이 아니라 정부에 의해 정해지고 있고 아주 좁은 범위 내에서 조정되고 있다. 중국의 위안화 환율이 상당히 저평가되어 있고 이것이 중국의 수출에 큰 도움을 주고 있다는 것은 다수의 경제학자들이 인정하는 바이다.

중국은 수출과 외자유치를 통해 벌어들이는 돈으로 막대한 양의 외환보유고를 쌓아놓고 있다. 2006년 말에는 그 금액이 1조 달러를 돌파했다. 그리고 그 돈의 70~80%를 미국의 국채나 달러 자산을 매입하는데 사용하고 있다. 일부의 미국인들은, 중국이 지적재산권을 느슨하게 집행함으로써 미국 유수기업들의 이익을 침해하고 있다고 불만을 토로한다. 의약품, DVD, CD, 그리고 명품 브랜드 제품에 대한 불법 복제가 중국 도처에 만연되어 있다. 중국 정부는 지적재산권 보호에 대한 법안을 통과시켰지만 이 법안을 집행하는 데 충분한 노력을 기울이지 않고 있다. 많은 지방 관원들이 불법복제 사업자들과 결탁되어 있다. 중국은 미국의 경제력을 약화시키고 자신들의 경제력을 키우기 위해 미국과의 경제관계를 활용하고 있는 것처럼 보인다. 재정적자를 메우기 위해 중국에 의존하고 있다는 것은 미국인들에게는 아주 불편한 진실이다. 로렌스 서머스 전 재무장관은 "세계 최강의 나라가 세계 최대의 채무국이라는 사실은 아주 해괴한 일"이라고 평했다. 미국과 같은 초강대국이 어찌 이런 치욕을 받아들이고 잠재적 위험요소를 좌시한단 말인가? 만약 중미 양국이 대만이나 기타 문제로 인해 위기에 봉착하면 어떤 일이 벌어질 것인가? 중국이 자신이 보유하고 있는 미국 국채를 팔아버림으로써 미국 경제를 파괴하려 하지 않을까?

미국과 중국은 확실히 경제적으로 상호의존적인 관계에 있다. 어느 한 나라가 경기침체에 빠지거나 정치적인 의도를 갖고 행동할 경우 상대 국가에 큰 피해를 끼칠 수 있다. 그러나 양국의 무역 불균형 현상 이면에는 중국이 계획적이고 부당하게 미국을 이용하고 있다는 단순한 논리를 넘어서는 훨씬 더 복잡한 진실이 숨겨져 있다.

- 미국에 수출되는 대부분의 중국 제품은 중국에 있는 외국계 기업에 의해 외국 브랜드로 생산된 것이며, 초국적 생산망의 일환으로 수입된 부품들이 사용된다. 중국은 거기서 생기는 수익의 아주 작은 부분만을 챙기고 대부분의 수익은 해외기업과 소비자들에게 돌아간다. 스위스 최대의 금융그룹 UBS의 경제분석가인 타오둥(陶冬)은, "바비인형의 가격이 20달러라면, 중국은 거기서 35센트 정도의 이익만을 보고 있다"고 분석한다.
- 일본, 한국, 그리고 대만은 계속해서 자신들의 제조공장을 중국으로 이전하고 있다. 미국에는 중국으로부터 들어오는 수입품이 점점 늘어나고 있는데, 반대로 일본, 한국, 대만 등지에서 들어오는 수입품은 점점 줄어들고 있다. 아시아 지역으로부터 들어온 수입액이 1998년에 미국 총수입의 40%를 차지했는데, 2004년에도 이 지역으로부터의 수입액은 여전히 총수입의 40%를 차지하고 있다.
- 중국이 고정환율제를 유지했음에도 불구하고, 세계 각국에 대한 중국의 수입과 수출액은 1995년부터 2005년의 10년간 대체로 비슷한 수

준이었다. (2005년에 1020억 달러의 흑자를 기록했으며, 2006년에는 1400억 달러가 넘을 것으로 추정됐다.) 중국이 전체적으로는 무역수지 흑자를 기록했지만 미국을 제외한 다른 나라들과 아시아의 주변국들에서는 수출보다 수입이 더 많은 비중을 차지하고 있다.

- 대부분의 나라들이 미국과의 교역관계에서 흑자를 기록하고 있다. 중국만이 대미 흑자를 기록하는 것은 아니다. 미국 정부와 미국 소비자들은 수입보다 지출이 더 많은 상태를 유지하고 있다. 중국과 일본 같은 나라들이 미국으로 하여금 과소비를 하게끔 도와 주고 있다. 미국이 이 나라들로부터 돈을 빌려 쓰고 있기 때문에, 미국 연방정부는 막대한 재정적자에 직면해서도 이자율을 올리지 않음으로써 소비자 지출에 타격을 주지 않고 있다. 낮은 가격의 중국 수입품이 또한 낮은 물가 상승률을 유지시켜줌으로써 연방준비은행이 금리를 올릴 필요가 없도록 해 준다. 많은 분석가들은 중미관계가 상호의존적일 뿐만 아니라 양국에게 건전하지 않은 종속적 관계라고 평가한다.
- 다른 나라들과 마찬가지로 중국이 미국의 국채를 매입하는 것은 미국을 궁지로 몰기 위한 것도 아니고 미국을 도와주기 위한 것도 아니다. 오히려 인민폐의 환율을 안정적으로 관리하기 위해 외화를 매입하는 것이다. 미국 국채는 외환보유고에 있어서 가장 안전한 자산이기 때문이다. 만약 중국이 상당량의 미국 국채를 무모하게 매각한다면 미국뿐만 아니라 중국 스스로도 큰 피해를 입게 된다. 중국이 보유하고 있는 자산의 가치가 폭락할 것이기 때문이다.

중국 관리들은 미국에서 보호무역주의를 주장하는 목소리가 커질까 봐 점점 불안감을 느끼고 있다. 그들은 미중간의 무역수지 격차가 정치적으로 용납할 수 없는 수준까지 이르렀다는 것을 인정한다. 미국 의회는 중국이 환율을 '조작'하는 것을 멈추지 않을 경우, 중국 수입품에 대해 관세를 올리자는 제안까지 내놓고 있다. 중국의 중앙은행들은 오히려 중국이 변동환율제를 채택하기를 바란다. 그렇게 되면 그들이 뒷짐만 지고 있어도 거시경제 문제를 다룰 수 있기 때문이다. 더 이상 인민폐의 가치를 안정시키기 위해 달러 자산을 축적함으로써 인플레이션의 위험을 무릅쓰지 않아도 될 뿐만 아니라, 중국이 번 돈을 해외가 아니라 국내에 재투자할 수 있게 된다.

그러나 중국의 정치 지도자들은 수출 감소, 성장 둔화, 실업률 증가, 사회 불안요인 증가 등의 상황에 두려움을 느끼며, 심판의 날이 언제 닥칠지 차일피일 기다리는 심정일 것이다. 중국의 지도자들은 국민들 앞에서 국외의 압박에 굴복하는 모습을 보일 경우 국내적으로 자신들의 위신이 크게 손상을 입을까 봐 항상 우려를 한다. 국제경제 분석가들은 중국 통화가 저평가되어 있다는 것에 이견이 없지만, 환율의 변화가 미중간의 무역 불균형을 완화하는데 효과가 있을지에 대해서는 견해가 나뉜다. 과거에는 대부분의 제조품이 아시아의 다른 지역에서 제조되었지만, 이제는 중국이 제품 생산의 주요 거점이기 때문이다. 중국의 지도자들은 자국의 경제가 침체에 빠지지 않도록 최선을 다하면서 미국의 이익에도 부합되도록 노력해 왔다.

그들은 또한 '불안정하고 가난하며 약한 중국'보다 '안정되고 강하며 번영하는 중국'이 미국의 이익에 더 부합한다고 미국인들을 납득시키기 위해 노력한다. 중국이 최대 수출시장에 변함없이 접근하고 중국의 경제발전에 대한 미국 측의 지지를 계속 확보하는 것은, 중국이 지속적으로 성장하고 공산당의 정치적 존망을 유지하는데 가장 중요한 열쇠가 된다. 그러나 미국 측의 정치적 반응은 중국의 미래에 드리우고 있는 어두운 그림자의 작은 조각에 불과하다.

은행의 파산

중국의 위태로운 금융 시스템이 중국이 직면한 가장 큰 경제적 도전이라는 것은 종종 언급되는 문제이다. 중국 은행의 대차대조표는 회수할 수 없는 대규모 부실채권으로 인해 심각한 불균형 상태에 놓여 있다. 왜냐하면 돈을 대출한 기업(대체로 정치적 연줄이 좋은 국유기업들)이 전혀 이익을 내지 못하거나 파산상태에 있기 때문이다. 이론적으로 따져서, 만약 민영은행의 예금주들이 어느 날 자신들의 예금을 되찾을 수 없을지도 모른다는 두려움에 빠져 돈을 인출하러 몰려 든다면, 은행뿐만 아니라 정부의 붕괴까지도 초래할 수 있다. 그러나 최근 몇 년간 은행의 파산 위험은 다소 감소했다. 중국 정부는 은행들을 구조조정하고, 은행들이 지방 정치인들로부터 오는 대출압력에 영향을 덜 받을 수 있도록 방안을 마련했다. 그리고 재무 상태를 개선하기 위해 1998년부터 은행에 2,600억 달러 이상을 쏟아 부었다. 2005년에는 부실채권이 총대출의 8.8%로 떨어졌고, 2003년 말 이후에는 다시 그 절반으로 떨어졌다.

가장 희망적인 조짐은 중국 정부가 이제는 외국계 은행에도 중국의 은행을 공동으로 소유할 수 있도록 허용한다는 것이다. 이로 인해 많은 외국계 은행이 중국 은행들을 사들이려고 앞 다투어 줄을 서고 있다. 뱅크 오브 아메리카(Bank of America)는 중국에서 가장 큰 국영은행 중의 하나인 중국 건설은행 지분의 9%를 매입했는데, 은행의 대출관행을 현대화하고 리스크를 분담하겠다고 약속함으로써 은행 도산의 위험성을 낮추었다. 로열 뱅크 오브 스코틀랜드(RBS), 메릴린치, 홍콩 상하이은행(HSBC), 골드만 삭스와 같은 은행들도 중국 은행의 지분을 매입하는 데 수십억 달러를 투자했는데, 자신들이 가진 금융분야의 전문 지식이 중국의 은행들로 하여금 수익을 많이 내게 할 수 있다는 기대감을 갖고 있다.

정치적 위험성

그러나 중국 경제가 안고 있는 가장 큰 위험성은 경제가 아니라 정치적인 면에 있다. 정치 안정의 여부가 중국이 안고 있는 가장 큰 문제인 것이다.

뉴욕 타임즈의 기자인 케이스 브래드셔(Keith Bradsher)가 지적하듯이, "중국이 지금까지 이루어 온 번영은 30여년 동안 정치적으로나 사회적으로 매우 안정되어 있었기 때문이며, 이러한 정치사회적 안정은 지난 100년 간의 중국역사에서 아주 드문 경우"였다. 그렇다면 이러한 정치적 안정은 얼마나 지속될 수 있을까?

고용 문제

중국 지도자들은 중국 사회가 급격한 산업화와 도시화로 소용돌이 치면서 자신들이 이미 사회에 대한 통제력을 상실하고 있다는 것을 절실히 의식하고 있다. 과거 중국인들의 운명은 그가 어디에서 태어났는가, 즉 도시에서 태어났느냐 혹은 시골에서 태어났느냐에 달려 있었다. 엄격한 호구제도가 중국인들을 자신이 태어난 곳에 한 평생 가두어 버렸다. 농업에 종사하는 가족의 자녀들은, 대학에 진학하거나 군에 입대하는 소수를 제외하고는 평생을 농촌 지역에 묻혀 살아야 했다. 그러나 요즘은 수천만 명의 중국인들이 농촌에서 도시로 대대적인 인구이동을 하고 있다. 5억 명의 농촌 노동력 중에서 1억 명 만이 농업을 생업으로 삼고 있고, 4억 명의 농민들은 농촌의 산업화와 함께 자신들의 토지를 잃어 버렸다.

미국 인구의 반에 해당하는 1억 3천만 명의 농촌 거주자들은 일자리를 찾아 도시로 이주했고, 이들이 현재 중국 산업의 주요 노동력이다. 중국의 도시 인구는 총인구의 20%에서 40%로 늘어났다. 중국의 도시 기획가들에 따르면 2020년에는 그 비율이 55%~60%까지 늘어날 것으로 예상하고 있다. 종신고용을 의미하는 도시 지역 국유기업의 '철밥그릇(鐵飯碗)'은 깨져버린 지 오래다. 예전에는 정부가 지정해서 파견하면 노동자들은 좋든 싫든 은퇴할 때까지 그 직업에 종사해야 했다. 노동자들은 동장에서 집단생활을 해야 했고, 당원들의 세세한 감독 아래 있었다. 지금은 사람들이 직접 자신의 직업을 찾고 있고, 그들 중 5분의 4가 자신의 아파트를 소유하고 있다. 도시 고용인의 4분의 3이 국유부문에 속하지 않는 사영기업, 집체기업, 혹은 외자기업에서 일하는데, 이러한 기업들에 대해서는 정치적 통제가 미미하다.

1990년대 중반부터 중국정부는 시장경쟁을 버티지 못하는 많은 국유기업들에 달리 손을 쓰지 않고 도산하도록 내버려 두었다. 공장들이 문을 닫아 6천 5백만 명의 실업자들(1995년~2001년 사이)이 거리로 쏟아져 나왔는데, 도처에서 노동자들의 소요가 일어났다. 2004년 중국 정부에서 공식 발표한 실업률은 4.2%였다. 그러나 실제 실업률은 이보다 훨씬 높았다. 동북 지역(역사적으로 '만주'라고 알려진 지역)의 기울어가는 일부 중공업 도시의 실업률은 두 자리 수에까지 이르렀다. 매년 수백만 이상의 노동자들이 취업의 기회를 찾아 노동 시장에 새롭게 진입하고 있다. 2006년 한 해 동안의 구직자 중에는, 400만 명의 대졸자, 270만 명의 직업학교 졸업자, 210만 명의 중학교 졸업자, 70만 명의 퇴역군인, 260만 명의 도농(都農)간 이민자, 100만 명의 해직 노동자, 840만 명의 도시 실업자들이 포함되어 있었다.

일자리 창출은 정치적으로 아주 긴요한 사안이 되었다. 중앙당교의 부교장인 정비젠(鄭必堅)은 2006년부터 2015년까지 매년마다 각 도시에서 2400만 개의 새로운 일자리가 창출되어야 할 것이라고 추정한다. 그는 "앞으로 일자리에 대한 압력이 더욱 심각해질 것"이며, "일자리 창출의 필요를 충족시키려면 중국이 GDP 성장률이 매년 7% 이하로 떨어지지 않아야 한다"고 말했다. 정치 안정이라는 측면에서 특히 걱정스러운 것은 대졸자들의 실업이라는 새로운 현상이다. 이들은 정권 반대운동을 조직하고 이끌 능력을 가지고 있는 사람들이다. 중국의 대학 입학률은 1978년에 백만 명을 넘지 못하다가 2003년에 이르러서는 1,100만 명으로 늘어났는데, 많은 졸업자들이 적절한 일자리를 찾지 못하고 있다.

새로 설립된 몇몇 사립대학에서는, 자신들의 대학 졸업장이 학교 당국이 약속한 것만큼의 가치를 지니고 있지 않다는 것을 알게 된 학생들이 대대적으로 시위를 벌였다. 해외에서 공부한 수많은 학생들이 중국으로 돌아오기 시작했다. 이러한 추세는, 중국에서 가장 뛰어나고 명석한 학생들이 중국의 미래에 대해 자신감을 갖게 되었다는 고무적인 징조이지만, 고학력자들의 취업이 더욱 어려워졌다는 것을 의미한다. 교육부는 2005년에 졸업한 338만 명의 대학생들 중에서 25%가 일자리를 찾지 못할 것이라고 예상했다.

빈부 격차

중국 공산당 지도자들은 빈부격차가 심화되는 것, 즉 양극화 현상으로 인해 대규모 폭동이나 반체제 운동이 일어날까 봐 우려하고 있다. 원자바오 총리는 2006년 춘절 담화에서 "사회적 평등을 유지하기 위해 특별한 관심을 기울일 것"이며, "인민들의 이익과 직접 결부된 사안들에 정책의 우선순위를 둘 것"이라고 약속했다. 개혁개방기에 들어 중국의 빈부격차는 확대되었다. 가장 부유한 10%가 국가 전체 부의 45%를 차지하고 있으며, 가장 가난한 10%는 단지 1.4%만을 차지하고 있다. 현재 도시 거주자의 1인당 국민소득은 농촌 거주자의 소득보다 3.23배 높다. 1985년에는 그 차이가 2.57배였다. 도시 거주자의 소득 성장률은 8~9%로 농촌 거주자의 소득 성장률 4~5%보다 거의 두 배가 높다. 중국 정부의 공식 통계에 따르면, 중국의 지니 계수(한 국가의 소득 불평등을 측정하는 국제적인 비교지

수로, 0은 완전한 평등상태를 뜻하고, 1은 한 개인이 모든 소득을 소유한 상태임)는 대략 0.46과 0.49 사이로 0.5에 가까워지고 있다고 한다. 중국이 설정한 경계선은 지니 계수 0.40인데, 1994년에 이미 그 경계선을 넘어 섰다.

가장 최근에 발표된 세계은행 통계에 따르면, 미국의 지니 계수는 0.41, 영국은 0.36, 독일은 0.28을 기록하고 있다. 원자바오 총리와 후진타오 주석은 빈곤층에 대한 자신들의 관심과 배려를 보여주기 위해 중국의 동북지역과 내륙지역을 시찰하는데 많은 시간을 할애한다. 경제적으로 풍요로운 연해지방과 가난한 내륙지방의 큰 격차가 국가의 통합을 위협할 수 있다. 중국에서 가장 부유한 지역(상하이, 베이징, 저장성, 광동성, 푸젠성)의 사람들은 가장 빈곤한 다섯 지역의 사람들보다 두 배나 더 많은 소득을 올리고 있다. 중국 최고의 경제기획가인 마카이(馬凱)는 전국인민대표대회에서 다음과 같이 보고했다. "도시와 연해지역이 내륙지역을 많이 앞지르면서 생겨난 심각한 빈부격차가 사회불안을 일으키고 정부의 권위를 해칠 것이다."

2005년 10월 중앙위원회에 제출된 11차 5개년 계획에서 명백히 밝히고 있는 것처럼, 빈부격차의 완화와 '조화 사회'의 구축은 후진타오 정권의 핵심 과제이다. 정치적으로 가장 폭발성을 갖는 불평등은 사람들이 자신의 눈으로 직접 확인 가능한 종류의 불평등이다. 다시 말해서, 중국의 모든 도시에서 흔히 볼 수 있는 부유층의 사치스런 생활과 빈곤층의 열악한 처지가 비교될 때 그 불평등성은 극명하게 드러난다. 중국 공산당 기관지 『인민일보』가 한 여론조사를 인용하여 보도한 기사에 따르면, 70%의 사람들이 "극심한 빈부격차가 사회안정에 부정적 영향을 미친다"고 생각하는 것으로 나타났다. 인민일보는 또한, 중국 국민들은 부패 관료들이 권력을 수단으로 부정축재하는 것에 가장 분개한다고 언급했다.

중국의 연구자들은 당 지도부의 요청에 따라, 극심한 빈부격차로 인해 사회혼란과 경제침체를 겪은 브라질, 아르헨티나와 같은 남미 국가들의 경험을 연구해 왔다. 후진타오-원자바오 팀이 지지하는 대중주의(소득분배 개선과 빈곤층의 필요를 충족시키는 데 특히 유념하는 정책 기조)는 이러한 불행을 피하기 위한 것이다.

부패 현상

중국인들은 치부(致富)하기 위해서 각고의 노력과 재능이 필요한 것이 아니라 권력을 이용한 부패가 필요하다고 생각한다. 정부가 여전히 경제생활에서 중요한 역할을 하고 있기 때문에 부와 정치권력은 밀접하게 얽혀 있다. 국제투명성기구의 조사에 따르면, 중국의 부패율은 중위권에 속한다.

그러나 중국 내부에서, 특히 최고 지도층에까지 부패가 만연해 있다는 인식은 정치적 불신을 부추기고 공산당의 통치에 대한 대중들의 지지를 약화시킨다. 다른 한편으로는, 부패가 만연함으로써 당 지도부의 단합이 깨질 수 있다. 거의 모든 지도자들이 비리 의혹에서 자유로울 수 없는데, 그 개인이 깨끗하다 하더라도 그의 친척이나 친구들이 부패에 연루될 수 있기 때문에, 비리나 부패에 대한 폭로는 권력 다툼에 유용한 무기가 되었다.

고위층의 부패 사건은 상업 매체와 일반 대중의 큰 관심을 끈다. 2006년 봄, 베이징 올림픽의 건설사업 일체를 책임지고 있던 베이징시의 부시장이 중대한 비리 혐의로 체포되었다. 중국 해군 부사령관을 맡고 있던 한 인사는 자신의 정부(情婦)에 의해 고발되었는데, 경제범죄를 저지른 혐의로 파면 당했다. 2006년 가을에는 상하이시의 연금 펀드와 관련된 중대한 비리 스캔들에 연루되어 상하이시 당 위원회 서기와 정치국 위원 등 요직을 겸하고 있던 천량위(陳良宇)와 기타 고위직 인사들이 파면 당했다.

이러한 나쁜 풍조는 학계에도 널리 퍼져있는데, 표절이나 연구 성과를 위조하는 일들이 비일비재하다. 한번은 국산 디지털 컴퓨터 칩을 발명해서 국가적 영웅으로 대접받던 상하이 교통대학의 한 연구원이 있었는데, 알고 보니 해외 모델을 베낀 것으로 드러났다. 후진타오 주석은, 공직자들의 부패에 맞서 깨끗한 정치를 구현하려고 애쓰는 '백마 탄 기사'의 이미지로 자기 자신을 그리고 있다. 그는 부패가 도처에 만연해 있다고 평가하면서, 부패척결에 힘쓸 것을 다짐해 왔다. 중국 매체들은 당이 부패 문제를 얼마나 심각하게 받아들이고 있는지 알리기 위해 몇몇 통계를 소개하는데, 2005년에 부패 혐의로 유죄판결을 받은 관리가 1,932명에 달했고 그 중에 장관급이 6명이나 포함되어 있다는 것을 강조한다. 중국 관측가들은 2006년의 비리 조사 대상 중에 장쩌민 전 주석의 측근들이 많이 포함되어 있는 것을 보고, 후진타오 주석이 2007년 가을에 있을 17차 전대에서 정치개편을 위해 자신의 권력을 강화하고 있는 것이 아닌가 추측했다.

사회재

2002년 후진타오 주석과 원자바오 총리가 취임한 직후, 중국은 사스(SARS) 사태에 시달렸다. 이 사태로 중국의 의료제도가 위기에 처해 있다는 것이 무서울 정도로 명백히 드러났다. 경제 성장에 매진하는 동안, 중국정부는 1978년 이래로 보건, 교육, 환경보호 같은 사회재를 등한시해 왔다. 정부의 투자는 오로지 산업 확대와 일자리 창출에만 집중되어 있었다. 중국의 한 평론가는, "중국은 지금 세금과 은행 대출을 사용하여 일자리를 만들어내고 있는데, 이것은 사회 안정을 지켜내기 위해 지불하는 비용에 다름 아니다"라고 지적한다.

반면에 보건, 교육, 환경보호와 같은 사회 인프라에는 투자가 거의 이루어지지 않았다. 농업의 탈집체화가 추진된 이후, 한 때 기본적 의료 서비스를 제공하던 간소한 진료소 설비와 의료 보조원의 인력조차 사라져 버렸으며, 그에 상응하는 다른 조치들이 취해지지 않았다. 의사와 병원은 치료에 대해 더 많은 비용을 청구하기 시작했고, 지불할 돈이 없는 환자는 돌려 보낸다. 중국이라는 사회주의 국가는 이제 세계에서 가장 민영화된 의료 제도를 가진 나라가 되었다. 중국 위생부장은 중국의 공공의료 제도가 온전하지 못하며, 주요 전염병의 확산을 효과적으로 통제할 수 없는 상태에 있다는 것을 인정한다. 이것은 1990년 이후 중국의 영아 사망률이, 중국보다 느린 소득 증가율을 보이는 인도나 중등소득국가와 비교했을 때 훨씬 느리게 감소하고 있다는 것을 보면 알 수 있다.

교육에 대한 국가 지출이 GDP의 3.28%(2003년)를 기록하고 있는데, 이 수치는 개발도상국들의 평균인 4.1%보다 낮은 수치다. 또한 중국 농촌의 수많은 빈곤 계층 자녀들은 고등학교 수업료를 낼 여력이 없는 상태다. 중국의 초등학교 진학률과 식자율(literacy rate)은 개발 도상국 평균보다는 높지만, 중국에는 약 8,500만 명이 여전히 문맹이고 그들 중 대부분이 농촌 내륙지역에 집중돼 있다.

지난 20년 동안 중국정부는 환경보호를 경제성장에 별 도움이 되지 않는 것으로 간주했다. 중국이 좀 더 부유해질 때 까지는 감당할 여유가 없는 사치(奢侈)로 여겼다. 숨 가쁘게 진행된 산업화가 세계에서 가장 심각한 대기오염과 수질오염을 가져왔다. 환경보호 업무를 담당하는 관료의 말에 따르면, 산성비가 중국 영토의 3분의 1 정도를 덮고 있고, 중국 7대 수역 중에서 반 정도는 "완전히 쓸 수 없는 곳"이 되었다. 중국 국민의 4분의 1은 깨끗한 식수를 공급받지 못하고 있고, 도시 인구의 3분의 1이 오염된 공기를 마시고 있다. 또한, 환경친화적인 방법으로 처리된 도시 쓰레기의 비율은 5분의 1에도 미치지 못하고 있다. 강과 호수의 70% 이상이 오염되었으며, 도시 지역 지하수의 90%가 더럽혀졌다. 중국의 여러 도시에서는 공장과 석탄 난로, 그리고 자동차 매연으로 인한 오염 때문에 공기가 너무 나빠져서 길 건너편의 모습도 잘 분별할 수 없을 지경이다. 스모그가 짙게 끼고 탁한 베이징의 공기를 경험해 본 사람이라면 누구나 2008

년 올림픽을 앞두고 베이징시 관계자들이 공기오염 문제를 성공적으로 해결할 수 있을지에 대해 의심하게 될 것이다.

세계에서 공기오염이 가장 심각한 20개의 도시 중에는 베이징을 포함하여 16 곳이 중국에 있다. 3백 개의 중국 도시를 대상으로 실시한 공기청정도 테스트에서 3분의 2 정도의 도시가 세계보건기구에서 제시한 기준에 미치지 못했다. 호흡기와 폐질환의 주범인 대기 중 미세먼지의 농도가 허용치를 넘어선 것이다.

중앙 정부가 환경보호 법안을 통과시키고 관련 세칙을 공포했지만, 지방의 관료들은 경제성장률과 일자리 창출에 자신들의 진급이 달려있기 때문에 무시해 버리기 일쑤다. 그러나 최근, 각종 화학 공장들이 강을 오염시키고, 농작물을 병들게 하고, 가족들이 병에 걸린 것에 격분한 지역 농민들이 여러 차례 시위를 벌임으로써 최고지도자들이 지대한 관심을 보이게 되었다. 2005년, 동북 지방에서 엄청난 규모의 화학물질 오염사건이 발생했다. 당시 한 공장에서 백여 톤의 벤젠이 쑹화 강에 유출됐는데, 그 사실을 지방정부의 관리들이 열흘 간이나 공표하지 않았다. 그로 인해 하얼빈 시 부근에 사는 천만 명 이상의 사람들이 일주일 이상 물을 사용할 수 없었다. 환경 재난은 정치적 격변을 만들어 낼 잠재력을 가지고 있다. 그 재난이 동일한 시간대에 동일한 사안에 대해 수많은 사람을 화나게 만들기 때문이다. 정권에 대한 반대운동으로 이어질 가능성이 없다 하더라도, 계속되는 환경파괴와 인체의 건강에까지 그 여파가 미친다면 미래 중국의 경제 발전을 둔화시킬 수 있다.

중국은 세계가 필요하다

경제 기적을 이룩하면서 중국은 순식간에 경제대국으로 변모했다. 중국 경제가 국제적인 생산망과 금융자본 이동의 네트워크 속에 촘촘하게 얽혀 있기 때문에 중국정부는 대체적으로 교역 상대국들과 좋은 관계를 유지하려고 노력한다. 중국은 권위주의 체제 속에서 빠른 경제성장을 추진해 왔기 때문에 국내적으로 해결해야 할 여러 난제들을 안고 있다. 중국정부는 정권에 위협이 되고 자국 경제를 항로에서 이탈시킬 수 있는 그 어떤 국제적 분쟁도 피하기 원한다. 상호의존성은 신중하게 행동하도록 만들지만, 그 자체가 평화를 보장하지는 않는다. 중국의 경제적 부상이 미국의 국가안보에 위협이 되지 않는다는 것을 미국인들에게 알리기 위해 중국은 많은 애를 쓰고 있다. 중국해양석유총공사(CNOOC)의 회장인 푸청위(傅成玉)가 말하는 것처럼, "중국의 목표는 세계질서를 뒤집는 것이 아니라 세계질서에 참여하여 그 질서를 강화하고 그로부터 이익을 챙기는 것"이라고 중국 관료들은 줄곧 주장한다. 중국의 광고문구에서 말하듯이, "중국은 세계가 필요하고, 세계는 중국이 필요하다." 그렇다면 미국인들은 과연 이 말에 동의할까?

03

국내적 위협

1989년에 일어난 천안문 사건이 공산당 통치하의 왕조적 정권을 40년 만에 끝내버릴 뻔 했다는 사실을 상기하면, 현재 중국 지도자들이 품고 있는 불안감을 이해하는 것은 어려운 일이 아니다. 6주 이상의 기간 동안, 수백만 명의 학생들이 베이징 천안문 광장을 비롯하여 지방 132개 도시에서 민주화를 요구하는 시위를 벌였다. 공산당 지도부는 이 시위를 어떻게 다룰 것인가를 둘러싸고 의견이 갈라졌다. 당시 인민공화국은 간신히 위기를 모면했다. 그 드라마의 중심에는 1978년 중국 경제개혁의 설계사로 공산당 총서기 직을 맡고 있던 자오쯔양(趙紫陽)이 있었다. 자오쯔양은 지주의 아들로, 그의 부친은 1940년대 토지개혁 기간에 공산주의자들에 의해 살해되었다. 그는 1970년대에 쓰촨(四川) 성의 최고 지도자로 있었는데, 농촌 지역의 빈곤문제를 개선하기 위해 농업집체화의 범위를 줄여 농민들이 가족단위로 생산할 수 있도록 허용하는 등 여러 노력을 기울였다. 후에 그의 이러한 실험들이 전국적인 개혁의 모델이 된다. 쓰촨 지역의 농민들은 고마움을 표현하기 위해 재치 있게 운율을 살려낸 말 한마디

를 만들어 냈다. "밥을 먹고 싶으면, 자오쯔양을 찾아라!" (要吃糧找紫陽—야오츠량, 자오쯔양)

사려 깊고 낮은 자세를 보이는 자오쯔양의 모습은 선동적인 스타일의 마오쩌둥과 대조를 이뤘다. 그는 기득권 사이에서 타협안을 만들어 내며 관료주의를 통해 개혁의 방향을 모색했다. 그는 개인의 카리스마에 의존한 정치를 하지 않았다. 당의 보수파들은 그를 몰아내려고 1년이 넘도록 덩샤오핑을 설득하고 있었다.

개혁파의 대표적 지도자로 대중적 인기가 높았던 자오쯔양의 전임자 후야오방(胡耀邦)은 천안문 사건이 일어나기 두 해 전 보수파들에 의해 자리에서 쫓겨났는데 1989년 갑작스런 죽음을 맞이했다. 후야오방의 사망소식에 수천 명의 베이징 학생들이 그를 애도하기 위해 천안문 광장으로 몰려 들었다. 학생들은 화환을 들고 "독재주의를 타도하라!"와 "민주 만세, 과학 만세!"를 외치며 시위를 벌였다. 자오쯔양은 부패를 척결하고 민주주의를 확대하는 일에 당이 앞장서겠다고 약속하면서 대화를 통해 학생들을 설득하자는 온건한 수단을 제안했다.

그러나 그가 오랜기간 준비해 온 해외 순방으로 어쩔 수 없이 자리를 비운 사이, 그의 정치적 라이벌이었던 리펑(李鵬) 총리는 강경파 세력을 규합하기 위해 덩샤오핑의 집 거실에서 은퇴한 당 원로들과 비공식 회의를 갖고, 정치국 회의를 소집하자고 책동했다.

자오쯔양이 없는 동안, 덩샤오핑을 비롯한 당 지도부는 인민일보의 사설을 통해 학생들의 시위가 '나라를 혼란에 빠뜨리고 인민들을 혹세무민하는 조직적인 음모'라고 규정했다. 해외 순방에서 돌아온 후 자오쯔양은 민주와 법치를 기반으로 학생들의 요구를 수용하자고 제안하며 학생들과 자신의 정치생명을 보호하려고 노력했다. 당내 지도부로부터 나오는 엇갈린 신호와 일반 시민들의 시위 참여에 고무되어 학생들은 시위를 지속하기로 결정했다. 학생들은 천안문 광장에서 단식투쟁을 시작했고 베이징 시민들도 지지를 나타내기 위해 광장으로 몰려들었다. '인민일보'의 기자들도 그전과 달리 검열에 아랑곳하지 않고 시위 상황을 사실 그대로 보도했다.

정치국 상무위원회의 회의에서는 계엄령을 선포하고 인민해방군의 도움을 요청하는 사안을 둘러싸고 의견이 갈라져 있었다. 그러나 덩샤오핑의 집 거실에서 또 다시 열린 비공식 회의(자오쯔양은 이 회의에 참석하지 않았다)에서는 기존의 입장을 기각하고, 군대의 도움을 요청하자는 결정을 채택했다. 그리고 '혼란'의 책임을 자오쯔양과 '국외의 적대세력'에 지원을 받고 있는 일부 정체를 알 수 없는 음모세력에게 돌렸다.

정치적 몰락을 눈앞에 두고 자오쯔양은 한밤중에 천안문 광장으로 향했다. 그리고 학생들에게 사과하고 단신 투쟁을 중지해 줄 것을 당부했다. 자오는 눈물을 흘리며, "우리가 너무 늦게 왔소!"라고 말했다. 몇일 뒤 자오는 파면당하고 가택연금에 처해졌다. 그의 자리는 상하이시 당위원회 서기인 장쩌민이 대신하게 되었다. 군이 베이징 시내로 진입하자 각계각층의 시민들은 군용 차량을 막아 섰다. 할머니들은 젊은 병사들을 향해 "못된 놈들"이라고 야단쳤다. 계엄령과 리펑, 심지어 덩샤오핑에게까지 항의하는 시위가 거국적으로 일어났다. 여덟 명의 퇴역 장군은 군대의 철수와 계엄령 해제를 요구하는 편지를 덩샤오핑에게 보냈다. 인민해방군은 "부당이득을 취한 관료들을 처벌하고, 부패를 척결하며, 사회주의민주와 법치 건설을 촉진하라"는 시위 군중들의 요구를 지지하는 공개서한을 발표했다. 군에 반란이 일어나고 군 부대간에 무력충돌이 일어날 가능성이 있다는 해외의 관측에도 불구하고, 결국 시위대를 강제로 철수시키라는 덩샤오핑의 명령에 불복한 고위급 지휘관은 한 명에 불과했다.

덩샤오핑은 전군을 소집하여 진압행동의 후방에 배치시킴으로써 사태를 미연에 방지했다. 1989년 6월 4일 밤, 인민해방군의 탱크들이 베이징의 시 중심으로 진격하여 수백 명, 어쩌면 수천 명의 학생들과 시위 지지자들, 그리고 구경하던 민중들을 사살했다. 진압 작전은 다른 도시에서도 이어졌다.

자오쯔양과 학생들에게 천안문 사건이 개인적 비극이었다면, 당 지도자들에게 이 사건은 '당과 국가의 생사가 걸린 전환점'이었다. 중화인민공화국은 지도층의 분열과 전국적인 대규모 시위로 붕괴 직전에 놓여 있었다. 인민해방군이 마지막까지 충성을 다했기 때문에 위기를 모면할 수 있었

▌사진▌ 민주의 여신상(미국 뉴욕항에 세워진 자유의 여신상을 본 따서 만듦)이 천안문 광장에 모여 민주화를 지지하는 시위자들 사이에 높이 솟아 있다. 1989년 5월 30일(Toshio Sakai/AFP/Getty Images 제공)

다. 그 날 이후로, 중국의 지도자들은 또 다른 천안문 사건이 발발하여 자신들의 정권을 전복시킬 수 있다는 두려움을 안고 살게 되었다. 지도자들 스스로 절대 천안문 사건에 대해 공개적으로 언급하지 않을 뿐만 아니라, 언론이 그 사건에 대해 언급하는 것도 용인하지 않는다. 당은 희생자들의 어머니들도 철저히 감시하고 있는데, 그들이 자녀들의 복권을 요구하는 운동을 펼치려고 했었기 때문이다. 자오쯔양이 2005년 세상을 떠났을 때도, 당 지도자들은 그 소식이 외부로 전해지는 것을 봉쇄하고 장례식을 소규모의 개인적 행사로 제한함으로써 그들의 내면에 지속적으로 자리잡고 있는 불안감을 드러냈다.

천안문 사건의 교훈들

천안문 사건의 트라우마(trauma) 때문에 중국 공산당 지도자들은 몹시 위태로운 상황에 처해 있는 것처럼 느끼며 살고 있다. 시위가 진압된 지 몇 달 후, 베를린 장벽이 허물어지고, 루마니아의 공산주의 독재자 니콜라이 차우세스크 정권이 민중 봉기로 무너졌으며, 폴란드, 체코슬로바키아, 헝가리, 불가리아의 공산주의 체제가 잇따라 붕괴되었다. 세계에서 가장 강력한 공산주의 정권이었던 소비에트 연방조차 1991년 붕괴되었다. 그러면, 다음 차례는 중국인가? 덩샤오핑은 공황 상태에 빠진 자신의 후계자들에게 침착함을 잃지 말고 과잉반응을 하지 말 것을 촉구했으나, 중난하이(中南海)에 있는 중국 지도부 내에 확산되어 있는 불안감을 감지하는 것은 어렵지 않은 일이다.

천안문 사건 이후 덩샤오핑은 자아성찰에 들어갔다. "중국의 문제 가운데, 그 어떤 것보다 우선하는 것은 안정을 유지하는 것이다. 안정을 해치는 것은 그 무엇이든 강력히 대응해야 한다. 우리는 다른 나라 사람들이 뭐라고 말하든 걱정해서는 안 된다. 혼란의 징조가 나타나면, 그 즉시 엄중한 조치를 취해야 할 것이다. 그렇게 함으로써 우리가 외국의 간섭을 참지 않는다는 것을 보여줄 수 있고, 주권을 지켜낼 수 있다." 덩샤오핑의 후계자들은, 자신들도 소련이나 동유럽 국가의 지도자들과 동일한 운명에 처하게 될 지 모른다는 걱정에 사로잡혀 있다.

후진타오 주석은 2005년, 중국의 여러 싱크탱크와 대학 연구기관들에 세르비아(2000년), 그루지아(2003년), 우크라이나(2004년), 키르키즈스탄(2005년) 등지에서 발발하여 독재정권을 무너뜨린 '색깔 혁명'에 대해 연구하라는 명령을 내렸다. 천안문 사건의 교훈을 기반으로 최신추세를 반영하려는 목적이었다. ('색깔 혁명'은 중앙 아시아와 동유럽 등지의 공산주의 사회에서 발발하여 독재 정권을 무너뜨린 시민들의 비폭력 혁명으로, 색깔이나 꽃을 혁명의 상징으로 삼았기 때문에 붙혀진 이름이다.)

중국의 지도자들은 2008년 베이징 올림픽을 준비하면서, 1968년 멕시코 올림픽과 1988년 서울 올림픽 개최를 앞두고 그 나라의 학생들이 시위를 벌인 것처럼, 중국 학생들도 대규모 시위를 기획할지 모른다는 걱정을 분명히 했을 것이다.

덩샤오핑이 당부한 것처럼, 중국 공산당은 현재 정치 안정을 최우선으로 삼고 있다. 공개적으로 표명하고 있지는 않지만, 당지도부는 안정을 유지하기 위한 일련의 방안을 가지고 있다.

- 당지도부의 분열이 공개적으로 드러나지 않도록 한다.
- 대규모의 사회적 동요가 일어나지 않도록 한다.
- 군이 늘 당의 편에 서 있도록 한다.

이 세 개의 철칙은 서로 긴밀하게 연결되어 있다. 만약 지도부가 내부적으로 불가피하게 일어날 수 밖에 없는 경쟁에도 불구하고 공고하게 단결되어 있다면, 당과 공안 당국은 사회적 동요가 통제 수준 밖으로 벗어나는 것을 막을 수 있으며 체제는 계속 유지될 것이다. 대중들이 최고 권력층으로부터 어떤 승인의 신호를 받지 않는다면, 시위는 정치적으로 위협이 되기 전에 흐지부지 될 것이다. 그러나 만약 1989년에 그랬던 것처럼 최고 지도자들 사이에 분열이 표면화된다면, 대중들은 처벌에 대한 두려움 없이 거리로 쏟아져 나올 것이다. 그리고 군대가 분열하거나 현 지도부를 버린다면 정권은 붕괴될 것이다. 이 세 가지 면에서 살펴 볼 때, 현재 중국 지도자들이 불안감에 빠져 있는 것에는 나름의 이유가 있다.

첫번째 교훈: 당지도부의 분열이 공개적으로 드러나지 않도록 한다

블랙박스 내부

중국 정치가 어떻게 돌아가는지 이해하기 위해서는 많은 추측을 해야 한다. 중국 공산당과 중국 정부는 외관상 의견이 일치하는 모습을 보이기 위해 내부 협의 사안에 대해 비밀을 유지한다. 그들은 자국의 국민들이 블랙박스 안을 어렴풋이 볼 수 있을 정도로만 허용한다. 최근 중국 언론이 공산당 정치국에서 회의가 열리고 어떤 주제가 논의되었는지 보도할 수 있게 된 것은 엄청난 뉴스거리이다. 어떤 신문이나 웹사이트도 실제로 회의에서 무슨 말이 오고 갔는지 공개적으로 누설할 수 없다. 언론사 기자인 스타오(師濤)는 중앙선전부로부터 하달된 지시사항에 관한 내용을 담은 이메일을 해외로 보냈는데, 그 일로 인해 국가기밀 누설 혐의를 받고 10년형에 처해졌다. 뉴욕 타임즈 상하이 지국의 중국 직원인 자오옌(趙岩)은 국가 기밀을 누설한 죄로 고발당했다. 장쩌민 주석이 2004년 9월 중앙군사위원회 주석 직에서 물러날 것이라는 소식을 익명의 소식통으로부터 알게 되었는데, 그 일로 인해 공판 없이 2년 동안 수감되어 있다가 사기죄로 유죄 선고를 받고 3년 징역형에 처해졌다.

중국의 최고 지도부는 중국공산당 정치국 상무위원회에 소속된 9명의 상무위원이다. 서열 1위의 후진타오는 그의 전임자인 장쩌민과 마찬가지로 세 개의 감투(중국공산당 총서기, 중국 국가주석, 중공 중앙군사위원회 주석)를 쓰고 있는데, 그 중에서 당내 직위인 공산당 총서기 직이 그가 가진 권력의 원천이다. 공산당은 국가를 하나의 방대한 정치 조직처럼 운영하고 있고, 총서기는 그 조직의 보스와 같은 존재이다. 당은 정책을 만들고 이행하는 업무를 정부에 위임하고 있지만, 정부와 군의 관료들을 임명하고 승진시키는 권한을 갖고 있다. 사실 그 관료들 중 대부분이 공산당원이기도 하다. 당은 인사권을 자기 수중에 둠으로써, 당 간부들이 자신에게 충성을 보이는 부하들에게 혜택을 주는 후원관계를 만들도록 하고 있다.

중국의 최고지도부는 어떻게 만들어지나?

장쩌민과 후진타오 같은 공산당 지도자들은 선거에 입후보할 필요는 없지만, 그렇다고 절대권력을 쥔 독재자라고 할 수는 없다. 그들은 지도자를 선출하는 실권을 쥐고 있는 당내 그룹의 지지를 얻어야 한다. 중국 공산당 당장에 따르면, 이 그룹은 중국공산당 중앙위원회 위원들로 구성되어 있는데, 인원은 약 200명 정도로 매년 두 차례 회의를 갖도록 되어 있다. 그들은 5년마다 열리고 2,000 여명 정도가 참석하는 중국공산당 전국대표대회에서 선출된다.

중앙위원회 위원은 중앙정부와 당 간부, 지방정부 관료, 군 관료 등으로 구성되어 있는데, 최고지도부에 의해 그 직위가 정해진다. 중앙위원회는 최고지도부—즉, 정치국 위원, 정치국 상무위원, 총서기—를 선출할 권한을 갖는다. 선거는 현 지도부의 지명을 받은 추천자를 대상으로 비밀투표가 진행된다. 지도부와 중앙위원회 사이에 지휘권의 구분은 상호적이라 할 수 있는데, 소위 상호책임적 관계에 있다. 중앙위원회의 일원인 관료들은 그들을 임명한 당 지도부에 대해 책임을 진다. 동시에 당지도부는 그들을 선출한 중앙위원회 위원들에 대해 책임을 진다. 상의하달식의 권력이 하의상달식의 권력보다 크겠지만, 가톨릭 교회에서 교황과 추기경단의 관계처럼 권력은 쌍방향적 관계를 갖는다.

그러면, 지도자는 어떻게 '선거인단'의 지지를 얻어내고 유지해 나갈까? 후원관계에 의해 세워진 당파적 충성이 그 관계를 설명해 준다. 요즘은 그 당파적 충성이 옛날에 비해 유동적인 편이다. 관료들이 한 사람에게 충성하기 보다 상위에 있는 사람들과 두루 유대관계를 구축하려고 한다. 후진타오 주석이 좋은 예가 될 수 있겠다. 그는 덩샤오핑과 보수파 원로인 송핑(宋平) 양쪽 모두와 후원관계에 있었다.

중국 사회가 현대화되고 다원화되면서 관료적이고 지역적인 이해관계들이 점점 정치과정에 개입되기 시작했다. 중앙위원회 위원 자격은 요즘 직위 분배에 따라 결정되고 있는데, 중앙정부의 각 부처마다 부처를 대표하는 위원을 두고 있고, 거의 모든 성정부가 두 명의 위원을 두고 있다. 인민해방군은 중앙위원회에서 가장 큰 세력을 구축하고 있다. 정부 부처와 각 성(省)들은 자신들의 경제를 성장시키는데 도움이 될만한 정책을 발굴하기 위해 서로 활발히 경쟁한다. 당 지도부는 성(省)과 중앙 각 부처

▌도표 3.1▐ 중국 중앙정부 조직도

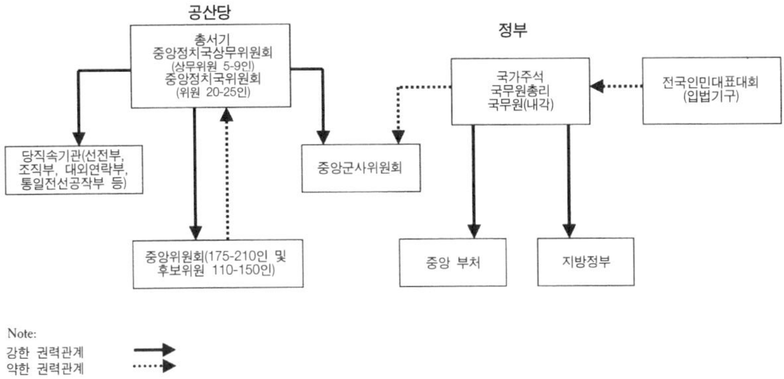

의 이익을 조정하면서 자신들에 대한 지지를 끌어낸다.

통제의 카르텔

일부 조직들은 중국사회를 통제하는 핵심적 역할을 맡고 있기 때문에 공산당 내에서 남다른 영향력을 갖고 있다. 중앙 조직부(조직의 인사권에 대한 통제), 중앙 선전부(매체와 문화 영역에 대한 통제), 국가안전부 및 공안부(국내 치안 담당) 등이 그러한 조직들이다. 인민해방군 및 인민무력경찰(武警)은 물론이고, 국내치안을 담당하는 준군사조직들은 최고지도부에 대해 예외적으로 정치적 독립성과 영향력을 갖고 있으며, '통제의 카르텔'을 형성하고 있다. 중국의 한 언론인은, "중국 공산당은 두 개의 권력을 쥐고 있는데, 하나는 총이고 다른 하나는 붓으로, 어느 한 가지도 소홀히 할 수 없는 것"이라고 말했다.

중국 공산당의 선전 기관은 당내에서 당의 이념적 보수성을 지켜내는 마지막 보루로서의 역할을 해 왔다. 선전기관 관료들은 막강한 권한을 갖고 있는데, 최고위급 지도자라 하더라도 그들이 동의하지 않으면 그들의 입장은 공개적으로 발표될 수 없다. 선전기관은 과거 마오쩌둥(1966년)과 덩샤오핑(1992년)에게도 그들 자신의 의견을 인민일보에 발표하지 못하게 한 적이 있으며, 대신에 베이징 밖의 도시에서 발언하도록 했다. (마오의 경우는, 그의 최측근이 쓴 문장이었음.)

1999년에 필자는 중국의 세계무역기구 가입 문제를 놓고 중국과 협상을 벌이는 과정에서 미국 협상팀의 일원으로 참여했는데, 당시 중국 선전기관 관료들의 권력을 직접 목격할 수 있었다. 그들은 다른 부문에 대해서는 시장 개방을 지지했지만, 외국 영화나 텔레비전 쇼 프로그램에 대한 접근과 관련해서는 금지 입장을 분명히 했다. 후진타오 정권 하에서 선전부문을 담당하는 관료들은 대중매체와 인터넷에 대한 통제를 강화하고 있다. 이 통제의 카르텔을 구성하는 그룹들은 일반적으로 일본, 대만, 미국에 대해 강경노선에 서 있다. 한 중국 당국자의 말에 따르면, 2001년 미국 정찰기와 중국 전투기가 하이난다오(海南島) 해안에서 충돌하여 미국인 승무원들을 연행하게 되었을 때, 그들을 풀어주는 대신에 강제로 억류하고 중국법정에 세우라고 주장한 사람들이 다름아닌 군과 국가안전 담당 간부들이었다고 한다.

국제협력을 주장하는 목소리의 미약함

중국의 정치체제에서는 견제와 균형의 원리가 작동하지 않기 때문에, 지도자들이 국제사회에서 과격하게 행동함으로써 국내적 지지도를 끌어올리려 할 때, 그것을 막을 방법이 없다. 필자는 2002년부터 2004년의 기간 동안, 중국의 지방정부가 경제 정책을 수립하는 과정에 영향을 미치듯이, 외교정책의 수립 과정에서도 활발한 역할을 한다는 증거를 찾아보려고, 광동, 상하이, 산동 등 중국에서 가장 세계화된 지역들을 돌아다니며 그곳의 관료들과 언론인들을 인터뷰했다. 당시 광저우의 한 언론인은 "성급(省級) 지방 간부들의 이익은 경제성장과 세수증가, 일자리 창출, 사회안정유지에 초점이 맞춰져 있다"고 말했다. 국내에서 사회적 동요가 일어나거나 국제적 긴장이 고조되어 해외 투자자들이 불안하게 느낄 때마다, 지방의 고위간부들은 투자자들을 초대하여 차를 마시며 그들을 안심시킨다. 그러나, 광동의 사업가들이 홍콩을 자유롭게 드나들 수 있도록 해주는 것과 같은 좁은 틀 속의 사안을 제외하고, 일반적으로 성급 지방간부들은 외교정책 결정과정에 끼어들지 못 한다. 그렇다고 지방의 간부들이 꼭 온건 노선을 지지하는 것도 아니다.

2001년 중앙당교(中央黨校)의 단기 연수 프로그램에 참가한 성급(省級) 지방간부들을 대상으로 진행된 비공식 조사에 의하면, 그들은 일본 및 미국과의 관계에서 놀라울 정도로 강경한 입장을 갖고 있는 것으로 나타났다. (이 현상에 대해 한 학자는, "지방의 지도자들이 강경한 민족주의 노선에 무임승차하게 되면, 개인적인 진급에 도움이 되는 한편, 지방의 경제적 이해관계에는 별 영향을 미치지 않기 때문"이라고 해석한다.)

국내의 정책결정 과정에 성급(省級) 간부들의 영향력이 커지고 있는 상황에서, 지방의 경제가 점점 전지구적인 무역과 투자에 통합되어감에 따라, 그들의 외교정책 선호도와 영향력이 어떻게 변화하는지 이해하는 것이 중요해지고 있다.

민간 기업들 역시 국제적 경제협력 관계를 유지하면서 군사적 충돌을 피하는 것에 높은 이해관계를 갖는 그룹이다. 대만에 대한 정책을 담당하는 한 고위급 관료는 민간기업의 임원들이 그와 만난 자리에서 대만과의 대화를 재개할 것을 강력히 촉구했던 이야기를 필자에게 들려줬다. 양안 관계의 불확실성으로 인해 그들의 사업이 계속 주춤거리고 있었기 때문이다. 그러나 민간기업인들은 정치적 목소리를 낼 수 있는 제도적 채널을 아직 가지고 있지 않다.

장쩌민은 민간기업인들도 공산당에 가입할 수 있도록 허용하는 방안을 강하게 밀어 붙혔다. 중국공산당의 사회적 기초를 확대함으로써 국내정책뿐 아니라 외교정책에 있어서도 더 넓은 파급효과를 얻으려는 것이었다. 그러나 현재까지는 한 명의 민간기업가만이 중국공산당 중앙위원회 후보위원에 올라 있다.

한번은 인민해방군의 한 퇴역 장군이 그가 우려하고 있는 바를 필자에게 털어놓은 적이 있다. 민족주의 성향의 대중들과 인민해방군, 그리고 정보 기관들을 견제할 수 있는 정치적 균형추가 존재하지 않기 때문에, 중국 지도부가 군사적 행동을 취하도록 만드는 상황에 쉽게 맞닥뜨릴 수 있다는 것이었다.

외교정책의 결정과정

중국의 외교정책 결정과정은 국내정책의 결정과정보다 중앙정부에 더 집중되어 있고 투명하지 않다. 국내정책의 결정과정에서는 승자와 패자가 분명하게 갈리는 반면, 외교정책은 특정 이해집단에 별 영향을 미치지 않는 경우가 많다.

언론의 관심을 적게 받는 통상적인 외교정책의 결정은 외교부의 직업 외교관들이 담당한다. 그들은 어느 나라의 외교관들과 마찬가지로 다른 나라와 우호적인 관계를 유지하기 위해 노력한다. 그러나 미국, 일본, 대만과의 관계는 공산당 정치국 상무위원회의 최고지도자들이 주관한다. 그들이 이 나라들에 대한 정책을 민감하게 생각하기 때문이다. 바꿔 말하면, 이 나라들과 연결된 사안들은 중국의 대중들이 많은 관심을 기울이는 중대한 사안이란 것이다.

장쩌민 집권기에 중국 지도부는 미국의 국가안보회의(NSC)와 같이 고위급 협의기관의 성격을 갖는 외사영도소조(外事領導小組)와 대만공작지도소조(對台工作領導小組)를 두었는데, 이 두 그룹이 민감한 정책 사안의 의사결정과정에서 핵심 그룹이 되었다.

후진타오는 이러한 관행을 이어받아, 직접 이 두 그룹을 이끌고 있으며 정기적으로 회의를 주재하고 있다. 1990년대 말 이후, 일부 정책 자문가들이 위기상황에서 보다 신속히 대응할 수 있는 미국 스타일의 국가안보회의를 만들려고 시도했지만, 정치국 상무위원회의 지도자들은 민감한 사안을 다루는 과정에서 자신들의 권한을 위임하기를 거절했다. 현재 중국에서 대중의 여론은 과거보다 훨씬 더 영향력을 갖는다. 안정을 위협할 수 있는 대중의 불만이 어떠한 징후를 나타내면, 현 지도자들에게 아주 불리하게 작용할 수 있고 지도부 내의 분열을 야기할 수 있기 때문이다.

전통적으로 중국의 지도자들은 관료 채널에 의해 정교화된 국내 정보수집 시스템을 통해 대중여론에 대한 정보를 입수해 왔다. 그러나 통상적으로 관료들은 지도자들이 듣고 싶어하는 것을 말해주는 경향이 있기 때문에 그 정보들을 전적으로 신뢰할 수는 없다. 최근에는 고위급 지도자들이 인터넷이나 시장지향적인 대중 매체를 모니터링함으로써 그들이 수집한 정보의 신뢰도를 높이고 있다. 물론, 인터넷에 자신의 의견을 올리는 사람들은 가만히 있는 사람들보다 훨씬 극단적인 태도를 보이는 것이 보통이다. 그리고 타블로이드 매체는 독자들의 흥미를 끌기 위해 선정적으로 보도한다. 그러나 이러한 편견이 당지도자들에게 그렇게 큰 문제가 되지는 않는다. 민주주의 국가에서는 선거의 결과를 결정하는 일반 유권자들에게 주목한다. 그러나 독재국가에서는 거리로 나와 다른 사람들을 선동할 가능성이 높은, 목소리 큰 극단주의자들에게 더 관심을 기울일 수 밖에 없기 때문이다.

뜻밖의 권력승계자, 장쩌민

중국정치에 깊은 상처를 입힌 천안문 사건으로 되돌아 가 보자. 그리고 1989년 무명의 당 간부에서 일약 중국 최고의 지도자가 된 상하이시 당서기 장쩌민이 당시 어떻게 생각했을지 생각해 보자.

당시 중국 공산당 통치의 미래는 암담해 보였다. 중국 전역에서 일어난 시위로 인해 체제 붕괴의 일보 직전까지 갔었다. 장쩌민은 그 자신이 덩샤오핑의 뒤를 이을 재목이 못 된다는 것을 알았을 것이다. 장쩌민은 평범한 기술관료로, 마오쩌둥이나 덩샤오핑과 같이 개인적인 카리스마나 뛰어난 능력을 갖고 있지 못 했다. 따라서 대부분의 관측가들은 장쩌민이 몇 년을 버티지 못 할 것이라 예상했다.

중국문제 전문가들은, 장쩌민의 후원자인 덩샤오핑이 죽고 나면, 장(江)이 자신의 권력을 오래 유지하지 못할 것으로 내다봤다. 과거 마오쩌둥이 기존의 후계구도를 뒤집고 별 볼일 없는 인물이었던 화궈펑(華國鋒)을 후계자로 세운 후, 화궈펑이 권력의 자리에 오래 앉아 있지 못했던 것과 같은 상황이 벌어질 것으로 예측한 것이다.

장쩌민이 1997년 미국을 방문했을 때와 중국에서 미국의 고위급 관료들과 회담을 가질 때 나는 종종 장쩌민을 가까이서 수행하며 그를 관찰할 기회를 가졌다. 당시 나는 장쩌민이 예기치 못한 상황에서 불쑥불쑥 자신을 과시하려는 좋지 않은 성향을 가지고 있다는 것을 발견했다. 장쩌민은 자신의 학식을 드러내거나 심각한 논의를 회피하기 위해, 당면한 주제와 전혀 상관이 없는 중국과 서구의 역사 및 문화에 대해 장광설을 늘어 놓곤 했다. 장쩌민을 지근거리에서 관찰한 적이 있는 중국의 한 전문가는 "장쩌민은 닉슨 대통령처럼 매우 불안정한 사람일 뿐만 아니라 허영심이 많은 사람"이라고 표현했다. 한 중국 대학생은 장쩌민이 "자아도취에 빠져 있는 사람"이라고 묘사했다. 장쩌민에게 정책 자문을 해 왔던 여러 전문가들은 장(江)이 '감정적인' 사람이라고 말한다. 그들은 장(江)이 자신의 주변 사람들과 사건에 영향을 많이 받고, 정책 성향이 오락가락하는 편이며, 변덕이 죽 끓듯 한다고 불평했다.

전문가들은 덩샤오핑과 장쩌민을 비교하면서, 덩샤오핑이 1989년 6월 4일, 그리고 소련의 붕괴로 세계사에 대한 기존의 해석이 완전히 뒤집혀 버린 때 조차도 변함없이 전략적인 관점을 유지했던 점을 떠올렸다. 어떤 이는 심지어 장쩌민을 '심리적으로 매우 불안정한 사람'으로까지 묘사했다. 클린턴 대통령은 처음 장쩌민 주석과 회담을 가졌을 때, 그에 대해 별다른 인상을 받지 못했지만, 그의 참모들에게 중국 지도자들이 저평가되기 쉽다는 것을 주의시켰다.

그러나 장쩌민은 자신에 대한 회의론자들을 놀라게 만들었다. 그는 기대 이상으로 능수능란하게 임명권을 휘두르며 자신의 권위를 세워나갔다. 중국 공산당 총서기로서 그는 중앙 부처의 수장들뿐만 아니라, 지방의 성급 수장들과 군 장성들의 임명에 대한 최종 결정권을 쥐고 있었다. 시간이 지날수록, 점점 더 많은 사람들이 그에게 신세를 지게 되었다. 정치국 상무위원회 안에서는 누구도 그 앞에 도전자로 나서지 못했다.

사실 장쩌민은 운이 좋은 사람이다. 1990년대 중국 경제의 구조조정에 큰 공을 세우고 정력적인 활동으로 대중에게 깊은 인상을 남겨온 주룽지가 그의 든든한 조력자 역할을 수행해 주었다. 주룽지 총리는 자신의 개인적인 야망을 억누르면서 장쩌민의 노선에 추종해 주고 그의 자리를 넘보지 않았다.

장쩌민은 영리하게도, 정치국 간부들에게 70세가 되면 은퇴해야 한다는 명문화되지 않은 규정을 도입함으로써 자신의 가장 큰 정치적 라이벌인 챠오스(喬石)를 제거해 버렸다. 당시 이미 71세였던 장쩌민은 최고지도자라는 명분을 내세워 자신에 대해서는 연령제한을 적용하지 않았다. (일부 중국정치 전문가들에 따르면, 2002년 정치국 상무위원이었던 리루이환(李瑞環)이 68세의 나이로 은퇴를 요구받고 자리에서 내려 오면서 정치국 간부들의 은퇴 연령도 68세로 낮춰졌다고 한다.)

1998년 국무원 총리직을 사임하고 준(準) 입법기구인 전국인민대표대회의 위원장으로 자리를 옮긴 리펑은, 천안문의 강경한 진압에 주도적 역할을 한 것으로 충분히 평판이 나빠져 있었기 때문에, 가끔씩 몽니를 부릴 수는 있었지만 장쩌민을 위협할 만한 라이벌은 되지 못했다. 리펑은 주룽지가 1999년 중국의 세계무역기구(WTO) 가입에 대한 최종합의를 이끌어내지 못하고 미국에서 돌아왔을 때, 지도부에 대한 공격을 주도했다.

덩샤오핑은, 마오쩌둥처럼 중화인민공화국 건국 원로로서의 높은 정치적 위상을 바탕으로 통치력을 발휘했다. 덩샤오핑의 후임 중에는 누구도 그와 같은 개인적 영향력을 가진 사람이 나오지 못했다. 장쩌민은 중국공산당 과두(寡頭) 정치체제를 대표하는 인물에 불과했고 마음대로 권력을 휘두를 힘을 갖지 못했다. 정치국과 중앙위원회는 장(江)의 세력이 너무 강해지지 않도록 하기 위해 그가 심복들을 상하이에서 중앙의 공직으로 끌어올리려는 노력을 여러 번 무산시켰다. 덩샤오핑은 10년 앞서 후진타오를 지명함으로써 장쩌민이 자신의 후임을 선택할 기회를 주지 않았다. 1992년 아직 40대에 불과했던 후진타오는 단숨에 정치국 상무위원의 자리에 올랐고, 1998년 다시 국가 부주석과 중공중앙 군사위원회 부주석이 되었다. 한 중국 교수는 이렇게 평했다. "덩샤오핑은 자신의 참모들을 무시할 힘이 있었습니다. 마오쩌둥은 전체 정치국 상무위원회를 무시할 힘이 있었구요. 그러나 지금은 그런 힘을 가진 사람이 없습니다."

위험을 무릅쓰려 하지 않는 성향의 후진타오

오늘날 중국 공산당 지도자들은 서로간에 어느 정도는 교체가능한 면을 가지고 있다. 중년의 나이를 넘어선 그들은 남다른 재능이나 지지층을 갖고 있는 것도 아니고, 신중한 성격에 별다른 색깔을 지니고 있지 않은 '조직인'에 불과하다.

한 정책 자문가는 냉소적인 어조로 다음과 같이 말했다. "요즘은 누구나 지도자가 될 수 있습니다. 정치국 상무위원도 마찬가지죠. 누구나 그 자리에 오를 수 있습니다."

후계자로 내정된 후 후진타오는 자신이 큰 실수를 하지 않는 한, 최고지도자의 자리가 자신의 것이 될 것이라는 것을 알고 있었다. 연방 대법원에 들어가 일해 보겠다는 포부를 지닌 미국의 법관들이 그러한 것처럼, 후진타오는 자신의 개인적 견해를 철저히 숨김으로써 논란을 피해 왔다. 심지어 그와 함께 일했던 관료들조차 그가 어떤 생각을 갖고 있는지 알 수 없었다. 후(胡)에 대해 아는 것이라고는, 기껏해야 그가 아주 뛰어난 기억력을 가지고 있다는 것과 문제의 핵심을 아주 빨리 파악한다는 것 정도다. 후(胡)의 과거 경력에서 가장 의미있는 업적은, 1988년 말에 그가 정치적으로 아주 다루기 힘든 지역인 티벳에서 종교 및 정치 활동을 잘 단속하고 진압했던 일이다. 그 일로 그는 군과 당의 핵심조직 내에서 그의 입지를 강화할 수 있었다.

미국의 고위 인사들과 접견하는 자리에서 후(胡)를 개인적으로 관찰하면서 받은 느낌은, 그가 장쩌민보다는 솔직한 편이지만, 자신이 짜 놓은 각본에 충실한 편이고 자신의 견해를 전혀 드러내지 않는 사람이라는 것이다. 권좌에 오른 지 꽤 시간이 지났지만, 후(胡)는 자신의 속내를 잘 나타내지 않는다. 중국 사람들은 아직도 그가 어떤 입장을 가지고 있는지 확

▌사진▌2003년 6월 26일. 중국공산당 창립 82주년을 기념하는 상하이의 한 전시관에서 한 방문객이 4대에 걸친 중국 지도자들의 인물사진 옆을 지나가고 있다. 왼쪽부터 마오쩌둥, 덩샤오핑, 장쩌민, 후진타오의 사진이다. (Liu Jin/ AFP/Getty Images)

실히 알지 못한다. 2002년 가을 공식적으로 최고지도자의 자리에 오른 후 후진타오가 취했던 몇 가지 조치들은 용감하고 혁신적이라는 인상을 남겼다. 2003년 사스(SARS)가 횡행했을 때 후진타오는 위생부장과 베이징시장을 해임시켰다. 그들이 전염병이 돌고 있다는 사실을 은폐함으로써 전염병이 남부의 일부지역에서 중국 전지역으로 확산되게 만들었다는 이유에서였다. 2003년 5월 중국 잠수함에 사고가 발생해 승선했던 70명의 군인이 죽었을 때, 그는 해군사령관을 위시하여 여러 군관들을 해임시켰다. 그러나 그 후, 후(胡)는 다시 여느 때와 마찬가지의 모습으로 돌아왔다. 그는 정치개혁에 겁을 내고 언론과 인터넷에 대한 통제를 강화해 왔다.

2004년 9월에 개최된 중앙위원회 회의에서 후진타오는 아주 강한 이념적 색채를 띤 연설을 했다고 한다. '적대적 국내외 세력'에 의한 '부르주아식 자유화'의 확산을 강력히 규탄하고, 정치개혁을 주장하는 것이 '혼란을 야기하는 행위(이 말은 천안문 사건 시기 자주 들을 수 있었던 부정적 용어였음)'라고 강하게 비판했다고 한다.

보도에 따르면, 후진타오는 "적대세력들이 분명히 대중여론을 공격의 빌미로 삼을 것"이며, "소련은 바로 서구화와 부르주아식 자유주의의 공격 때문에 붕괴된 것"이라고 경고했다고 한다. 회의가 끝난 후 중앙위원회 간부들도 "일부 세력들이 정부와 당을 공격하기 위해 인터넷을 이용하고 있다"고 우려를 표명했다. 그들은 나중에 인터넷에 대한 정치적 통제와 젊은이들에게 이념교육을 강화하는 운동을 대대적으로 펼쳤다. 후(胡)는 정치국 상무위원회 내의 잠재적 라이벌들에게 당원들의 충성심이 이동하지 않고 자신에 대한 충성도가 계속 유지되도록 하기 위해 과거 마오쩌둥이 사용했던 방법으로 돌아갔고, 그 결과 많은 역효과를 낳았다.

2005년, 후진타오는 당내에서 한 차례의 이념 캠페인을 벌였다. 당의 진보성을 유지한다는 명목이었다. 4개월 간 사무실, 학교, 직장 등에서 모든 당원들이 매주 목요일 오후와 토요일 전일을 당사(黨史)와 현 지도자들의 연설을 공부하고, 정치적 실책에 대해 서로를 비판하고 자아비판을 진행하는 운동이었다. 한 중국 학자는 "이 캠페인이 후진타오와 원자바오의 평판을 아주 급속히 손상시킬 것"이라고 평하며, "가치있는 일을 할 수 있는 시간에 우리의 재능을 낭비하는 것"이라고 비판했다.

캠페인 기간 동안, 당원들은 상업적 웹사이트를 통해 자아비판이 쓰여진 글을 구매할 수 있었는데, 이 때문에 당 중앙은 규정을 바꿔 자아비판 글을 반드시 손으로 써서 제출하도록 했다. 이런 상황은 시장경제가 어떻게 공산주의를 앞지르고 있는지 잘 보여주는 사례가 되었다.

성 위원회 당서기를 역임했던 한 인사는 후진타오의 심리를 이렇게 설명했다. "당의 권위가 날로 실추됨에 따라 전임 지도자들에 비해 후(胡) 주석의 자신감이 점점 떨어지고, 더 많은 불안감을 느끼고 있는 것이라고 말 할 수 있습니다. 지도자가 불안감이 커지면 통제를 강화할 수 밖에 없는 것 아니겠습니까?"

신문지상에 후(胡) 주석을 흠모하는 젊은이들이 그를 둘러싸고 이야기를 나누는 사진이나, 그를 과하게 찬미하는 기사들이 종종 나오는 것은 마오쩌둥 시기의 개인 숭배를 연상시킨다. 그러나 대중들은 더 이상 공산당의 구령에 맞춰 춤을 출 것 같지 않아 보인다.

공개적 분열의 방지

중국 공산당 지도자들은 천안문 사건에서 많은 교훈을 배운 것 같아 보인다. 서구의 격언에서 말하는 것처럼, 단결하지 않으면 그들은 각개격파를 당할 수 있다. 그러나 정치가들은 유혹의 순간에 직면할 때가 있다. 더 큰 권력을 획득할 사심(私心)이 그들로 하여금 위기 상황을 이용하라고 유혹한다. 자오쯔양이 천안문 사건 당시 그랬던 것처럼, 지도부와의 사전 교감 없이 군중들과 직접 접촉하게 만든다. 시위 세력의 결집이 궤도에 오르고 일부 지도자들이 군중의 편에 서 있다는 것이 알려지면, 대규모 시위는 지도부의 분열을 증가시킬 위험성을 높인다. 사회불안은 실제로 지도부 내에 분열 현상을 만들어 낼 수 있다. 위험은 개별 지도자들의 성격적 특성에서 만들어지는 것이 아니라 공산당 체제 자체의 구조 속에 도사리고 있다.

대중 매체의 변화도 대중들이 지도층 내부의 분쟁에 휘말릴 위험성을 높이고 있다. 다른 독재체제에서도 지도부의 분열이 인터넷을 통해 일반 대중에게 알려지면 혁명의 격변에 휩싸였다. 민심을 거스르는 일이 중국에서는 상대적으로 드문 일이지만, 앞으로는 그러한 이반 현상이 점점 늘어날 것이다. 이념적으로 강경파인 당 원로(元老) 덩리췬(鄧力群)을 위시하여 17명의 고위급 지도자들은, 2001년 7월 1일 민간기업가들의 공산당 입당을 허용하는 장 주석의 선언(講話)에 대한 반론을 인터넷에 올렸다. 2006년에는 자유주의 성향으로 알려진 은퇴한 당관료들이 단체로 한 신문의 폐간에 항의하는 공개서한을 인터넷에 유포했다.

이러한 사건들을 통해 지배계층의 항의 운동이 하나의 풍조가 되었다고 말하기는 어렵다. 하지만, 지배계층 내부의 의견대립이 점점 증가하고 있음을 보여주고 있다.

장쩌민 주석은 논란이 많은 결정에 대해서는 다른 지도자들이 책임을 함께 나누어 지도록 떠맡김으로써 분열을 방지하는 수완이 있었다. 1999년 벨그레이드의 중국 대사관에 대한 미국의 우발적 폭격과 2001년 미국 정찰기와 중국 전투기의 충돌로 위기가 발생했을 때 그는 후임으로 내정돼 있던 후진타오를 전면에 내세웠다. (필자가 만나 얘기를 나눴던 많은 중국 학생들의 눈에 장(江) 주석의 행동은 아주 비겁하게 비춰지고 있었다) 알려진 바에 의하면, 장 주석은 2,000명이 넘는 공산당 간부들을 특별회의에 소집한 적이 있는데, 당시 회의에서 그는 정치국 상무위원회 위원들로 하여금 파룬궁(法輪功)을 철저히 근절하는 운동을 펼칠 필요성에 대해 각자 기립하여 의견을 밝히도록 요구했다고 한다.

▌사진▌군복 차림의 후진타오 주석이 자신을 흠모하는 젊은이들에 둘러싸여 환담을 나누고 있다. 2005년 5월 29일 베이징. (Wang Jianmin/ Xinhua)

장(江) 주석은 1999년 4월 주룽지 총리가 미국을 방문하여 중국의 세계무역기구(WTO) 가입에 대한 최종 협상을 진행하는 과정에서 클린턴 대통령이 최후의 타협을 거절했을 때, 그 책임을 고스란히 주 총리에게 떠 넘겼다. 필자는 당시 미국측 대표단의 일원으로 주룽지 총리를 수행했는데 가까이서 주 총리가 수모를 당하는 모습을 지켜봐야 하는 곤혹스런 임무를 감당했었다.

덩샤오핑 이래 중국 공산당 지도부는 간부들의 은퇴 제도를 도입하여 의무퇴직연령과 공직임기연한을 정했다. 지나친 경쟁으로 인한 지도부의 분열을 방지하기 위한 일환이었다. 장(江) 주석은 77세가 되면서 공산당 총서기(2002년) 직과 국가주석(2003년) 직에서 물러났는데, 거대 공산국가의 지도자가 죽음이나 정권투쟁을 거치지 않고 후계자에게 권력을 이양한 최초의 경우였다. 장(江)의 심복인 쩡칭훙(曾慶紅)은 "질서있고 안정적인 방법으로 중앙의 지도부가 세대교체를 이룬 것"에 대해 장(江)을 높이 평가하면서 "세계 공산주의 운동 역사를 돌아볼 때 이러한 세대교체는 결코 쉬운 일이 아니다"라고 강조했다.

은퇴의 대가로 장(江)은 그의 심복들을 정치국 상무위원회 안에 여럿 앉힐 수 있었다. 2006년 당시 총 9명의 정치국 상무위원 중 6명이 '장쩌민'계로 분류되었다. 장(江)은 또한 중앙군사위 주석직을 계속 유지할 수 있었는데, 그 직위에 대해서는 70세 은퇴 규정이 적용되지 않았기 때문이다. 그러나 장(江)이 당의 최고지도자라는 제도적 권위를 이양한 후에 그의 영향력은 차츰 사라지기 시작했고, 2년 후인 2004년 9월 그는 완전히 은퇴했다. 장쩌민과 후진타오가 권력을 공유하던 2년 동안 하급 간부들은 혼란을 겪었다. 한번은 리자오싱(李肇星) 외교부장이 미국을 방문했을 때 '장쩌민 이후의 중국'에 대한 질문을 받았는데, 그는 묘한 어조로 "아직은 아니다"라고 답했다.

지도부에서 서로 다른 목소리가 나왔을 때, 중국은 1989년 천안문 사건과 같이 거의 재난에 가까운 위기를 겪어야 했다. 안정을 해칠 수 있는 위협요인에 대해 가만히 두고 보지 못하는 당의 원로들과 은퇴 간부들은 장(江)에게 정치적 유산을 지킬 최선의 방법으로서 깨끗한 은퇴를 지속적으로 설득했다고 한다. 어떤 것도 당연하게 여기지 않는 후진타오는, 장(江)의 고결한 인격과 공평무사함, 그리고 넓은 아량에 대해 찬미했다. 중국의 과두적 권력집단은 내부의 분열을 막기 위해서라면 무엇이든 할 준비가 되어 있는 것이다.

장쩌민이 따르고 후진타오 역시 따르고 있는 관행, 즉 최고지도자가 3대 요직(당 총서기, 국가 주석, 중앙군사위 주석)을 쥐고 있는 것은 지도자들 간에 파괴적인 분열을 막기 위해 고안된 것이다. 고위급 간부들의 부패사건 처벌에 대해 정치국의 승인을 거치도록 한 것은 지도자들이 허용범위 내에서 경쟁을 벌이도록 도와 준다. 중국 공산당의 문건들을 살펴 보면, '확고한 당 중앙의 집단지도체제'가 얼마나 중요한지를 강조하고 있다. 사회에 대한 당의 권위를 확실히 유지하기 위해 개별 지도자들은 집단 지도체제의 틀 속에 자신을 종속시킨다.

그럼에도 불구하고 중국 사회의 격렬한 변화와 지도자들 간의 불가피한 경쟁, 정치적 이반(離叛)에 대한 낮아진 처벌 수위로 인해 이러한 통일성은 유지하기 어렵게 되었다.

최고지도부의 분열

표면적으로 중국 공산당 집단지도체제 내의 관계는 무난해 보인다. 후진타오와 원자바오 총리 사이에 어떤 빈틈이 있어 보이지는 않는다. 원(溫) 총리는 그의 선임자였던 주룽지와 마찬가지로 일처리에 매우 능숙하지만 공적으로는 자신을 많이 낮추는 스타일이다. 그리고, 장쩌민의 오른팔이었던 쩡칭홍을 포함하여 장(江)의 측근으로 정치국 상무위원회에 들어갔던 사람들이 후진타오의 권력에 도전한다는 그 어떤 증거도 찾기 어렵다. 어떤 정치적 라이벌도 후진타오를 드러내 놓고 반대하지 않았다. 장쩌민은 공개석상에 거의 모습을 드러내지 않고 있으며, 대부분의 시간을 상하이에서 보내는 것으로 알려지고 있다. 베이징의 한 교수는 후 주석이 장쩌민과 마찬가지로 중국공산당 총서기라는 공식적인 권력을 통해 자신의 권위를 확립할 수 있었다고 말한다. 그는 "일단 그 직위에 올라 일을 시작하면, 확고한 입지를 굳힐 수 있게 된다"고 주장했다.

그러나 일련의 불길한 징조들을 통해 당내 지도부의 분열이 표면 아래 숨겨져 있을 뿐이라는 것을 알 수 있다. 시장개혁을 추진해야 한다는 정책적 합의가 20년 동안 유지된 이후, 서구의 경제학과 시장적 관행을 비판해온 마르크스주의자들은 불평등과 사회불안, 부패 등을 이유로 개혁정책들에 대해 맹렬한 공격을 가하기 시작했다. 이러한 비판과 공격 배후에는 지도자들의 공식적인 후원이 있는 것으로 보인다. 고령의 저명한 경제학자인 류궈광(劉國光)은 마르크스주의적 가치를 부정하는 서구 유학파 출신의 경제학자들에 대해 맹렬한 공격을 퍼붓는 글을 인민일보 웹사이트에 개설된 강국논단(強國論壇)에 실었다.

신좌파의 소장학자들은 대부분이 미국의 대학에서 마르크스주의를 공부한 사람들로 이루어져 있는데, 그들은 중국의 외교정책이 과도하게 순응적이라고 비판하고 있다. 사유재산권을 보장하는 법안이 부자들의 편을 들어주고 사회주의 국가로서 중국의 헌법을 위반하는 것이라고 반대하는 목소리가 워낙 커서 전국인민대표대회는 부득불 그 법안을 보류해야 했다. 후진타오 주석은 마르크스주의 이론을 더욱 발전시키고 학습해야 한다고 강조했다. 2006년 6월 중국공산당의 간행물 상에는 시장개혁을 옹호하는 몇몇 권위있는 평론이 실린 적이 있지만, 곧이어 시장개혁이 사회주의적 가치에 부합되어야 한다는 주장을 담은 반대 입장의 평론들이 실렸다.

앞에서 언급했듯이, 당내의 최고지도자들조차 민간의 부패척결 운동에 깊은 관심을 기울이고 있다. 베이징 관측가들은 이러한 작은 단서들을 통해 정치국 상무위원회 지도자들이 서로 다른 곳을 지향하고 있다는 것을 읽어내고 있다. 지배적인 설은 후 주석이 장쩌민계 세력들의 도전으로부터 자신을 보호하기 위해 의도적으로 (통제연맹에 주로 집중되어 있는) 좌파에 경도된 모습을 보이고 있다는 것이다. 물론 어느 누구도 누군가가 후진타오에게 도전하고 있다는 명시적인 증거를 찾아내지는 못하고 있다.

또 다른 일설에 의하면, 정치국 상무위원회의 한 지도자가 후진타오에 도전하기 위해 좌파 비평가들을 부추겼다는 얘기도 있다. 어느 쪽이든 리더십의 분열은 전체 체제를 위험에 빠지게 만든다. 한 정책 전문가는 상황을 이렇게 묘사했다. "중국은 중앙의 핵심 지도자들 간에 충돌이 생길 경우에만 심각한 정치적 위기를 겪게 될 것인데, 경제 개혁으로 인해 불평등과 부패문제 같은 심각한 사회문제가 양산되면서, 그들은 지금 그 해법을 둘러싸고 서로 다른 의견을 갖고 있다."

2007년 가을 제17차 전국당대표대회가 가까워지면서, 당 중앙 지도부 내의 경쟁은 점점 치열해지고 있다. (2006년 3월에 중앙 선전부는 정치적 민감함을 이유로 17차 당대회의 준비사항에 대한 보도를 금지시켰다는 얘기가 있다.)

후진타오의 후계자로 그 누구도 지명되지 않았다. 장쩌민은 그의 오른팔인 쩡칭홍이 후의 후계자가 되도록 획책하지 못했다. 쩡칭홍은 국가부주석의 직위에 있었지만 후진타오가 후계자로 공인된 시기에 지냈던 중앙군사위원회 부주석의 자리에는 임명되지 못했다. 2012년이 되면 이미 73살이 되는 쩡칭홍으로서는 후진타오의 권력을 계승하기에는 너무 늦은 나이가 된다. 사람들은 후진타오가 장쩌민처럼 임기를 두 번 채우고 2012년까지 권좌에 머물 것이라고 가정하고 있지만, 이론적으로는 그의 첫 번째 임기가 끝나는 2007년에 정치적 도전을 받을 수도 있다. 또한 2012년에 누가 후진타오를 계승할 것인가를 둘러싸고 후계 경쟁이 격렬하게 진행될 것이다.

과거의 관행대로라면, 후진타오의 후계자가 될 사람은 2007년에 정치국 상무위원회에 오르고 중앙군사위원회 부주석의 자리에 올라 최고권력자가 될 준비를 해야 한다. 한 사회가 폭발적인 변화를 거치는 과정에는 정치 게임도 함께 변하기 때문에 정치적 결과를 예측하기가 더 어려워진다. 중국의 야심찬 정치인들은 매일 새로운 기회와 도전에 직면하게 된다. 언론과 인터넷은 그들이 보도할 수 있는 내용의 경계선을 넘나들면서 독자들을 확보하기 위해 경쟁하기 때문에 지도부 내의 경쟁을 비밀에 부치는 일이 점점 어려워지고 있다. 민족주의는 대중적 명성을 구축하고자 하는 야심찬 정치인들에게 자연스런 무대가 된다. 우리는 앞으로 몇 년 내에 중국이 위기에 직면할 여러가지 가능성을 예측하고, 국내외적 위기 속에서 권력욕을 가진 지도자들이 군중의 정서에 기대어 공산당을 붕괴의 위기 속으로 빠뜨릴 수 있다는 실제의 가능성에 대비해야 한다.

두번째 교훈: 대규모의 사회적 동요가 일어나지 않도록 한다

사회 안정에 대한 병적인 집착

중국의 지도자들은 소위 '사회안정'의 문제에 굉장한 관심을 기울인다. 즉, 공산당 체제를 무너뜨릴 수 있는 대규모 사회혼란을 방지하는 문제이다.

중국의 지도자들은 공산당의 일당 통치가 질서와 번영을 유지하는데 필수불가결하며, 공산당의 통치가 없으면 중국 같은 큰 나라는 내전과 혼란에 빠져들 것이라는 논리로 대중들을 설득하고 있으며, 그 과정에서 '사회안정'이라는 완곡어법을 사용한다. 중국 공산당의 관료들은 중국 같은 큰 나라에서 민주주의를 시행하는 것은 불가능하다고 주장한다. (10억의 인구를 가진 인도 같은 나라는 어떻게 민주주의 국가가 될 수 있었느냐고 추궁하면, 인도는 중국과 달리 국민을 통제할 종교를 가지고 있다고 설명한다.)

편집증은 권위주의체제 지도자들이 통상적으로 가지고 있는 증상이다.

그들이 실제로 직면한 국내적 위협이 얼마나 심각한지는 중요하지 않다. 천안문 사건의 트라우마, 지금까지 지켜봐 온 다른 체제의 붕괴, 자신들을 둘러싼 중국 사회의 엄청난 변화 때문에 중국 지도자들의 편집증 증상은 더 심각하다.

아시아에서 그들은 한국, 대만, 인도네시아, 태국 등의 권위주의 체제가 경제적 근대화와 대중의 민주화 운동에 의해 전복되는 것을 생생히 목격했다. 연구 조직들은 중국에서 유사한 폭동이 발생하는 것을 방지하기 위해 중앙아시아와 동유럽의 '색깔 혁명'에 대해 분석한다. 청조(清朝)와 중화민국 정부가 민족주의 정서에 의해 활성화된 반대운동으로 인해 무너진 것이라는 역사의 기억이 중국 지도자들을 더 큰 두려움에 빠지게 만든다. 역설적인 것은, 공산당 과두지배체제의 지도자들이 자신들의 두려움 때문에 대중의 여론에 더 민감하게 반응한다는 것이다. 중국은 선거와 같이 대중여론을 전달하는 제도가 결핍되어 있기 때문에 사회적 불만의 물결이 한 번 일어나면 국가를 침몰시킬 수 있는 것이다. 예를 들면, 억만장자 출신의 리친푸(李勤夫)가 뉴욕타임즈 기자에게 말한 대로이다. "일당체제의 국가에서는 모든 것이 평화로워 보인다. 그러나 일단 문제가 발생하면, 굉장히 큰 문제가 된다."

대중의 분노를 불러일으킬까 봐 전전긍긍하는 중국 지도자들은 연료세나 전기요금을 올리는 등의 민의를 거스르는 결정을 내리는 것에 아주 주저한다.

워싱턴으로부터 엄청난 압박을 받았음에도 불구하고, 중국 지도자들은 함부로 인민폐를 달러나 외국 화폐에 연동시키는 변동환율제를 채용할 수 없었다. 왜냐하면, 환율 변동에 의해 외국 농산품이 가격 경쟁력을 등에 업고 대량 수입되면 농촌 반란을 불러일으킬 수 있고, 제조업 분야의 수출이 위축되어 실업률이 대폭 상승하거나, 빈틈 많은 금융시스템에 압박을 가해 은행 예치금을 찾으려고 고객들이 몰려드는 일이 발생할 수 있기 때문이다. 2002년 중국 정부는 대중적으로 호평을 받던 검색 사이트인 구글

(Google)에 대한 접근을 봉쇄한 적이 있는데, 이에 대해 청년그룹과 교육수준이 높은 인터넷 사용자들로부터 큰 비판을 받았고, 중국 정부는 결국 몇 일 만에 그 결정을 철회했다.

중국의 정치지도자들은 교회와 같이 정치적 동기를 가지고 있지 않은 단체라 할지라도 일정한 조직성을 갖추고 있을 경우에는 잠재적 반대운동으로 간주한다. 중국에서 상당한 대중적 인기를 끌었던 TV 프로그램인 「슈퍼걸스(超級女聲)」는 관중들이 휴대폰 메시지를 통해 자신이 선호하는 참가자에 투표할 수 있는 기회를 제공함으로써 국민들에게 민주주의에 대한 욕구를 자극할 수 있다는 이유로 정치국 상무위원회에서 큰 논란의 대상이 되었다.

중난하이(中南海) 밖으로 눈을 돌리면, 대만 관련 사안을 제외하고는 내부 위협이 오히려 외부 위협보다 더 위협적으로 보인다. 제2차 세계대전 이후, 혹은 19세기 중반의 아편전쟁 이후부터 따지더라도 중국은 지금 가장 안전한 시기를 보내고 있다. 하지만, 중국 공산당 지도자들은 잠재적 반란에 대한 걱정 때문에 항상 적들에 둘러싸여 있다고 믿는 강박관념을 안고 있다. 한 중국전문가는 "중국 지도자들이 내부의 사회불안에 더 주목하고 있으며, 국제 문제는 상대적으로 부차적인 사안으로 취급되고 있다"고 말한다.

필자가 한 대학생에게 오늘날 중국이 직면하고 있는 가장 큰 위협이 무엇이라고 생각하느냐 물었을 때 그 학생은 잠시 당황스러워 했다. 그리고 "내부적인 면을 의미하는 건가요, 외부적인 면을 의미하는 건가요?"라고 반문했다. 어느 쪽이든 상관없다고 다시 물었을 때, 그 여학생은 "내부적 충돌의 위협만큼 심각한 외부적 위협은 없는 것 같네요"라고 대답했다. 중국정치 연구자인 데이빗 샴보(David Shambaugh)는 "승계 정치(succession politics)의 불확실성과 공산당 통치의 외부위협에 대한 과도한 불안의식이, 사회불안에 대한 정치 엘리트들의 깊은 우려와 뒤섞이면서, 배타적이고 피해망상적이며 과민반응하는 정권을 만들어냈다"고 평한다.

중국 지도층이 주목하는 것은 경제개혁으로 새롭게 형성된 사회세력들로, 이 세력들이 정권의 안전을 위협할 수 있다는 것이다. 사회가 너무나 빠르게 변화하고 있기 때문에 중국의 정치엘리트들은 어떤 그룹이 자신들의 세력에 도움이 되는지, 또한 어떤 그룹이 반대세력을 형성할 것인지 구별해 내지 못한다. 그래서 그들은 모두를 만족시키려는 시도를 하게 된다. 다른 나라들의 경험을 돌아보고, 새뮤얼 헌팅턴(Samuel Huntington)의 책에 소개되는 '제3의 물결'이라는 개념에 영향을 받으면서, 중국 공산당은 다음과 같은 결론을 내렸다. "1인당 GDP가 1,000불에서 3,000불로 이동하는 과도기(중국은 앞으로 20년 내에 그렇게 될 것임)에는 사회적 충돌이 발생하기 쉽다"는 것이다. 중국 공산당은 점점 확대되는 소득격차가 사회를 불안하게 만들 것이라는 점에 특히 우려감을 갖고 있다. 해고된 노동자들, 불만에 휩싸여 있는 농민들, 도시 이주민들, 무슬림 극단주의자들, 심지어 인민해방군의 퇴역 군인들이 일으키는 시위는 일상적인 것이 되었다. 중국 학생들은 1989년에만 시위를 벌인 것이 아니다. 1985년에도 그랬고, 1986년과 1987년, 1999년, 그리고 2005년에도 시위를 벌였다. 이러한 시위와 소동은 모두 1978년 이후 발생했는데, 외부의 관찰자들에게는 이 시기가 지난 100여 년간 정치적으로 가장 안정된 시기로 평가됐었다.

인민일보는 1989년 이전에는 '사회안정'이라는 용어를 좀처럼 사용하지 않았다. 그러나 1989년 이후로 점점 더 빈번하게 등장하는 용어가 되었다. 장쩌민 주석은 '안정'을 국가의 우선순위로 삼았다. 그는 1997년 당의 전국대표대회의 한 연설에서 "안정적인 정치 환경과 사회질서를 유지하는 것이 극히 중요하다"고 말했다. 현 중국공산당 지도자들은 사회안정이 다른 어떤 사안보다 훨씬 우선된다는 점에 확고한 입장을 갖고 있다. 중국공산당은 빠른 경제성장이 정치적으로 꼭 필요한 것이라고 생각한다. 왜냐하면 그것이 대규모 실업과 노동불안을 막을 수 있는 유일한 길이기 때문이다. 지난 10여년간 중국정부의 경제 정책은 모두 사회안정을 염두에 둠으로써 나온 것이다.

▌도표 3.2▐ 1978년부터 2005년 사이 인민일보 상에 '사회안정'이란 말이 언급된 빈도

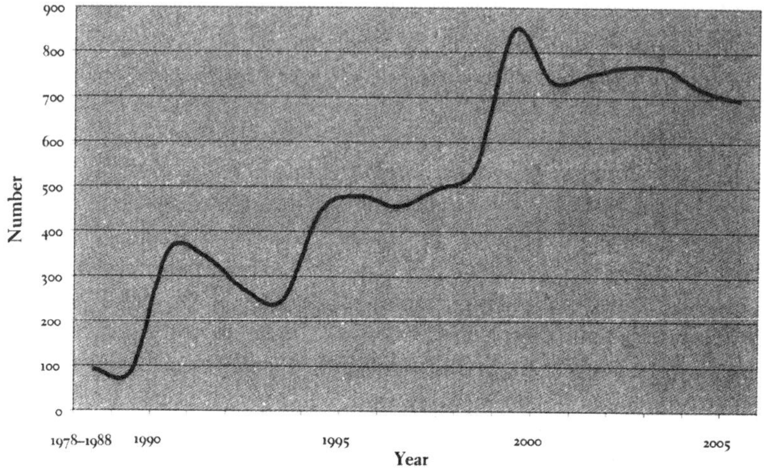

출처: 1946년부터 2002년까지의 인민일보 인터넷 버전과 인민일보 웹사이트 www.people.com.cn

일자리(2004년과 2005년 각각 9백만 개)를 창출하기 위해서, 그리고 광범위한 노동불안을 예방할 수 있는 수준으로 실업률(2004년의 4.7%, 2005년의 4.6%)을 유지하기 위해 중국경제는 매년 7% 이상 성장해야 한다. 이러한 명확한 성장률과 고용목표는 중국의 관리들이 대내외적으로 정책을 수립할 때 늘 염두에 두는 고려사항이다. 경제 열풍은 사회생활의 여러 측면에 영향을 미치고 국민이 새로운 사상과 행동양식을 갖도록 만든다. 결국 공산당이 통제할 수 없는 수준까지 이르게 할 것이다. 통신매체, 특히 인터넷은 새로운 형태의 집단행동이 일어나도록 만들었다. 1999년의 경우 중난하이(中南海) 주변에서 파룬궁 조직이 연좌시위를 벌일 때 중국공산당이 그 시도를 알아채지 못할 정도였다. 일단 시위가 일어나면, 사람들은 자신과 마찬가지로 다른 사람들도 이 체제를 싫어하고, 이 체제가 생각보다 약하다는 사실을 발견하고 놀라게 된다. 지금은 사람들이 휴대전화와

컴퓨터를 가지고 있기 때문에 시위 소식이 순식간에 전국으로 퍼져나간다. 현대판 「벌거벗은 임금님」이라고 할 수 있을 정도로, 소식이 순식간에 퍼져 나가 극적 반전을 일으킬 수 있다. 소련과 동유럽에서, 그리고 가장 최근에는 우크라이나의 경우에서 목격한 것처럼, 겉보기에는 안정적인 공산체제라도 하룻밤 사이에 무너져 내릴 수 있는 것이다. 한 북경대 학생은 필자에게 "정치 체제가 너무 취약해서 어느날 갑자기 화산처럼 폭발할 것 같다"고 말했다.

끝없이 일어나는 군중 시위

베이징에 있는 공산당 지도층의 시각에서 바라보면, 중국 사회는 마치 불만으로 끓어오르는 냄비 같아 보인다. 그들은 중국 전역에서 점점 늘어나고 있는 시위의 빈도와 규모, 그리고 폭력성의 변화를 초조하게 주시하고 있다. 당 지도부의 지시에 따라, 중국의 사회학자들과 공안 관리들은 이미 대중시위 발생률의 증가와 원인에 대한 학문적인 연구에 착수했다. 대외정책이든 국내정책이든 중국 지도자들의 목표는 사회의 불만과 동요를 억제하는 것이다. 2002년 봄, 조어대(釣魚臺) 국빈관에서 필자를 비롯하여 미국의회 대표단 및 상원의원들과 대화하는 자리에서 주룽지 총리는 사회동요에 대한 자신의 우려감을 털어 놓았다. 그는 실직 노동자들이 벌이는 시위가 지속적으로 마음에 걸리는 듯 했다. 그는 대화가 시작되자마자 자진해서 이야기 보따리를 풀어 놓았다. "내 집무실에는 노동자들의 시위가 어디에서 일어나고 있는지 매일마다 보고가 들어옵니다." 그는 어떤 메모도 참고하지 않은 채 계속해서 말을 이어 나갔다. "2002년 1월 1일부터 3월 28일까지 50명 이상의 노동자들이 단체시위를 벌인 것이 256차례나 됩니다." (주 총리는 미국 국회가 중국의 수출에 대해 새로운 무역장벽을 높이려는 것을 단념시키려는 희망으로 이러한 시위 통계를 사용했을 수도 있다.)

중국 공안부문의 통계에 따르면, 중국의 군중시위(群眾事件: 인원이 100명을 초과하는 시위를 말함)의 빈도는 1993년의 8,700건에서, 1994년에는 약 10,000건, 2003년에서는 58,000건, 2004년에는 74,000건으로 급증했다고 한다. 평균 200여건 이상의 시위가 매일 중국에서 벌어지고 있다고 보면 된다. 2004년의 경우 시위에 연루된 인원이 376만 명에 달했는데, 10년 전만 해도 그 인원이 73만 명 정도였다. 공안부장인 저우융캉(周永康)은 2005년 7월 다음과 같은 발언을 했다. "군중시위는 이미 사회안정을 해치는 큰 문제가 되고 있다. 시위 빈도가 증가하는 추세이고 규모도 계속해서 확대되고 있다. 또한 보다 조직화되고 있는 추세다." 지도층 내부의 분열을 야기시키지 않는다면, 사회불안의 증폭이 별 문제가 되지는 않을지도 모른다. 그러나 개별 정치지도자가 만약 자신의 동료들을 등지고 대중들과 손을 잡으려고 한다면 국가의 안정은 크게 훼손될 것이다.

중국의 매체들에게는 시위 사건에 대한 보도가 허용되지 않고 있음에도 불구하고, 시위 소식은 인터넷을 통해 퍼져 나가고 있고, 홍콩과 국제적 매체들에 의해서도 종종 다루어진다. 대부분의 시위는 소규모이고 산발적인 것들이다. 2004년 한 해 동안 중국 민간의 소요 사태를 다룬 해외 보고서를 분석해 보면, 중국에서 어떤 종류의 시위가 발생하고 있는지 알 수 있다.

- 후베이(湖北)의 방직공장에서 2,000명의 노동자들이 임금체불에 대해 항의하는 시위를 벌임
- 쓰촨(四川)의 충칭(重慶)에서 1,000여 명의 주민들이 개발 프로젝트의 일환으로 강제퇴거 당한 것에 항의하는 시위를 벌임
- 광동(廣東) 동관(東莞)에 있는 대만 신발공장에서 1,000여명의 노동자들이 임금지불 거부에 대해 소요를 일으킴
- 닝샤(寧夏)의 한 도시에서 6천 여명의 택시 운전사들이 새로운 택시 규정에 항의하는 파업을 일으킴

▌도표 3.3▐ 1993년부터 2004년까지 중국에서 일어난 대규모 시위 추정치

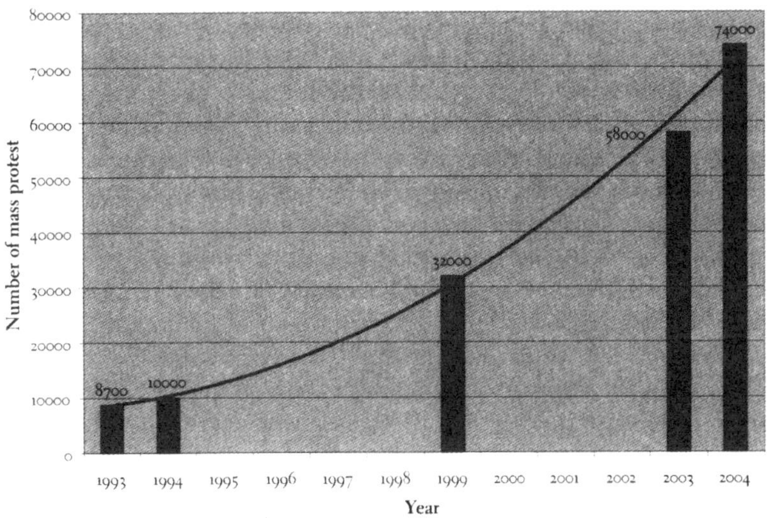

출처: 2003년 수치는 2004년 6월 7일자 『랴오왕(瞭望)』에서 인용; 2004년 수치는 2005년 7월 7일『사우스 차이나 모닝포스트』에서 인용; 초기의 수치는 머레이 스콧 태너(Murray Scot Tanner)의 글에서 인용(“China Rethink Unrest”, The Washington Quarterly 27, no. 3 (Summer 2004), 138-139)

- 정부가 자신들의 토지를 징수한 대가로 지불한 보상금에 대해 불만을 품고 광동(廣東) 지역에 거주하는 수백 명의 주민들이 거의 20시간 동안 경찰차를 포위함
- 광동(廣東) 지역에 거주하는 300여명의 주민들이 부패 사건에 대해 투명하게 밝히라는 요구를 하며 촌민위원회 서기를 3일 동안 감금함
- 하이난(海南)에서 관광업에 종사하는 500여명의 여행가이드와 버스 기사 등 총 500여명이 더 높은 임금을 요구하며 “미스월드 선발대회” 행사장에 무단으로 진입하여 공안과 충돌을 일으킴

1990년대 초 이후, 시위 횟수에 대한 중국 정부의 통계가 공개적으로

정부 보고서에서 취급되고, 『중국사회청서(中國社會藍皮書)』가 매년 출판되기 시작했는데, 놀라울 정도로 솔직하게 총체적인 시위문제를 다루고 있다. 가장 강력한 시위 그룹으로는 국유기업에서 해고된 노동자들과 가혹한 지방세 징수에 항의하는 농민들, 그리고 토지 징발을 당했거나 화학 공장 등 해당 지역의 공장들이 발생시킨 오염으로 피해를 입게 된 사람들이다. 신장(新疆)과 시장(西藏) 등지에서 종교의 자유나 독립을 요구하는 소수민족 그룹도 다루기 힘든 그룹 중의 하나이다. 강한 휘발성을 가진 농민공(農民工) 그룹도 점점 우려를 자아내고 있다.

『중국사회청서』의 편집을 담당한 사회학자들은 학생들의 태도에 대해서도 주의 깊게 살피고 있다. 물론, 그들이 자신들의 조사에 대해 말을 아끼는 편이고, 과학적 방법이 사용되었다고 볼 수 없으므로 관찰결과에 큰 신뢰도를 부여할 수는 없지만 말이다. (한 가지 재미있는 발견은, 베이징의 대학생들 중 95%가 "경제발전을 위해 안정된 정치 환경이 필요하다"는 것에 동의하고 있지만, 그들 중 80%는 정치가 개혁되지 않으면 정치가 안정될 수 없다는 것에도 동의하고 있다는 것이다.) 『중국사회청서』와 공안부문의 싱크탱크들이 진행한 연구들을 보면, 학자 스캇 태너(Murray Scot Tanner)의 분석과 상통하는 부분이 있다. "공안이 진압해야만 하는 노동자와 농민 출신의 시위자들에 대해 학생들 사이에 노골적인 동정심이 존재한다"는 것이다.

종족적 불안 요인

가장 폭력적인 집단행동은 중국 서부의 소수민족과 종교단체에 의해 행해진다. 중국 인구 중 비한족(非漢族) 인구는 10% 미만이지만, 그들은 티벳, 신장(新疆), 몽고와 같은 전략적으로 중요한 접경지역에 거주하고 있다. 1993년 5월 수천 명의 티벳인들이 라사(拉薩)에서 이틀 동안 폭동을 일으킨 적이 있다. 그리고 중앙 아시아와 국경을 접하고 있는 중국 북서부

지역의 신장(新疆)에서는 위구르 출신 무슬림들이 수 차례의 폭발 사고에 대해 자신들이 획책한 것이라고 선언했다. 1990년대 내내 신장(新疆) 지역은 격렬한 폭동과 테러사건으로 인심이 흉흉했다. 1997년 우루무치에서는 여러 차례의 버스 폭발 사건이 발생하여 9명이 사망했다. 그리고 위구르인들이 획책한 버스폭발 사건으로 베이징에서는 30여명이 부상을 당했다. 중국 정부의 통계에 따르면, 1990년부터 2001년 사이 위구르 출신의 분리주의자들이 200여 차례의 테러 공격을 감행했는데, 총 162명이 사망했고 440명 이상이 부상을 당했다.

알카에다(Al-Qaeda)의 훈련캠프에서 20여 명의 위구르인들이 체포되었고, 그 중에서 15명은 아직 관타나모(Guantanamo)의 미국 수용소에 구금되어 있다. 2001년 9월 11일 이후 중국정부는 신장(新疆)을 집중적으로 타격했고, 그 결과 폭력사건과 집단행동이 현저히 줄어들었다. 내몽고 지역은 비교적 조용한 편이지만, 중국 당국은 몽고 민족의식을 가진 락밴드의 콘서트를 금지하고 몽골어를 사용하는 인터넷 채팅방을 폐쇄시켰다. 몽고 민족주의의 싹을 근본적으로 도려내려는 조치였다.

노동 불안

중국공산당 지도자들은 노동 불안을 자신들의 체제에 가장 위협적인 것으로 보고 있다. 마르크스주의 교육을 받은 덕분에, 중국 지도자들은 노동자들이 혁명의 선봉이라고 생각한다. 혹은 그 정도까지는 아니더라도 중국에서 일어날 미래의 급변 사태에 적지 않은 역할을 할 것으로 예측한다.

공장 노동자들은 근거리에서 같이 일하고 같이 생활하기 때문에 여기저기 흩어져서 거주하는 농민들보다 훨씬 쉽게 조직화될 수 있다. 노동자들의 시위는 언론매체들에 의해 포착되기도 쉽다. 그리고 가장 중요한 것은 노동자들의 시위가 권력자들이 거주하는 베이징과 같은 도시들에서 주로 일어난다는 것이다. 지금까지 대부분의 노동시위는 현재 고용상태에 있는 노동자들보다, 실업 보상에 불만을 품은 해고 노동자들에 의한 것이었다. 고용되어 일하고 있는 노동자들은 더 젊고 조직화되기 쉬우며, 경제적으로나 정치적으로 훨씬 더 큰 피해를 입힐 수 있다. 전형적인 노동 시위는 규모가 작고, 단일 기업에 국한되어 있다. (중국정부는 경영상태가 안 좋고 지속적으로 적자를 내는 국유기업을 처분하는 과정에서, 전략적으로 소규모 기업들을 먼저 파산시키도록 했다)

랴오닝(遼寧) 성을 비롯하여 중국 동북부의 몰락한 산업지대에 있는 도시들에서는 실업률이 40%에 달하는데, 대규모 노동불안으로 큰 곤란을 겪고 있다. 2002년에 벌어진 시위는 1989년 이래 가장 큰 규모의 시위였다. 다칭(大慶) 유전에서 해고된 2만 명에서 5만 명에 이르는 노동자들이 2주에 걸쳐 시위를 벌였다. 더 나은 퇴직 수당을 요구하는 시위였다. 2주 후에는 인근 도시의 10여 개 공장에서 해고된 3만여 명의 근로자들도 가세했다. 2002년 12월에는 야금과 기계 공장에서 해고된 6천여 명의 노동자들이 헤이룽장(黑龍江)의 치치하얼(齊齊哈爾) 시당국에 생활 보조금을 높여달라고 요구하는 시위가 벌어졌다. 당시 노동자들은 "억압이 있는 곳에 저항이 있고, 착취가 있는 곳에 투쟁이 있다"는 혁명 구호를 외치며, 국제공산당가와 중국 국가를 불러댔다.

농촌지역의 불안요인

독재자들은 농민들을 심각한 정치적 위협으로 간주하지 않는 편이다. 시골 지역 여기저기에 흩어져 있고 조직화되기가 매우 어렵기 때문이다. 또한 그들의 시위는 기자들의 주목을 별로 받지 못한다. 그러나 중국은 예외적인 곳이다. 농민 반란에 의해 왕조가 무너진 오랜 역사를 가지고 있기 때문이다. 마오쩌둥은 "농촌으로 도시를 포위하는 것"이 공산주의 혁명을 성공시키는 최선의 전략이 될 수 있다는 것을 입증했다. 베이징의 한 지식인이 개인적으로 얘기해 준 것처럼, 농촌지역의 불안으로 공산당 통치가 무너지는 동일한 전철을 중국이 밟을 수도 있다. 왜냐하면 중국 농민들은 법적으로 토지에 대한 재산권을 가지고 있지 않기 때문에, 자신들의 재산권을 보호해 줄 민주정부에 직접적인 이해관계를 느낄 수 있다. 게다가 중국 인구의 60%를 점하고 있기 때문에 선거 민주주의(electoral democracy)를 통해 얻을 것이 많을 것이다.

반면에, 도시민들은 농촌 군중들을 '시골뜨기(土包子)'라고 낮추어 보는 경향이 있다. 그래서 도시민들은 민주화에 대해 양면적인 감정을 갖는다. 민주화가 자신들을 교육도 제대로 받지 못한 농민 다수의 통치 밑에 위치시킬 수도 있기 때문이다.

중국 지도자들은 21세기 농민반란의 가능성에 대해 걱정하기 시작했다. 지난 수 년간 농촌 지역의 불안은 확대되었고, 그 규모도 커져가고 있다. 게다가 언론인들과 중앙 정부의 이목도 더 많이 끌고 있다. 토지징수와 환경오염 문제가 농민들로 하여금 폭력적인 행동을 하게 만드는 가장 큰 이슈이다. 2004년 10월, 쓰촨(四川) 지역에서는 1만 명 정도로 추산되는 촌민들이 댐 프로젝트를 위한 토지징수 문제로 관공서를 급습하고 공안과 충돌을 빚었다. 1만 여명의 무장경찰이 현장에 투입되고 나서야 상황이 종결되었다. 토지징수 문제로 충돌이 가장 빈번하게 발생하는 곳은 발전이 비교적 빠르게 진행되고 있는 연안 지역이다. 관리들은 촌민들에게 적절한 보상을 해 주지 않은 채 상업지구 개발이나 주택 개발 등의 수익성 좋은 프로젝트로 폭리를 취하고 있다. 촌민들은 무력감을 느낀다. 그들은 법적으로 토지 소유권이 없기 때문에 법에 호소할 권한이 없고, 관리들을 관직에서 물러나게 할 투표권도 없기 때문에 시위를 벌이는 것 외에 다른 대응수단이 없다.

2005년 중국 남부의 광동에서는 토지징수 문제 때문에 매우 과격한 폭력시위가 세 차례 발생했다. 동저우(東洲), 타이스(太石), 판롱(蟠龍) 등의 촌에서 벌어졌던 이 시위들은 치안 병력이 살상무기를 사용하고 나서야 사태가 진정되었다. 광동(廣東)의 산저우(三洲)라는 촌에서는 불합리한 토지징수 보상에 반발하여 수천 명의 촌민들이 기공식 축하 행사에 참석한 귀빈들을 포위한 사건이 있었다. 홍콩의 신문들의 보도에 따르면, 지방 관리들이 농촌 문제를 중앙정부에 떠넘기거나 사회불안을 불러일으키는 행동에 경고하면서 자체적인 문제해결을 촉구하기 위해 후진타오 주석이 내부 연설에서 광동에서 일어난 사건들을 여러 차례 언급했다고 한다.

2005년 여름에는 화학공장의 환경오염 문제로 인해 상대적으로 풍요로운 곳인 저장(浙江) 동부 지역에서 여러 차례의 대규모 폭력시위가 일어났다. 동양(東陽) 지역의 시골마을에서는 노인 협회의 주도로 수천 명의 촌민들이 천막을 치고 철야농성을 하면서 2주 이상 도로를 봉쇄했다. 2001년에 진행된 프로젝트의 일부 항목 중에 급수원을 오염시키고 촌민들의 건강을 해치는 화학공장에 자신들의 토지를 매매하도록 한 것에 항의하는 시위였다. 3,000 명으로 추산되는 공안 부대가 가축몰이용 전기충격기를 들고 도로를 봉쇄한 시위대를 진압하려 했지만, 시위대가 폭죽을 이용하여 인근 마을에서 2만 여명의 촌민들을 불러들여 격렬한 몸싸움을 벌인 결과, 공안 부대가 오히려 수세에 몰렸다. 몇 주 후, 일부 화학공장을 폐쇄한다는 협의안이 나온 뒤에야 촌민들은 천막을 철수하는데 동의했다.

지방정부가 인터넷 상의 대화방을 닫아 버리고 매체의 보도를 금지했음에도 불구하고, 이러한 충돌 소식은 휴대전화나 인터넷을 통해 널리 퍼졌다. 동양(東陽) 지역의 시위 성공에 고무되어, 저장(浙江)의 또 다른 지역에서는 1만 5천 명의 시위자들이 공안과 충돌을 빚었다. 급수원을 오염시키고 산업 재해를 일으킨 제약 회사의 폐쇄를 요구하는 시위였다.

저장(浙江) 지역의 또 다른 촌에서는 시위대가 배터리 공장을 강제 점거했다. 공장에서 나오는 납 성분이 아이들에게 납 중독을 일으키고 있다고 항의하는 시위였다. 촌민들과 공안 사이의 격렬한 대립은 두 달 동안 지속되었다.

중국 도시 지역에서 부자들과 농촌 출신 이주노동자들 간에 보여지는 현격한 생활격차 역시 대규모 폭력사태를 촉발시키는 대중적 분노의 배경이 된다. 2004년 10월 쓰촨(四川) 지역의 한 도시에서는 한 관리가 지위가 낮은 짐꾼을 구타했다는 소식에 분개한 수 만 명의 시위대가 공안을 때리고 차량을 태웠으며, 시 청사를 급습하는 폭동이 일어났다. 2005년 6월에는 안후이(安徽) 지역에서 사소한 교통사고가 일어났는데, 도요타 자동차가 자전거를 타고 가던 십대 소년을 살짝 치고 지나간 사건이었다. 이 일로 만 여명의 군중이 경찰서를 공격하고 경찰 차량을 파괴하는 폭동이 일어났다.

학생 소요사태

중국의 대학생들은 몸을 사리면서 정치보다는 개인적 커리어를 쌓는 일에 신경을 써왔다. 그들이 몸을 사리는 이유는 1989년 천안문 광장의 진압이 되풀이될 수 있다는 두려움에서 기인한다기 보다, 물질적 성공에 대한 갈망과 정치에 대한 기대감 결여 때문일 것이다. 대학 캠퍼스에서 정치적 행동을 가장 격발시키는 사안은 국제적 이슈와 연결되어 있다. 민족주의적 정서가 대학생들 사이에 팽배해지면서 때때로 군중 시위로 분출되기도 한다. 대부분의 학생시위는 온라인 상의 탄원에 그치지만 실제 행동으로 발전하기도 한다. 1999년에 학생들은 미국 대사관과 영사관 앞에 몰려들어 미국의 벨그레이드 주재 중국 대사관 폭격 사건에 항의하는 시위를 벌였다. 이와 같은 시위 사건이 반복되는 것을 방지하기 위해, 중국 당국은 2001년 미국 정찰기와 중국 전투기가 충돌했을 때 학생들이 캠퍼스 밖으로 나서지 못하도록 조치를 취했다. 2003년에는 한 일본 교환학생이 장기자랑 대회에 나와 외설적인 스트립 쇼를 흉내내다가 중국 학생들의 감정을 상하게 하면서 1,000여 명 이상의 시안(西安) 대학생들이 교내시위를 벌이고 기숙사에 있는 일본학생들을 공격하는 사건이 발생했다. 시위는 캠퍼스에서 도시 전체로 확산되고, 학생들과 일반시민들이 일본인이 운영하는 상점을 공격하는 일까지 벌어지다가 공안이 개입한 후에야 잠잠해졌다. 학생들의 반일 폭력시위는 2005년 4월에 중국 25개 도시에서 또 한번 발생했다. 정부당국은 학생들에게 캠퍼스로 돌아가라고 달래면서, 다른 단체들을 대할 때보다 온건하게 대처했다. 어찌됐든 천안문 사건과 같은 일이 재발하는 것을 피하고 싶었기 때문이다. 인민해방군 출신의 한 장성은 학생들이 국제적 이슈에 대해 시위를 벌임으로써 자신들의 국내적 불만을 표출하는 것이라고 숨김없이 밝혔다. "벨그레이드 대사관 피폭 사건이나 반일 운동에 뒤따른 시위들은 사실 외교정책에 대한 불만을 표출하기 위한 것이 아닙니다. 도리어 정부에 대한 불만이 누적된 결과라고 봐야 합니다. 청조 시기나 국민정부 때와 마찬가지죠. 중국 국민들은 사실 그렇게 배외적이지 않습니다. 외교정책에 대한 시위는 국내정치에 대한 불만을 반영하는 것입니다."

민족주의와 사회불안

중국(혹은 미국)과 같이 큰 나라의 지도자들은 외교정책을 통해 자신들이 얼마나 유능하고 강력한 지도력을 갖고 있는지 국내적으로 보여주고 싶어 한다. 그들은 때로 국내문제에 대한 관심을 돌리기 위해 단호한 외교정책을 취하기도 한다. 서구에서는 '왝 더 독(wag the dog)'이라고 알려져 있는 수법이다. 중국 지도자들은 자국민들 앞에서 중국의 힘을 보여주고 싶어하는 경향이 있다. 나날이 높아지는 대중적 민족주의의 압박에서 비켜나 있고 싶기 때문이다. 중국 지도자들이 가장 두려워하는 것은 민족주의의 기치 아래 여러 불만세력들, 즉 실직 노동자, 농민, 학생들을 하나로 규합하는 국민운동이다. 1911년 청조와 1949년 중화민국의 몰락에 대해 학생시절 배운 교훈들이 그들의 마음 속에 깊이 자리잡고 있다. 누가 통치하든지 중국은 정부가 외부의 압박에 약한 모습을 보이면 체제가 붕괴할 가능성이 생긴다. 중국 지도자들은 나라가 강성해지면서 대중적 민족주의도 강화되고 있다는 것을 체감하고 있다. 사실 그들 스스로가 이러한 추세에 상당한 책임이 있다. 공산주의 이데올로기를 신봉하는 사람들이 거의 사라지면서, 중국 지도자들은 학교 교육과 대중매체를 통해 공산당 통치의 정당성을 확보하기 위해 민족주의 정서를 부단히 고취하는 경향을 보여 왔다. 특히 천안문 사건 이후 중국 공산당은 학교 교육과 대중매체를 이용하여 거국적인 애국 교육운동을 펼쳐왔다. 자오쑤이성(趙穗生) 교수는 이러한 상황을 '민족주의의 재발견'이라고 명명한다. 중국 공산당은 대중적 지지를 재결집시키는 수단으로 자신들의 애국적 행적을 크게 선전해 왔다. 학교는 종종 학생들이 '애국교육 기지'라고 불리는 역사적 유적을 견학하도록 기획한다. 하얼빈(哈爾濱)시 동북부에 위치한 '일본 731부대 범죄 기념관'은 일본군이 중국인들을 대상으로 화학무기 실험을 했던 것을 잊지 않기 위해 만든 곳인데, 한 해 약 300만 명이 방문한다.

천안문 사건 이후 중국인들은 공산주의적 이상(理想)에 더 이상 기대감을 갖지 않게 되었다. 그래서 장쩌민과 그의 측근들은 당의 대중적 인기를 강화하는 수단으로 민족주의를 통해 국민들을 응집시키는 것을 묘책으로 여겨 왔다.

군과 선전부 관료들은 민족주의적 논조를 특별히 반긴다. 민족주의가 자신들의 입지를 강화하고 자신들이 속한 조직의 예산을 높이기 때문이다. (이런 논조에 가장 망설이는 사람들은 외교부 관료들이다. 한 외교관이 지적한 것처럼, "외교관계를 다루는 사람들은 쉽게 배신자라는 의심을 사기 때문"이다.) 그렇다고 민족주의가 전적으로 국가에 의해서만 만들어지는 것은 아니다. 중국의 경제력과 군사력이 강해지면서, 중국 대중들의 민족주의적 정서도 덩달아 끓어오르게 되었다. 학교의 교육과정과 대중매체, 그리고 거리의 광고판은 민족주의 정서를 강화하는데 일조해야 했다. 이러한 매개체들은, 외세의 침탈로 '굴욕의 100년'을 지나온 중국이 공산당의 지도 하에 승리를 쟁취할 것이라는 동일한 논조를 담고 있다. 이런 논조가 전달하는 주요 주제들은, 일본이 중국을 점령한 기간에 저지른 잔악행위, 일본과 미국의 군사력에 막혀 되찾지 못한 대만, 그리고 '화평연

변'으로 중국을 약화시키고 중공체제를 전복시키려는 미국의 패권적 야심과 연결되어 있다.

'100년의 굴욕'은 일본이 전시에 저지른 만행에 대해 진심으로 사과하고, 대만과 통일을 이루고, 미국이 중국을 동등하게 대우할 때 종결될 것이다. 애국주의 교육은 공산당과 대중의 일체감을 강화하기 위해 일본과 미국에 대한 대중의 분노를 부추기고, 대만과 곧 통일을 이루게 될 것이라는 기대감을 높였다. 일본, 대만, 미국 등과 관련된 사안에 있어서 중국 정부의 입장은 단호한 민족주의적 모습을 띄었고, 특히 개인적 야심을 가진 인사들은 앞다투어 애국주의적 발언을 쏟아냈다. 한 중국 기자는 이러한 현상에 대해 다음과 같이 평한다. "중국의 민족주의는 상당 부분 서로에게 보여주기 위한 쇼와 같다. 일종의 정치적 행동이다. 그러나 그 중 일부는 진짜처럼 되었다."

일부 중국 지식인들과 해외 관측가들은 당대 중국의 민족주의가, 정치 지도자들의 의지를 반영하여 국민에게 직접 부과된 산물이라고 생각한다. 그러나 대부분의 중국인들은 민족주의를 건강한 자기 긍정의 행위로 느낄 것이다. 중국 전문가 에드워드 프리드먼(Edward Friedman)은 "중국의 민족주의자들은 자신들이 국가의 정치적 이익에 의해 조종되고 있다고 생각하기보다, 진실을 정확히 알고 있으며 더 이상 우롱당하지 않을 완벽한 애국자라고 자인하고 있다"고 평했다.

미국 국무부의 관리로 있으면서 필자는 종종 중국 학생들로부터 미국 외교정책에 대한 공격적인 질문을 받았다. 내가 받은 가장 공격적인 질문 중 하나는 하버드 대학에서 공부하는 중국 학생들의 모임에서였다. 미국의 코소보 폭격과 대만에 대한 무기판매, 그리고 일본과의 동맹관계에 대한 질문이었다. 클린턴 대통령도 1998년 베이징 대학에서 행한 연설에서 학생들로부터 똑같은 대우를 받았다. 중국 공산당 간부들은 이러한 방식으로 학생들이 자신들의 애국심을 드러내도록 준비시켰다. 하버드에서도 마찬가지다.

그러나 필자는 개인적 친분이 있는 중국 친구들과 나누는 자발적인 대화에서도, 마음에서 우러나오는 미국에 대한 민족주의적 분노의 감정을 느낄 수 있었다. 중국 전투기와 미국 EP-3 정찰기가 충돌한 직후 필자는 상하이에서 12명의 대학 교수들과 저녁식사를 한 적이 있다. 그 중 한 교수는 오랜 친구로 캘리포니아에 있는 필자의 집을 방문한 적도 있었는데, 미국의 처사에 너무 분개하여 내게 한마디 말도 건네지 않을 정도였다. 필자와 개인적으로 대화를 나눴던 중국 학생들은 일본에 대한 강한 적대감을 드러냈다. 그들은 대만을 사수하기 위해서 언제라도 피를 흘릴 준비가 되어 있었고, 의기양양하게 미국에 대한 불만을 표현했다. 애국주의적 열정은, 공산주의 신념에 대한 상실로 인해 생겨난 정신적 공허감을 채우는데 도움이 될 것이다. 또한 오늘날 중국 사회에 팽배해 있는 상업주의 경향에 이상주의적 대안이 될 수도 있겠다.

1990년대의 민족주의적 동원은 당과 지도자들에게 자승자박이 되어 돌아왔다. 중국 당국이 학생들에게 일본과 미국의 대사관 앞에서 데모를 하도록 허용한 결과, 그 시위의 불똥이 자신들에게 튀지 않도록 하면서 질서를 회복하는 것은 힘겨운 일이 되었다. 한 대학생은 내게 "정부는 일본에 대한 시위가 반정부 시위로 확대될 수도 있다는 것을 잘 안다"고 말했다. 중국의 경제발전과 정치안정이 대미, 대일 관계에 달려있는 상황에서, 미국과 일본 대사관을 훼손하는 행위를 중국 당국이 좌시하기만 한다면 이 국가들과의 관계를 어떻게 안정시킬 것인가? 일단 국민들이 일본이나 미국과 같이 승인된 대상에 대해 자유롭게 시위하는 경험을 하게 되면, 정치에 직접 참여하려는 욕구가 생겼을 경우 어떻게 그들을 저지할 것인가?

한 인민해방군 대령은 "중국 사람들은 외교정책을 비판함으로써 국내정치에 대한 불만을 드러내곤 합니다. 종종 볼 수 있는 일입니다"라고 말했다. 베이징의 한 대학생은 자신의 동급생들이 정치에 관여하고 싶어하기 때문에 반일시위에 참여하는 것 같다고 얘기했다. 그 학생은 "시위가 권리를 요구하는 한 방편"이라고 설명을 덧붙였다. 민족주의는 해고 노동자, 농민, 학생들과 같이 서로 이질적인 집단을 하나로 결집시켜 체제에 반대하는 국민운동으로 발전할 가능성을 배태하고 있다.

역사의 전철을 되풀이하지 말라

중국의 역사 교과서는 내우외환이 중첩되어 혼란을 야기할 때 역대 왕조들이 무너졌다고 가르친다. 국가가 약하고 분열되면 외세의 침략을 초래하게 되고, 외세의 침략은 국내적 격변을 부른다. 18세기 말부터 청조(清朝)는 경제적으로나 행정적으로 여러 문제에 봉착해 있었고, 중국의 주권을 침탈하려는 서구세력을 제대로 방어할 수 없었다. 아편전쟁(1839-1842)에서 영국에 패한 후, 청조는 주요 항구를 영국, 프랑스, 미국 등의 나라들에 강제로 개방해야 했다. 이후 청조는 연이어 일어나는 내부 반란(태평천국의 난, 염군 반란, 회교도 반란, 의화단 사건 등)과 제국주의 세력의 착취에 시달려야 했다.

1894년 청일전쟁에서의 패배는 중국이 경험한 것 중에 가장 뼈아픈 굴욕이었다. 중국인들은 항상 자신들이 일본보다 우수하다고 믿어왔기 때문이다. 중국은 일본에게 한반도의 지배권을 내주고 대만섬을 할양함으로써 강화를 맺었다. 민족주의 풍조가 들끓었으며, 학생들은 미국(1905년)과 일본(1915년) 제품에 대한 불매운동을 펼쳤다. 1900년에 일어난 의화단 운동은 무술을 연마하는 산둥(山東) 지역의 비밀결사 운동이 대규모의 반외세 운동으로 발전한 사건이다. 빈농들과 떠돌이 노동자들이 수 천명의 외국인과 기독교를 믿는 중국인을 살해했다. 오늘날의 지도자들이 반일시위와 반미시위에 어떻게 대처할지 고민하는 것처럼, 서태후는 의화단 운동을 억압할 것인지, 아니면 지원할 것인지의 문제를 가지고 갈팡질팡했다. 서태후는 백성들의 민족주의 정서를 거스름으로써 화를 자초하고 싶지 않았다. "지금의 중국은 너무 약하다. 우리가 의지할 것은 백성들의 마음과 정신이다. 만약 그것을 저버리고 백성들의 마음을 잃어버린다면 우리가 무엇으로 국가를 지탱할 수 있겠는가?" 결국 서태후는, 의화단의 타도 대상이 되기보다 의화단과 한 편이 되는 것이 안전하다고 판단했다.

이로 인해 8개국 연합군이 조직되었고, 열강은 의화단의 난을 직접 진압하기에 이르렀다. 1911년에 세워진 중화민국의 위태위태한 처지도 청조와 크게 다르지 않았다. 외세의 압박은 거셌고 정부의 통제력은 효과적이지 못했다. 힘없는 북양(北洋) 정부는 제1차 세계대전 후 파리 강화회의에서 산둥(山東) 반도에 있는 독일 조계의 권리가 일본에 귀속되는 것을 묵인했다. 1919년 5월 4일, 베이징과 기타 도시의 거리에는 분노한 대학생들이 쏟아져 나와 정부의 굴욕외교에 항의하고 정치개혁을 요구했다. 5·4 운동으로부터 이어져 내려온 신념은 중국 학생들과 지식인들의 마음 속에 깊이 뿌리내렸다. 그 신념은 부패하고 무능한 정부에 저항하는 것이 민족주의자의 당연한 권리이며 의무라는 것이다.

1930년대와 40년대 일본의 군사력은 기세 등등하게 국민정부의 군대를 패퇴시켰고, 만주와 중국 전역으로 그 세력을 확대했다. 국민당의 기본전략은, 간단히 말하자면, 먼저 공산당 세력을 평정한 후 일본을 상대하겠다는 것이었다. 공산당은 '민족해방'이 정치적 당파주의보다 우선되어야 한다고 주장하면서, 통일전선을 구축하여 공동으로 일본에 저항하자고 국민당에 촉구했다. 공산당은 항일 민족주의로 자신의 정체성을 규정함으로써 국민들의 지지를 얻어냈고 내전에서 승리를 거뒀다. 2005년 8월, 제2차 세계대전 종전 60주년 기념식에서 중국 공산당은, '외세 침략자들과의 싸움에서 최초로 완벽한 승리를 거둔 것'이라고 평가하며, 약한 중국이 강한 일본을 패배시킨 '기적 같은 승리'였다고 자축했다.

오늘날 중국의 지도자들은 민족주의가 양날의 칼이라는 것을 역사를 통해 배웠다. 통치자의 관점에서 보면, 민족주의는 사회불안을 조정하고 정치적 존립을 연장하는 핵심 수단이다. 통치자가 너무 약한 모습을 보이고 외세에 무력하게 대응하면 비판의 포문은 바로 통치자들에게 향하게 될 것이다.

중국 공산당의 생존 전략

시위자들에 동조해주기

한 중국학자가 해 준 말이다. "중국 정부가 대중의 격한 감정을 누그러뜨리는 방법은, 우선 그들과 같은 편에 서 준 다음, 상황을 바꿀 대책을 세우는 것입니다." 중국 정부는 이처럼 폭동에 대응할 나름의 공식을 갖고 있다. 노동자들이나 농민들에 의해 시위가 발생하면 중앙정부는 공개적으로 시위대에 동조해 주고 문제를 야기시킨 지방관리들을 견책한다. 그리고 적당히 문제를 얼버무리고 시위 주모자들을 구속한다. 중앙정부는 시위대에 무력을 동원하여 진압하는 것을 금하고 있으며, 지방관리들이 대중의 불만을 평화적으로 해결하도록 권하고 있다. 시위대에 동조해 주고 공격 대상이 되는 것을 피하려는 당의 노력은 놀라운 수준까지 도달했다. 당 고위 간부들이 농촌에서 벌어지는 시위를 민주주의적 징후라고 긍정해 주고, 농민들이 자신의 권리를 보호하려는 의식있는 행위라고 찬사를 보낼 정도다. 이처럼 시위에 대해 관대한 태도를 보이는 것이 최고지도자들에게는 개인적 비난을 모면하는 수단이 되었지만, 체제 불안을 부추길 수도 있다. 따라서 당은 때때로 불법시위가 용납되지 않을 것이라는 강경한 입장의 메시지를 전달함으로써 수위 조절을 할 필요를 느낀다. 예를 들면, 당은 2005년 8월 인민해방군 소속의 군인들이 시위에 참여할 경우 당에서 축출하고 엄벌에 처할 것이라는 담화를 발표했다.

잠재적 반대세력 끌어들이기

중국 공산당은 사회와 경제 영역의 엘리트들을 흡수하기 위해 전력을 기울여 왔다. 그들이 정치적 도전 세력을 대표하게 되는 것을 방지하기 위한 것이다. 당은 여전히 전국적인 시혜 기제를 독점하고 있다. 경제가 성장하면서 당으로부터 혜택을 받는 기회는 더 큰 가치를 갖게 되었다. 대학생들은 당내에서 가장 빨리 성장하는 그룹이다. 1990년에는 1.2%의 대학생들만이 공산당원이었는데, 2003년에는 8%까지 증가했다. 중국의 MIT로 불리는 칭화대학에서는 20%의 학부생들과 50%의 대학원생들이 당에 가입했다. 졸업생의 수가 높은 비율로 증가하면서 취업의 기회가 크게 줄어들었기 때문에 경쟁력을 확보하는 차원에서 당에 가입하는 것이라고 얘기하는 학생들이 늘었다.

중국에는 2천 3백만 명의 대학생이 있는데, 세계에서 가장 많은 수이다. 2006년 중국 정부는 대학 입학률 증가를 억제하기로 결정했다. 실업 상태의 대학 졸업자보다 독재 체제에 위험스럽게 느껴지는 그룹도 없을 것이다. 장쩌민 집권기에 중국 공산당은 사영 기업주들의 입당을 허용함으로써 정권에 대한 그들의 충성을 확보하고 민주주의에 대한 요구를 미연에 방지하려고 했다. 신흥 자본가 계급이 사회주의적 경제 환경에서 스믈스믈 자라나더니 지방 간부들과 결탁하면서 두각을 나타내기 시작했다. 아직까지는, 중국의 자본가들은 정치 변화의 선구자가 되는 것에 별 관심을 보이지 않고 있다.

개인의 자유 확대하기

지난 25년간 공산당은 사회 생활에 대한 전체주의적 통제를 완화해 왔다. 정치와 무관한 것이기만 하면 안전 밸브를 열어 두어 부담을 줄이고자 했다. 중국인들은 비디오 게임을 하고 인터넷을 통해 정보를 마음껏 둘러볼 수 있다. 검열관에 의해 걸러지고 차단되는 것은 정치에 관한 주제들뿐이다. 문화, 패션, 섹스 등 거의 모든 부문이 개방되어 있다. 수백 만 명의 중국인들에게 관광, 실내 인테리어, 드라이빙 등은 새로운 흥미를 더해주는 일이 되었다. 당은 대중들이 하급관리들의 실적에 대해 의견을 표시하고, 관리들에게 비리가 있으면 언제라도 탄원을 하라고 말한다. 그러나 이것은 겉치레에 불과하다. 건물의 화단이 잘 손질되어 있지 않다는 이유로 주민들이 법정에서 관리원을 고소하는 정도다.

탄압 강화하기

그러나 당은 정치에 관해서 만큼은 탄압을 유지, 강화해 왔다. 천안문 사건 이후, 국가안전부, 공안부, 사법부, 그리고 군사적 성격을 지닌 인민무장경찰 등의 치안조직들이 역량을 강화하고 경찰력이 현대화되었다. 2001년부터 공안부는 시단위별로 시위진압 경찰부대를 편성하도록 했다. 공안부장은 문화대혁명 이후 최초로 높은 위치의 정치국 위원이 되었다. 그리고 고위층 지도자들 중에 치안담당 배경의 인사들이 높은 비율을 차지하고 있다. 전국의 재판관들은 당에서 인선되고, 당이 법정판결의 최종 결정권을 갖는다. 교회나 종교단체 등을 포함하여 정부에 등록되지 않았거나 정지적 위협이 될 수 있는 단체는 폐쇄되며, 때로 그 지도자들은 투옥되기도 한다. 5·4 운동 기념일(1919년), 6·4 천안문 사건 기념일(1989년), 베이징에서 개최되는 정상회담, 전국인민대표대회 회의, 은퇴 지도자들의 사망 소식 등과 같이, 대중 시위를 일으킬 가능성이 높은 시기가 될 때마다, 중국 내 유명한 활동가들은 공안당국의 감시를 받게 된다.

천안문 사건 후 가택연금 상태에 있던 자오쯔양(趙紫陽)이 2005년 사망했을 때, 중국공산당은 즉각 보도관제를 명했다. 해외 신문이나 잡지에 실린 자오쯔양의 사망 관련 기사는 신문 가판대에 올려지기 전에 삭제되었으며, CNN, BBC, NHK와 같은 국제 방송의 관련보도는 차단되었다. 한 잡지는 대담하게도 한 달 동안 부고란에 사망소식을 실지 않음으로써 정부 당국의 보도관제에 간접적인 항의 표시를 했다. 공산당은 짜오즈양에 대한 공식적인 추모행사를 거행하지 못하도록 했다. 또 한 명의 개혁파 지도자였던 후야오방(胡耀邦)의 사망으로 인해 일어났던 천안문 사건이 재연되는 것을 두려워했기 때문이다.

민중주의 약속하기

후진타오 주석과 원자바오 총리는 인민의 이익을 최우선에 두고, 소득

격차를 줄이고 농민과 빈곤층을 돕는 '조화로운 사회(和諧社會)'를 만들어 가겠다는 약속을 내세우며 민중주의 노선을 천명하고 있다. 후 주석과 원 총리의 이러한 약속에는 개인적인 요인과 나름의 목적이 숨겨져 있다. 원자바오 총리는 농촌 출신으로 부모가 모두 학교 선생님이었다. 그의 출신 배경은 중국인이라면 누구나 다 아는 사실이다. 후진타오와 원자바오는 모두 중국 내륙의 가난하고 소외된 지역에서 근무하며 오랜 시간을 보냈다. 원 총리가 가난한 시골지역을 방문하는 모습이 텔레비전에 나올 때면 그가 농민들과 얼마나 깊이 감정을 교류하고 있는지 느낄 수 있다. 빌 클린턴과 마찬가지로, 원 총리는 시골 사람들의 비참한 처지에 대해 이야기를 들을 때면 때때로 눈물을 보인다.

후 주석과 원 총리는 그들 스스로 불평등 문제를 제기하고 농촌에 필요한 자원들을 공급함으로써, 사회적 불안을 해소하고자 한다. 물론, 불법적으로 축적된 부의 구조적인 원인에 대해서 언급하는 것은 회피한다. 앞에서 논의된 여러 전술들과 마찬가지로, 이러한 접근법도 모순을 안고 있다. 후진타오와 원자바오의 입장에서, 자신들을 권력의 자리에 오르도록 해준 후원관계를 내치지 않고 부패를 근절하는 것은 불가능한 일이기 때문이다. 같은 이치로, 그들이 공산당의 권력을 내려놓지 않고 어떻게 부패한 관리들을 처벌할 독립적인 사법 제도를 확립할 수 있겠는가?

경제성장을 유지하고 민족주의 정서에 호소하기

높은 경제성장률을 유지함으로써 중국지도자들은 새로운 일자리를 창출하고 시위 가능성이 높은 실직 노동자의 수를 억제하려 한다. 공산당 입장에서는 민족주의를 통해 대중을 결속시키는 것이 반대파를 끌어들이는데 도움이 된다. 이 두 가지 핵심목표를 동시에 달성할 수 있는 외교정책 방안을 찾아내는 것이 최대의 관건이다.

이 체제가 얼마나 오래 지속될 수 있을까?

객관적으로 보면, 중국 공산당체제는 놀라우리만치 탄력적이고 문제에 대한 회복력을 갖고 있다. 경제가 지속적으로 성장하고 일자리 창출이 이루어지는 한 이 체제는 오랫동안 존립할 수 있을 것이다.

베이징에서 실시된 연구조사에 따르면, 중국공산당의 안정 우선주의와 민족주의 정서에 기반한 정치체제가 대중의 폭넓은 지지(80% 이상)를 받고 있는 것으로 나타났다. 중국 지도자들은 지배적인 정치기조로서의 공산당 일당체제에 근본적인 변화를 주지 않는 선에서, 기층선거와 같은 정치개혁안을 염두에 두었다. 그러나 매번 통제권 상실에 대한 두려움 때문에 뒷걸음치기 일쑤였다. 시간은 아직 공산당의 편에 서 있었다. 페이민신(裴敏欣) 교수가 말하듯이, 중공정권은 당근과 채찍을 사용하며 권력을 확고히 할 능력을 충분히 가지고 있다. 때문에 그들 스스로 권력을 내려놓고 위로부터의 민주화를 감행할 필요성을 조금도 느끼지 못한다. 내부 분쟁이 일어나지 않는 한 근본적인 정치 변화가 생기지는 않을 것이다. 중국 지도자들은, 그들이 직면할 가장 큰 정치적 위험은 수백만 명의 노동자들을 실업상태로 내몰거나 수백만 명의 예금자들로 하여금 자신들의 예금을 인출하게 만들 경제적 충격 상황에서 비롯될 것이라는 것을 잘 알고 있다. 환경 혹은 공공위생 부문에서 생겨날 수 있는 대재난도 정권에 큰 위험을 초래할 수 있다. 특히, 당국의 지시로 보도가 지연됨으로써 수많은 인명이 위해를 입는다면 더욱 그러하다. 많은 수의 국민들이 동일한 시간대에 동일한 사안에 대해 불만을 표출하게 되면 전국적인 폭동이 일어날 수 있다. 또 다른 위험 시나리오는, 중공 지도자들로 하여금 일본, 대만, 미국 등을 향해 맹렬히 비난하도록 몰아가는 국내적 또는 국제적 위기상황이다. 그들의 입장에서 강경한 태도를 취하지 않을 경우, 당의 통치는 위기에 직면하게 될 수도 있기 때문이다.

세번째 교훈: 군이 당의 편에 서있도록 한다

신세대 인민해방군

인민해방군은 1949년 중화인민공화국이 건국되기 전부터 중국 정치의 주요 행위자였다. 혁명기에 인민해방군과 중국 공산당은 잘 통합되어 있었다. 마오쩌둥과 다른 중공 지도자들은 직접 군사작전을 지휘했었고, 인민해방군 장성들은 당 정치국 위원을 겸했다. 1949년 이후, 인민해방군은 부대마다 정치 위원이 있었고, 이념적으로 아주 철저한 조직이었다. 인민해방군의 임무는 '인민을 위한 봉사(為人民服務)'에 있었다. 도로 및 관개용 수로를 만들고, 국유농장을 운영하고, 국내질서를 유지하고, 인민을 위한 전쟁을 준비하는 것이 그것이었다. 물론 한반도와 베트남 등지에 출병하기도 했다. 방대한 '인민의 군대'는 농촌 출신의 청년들이 주력을 이뤘다. 그들은 농촌 생활의 궁핍함에서 벗어나기 위해 군에 들어온 청년들이었다. 그들은 구식 무기와 마오쩌둥 사상이라는 '정신의 원자탄'으로 무장되어 있었다.

오늘날의 인민해방군은 세련된 신식 군복은 물론이고 탄도미사일, 잠수함, 전투기, 유도탄이 탑재된 구축함 등을 갖추고 있다. 인민해방군은 또한 정보전을 수행하기 위해 최첨단 무기를 개발하기 시작했고, 일부 장성들은 항공모함을 개발하자고 주장하고 있다. 인민해방군은 전문성을 갖춘 현대식 군대로 탈바꿈했다. 미 국방부의 분석에 따르면, 인민해방군은 주변 지역의 기타 현대화된 군대들에 확실한 위협을 가할 수 있고, 지역의 군사적 균형을 해칠 수 있는 역량을 갖춰가고 있다. 미 국방부는 또한 중국을 미국과 군사적으로 경쟁할 가장 큰 잠재력을 가진 국가로 전망하고 있다.

인민해방군은 어떻게 전문화된 정예군으로 탈바꿈할 수 있었을까? 체제안전을 빌미로 인민해방군이 중국 지도부를 압박하여 전쟁을 일으키는 방향으로 중국을 끌고 가지는 않을까? 군을 자신의 편으로 만들려고 몸이 달아 있는 당의 입장에서는 군의 요구에 거부권을 행사한다는 것이 쉬운 일은 아니다. '부상하는 강국(rising power)'으로서, 군이 정치적으로 유력하고 견제를 받지 않는 상태에 있다는 것은 아주 위험한 징후이다. 독일과 일본이 세계대전을 일으키고, 군비증강과 도발행위를 하도록 이끌려 간 것은 민간 정치인들이 통제할 수 없었던 야심만만한 군 세력에 의해 부추겨진 것이었다.

정치 지도자들과 군부

인민해방군은 당내 엘리트와 긴밀한 관계를 맺고 있고 승리한 혁명군대라는 명성을 누리고 있기 때문에 막강한 정치적 영향력을 행사해 왔다. 단 한 명의 인민해방군 장성도 10년 넘게 정치국 상무위원의 자리에 오르지는 못했지만, 중앙위원회에서는 가장 막강한 세력을 자랑하는 그룹(중앙위원회의 22% 의석을 차지하고 있음)이다. 또한 당 정치국 위원 24명 중 2명이 인민해방군 소속이다. 중국의 입법부라 할 수 있는 전국인민대표대회 위원 중에 군 출신은 10%에 육박한다. 마오쩌둥은 때때로 장성들 중에 모반을 획책하는 사람이 있다고 의심했지만, 조직으로서 인민해방군은 한 번도 정권을 탈취하려는 시도를 한 적이 없다. 마오는 문화대혁명의 혼란기를 거치면서 사회질서를 회복하고 국가를 관리하기 위해 인민해방군을 소집했다. 그러나 몇 해 후 인민해방군은 자발적으로 당에 권력을 이양했다. 중국에서 군에 대한 민간 우위의 원칙은 아직 완벽하지 않다. 인민해방군을 감독하는 것은 정부가 아니라 공산당이다. 형식상으로 군을 이끌고 있는 것은 당 조직인 동시에 정부 기관인 중앙군사위원회이다. 그러나 실제로 중앙군사위원회는 당의 명을 받는다. 후진타오 주석을 제외하고 중앙군사위원회의 기타 구성원은 모두 군 장성들이다. 국방부는 단지 대외적 상징체에 불과하며 미국의 국방부와 같은 실권을 쥐고 있지 않다. 인민해방군은 늘 당의 지시에 따라 움직여 왔으며, 당 지도부는 국내정치적으로 당을 보위하는 대가로 인민해방군에 대해 고도의 자치권을 부여하고 있다.

『해방군보(解放軍報)』는 공산당의 집권당 지위를 확고히 지켜주는 역할이 인민해방군의 핵심 임무라고 묘사한다. 그럼에도 불구하고 인민해방군 장성들과 당내 고위층 지도자들 간의 관계는 미묘하다. 중국은 미국 국방부가 양국의 군 고위급 인사들 간에 핫라인을 설치하자고 제의했을 때 이를 거절했다. 고위급 장성들에게 그만한 권한을 넘겨주고 싶지 않았기 때문이다.

중앙군사위원회는 군의 최고 의사결정 기관으로서 국방정책 사안에 대해 광범위한 자치권을 누리고 있다. 그러나 대만 문제나 중·러관계 등 주요 정치 및 경제, 외교적 사안에 대해서는 중앙군사위원회와 그 산하 각급 인민해방군 총사령부가 공산당 정치국 상무위원회 및 핵심 지도소조와 긴밀히 협의한다. 인민해방군 지도자들은 중앙군사위원회 주석에 충성을 다

▌사진▌군복을 입은 후진타오 주석이 인민해방군 병사들을 방문한 모습. 2005년 2월 2일 (Wang Jianmin/ Xinhua)

하지만, 그 전제는 중앙군사위원회 주석이 공산당 총서기를 겸하고 있어야만 한다. 장쩌민 주석은 2002년 당 총서기 직에서 물러났지만 중앙군사위 주석직은 계속 유지했다. 당 총서기 직과 중앙군사위 주석이라는 역할이 분리되면서, 군부 최고층은 우려하기 시작했다. 따라야 할 권위의 대상이 하나는 장쩌민, 또 하나는 후진타오로 혼선을 빚게 되었기 때문이다. 알려진 바에 따르면, 장쩌민은 원래 중앙군사위 주석직의 5년 임기를 꽉 채우려 했다고 한다. 그러나 그는 인민해방군 장성들의 의견을 청취한 후 2년 만에 사임하기로 결정했다.

대권을 쥐려고 하는 지도자에게 인민해방군의 지지를 얻어내는 것은 가장 큰 숙제이다. 인민해방군의 개인적 충성을 확보하는 것은 당의 최고지도자가 신경 써야 할 최우선 사항이다.

후견자들에 대한 보상

인민해방군이 최고지도자의 뒤를 봐준다고 해서, 군이 원하는 것(한 중국 기자가 얘기한 것처럼 '더 많은 예산과 특권')을 항상 얻을 수 있다는 것을 의미하지는 않는다. 덩샤오핑(한 때 인민해방군 정치위원을 역임함)이 집권한 시기에는, 그 스스로 인민해방군의 충성을 얻어내는 것에 자신이 있었기 때문에, 군의 예산을 과감히 삭감하고 민간경제에 집중적으로 투자했다. 1977년 공포된 '4개 현대화' 목표 중에 군의 현대화는 농업, 공업, 과학 분야보다 뒤로 밀려나 있었다. (1930년대 독일과 일본이 추진했던 발전경로와는 상반됨) 덩샤오핑은 인민해방군이 보다 전문화된 군대로 탈바꿈하도록 격려했지만, 충분한 자원을 지원해 주지는 않았다. 1980년대 국내 경제에 대한 투자가 급격히 증가하는 동안 공식 국방예산은 거의 정체상태에 있었다. (물가상승을 고려하면 국방지출은 오히려 감소한 셈이 된다. 인민해방군 예산 담당 관리의 고백에 따르면, 1980년대 말까지 국방지출은 실제 필요 예산의 70%만을 충족시키는 수준이었다고 한다.)

1950년부터 1980년까지 공식 국방지출은 평균적으로 국민소득의 6.35%를 점하고 있었다. 그러나 1980년대에는 2.3%까지 감소했고, 1990년대에는 1.4% 떨어졌다. (물론 국민소득은 과거보다 훨씬 증가했지만 말이다.) 군의 인력도 1981년의 450만 명에서 2001년에는 231만 명으로 절반 가까이 줄었다. 비대해진 군의 규모를 감축함으로써, 중국의 군사력은 오히려 강해졌다. 그러나 동시에 군부대들은, 당시 학교, 병원, 정부기관과 같은 민간단체와 마찬가지로, 국가재정의 부담을 덜기 위해 이권 사업을 통해 돈을 벌라는 지시를 받았다. 군에 대한 홀대는 1990년대에 막을 내렸다. 1999년부터 국방예산 지출액은 GNP 대비 비율로 보나 실제 액수로 보나 현저히 증가했다. 지난 10년간 공식적인 국방예산 지출액은 매년 두 자리 숫자의 비율로 증가했다. 2005년 국방예산 지출액은 전년대비 12.6%가 상승한 299억 달러였다. 2000년 군비지출의 딱 2배였다. 2006년 예산에서는 군비지출이 14.7% 올랐는데, 3,500만 달러가 증가한 것이다. 새로 증가한 예산의 대부분은 해군과 공군으로 유입되었다. 비록 해군과 공군의 정치적 영향력이 육군에 비해 열세에 있지만, 대만관련 우발사건에 대비하는 데 있어서는 결정적인 역할을 한다. 군사 현대화에 많은 예산이 투입되는 것이 중요한 추세이기는 하지만, 20세기 초 독일과 일본에서 벌어졌던 전면적인 군비증강에는 비할 바가 못 된다.

중국의 2005년 공식 국방예산은 국내 총생산의 1.34%, 정부 총지출의 7.34%에 불과했다. (중국측의 계산에 따르면, 미국은 정부 총지출의 17.8%, 프랑스는 11.4%, 독일은 9.25%를 점하고 있다.) 많은 전문가들이 믿는 것처럼, 중국의 실질 국방예산이 정부가 발표하는 액수의 2배 내지 3배에 달한다 할지라도, 중국의 군비지출은 600억 달러에서 900억 달러 정도에 달할 것이다. 이는 러시아(650억 달러)와는 비등한 수준이고, 미국(5천억 달러)에는 훨씬 못 미친다.

인민해방군은 왜 더 많은 예산을 원하는가?

인민해방군이 더 많은 예산을 확보하는 것은, 중국의 지도자들이 정치적으로 덜 안전하고 군을 최대한 만족시켜야 하는 상황에 기인하는 측면도 있다. 군 경력이 없는 장쩌민과 후진타오로서는 군의 자동적인 충성을 기대할 수가 없다. 후진타오는 장쩌민과 마찬가지로 군에 대해 아낌없는 지원을 하고 있다. 세대가 바뀌고 전문화된 인민해방군으로 하여금 자신을 지지하게 만들기 위해서다. 중공 지도자들은 준군사조직인 '인민무장경찰(人民武裝警察)'을 국내 치안유지의 일선에 서게 함으로써 인민해방군이 천안문 사건과 같은 일이 발생했을 때 민간인에게 사격을 가하거나 시위 주동자들에게 총을 겨누는 등의 상황이 발생하는 것을 방지하려고 한다. 인민해방군은 인민무장경찰의 증강을 환영한다. 1989년 천안문 광장에서의 진압으로 군의 전문성과 전투 효과에 심각한 손상을 입은 적이 있기 때문이다. 1989년 12월, 루마니아의 독재자 차우세스크가 군으로 하여금 시위대를 향해 발포하도록 명령을 내렸다가 군이 반란을 일으키면서 차우세스크를 체포한 사건을, 중국인들은 잘 알고 있다. 중국의 당군 고위층을 두려움에 떨게 만든 사건이었다. 그러나 후진타오는 군을 자기편으로 끌어들이는 데 약간의 어려움을 겪고 있는 것으로 보인다. '당에 대한 절대적인 충성'을 보이라는 군에 대한 강력한 호소는 여느 때와 다르게 들린다. 후진타오 주석은 장쩌민이 이맘때쯤 그랬던 것처럼 새로운 장성들을 임명하지 않았다. 게다가 인민해방군 총정치부 주임이, 후 주석이 군의 안정에 '상당한 관심을 기울이고 있다'는 주목할만한 성명을 발표한 적이 있다. 2006년 인민해방군의 공식 예산이 14.7% 증가한 것이 후 주석에게는, 군을 당의 편에 서 있도록 도와줄 뿐만 아니라 자신의 편에 서게 하는 데도 도움이 될 것이다.

중국이 국방예산을 늘리는 전략적 근거는 필요시 대만문제를 군사적으로 해결하는 것을 사전에 준비하겠다는 것이다. 대만에서 민주적으로 선출된 총통들이 공식적인 독립 움직임을 보인 것이 큰 자극제가 됐다. 1995년 클린턴 행정부가 리덩후이(李登輝) 총통의 미국 방문 및 모교인 코넬대학 동창회에서의 연설을 허가했을 때, 중국 지도자들은 만약 중국이 대만의 독립 움직임을 무력으로 막겠다는 의지 표명을 하지 않으면 대만 독립이 기정사실화될 수도 있다는 것을 실감하고 충격을 받았다.

인민해방군의 고위 관리들 사이에서는 대만에 대한 강력한 무력시위를 촉구하는 목소리가 높았다. 그러나 미국이 중국의 대규모 군사훈련과 미사일 발사에 두 척의 항공모함 전단을 배치하는 것으로 대응하자, 중국의 지도자들은 자국의 군사적 약세를 인식하고 위기 국면을 누그러뜨렸다. 바로 이러한 맥락 하에서 인민해방군은 국방예산을 증액하게 되었고, 러시아로부터 신형 전투기와 구축함을 매입하거나 육해공 3군과 전략 미사일로 구성된 합동군사훈련을 실시하는 등 군사훈련을 강화했으며, 군 최초로 민간부문과 협력하는 훈련을 시작했다. 예를 들자면, 어선이나 상선을 동원하여 민병조직이나 예비부대로 대만 해협을 건너는 등 전시에 직접 군을 지원할 수 있게 하는 것이다.

군 장성들은 국방예산의 대폭 증액을 정당화하기 위해 계속해서 대만 이슈를 앞세우고 있다. 2006년 4월에 개최된 전국인민대표대회의 연례회의에서, 인민해방군의 핵심 싱크탱크인 국방대학 전략연구소 소장 양이(楊毅)는, 근래 중국의 군비지출이 두자릿수 증가를 보이고 있는 주된 이유가 '대만의 분리주의 움직임에 대응'하기 위한 필요에서 비롯된 것이라고 설명했다. 인민해방군 총후근부(總後勤部)의 로켓 전문가인 황춘핑(黃春平)도 다음과 같이 덧붙였다. "대만 독립세력이 다시 위세를 떨침에 따라 우리도 응당 해야 할 일을 하게 될 것입니다. 올림픽도 개최해야겠지만, 국익과 조국의 통일이 우선입니다."

2006년 중국 신문에 실렸던 한 기사는 양자간의 관계를 명확히 보여주고 있다. "군비지출이 두자릿수 증가율을 보이는 것은 전에 볼 수 없었던 현상이다. 최근 대만해협의 긴장국면이 고조되면서 일어난 일이다. 대만의 지도자들이 더욱 광분하여 조국으로부터 대만을 분리시키는 방향으로 야금야금 움직이는 도발을 저지르고 있는데, 이에 따라 조국은 군사적 충돌이라는 최악의 시나리오를 심각하게 직면하게 되었다. 어쨌든, 조국은 영토를 보전할 합법적인 권리를 갖고 있다."

군비증강이냐 민생안정이냐

중국에서는 다른 분야의 예산과 마찬가지로 국방 예산도 전국인민대표대회에서 공식적으로 통과되기 전에 공개적으로 토론이 되지 않는다. 그럼에도 불구하고 요즘 일부 지식인들이 과도한 군비지출에 대해 불만을 제기하기 시작했다. '군비확대냐 민생이냐'를 둘러싼 물밑 논쟁이 정책 엘리트 사이에서 일어나고 있지만, 대중들 사이에서는 아직 관심 밖의 일이다. 베이징에서 실시된 2004년의 여론조사에 의하면, 중국 대중들이 사회지출보다 군비지출을 지지하는 비율이 전년에 대비하여 더 높아졌다. 2006년 퓨 글로벌 애티튜즈 프로젝트(Pew Global Attitudes Project)가 실시한 조사에 따르면, 중국 도시민의 95%가 중국이 군사대국이 되는 것을 긍정적으로 평가하고 있었다.

한 교수는 2005년 한 세미나 석상에서 스스로 다음과 같은 질문을 제기했다고 말해 주었다. "우리는 도대체 얼마나 강한 군대를 필요로 하는 것입니까?" 이어서 그는 "나는 중국이 경제강국과 정치강국이 되기를 희망하지만, 군사강국이 될 필요는 없다고 생각합니다."라고 얘기했다고 한다. 또 다른 학자는, 이 이슈가 단지 빈궁한 내륙지역의 개발이나 화북 등지에서의 가용 수자원의 개선 같은 국내적 우선순위를 처리하기 위해 예산을 가져오는 것 이상의 문제라고 말했다. "군비증강은 인민해방군의 영향력을 확대시켜서 국내정치 개혁의 발전을 불가능하게 만들 것입니다."

한 경제학자는 국가예산에 대한 토론을 더 투명하고 공개적으로 바꿔야 한다고 주장하면서, 인민해방군과 건설부가 이러한 움직임에 가장 주요한 반대자들이라고 말했다. 2006년 전국인민대표대회 회의기간 중 인민해방군은 처음으로 매체를 통해 국방예산 증액을 정당화할 필요를 느꼈는데, 인터넷 상에 올라온 시민들의 의견을 인용하는 등 국방예산의 증액을 지지하는 여러 기사들을 내보냄으로써 군의 입장을 강화했다. 어떤 기사는 중국의 국방력이 열세에 있다는 것을 이유로 국방예산을 국가 총지출의 10%까지 올려야 한다고 주장했다. 한 기사에서는 인민해방군이 상당히 열악한 상황에서 군사현대화를 추진해 왔으며, 하드웨어적인 측면에서 세계의 군사강국들에 비해 몇 세대 뒤쳐져 있다고 지적했다. '해방군보(解放軍報)'에는 군비 확대에 반대하는 주장들에 반박하는 장문의 기사가 실렸는데, '강한 군사력이 만들어내는 두려움'이 전쟁을 예방하고 전쟁의 발발을 지연시키는 데 도움을 줄 것이며, 발전을 위한 평화적인 국제환경을 보장할 것이라고 역설했다. 또 다른 기사는 중국의 국제적 영향력 확보가 '국제적 지위에 상응하는' 군사력을 가지고 있는지의 여부에 달려 있다고 주장했다. 푸단(復旦) 대학의 한 유명한 물리학자는, 중국이 '대담하고 당당하게' 미국과 군비경쟁을 펼쳐야 한다고 주장했다. 그는 중국이 "다른 나라를 위협하기 위해 무기구매에 더 많은 돈을 쓸 필요는 없지만, 안보위협을 피하기 위해 더 많은 군비지출을 할 필요가 있다"고 역설했다.

군부의 매파들

몇 차례 인터뷰에 근거해 보면, 군부는 일반 관료들보다 일본, 대만, 미국에 대해 훨씬 강경한 성향을 보이고 있고, 정부 정책에 있어서 논란이 되는 이슈들에 대해 높은 발언권을 가지고 있다. 인민해방군의 간행물들은 민간 신문들보다 강경노선에 서 있다. 지여우(季由) 교수에 따르면, 중국 군인들은 대만에 대해 인민해방군이 전 국토를 해방하는 과정에서 "아직 완성하지 못한 최후의 임무"라고 배운다. 그들은 "대만이 독립을 선언하는데 인민해방군이 아무런 대응도 하지 않는다면 엄청난 체면 손상"이라고 생각할 것이다. 당의 지도자들은 근본적으로 인민해방군의 생각을 거스를 엄두를 내지 못하고 있다. 특히 실제 상황이 중국에게 불리해 보일 경우 더욱 그렇다.

한 중국 기자는 "만약 일본이나 미국과의 관계가 악화되면, 인민해방군은 더 큰 영향력을 갖게 될 것"이라고 말했다. 인민해방군 소속의 한 연구원이 지여우(季由) 교수에게 장쩌민 주석의 대만관련 연설에서 발견되는 한 가지 특이 사항에 대해 얘기한 적이 있다. 그는 장(江) 주석이 군을 대상으로 연설할 때는 아주 강경하게 군비증강의 중요성을 강조하지만, 일반 관리들에게 연설할 때는 평화적 해결에 대한 희망을 피력한다고 평했다. 근래 군부의 강경한 발언은 주청후(朱成虎) 장군을 통해서 나왔는데, 그는 독설가로 잘 알려진 사람이다. 그는 외국 매체와의 인터뷰에서, "미국이 대만문제로 인해 중국과 충돌을 빚고 재래식 무기로 중국을 공격한다면, 중국은 핵무기를 사용할 준비가 되어 있다"고 말했다. 그는 또한 중국이 "시안(西安) 동쪽의 모든 도시를 희생할 각오가 되어 있다"고 말했다. 그의 발언은 중국에 대한 미국의 여론을 악화시켰을 뿐만 아니라, 핵무기의 '선제사용포기(no first use)'(주: 핵무기로 공격받지 않는 한 먼저 핵무기를 사용하지 않는다는 원칙)라는 중국의 오랜 입장에도 완전히 배치되는 것이었다.

그러나 중국외교부의 대변인은 주(朱) 장군의 발언을 반박하지 않았다. 단지 그 발언이 주(朱) 장군의 개인 견해일 뿐이라고만 언급하고, 중국이 절대로 대만의 용납하지 않을 것이라는 말만 덧붙였다. (후에 중국 외교부장은 워싱턴에서 열린 한 행사에서 중국이 절대로 먼저 핵무기를 사용하지 않을 것이라는 입장을 재확인하는 발언을 한다.) 5개월 후, 주청후(朱成虎) 장군은 그의 발언에 대해 가벼운 처벌(1년간 승진할 수 없다는 의미의 행정과실 처분)을 받았다. 군 관련 싱크탱크에서 일하는 한 연구원은 "주(朱) 장군이 면직되어야 했다"고 평가했다. 인터넷 상에서는 주(朱) 장군의 발언이 정부가 시켜서 한 것은 아닌지, 또는 그를 용감한 애국자로 봐야 하는지 아니면 총살당해야 하는 정신병자로 봐야 하는지 의견이 분분했다. 한 게시글에는 "나는 그를 처벌하는 것이 불필요하다고 본다. 미국인들이 우리 대사관을 폭격한 것을 설마 벌써 잊어버렸단 말인가?"라고 적혀 있었다. 또 다른 게시글에는 "중국은 또 다시 미국을 향해 핵무기를 배치할 국가 중 하나로 이름이 올려졌다"라고 써 있었다. 그러나 어떤 이들은 주(朱) 장군을 '히틀러 같은 전쟁광'이라고 비판하고, "죽고 싶으면 혼자 죽어라. 대만 하나 때문에 수 백만 명의 사람이 죽고 시안(西安) 동쪽의 모든 도시가 파괴될 것까지는 없다"라고 말했다. 반면에 어떤 이는 주청후(朱成虎)의 발언이 단지 말뿐이며, "미국에서 유학하는 지도층의 자녀들이 절대로 핵전쟁을 용납하지 않을 것"이라고 낙관적으로 말했다. 또 어떤 사람은 "그의 이런 발언은 나름대로 쓸모가 있다. 적어도 미국에게 그들의 외교정책이 많은 적을 만들어 내고 있다는 것을 알려주고 있지 않나. 미국인들은 자국 영토에서는 어떤 심각한 피해도 입지 않을 것이라고 믿는 경향이 있다"라고 평했다. 몇몇 주(朱) 장군을 칭찬하는 게시글은 게시판 관리자에 의해 삭제되기도 했다.

국내정치와 외교정책

오늘날 중국 지도자들이 외교정책을 수립하는 과정에서 늘 염두에 두는 것은 자신들의 정치권력을 지탱해 주는 그룹들의 반응이다. 즉, 여타 지도자들과 대중, 그리고 군부가 어떤 반응을 보일 것인가를 늘 주시하는 것이다. 경제정책과 관례적인 외교정책에 있어서는 정책의 실제 효과가 어떠한가에 관심을 기울인다. 예를 들면, 어떻게 하면 매년 경제성장률을 최소한 7% 이상씩 유지할 수 있을 것이냐 등의 문제를 말한다. 중국의 지도자들은, 국민들의 생활 수준을 향상시키지 못하고 실업률을 낮추지 못하면 소련의 지도자들이 밟았던 전철을 자신들도 밟게 될 것이라는 생각을 갖고 있다. 중국의 외교정책은 실제로 많은 부분에서 매우 실용주의적인 특징을 갖고 있는데, 국제적 갈등이 국내의 경제발전에 악영향을 미치는 것을 방지하기 위한 것이다. 그러나 대중들의 시선을 잡아 끄는 외교정책 사안은 매우 상징적으로 다루어지는 측면이 있다. 문제를 해결하기 위해 접근한다기 보다 원칙의 문제로서 다룬다. 즉, 일본은 자신들의 역사적 죄과에 대해 속죄해야 한다는 원칙, 대만은 '하나의 중국'을 받아들여야 한다는 원칙, 미국의 패권주의에 대항해야 한다는 원칙 등에 대한 고수를 말한다.

당의 지도자들과 권력 상층부로의 진급을 바라는 야심있는 관리들은 원칙을 단호히 고수함으로써 강경한 태도를 보여주려고 노력한다. 일본, 대만, 그리고 미국에 대해 일반적으로 수립된 정치적 대세를 거스르는 데는 사실 특별한 용기가 필요하다. 한 정책 자문가는 다음과 같이 설명했다. "중국에서는 외교정책이 소수의 지도자들에 의해 수립될 때는 비교적 정확하고 유연하며 실용적인 특징을 갖습니다. 그러나 여러 집단이 연루될 때는 훨씬 엄격하고 강경한 특징을 보입니다." 한 교수는 "지도자들과 관리들은 대중 정서에 영합하기보다 진실을 말할 수 있어야 한다"고 비판했다. 그는 저우언라이(周恩來) 총리가 1955년에 인도네시아에서 열린 국제회의에 참석한 후 돌아와 했던 연설을 언급했다. 저우(周) 총리는 "동남아 이웃 국가들은 미국을 두려워하지 않습니다. 그들은 사실 우리를 두려워하고 있습니다"라고 말했다. 이 교수는 "이런 말을 하는 데는 상당한 용기가 필요하다"고 평가했다.

과거에는 외교정책이 당내 정치논쟁의 중심이 된 적이 없었다. 그러나 미래에는 매파와 비둘기파 사이에 더 많은 논쟁이 벌어질 것으로 보인다. 1990년대 초 덩샤오핑은 천안문 사건으로 힘을 받은 당내 보수파들을 거스르면서, 미국과의 화해 무드를 지속적으로 지켜나가야 했다. 오늘날에는 경제성장을 유지하기 위해 당의 명예를 희생하자거나, 국가 존엄의 수호자 역할을 하는 공산당의 명예를 지켜주기 위해 경제성장을 희생하자는 어느 하나의 입장에 만장일치로 동의하는 것이 불가능해졌다. 당내 지도자들이 대중들의 지지를 기반으로 정치적 경쟁을 하려 한다거나, 대중의 관심을 집중시키는 위기가 발생하면, 매파의 입장이 더 지배적인 위치를 점하게 될 것이다. 왜냐하면 매파의 주장이 온건파보다 대중들의 호응을 더 많이 이끌어 낼 것이기 때문이다.

대중 매체들이 정부의 외교정책을 백일천하에 드러내 보이면서, 중국의 정책 결정자들은 외교정책을 국내정치처럼 다루지 않으면 곤경에 빠질 가능성이 훨씬 커져 버렸다. 중국의 매체들은 아직 전면적으로 자유화되지 않았지만, 시장경쟁의 압력하에 있고 당 검열의 제한선을 계속해서 낮추고 있다. 인터넷 또한 여론에 대한 영향력을 점점 높이고 있다. 역설적이게도, 좀 더 자유로워진 매체들이 지도자들로 하여금 단기적 이익에 집착하게 만들고 장기적인 국제관계에 해를 끼치는 쪽으로 몰아가고 있다. 미국과 같은 민주국가의 정치인들이 종종 이러한 압박에 시달리는 것과 매우 흡사한 상황이 되었다. 중국의 한 저명한 미국전문가는 다음과 같이 말한다. "만약 중국이 언론의 자유를 보장받게 된다면 나는 늘 비난의 대상이 될 것입니다. 중국에서 온건파의 주장은 결코 대중의 지지를 받기 힘듭니다."

04

민족주의의 확성기

"언론과 인터넷"

2006년 1월, 《빙점(冰點)》이라는 주간지의 총편집인이었던 리따통(李大同)은 해직 통지를 받았다. 《빙점》은 전국 종합일간지인 《중국청년보(中國青年報)》에서 발행하는 주간지이다. 《중국청년보》는 원래 공청단(共産主義青年團)의 기관지였는데 최근 일반 상업신문으로 탈바꿈했다. 리따통의 잘못은, 그가 광저우 중산대 교수인 위안웨이스(袁偉時)의 <현대화와 역사교과서>라는 글을 게재하도록 한 것에 있었다. 이 글은 중학교 교과서에서 가르치는 중국 역사의 정통적인 관점에 이의를 제기하는 것이었다. 위안(袁) 교수는, 19세기 중국과 서구 열강 사이에 벌어진 중대한 충돌이었던 아편전쟁과 의화단 사건과 관련하여, 중국과 홍콩의 역사교과서에서 취하고 있는 해석을 비교하면서, 중국 교과서가 사실을 왜곡하고 있음을 지적했다. 그리고 중국 역사교과서가 "맹목적으로 민족주의적 감정을 선동하고 있다"고 비판했다. 위안 교수는 "서양 귀신(洋鬼子)들이 침략자였기 때문에 중국인들은 어떻게 하든 정당화되고 칭송의 대상이 되었다"고 말했다. 그는 극단적인 반외세 운동이었던 의화단 사건 기간에, 전선과 철로 및 학교 등이 파괴되고 외국상품이 불태워졌으며, 외국인은 물론이고 외국문화와 조금이라도 관계를 맺고 있는 중국인들이 무차별 살해되었음을 적시했다. 같은 글에서 그는 이러한 무분별한 배타적 민족주의가 마오쩌둥 시대의 대약진운동 및 문화대혁명과 같은 대재앙의 뿌리가 되었으며, 여전히 중국의 어린아이들에게 영향을 미치고 있다고 주장했다. 위안 교수의 표현을 그대로 빌리자면, "우리의 젊은이들이 계속해서 늑대의 젖을 빨고 있다"는 것이다. 이 글이 나간 지 2주 후, 중앙선전부 관리들은 <중국청년보> 편집위원들을 소집하여 크게 꾸짖고,《빙점》을 폐간할 것과 리따통과 공동 편집자 루웨강(盧躍剛)을 모두 해직시킬 것을 명령했다. 중앙선전부는《빙점》에 등재된 위안 교수의 글이 "중국을 침략한 제국주의 열강의 죄상을 정당화하고 있고, 신문윤리 규정을 심각하게 어겼으며, 중국인들의 민족 정서에 심각한 상처를 입히고 사회에 부정적인 영향을 끼쳤다"고 비난했다.

리따통은 베테랑 언론인으로 공산당원이었음에도 불구하고 격렬히 저항했다. 그는 중앙선전부 당국에 굴복하기를 거절하고, 직접 당 고위층과 고위 관료들에게 항의했다. 중앙선전부 관리들의 처사가 헌법에 보장된 언론의 자유를 위반하고 있다고 주장했다. 그는 또한 인터넷에《빙점》의 불법적인 폐간 조치에 항의하는 공개서한을 게시했다. 중앙선전부 관리들은 매체와 인터넷 상에《빙점》의 폐간과 관련한 뉴스보도를 금하고, 리(李)에게 통지하기도 전에 그의 블로그를 폐쇄시켰다. 그러나 리(李)의 공개서한은 당의 검열관들이 인터넷 게시판과 토론 사이트에서 삭제하기 직전의 짧은 시간을 틈타 여기저기 대량으로 유포되었다. 리(李)는 또한《빙점》의 폐간조치에 대해 광범위한 보도를 한 외국기자들과 인터뷰를 했다. 한편, 아주 보기 드문 상황이 벌어졌는데, 자유주의 성향을 가진 은퇴 간부 13인이 잡지 폐간에 항의하는 공개서한을 연명으로 인터넷에 게시한 것이다. 그들 중에는 마오쩌둥 주석의 개인 비서를 지낸 인물, 중앙선전부 수장을 지낸 인물,《인민일보》와《신화사》의 총편집인을 지낸 인물들이 포함되어 있었다.

리따통의 말에 따르면, 중앙선전부의 관리들은 《빙점》을 폐간시키기 위해 역사교과서에 대해 다룬 글을 빌미로 삼았다는 것이다. 《빙점》은 한 동안 대만의 민주정치와 기타 민감한 주제에 대한 글을 게재해 왔고, 위험 수위를 넘나드는 내용이 많았다. 중앙선전부 관리들은 역사 문제에 대한 여론이 자기들 편에 있다는 것을 확신하고 《빙점》을 폐간시킬 기회로 삼은 것이다. 중앙선전부 관리들의 예측은 틀리지 않았다. 시나닷컴(sina.com)과 같은 인기 인터넷 사이트에 오른 거의 모든 게시글이 위안 교수가 중국역사에 대해 비판적 시각을 견지한 것에 대해 그를 매국노로 몰아 세웠다. 해외의 중국 유학생들이 자주 들어가는 토론 웹사이트 '미명공간(未名空間: www.mitbbs.com)'에서도 상황은 마찬가지였다. 위안 교수의 수정주의적 접근에 대한 지지는 자유주의 지식인들의 웹사이트인 '세기중국(世紀中國: www.cc.org.cn)'에서만 볼 수 있었는데, 중앙선전부는 2006년 여름 이 사이트를 폐쇄시켜 버렸다.

후진타오 주석이 개입하여 《빙점》의 복간을 타협안으로 제시하며 양측의 대립을 중재했다. 대신에 편집진은 직위 강등조치를 당하고 정치적으로 자유분방한 《빙점》의 발언기조에도 재갈이 물려졌다. 리따통은 다른 대안이 없었고 이 타협안에 따르는 수 밖에 없었다. 그는 홍콩의 한 TV 매체와의 인터뷰에서 《빙점》이 당 고위층의 '포용력있는 태도' 덕분에 빠르게 복간될 수 있었다고 말했다.

중국의 매체 혁명

《빙점》 사건은 중국의 신흥 상업매체와 인터넷이 어떻게 국내정치를 급격하게 변화시키고 있는지, 그리고 외교정책에 영향을 미칠 수 있는 국내적 정황을 얼마나 미묘하게 만드는지 생생하게 보여준다.

개혁개방 이전 시기에는 우리가 일반적으로 이해하는 저널리즘이라는 것이 중국에 존재하지 않았다. 단지 '선전(propaganda)'만 있었을 뿐이다. 중국 공산당은 대중여론에 높은 관심을 보였고, 여론에 영향을 미치려고 방대한 자원을 투입했다. 대중 매체의 유일한 목적은 당 정책에 대한 대중의 지지를 이끌어 내는 확성기의 역할을 하는 것이었다. 매체는 당의 '대변자(喉舌)'로 불렸는데, 이 말은 오늘날 중국에서 약간 삐딱한 태도를 가진 젊은 기자들이 언론 환경에 대해 빈정댈 때 즐겨 쓰는 표현이 되었다. 중국 국민들은 정부가 통제하는 소수의 몇몇 관방 매체를 통해서만 국가와 세계에 대한 정보를 얻을 수 있었다. 1979년에 중국에는 69종의 신문이 있었는데 그 신문들 모두가 당과 정부기관에 의해 운영되는 것이었다. 2005년에 중국에는 약 2,000종의 신문과 9,000종의 잡지가 있는 것으로 집계됐다.

신문 1면에 실린 사진들은 주로 지방과 중앙의 지도자들을 미화하기 위한 것이었고, 기사들은 모두 이념화되고 정형화된 문체로 그들의 업적을 찬양하는 것이었다. 화재나 범죄사건과 같은 지역 뉴스는 좀처럼 보도되지 않았다. 국제뉴스는 보도되는 경우가 매우 드물었는데, 정부가 운영하는 신화사(新華社)에 의해서 아주 가끔 보도되는 정도였다. 사람들은 출근해서《인민일보》나 기타 관영 신문들을 읽었다(혹은 읽는 척 했을 것이다). 사무실이나 공장들은 이 신문들을 필수적으로 구독해야 했다. 관영 중앙텔레비전(CCTV)의 저녁 7시 뉴스는 프라임 타임의 뉴스 프로그램인데《인민일보》의 내용을 거의 그래도 반복하는 경우가 많았다.

중국이 현대화된 개방경제로 변모될 수 있도록, 그리고 정부의 예산을 절약하기 위해, 중국 공산당은 대중에 대한 정보공급의 독점권을 포기하기로 결정했다. 그래서 신문, 잡지, 텔레비전, 라디오 방송과 인터넷 서비스 공급자들이 국가 예산에 의존하는 것이 아니라 시장에서 서로 경쟁하도록 했다. 대중 매체의 상업화는 1980년대에 시작되었는데, 천안문 사건 이후 약간 주춤하다가 1990년대 들어 다시 탄력을 받기 시작했다. 이후 매체들은 정확하고 생생하며 시의적절한 뉴스에 대한 대중의 갈망을 만족시킴으로써 광고를 따내고, 독자 및 시청자를 확보하기 위해 치열한 경쟁을 펼치게 되었다.

인터넷 뉴스

인터넷은 새로운 정보를 가장 많이 만들어내는 곳이다. 1995년 처음으로 인터넷과 연결된 이래, 10년 동안 중국의 인터넷 사용은 폭발적으로 증가했다. 1997년에는 중국 성인 중 단지 10% 만이 인터넷에 대해 들어본 적이 있다는 통계가 있었는데, 2년 후에는 그 중 2%가 인터넷을 이용하게 되었다.

갤럽의 조사에 따르면, 2004년 들어 18세 이상의 중국인 중에 12%가 인터넷을 사용하는 것으로 나타났다. 2006년 말 당시 중국의 인터넷 사용자는 총 1억 3,200만 명으로 집계됐다. 여덟 가구 중 한 가구만이 개인 컴퓨터를 소유하고 있으나, 훨씬 더 많은 중국인들이 직장이나 학교, 또는 도처에 깔려있는 PC방(전국 각지에 10만 개가 넘음)에서 컴퓨터를 사용하고 있다. 중국은 세계에서 가장 큰 인터넷 커뮤니티를 이뤄가고 있다. 중국 대중들은 다른 온라인 활동보다 인터넷 상의 뉴스를 읽는데 더 많은 시간을 보내는 것으로 알려져 있다. 그들은 대부분의 인터넷 뉴스를 3대 인터넷 뉴스 사이트인 소후닷컴(sohu.com: 搜狐網), 시나닷컴(sina.com: 新浪網), 넷이즈닷컴(netease.com: 網易網)을 통해 얻는다. 중국 인터넷 사용자 중 10% 만이 해외매체에 직접 접속한다. 중국의 뉴스 사이트들은 해외 매체의 새로운 뉴스를 시간차 없이 거의 동시에 보도한다. 당 검열관들의 심의를 거치는 인쇄 매체나 텔레비전 뉴스보다 훨씬 앞서 보도할 수 있다. 또한 지역 폭로 기사를 입수하여 전국적인 뉴스가 되도록 만든다. 게다가, 이 뉴스 사이트들은 네티즌들로 하여금 지역 뉴스나 국제 뉴스에 직접 접근하게 만든다. 기존의 신문사들도 경쟁에서 살아남기 위해 속속 인터넷 신문을 열었다. 인터넷판 신문은 속도가 빠르고 광범위하게 유통되기 때문에, 의제를 설정하는 힘을 갖는다. 그래서 정부 관리들과 인쇄 매체, 그리고 텔레비전 매체 등에 압박을 가하고 여론을 주도한다.

한 예로, 2001년 4월 1일 오후 5시, 한 중국 네티즌이 미국 정찰기와 중국 전투기가 중국 남해 상에서 충돌했다는 미국 AP 통신의 보도를 인터넷에 올렸는데, 이 포스팅이 중국 인터넷 채팅룸들을 뜨겁게 달군 일이 있었다. 관영 통신사인 신화사(新華社)는 이 사건을 보도하는데 두 시간이나 걸렸고, 4월 4일까지 《인민일보》 1면에 실리지 못했다. 칭화(清華) 대학 신문방송학원 부원장이자 국제방송연구센터 주임인 리시광(李希光)은, 인터넷이 국제매체들에 보도된 뉴스를 빠르게 퍼 나르고 있기 때문에 관영 매체들의 한 박자 느린 보도는 위기 시에 당국이 인터넷에 여론 주도권을 빼앗기게 만든다고 평가했다.

시장과 검열 사이에서

언론의 자유를 누리기 위해 중국이 가야 할 길은 아직 멀다. 2004년 국제 언론 감시단체인 '프리덤 하우스'와 '국경 없는 기자회'에 따르면 중국은 언론의 자유 부분에서 최하위권에 머물러 있다. (프리덤 하우스의 경우 192개국 중 173위, 국경 없는 기자회의 경우 167개국 중 162위) 이전보다 더 많은 비용을 들이는 반면 더 철저하지는 못한 상황이라고 하지만, 중국 당국은 인터넷을 포함한 대중 매체의 내용을 여전히 감시통제하고 있다. 그리고 매체 보도를 감시하는 중앙선전부는 당내에 여전히 막강한 영향력을 구축하고 있다.

저널리스트인 허칭롄(何清漣)은 『중국의 언론 통제』라는 책에서 중국 공산당이 언론자유를 압살하고 있다고 강하게 비판했다. 허칭롄은 중국

기자들의 상황을 '족쇄를 찬 채 춤을 추고 있는 것'이라고 묘사했다. 그러나 그녀는 시장화의 영향으로 중국 정부의 언론 통제에 균열이 생겼다고 말한다. 대학 사회에서 정치 민주화를 촉구하고 있는 리우쥔닝(劉軍寧) 교수는 "정부가 언론을 통제할 수단을 점점 잃어가고 있다"고 말한다. 정치적 입장 때문에 여러 해 동안 투옥되어 있는 류샤오보(劉曉波)는 "현재 매체를 경영하는 사람들의 충성도를 좌우하는 것은 소비자들"이라고 말한다. 그는 매체를 경영하는 사람들이 상부의 명령에 복종하는 것처럼 보이지만 속으로는 그렇지 않으며, 오히려 소비자들의 욕구에 맞추려고 노력한다고 분석했다.

정보에 대한 접근성의 확대

중국 당국의 선전부 관리들은 시장 지향적인 매체의 뉴스 내용을 통제하고 싶어한다. 인쇄 매체와 TV 매체 부문에서는 대체로 그러한 시도가 성공적인 편이다. 아주 극소수의 저널리스트만이 리따통(李大同)이 했던 것처럼 정부의 통제에 저항한다. 요즘 중국 당국은 과거에 금기였던 주제에 대해 상당 부분 보도를 허용하는 편이다. 또한 현재 인터넷의 정보 유통이 굉장히 빠르고 분산화되어 있을 뿐만 아니라 국제화되어 있기 때문에 검열관들이 온라인 대중들에 돌발 뉴스가 전해지는 것을 차단하는 것이 불가능해졌다. 중국인들은 국내외적으로 무슨 일이 일어나고 있는지 그 어느 때보다 높은 정보 접근성을 누리고 있다. 그래서 대만 총통이나 일본 총리, 그리고 미국 국방부 장관 등이 무슨 내용의 연설을 했는지 알지 못하게 하는 것이 불가능해졌다. 중국 내에서 발생한 자연재해나 인재에 대한 뉴스를 은폐하는 것도 이제는 가능하지 않다.

전국인민대표대회가 베이징에서 열렸던 2003년 2월부터 3월 사이, 중국 당국은 갖은 수단을 동원하여 중국 남부 지역에 사스(SARS)가 발발했다는 뉴스를 통제하려고 시도했다. 그러나, 홍콩이나 해외에 거주하는 가족이나 친구들이 휴대전화로 소식을 전해주는 바람에 일부의 사람들이 그 소식을 알게 되었다. 《차이징(財經)》이라는 잡지는 금지령을 어기고 사스의 발생에 대해 홍콩발로 보도했다. 한 용기있는 의사가 베이징에 질병이 확산되고 있다는 위급한 상황을 알리려고 했지만, 중국 내 언론은 그의 말을 보도하지 않았다. 반면에, 타임지는 그 소식을 보도했고, 타임지에 실린 인터뷰 기사는 즉시 인터넷에 유포되었다.

실권을 쥐고 있는 선전부

중국 공산당 내에서 조직부와 선전부, 두 조직은 성역이다. 최고 지도자들이 권력을 유지하기 위해 그 두 조직에 의존하고 있기 때문이다. 조직부는 당정 기관의 관리들을 임명하는 권한을 쥐고 당의 후원세력을 관리한다.

선전부는 매체, 교과서, 서적, 영화 등에서 정치적 의미를 갖는 내용을 감시하는 책임을 지고, 대중 여론을 통제한다. 이 두 조직은 국가안전기관 및 인민해방군과 함께 '통제 연맹'을 구성하고 당 권력의 핵심을 이룬다. 매체의 시장화 추세와 인터넷의 성장이 선전기관 검열관들의 일을 더욱 어렵게 만들면서 더 많은 자원과 권위에 대한 필요성을 정당화시켜 주었는데, 이것이 오히려 당내에서 그들의 실권을 강화해 주는 측면도 있다.

중국에 얼마나 많은 검열관들이 존재하는지 아무도 알 수 없다. 그러나 최근 몇 년간 계속해서 그 인원이 늘어나고 있다는 것은 의심의 여지가 없다. 중국 당국은 정보 전쟁에서 지지 않기 위해 얼마든지 투자할 각오가 되어 있는 것으로 보인다. (대조적으로, 오랜 기간 언론검열을 실시해 온 싱가폴에서는 포르노물의 차단과 사이트 등록제의 실시를 제외하고 모든 인터넷의 정보를 통제하려고 하면 너무 많은 비용이 들어갈 것이라고 판단했다.)

한편, 사상 검열기관의 검열관들이 매체에 압력을 가해 영업을 못 하게 한다거나 파산시켜버리면, 관련된 상업적 이익의 손실은 가히 막대하다. 이렇게 직접적인 이해관계가 걸려 있기 때문에 주요 인터넷 뉴스 사이트들과 출판관련 업체들은 선전부의 권위에 감히 도전하지 못 하게 된다. 선전부가 애국 교육운동을 주도하면서 1990년대 통치 정당성을 공고히 하려는 공산당의 노력은 민족주의를 고취하는데 모든 노력을 집중시켰다. 최고 지도자들이 한 목소리로 명확한 지시를 내릴 때만 선전부가 메시지를 수정할 수 있다.

일본 및 대만, 그리고 미국 관련 뉴스 팔아먹기

매체들은 서로 경쟁하면서, 자연스럽게 자신들이 목표로 하는 독자층의 구미에 맞추려고 노력한다. 편집자들은 어떤 기사를 실을 때 상업적으로 어떤 내용이 잘 팔릴지를 염두에 두고 선택한다. 이것은 곧 중국인들에게 가장 큰 관심과 정서를 불러일으키는 의제인 일본, 대만, 미국 등 국제관계 관련 기사가 많이 보도될 것이라는 것을 의미한다. 이러한 의제들에 대한 과도한 대중적 관심은 관련 사안들을 국내 정치적 시각에서 다루게 만들고, 중국의 지도자들과 외교관들이 전략적 관점에서 판단할 공간을 많이 제약한다. 이 3대 의제와 관련이 없는 외교정책들은 매체들의 관심을 거의 받지 못하고, 외교부의 전문 외교관들에 의해서만 다루어진다. 반면에, 일본, 대만, 미국 등과 관련된 의제들은 아주 사소한 것조차 1면 기사가 되고, 정치국 상무위원회의 최고지도자들조차 아주 조심스럽게 이 문제들을 다뤄야 한다.

민족주의를 부추기는 언론

독자나 시청자의 관심을 얻기 위해 서로 경쟁하지만, 또 한편으로는 선전부 당국의 감독 아래 있는 뉴스 매체들은 민족주의적 신화를 확대생산한다. 중국 언론인들에게 통용되는 속담 중에 "외교 문제에 사소한 일은 없다"라는 말이 있다. 언론인들에게 외교 관련 사안은 정치적으로 민감하고 잠재적으로 위험한 영역으로 간주된다. 언론인들은 또한 두 주인을 만족시켜야 하는데, 하나는 독자들이고 또 하나는 선전부이다. 민족주의 기조를 유지하는 것은 이 두 주인을 만족시키는 대책이다. 역사 교과서와 관련한 《빙점》의 글에 대한 대중의 반응이 보여주듯이, 민족주의는 시장에서뿐 아니라 검열관들에 대해서도 정치적으로 틀림없는 관점이 되었다. 그러나 1999년 벨그레이드 중국 대사관 폭격에 뒤따른 반미 시위에서 중국 지도자들이 배운 것처럼, 민족주의를 부추기는 것이 역효과를 만들어 낼 수도 있다는 것이다. 사태가 가라앉은 후, 중국 지도자들은 선전부에 미국에 대한 매체의 메시지를 완화하도록 지시했다. 대중 여론을 진정시키고 미국과의 관계를 보호하기 위한 것이었다.

여론에 대한 정보를 수집하는 당 간부들

대중 매체와 인터넷 상에 보도되는 민족주의적 관점의 기사들은 정책을 결정하는 위치에 있는 사람들에게도 전해진다. 중국의 당 간부들은 대중들이 실제로 무슨 생각을 하는지 알아보기 위해 타블로이드 신문과 인터넷을 본다. 그리고 민족주의 사조가 온 나라를 뒤덮고 있다는 것을 알고 있다. 그들은 대중들로부터 일본, 대만, 미국 등에 강경한 태도를 취해야 된다는 압박을 느낀다. 왜냐하면 그들이 읽은 기사들이 민족주의적 편향성을 보여주고 있기 때문이다.

반대를 조장하는 대중 매체들

상업 매체와 인터넷은 정치적 반대세력이 출현하도록 유도한다. 휴대전화나 인터넷과 같이 상호작용성이 높은 통신기술은, 1999년 파룬궁의 연좌 시위나 2005년 학생들의 반일 시위에서 보여준 것처럼 개인들이 집단행동을 쉽게 조직할 수 있도록 도와준다. 신문이 시위 활동에 대해 보도하는 것이 엄격히 금지되어 있음에도 불구하고, 시위 소식은 어떤 방식으로든 알려지게 되어 있으며, 대중들로 하여금 시위에 참여하도록 독려한다. 과거 모든 뉴스가 당의 대변자들을 통해 전달되던 때에는, 당이 정책에 대한 대중들의 지지를 이끌어 내기 위해 대중매체를 사용했다. 대중들의 반대에 대해서도 별로 걱정할 필요가 없었다. 토마스 셸링은 이에 대해 아주 적절한 비유를 들고 있다. "스퀘어 댄스(남녀 4쌍이 한 조를 이루어 사각형으로 마주보고 서서 춤을 추는 미국의 전통 춤)를 추는 사람들은 지시하는 대로 춤을 춰야 하는 것에 답답함을 느낄 수 있다. 그러나 스텝을 외쳐주는 사람이 마이크를 쥐고 있는 한 아무도 다른 춤을 출 수 없게 된다."

이제 중국은 마이크의 숫자와 종류가 많아지면서, 대중 여론이 힘을 얻고 반대세력이 조직화될 가능성이 높아졌다.

환구시보(環球時報)

신문 시장에서 국제 뉴스의 인기가 스포츠 뉴스에 그리 뒤지지 않는 것으로 조사되었다. 1992년 《인민일보》는 국제뉴스만 전문적으로 다루는

《환구시보(環球時報)》를 창간했는데, 엄청난 수익을 올리며 성공을 거뒀다. 이 신문은 200만 명의 독자를 확보하고 있는데, 중국에서 두 번째로 많은 독자층을 거느리고 있는 것으로 알려져 있다. 《환구시보》가 지닌 가장 큰 경쟁력은, 이 신문이 《인민일보》 해외 특파원들의 도움을 받을 수 있다는 것과 당 지도부의 정치적 보호를 받고 있다는 것이다. 《환구시보》는 타블로이드판 신문이지만 권위를 인정받는 신문이다. 《환구시보》의 편집장은 다음과 같이 말했다. "우리는 국익을 대표하려고 노력합니다. 우리는 중국 외교정책에 문제를 만들어 내는 것을 원하지 않습니다. 미국의 언론은 자신들이 정부의 감시자라고 생각하지만, 중국의 언론은 정부와 협력해야 한다는 자세를 가지고 있습니다."

편집장이 보도제한의 선을 넘는 바람에 종종 해고를 당하는 여타 타블로이드 신문과 달리, 《환구시보》는 당과 긴밀한 관계를 유지하고 있으며, 당이 무슨 말을 해 주기를 원하는지 잘 알고 있기 때문에 편집장이 한 번도 해고당한 일이 없었다. 이러한 특별한 관계 덕분에 《환구시보》는 다른 신문들이 엄두를 내지 못하는 기사들을 보도하는 경우가 많다. 예를 들면, 1997년 북한에 기아가 발생했을 때 최초로 보도한 신문이 《환구시보》였다.

《인민일보》의 후원으로 주최된 '《환구시보》 현상'에 대한 특별 세미나에서, 당 선전부 관리들은 이 신문이 고도의 '선전 기술'을 발휘하고 있다고 칭찬했다. 칭화(清華)대학 신문방송학원 원장인 리시광(李希光) 교수는 《환구시보》가 상업적으로 거둔 성공은 이 신문이 대중들의 구미에 맞게 보도하고 있음을 증명하는 것이라고 평가했다. 《환구시보》는 국제 뉴스를 취급할 때 그 뉴스를 국익의 관점에서 재구성한다. 한 편집자는 당 지도자들이 자신들의 정책에 '깔려있는 의도'를 대중들에게 전달하고 싶을 때 이 신문을 이용한다고 말했다. 《환구시보》의 초기 운영은 매우 신중한 편이었다. 한 주에 한 번 발행하고, 기사의 내용이 다이애나 황태자비, 아라파트의 결혼, 일본 황실에 관한 이야기, 헐리우드에서 활약 중인 중국의 영화배우들, 월드컵, 올림픽 등과 같이 가벼운 뉴스를 주로 다뤘다.

1995년에서 1996년 사이, 리덩후이(李登輝) 총통이 미국을 방문하면서 조성된 위기 국면에서 《환구시보》는 한 페이지의 1면 기사로만 이 뉴스를 다뤘을 뿐이었다. 1998년 6월 클린턴 대통령의 중국 방문에 대해서도 긍정적으로 다룬 편이지만, 백악관에서 클린턴 대통령이 모니카 르윈스키와 스캔들을 일으켰을 때는 훨씬 더 많은 지면을 할애했었다.

1999년부터 《환구시보》의 보도는 민족주의적 색채가 농후해진 것으로 알려지기 시작했다. 동정적인 시각으로 유고슬라비아가 나토와 미군의 폭격에 저항하는 상황을 전달한 것이 시초가 되었다. 이렇게 무거운 주제로의 전환은, 1999년 5월 중국 대사관이 폭격을 당한 뒤 더 명확해졌다. (그래서인지, 중국 국민들은 나토 군의 중국 대사관 폭격이 의도적으로 기획된 것이라고 믿고 있다.) 《환구시보》의 왜곡보도에 있은 후, 중국인들은 중국이 유고슬라비아 정부를 은밀히 도왔기 때문에 이런 일이 일어났다고 추정했다. 이후, 《환구시보》 1면 기사의 절반 정도가 미국과 관련된 기사로 채워졌다. 독자들을 자극하는 헤드라인이나 사진도 종종 함께 실렸다. 《환구시보》의 한 편집자가 이야기한 것처럼, 중국인들은 중국의 국가안보와 중미관계에 가장 큰 관심을 갖고 있다. 그는 "사람들이 신문을 사고 싶은 마음이 들도록 1면을 장식해야 한다"고 말했다. 이어서 "독자들의 관심을 끄는 가장 좋은 방법은, 미국, 일본, 대만 등과 관련된 흥미진진한 뉴스거리로 1면을 채우는 것이다. 가능하다면, 두 개 혹은 그 이상의 관련 기사를 실어야 한다."고 설명했다. 또 다른 편집자는 다음과 같이 말했다. "역사문제와 관련하여 일본에 대한 우리의 보도는 아주 격렬한 편입니다. 일본의 극우주의자들이 자신들의 군국주의를 지지하는 발언을 하거나 행동을 보이기만 하면, 우리는 신문 기사를 통해 보복합니다."

《환구시보》가 배타적 민족주의를 퍼뜨리고 있다는 해외에서의 또는 중국 학계에서의 비판에 대해 이 신문의 편집자들은 민감하게 반응하곤 하는데, 자신들은 '민족주의'가 아니라 '애국주의'를 장려하는 것이라고 반박한다. 강경노선보다는 온건한 입장을 가신 독자들의 공감을 얻어내기 위해 《환구시보》는 종종 서로 다른 견해를 가진 전문가들의 토론을 지면에 싣는다. 칭화대학의 옌쉐통(閻學通) 교수는 국제관계를 권력 정치의 시각에서 예리하게 평론하는 것으로 일약 텔레비전 스타가 되었다. 옌 교수는 《환구시보》의 편집진들에게 국제 문제에 대한 신문지상의 토론 섹션을 만들자는 구상을 제안했는데, 그가 직접 진행자로 참여하여 정기적으로 칭화대학에서 토론을 진행하고 그 내용을 신문에 내보내는 형식이었다. 《환구시보》는 또한 베이징에 있는 미국 대사관의 외교관들이나 필자와 같은 학자 등 외국인들과의 인터뷰를 신문지면에 내보내는 관행을 최초로 만든 신문이기도 하다. 2004년에 이 신문은 왕지스(王缉思) 교수와 필자 사이에 벌어진 토론을 신문에 실었는데, 중국 교과서의 내용이 어떻게 학생들의 태도를 형성하는지에 대한 토론이었다. 《환구시보》와 경쟁하는 《세계신문보(世界新聞報)》와 같은 신문들도 국제 뉴스에 포커스를 맞추지만, 그 권위와 발행부수 면에서 《환구시보》를 넘어서지 못하고 있다.

텔레비전

대부분의 중국인들은 텔레비전을 통해 뉴스를 본다. 중국 중앙텔레비전(CCTV)은 이미 16개의 채널을 가지고 있고, 전국으로 방영되는 40여 개의 성급(省級) 케이블 채널에서 중계되고 있다.

2000년에 이미 중국 인구의 95%가 텔레비전을 소유하고 있었으며, 그중 3분의 2가 유선 방송을 설치한 상태였다. 신문을 읽거나 라디오를 듣는 사람을 모두 합한 인원보다 매일 TV를 시청하는 사람의 인원이 세 배나 많았다. 아직 인터넷 보급이 되지 않은 농촌 지역에서 뉴스를 보기 위해서는 거의 모두가 TV에 의존해야 하는 상황이다. 중앙텔레비전(CCTV)은 중국에서 가장 권위있는 텔레비전 네트워크로, 광고주들에게 자신들의 상품에 대한 소비자들의 신뢰를 높이기에 가장 좋은 곳으로 여겨지고 있다.

중앙텔레비전은 모든 채널에서 상업광고를 하고 있고, 유선 TV들과 치열한 경쟁을 벌이고 있다. CCTV-2와 지방의 여러 유선 채널에서는 홈쇼핑 프로그램도 방영하고 있다. 중국의 텔레비전 채널들은 많은 경우 오후 7시에 방송되는 'CCTV 저녁 뉴스'를 중계하도록 되어 있다.

이러한 고전적인 선전 수단 외에, CCTV는 1994년에 새로운 형태의 시사고발 프로그램인 《초점(焦點)》이라는 프로그램을 제작 방영했다. 이 프로그램은 지방 관리들의 비리나 부정부패를 탐사보도하는 최초의 프로그램이었다. 《초점》은 중국에서 가장 영향력있는 언론으로 각광을 받았다. 이 프로그램의 폭로가 고위층 지도자들의 관심을 끌면서, 지방 정부의 당 간부들은 지방의 비리가 방송되면 문제가 된 사안을 신속하게 해결하기 위해 몇 시간 만에 회동을 갖곤 했다. 하루 이틀이 지난 후, 《초점》은 지방 관리들이 그 문제를 어떻게 해결했는지, 누가 해고되었는지 등을 자랑스럽게 보도한다. 한 TV 평론가는 최근 이 프로그램이 그 신랄한 비판정신을 많이 잃어버렸다고 말한다. 그러나 2006년 여름에 필자가 그 프로그램을 시청했을 때는, 태풍에 적절하게 대응하지 못한 지방 관리들의 실책에 대해 아주 신랄한 비판이 보도되고 있었다. 이 프로그램은 때때로 전문가들을 초청하여 외교정책 관련 이슈들에 대해 토론을 벌이는데, 그 초점은 주로 국내문제와 연관되어 있다.

국제적 위기가 발생했을 때 시의적절한 보도를 하는 면에서, CCTV는 지방 케이블 채널이나 홍콩에 기반을 두고 있는 『봉황 TV(鳳凰衛視台)』에 많이 뒤져 있다. 2001년 9월 11일 뉴욕과 워싱턴에 테러 공격이 발생했을 때, 후난(湖南)과 충칭(重慶)의 유명한 케이블 채널들은 CNN의 보도를 생중계했다. (중국에서는 소수의 호텔이나 정부 사무실, 그리고 고급 주택가에서나 CNN을 시청할 수 있다. 그래서 어떤 이들은 호텔에 몇 일 동안 숙박해 가면서 9.11 테러에 대한 CNN의 보도를 시청했다고 한다.) 반면에, CCTV는 처음 테러 공격이 발생한 후 간단한 뉴스 속보만 내보냈고, 한 시간 후에야 약간의 상세 보도를 했다. 그리고 세 시간이 지난 후에야 녹화된 테러 장면을 내보냈다. 그 전까지는 조용히 침묵을 지켰다. 중국 매체 전문가에 의하면, 이 사건에 대해 과도하게 조심스런 태도를 보이는 바람에 CCTV가 많은 시청자를 잃었다고 한다. CCTV는 아마도 현장 화면을 내보내기 전에 당국의 허가를 받아야 했을 것이다. 시청자들은 CCTV의 뒤늦은 보도와 관련하여 인터넷에 격렬하게 불만을 토로했다.

홍콩 봉황 TV는 루퍼트 머독의 스타 TV와 국영 중국은행(BOC) 등 중국측 투자자들에 의해 1996년에 조인트 벤처 형식으로 설립되었다. 봉황 TV는 공식적으로 광동성 부근 지역과 국제급 호텔에서만 시청이 가능한데, 실제로는 본토에 거주하는 1억 4700만 명의 중국인들이 가시청권에 들어 있는 것으로 추산되고 있다. 중국의 대도시 방송 시장에서는 20%의 점유율을 보이고 있다. 이 홍콩 TV 채널은 세련되고, 국제적인 스타일의 뉴스 프로그램을 방영하는 것으로 유명한데, 1999년에 미군이 벨그레이드 중국 대사관을 오폭했을 때 절호의 기회를 잡게 되었다. 봉황 TV는 7일 동안 생생하면서도 민족주의적 열정을 유발하는 보도로 많은 시청자들의 호응을 받았고 해당 프로그램의 진행자는 한 순간에 유명인사가 되었다. 2001년 9월, 미국에서 테러가 발생했을 때, 봉황 TV는 세계무역센터 건물에 비행기가 부딪히는 장면을 계속해서 내보냈고, 뉴스 진행자는 이 장면을 '진주만'이나 '에어포스 원'과 같은 헐리우드의 재난 영화 장면들과 비교하는 등 24시간 보도체제로 전환하여 쉬지 않고 방영했다.

베이징의 학생들은 봉황 TV를 통해 이라크에서 벌어진 전쟁을 열심히 시청했다. 봉황 TV는 방송계의《환구시보》라고 할 수 있겠다. 센세이셔널하고 민족주의적인 색채가 강하면서, 당과의 긴밀한 관계를 통해 여러 혜택을 누리고 있다. 그러나 봉황 TV의 보도는 공산당의 과거 선전 수법과 다른 면모를 보이고 있기 때문에 중국 시청자들에게 높은 신뢰를 받고 있는 것이다. 홍콩과 중국 대륙의 시청자들로부터 호응을 얻기 위해 봉황 TV는 대만 관련 사안을 다룰 때도《환구시보》등에 비해 훨씬 대담한 보도를 한다. 천수이볜 대만 총통의 취임연설까지 방송할 정도다. CCTV는 미국 주도로 이라크 침공이 전개되었을 때 이를 계기로 시청자들과 광고주들의 관심을 되찾아 오려고 노력했다. CCTV는 전쟁이 시작된 초기 3일 동안 하루에 14시간씩 대대적으로 심층보도를 했다. 한 중국 학자가 "누가 치르는 전쟁인지 분간이 안 된다"고 말 할 정도였다. (시청률 경쟁의 압력 속에서 많은 신문사들이 이라크에 특파원을 보냈다. 과거에는 한번도 특파원을 보낸 적이 없는 신문사들이었다. 기자들은, 안전상의 이유를 들어 이라크에서 떠나라는 정부의 지침을 받고 몹시 분개했다. 그들은 이라크 침공이 시작됐을 때 요르단 국경 인근에서 전황을 보도할 수 밖에 없었다.) CCTV는 2003년 5월 봉황 TV와 우열을 가리기 위해 24시간 뉴스보도 채널을 새로 만들었다. 그리고 당의 허가를 받기 전에 뉴스 속보를 내보낼 수 있는 권한을 부여 받았다.

매체 내용의 통제

중국인들의 블로그와 신문 판매대를 자세히 들여다 보면 깜짝 놀랄 것이다. 중국인들이 마돈나나 브리트니 스피어스와 같은 서구 대중 문화 아이콘에 굉장히 열광하고 있기 때문이다. 폭력적이고 선정적인 모습의 사진을 사용하는 데도 전혀 거리낌이 없다.

미국 캘리포니아 버클리 대학의 「중국 인터넷 프로젝트」의 연구 책임을 맡고 있는 샤오창(蕭強)은 "인터넷은 야생의 땅이다. 정치 영역을 제외하고 중국의 인터넷은 어느 곳 못지않게 자유롭다"라고 말했다. 중국 공산당이 인터넷 상의 모든 것을 통제하기에는 인력과 자원이 부족하다. 그래서 당은 정치적 대립을 불러일으키거나 정권에 위협이 될 가능성이 있다고 생각되는 정보에 대해서만 통제하고 있다. 이런 부분을 제외하고, 스포츠, 과학기술, 라이프 스타일, 영화 배우 및 뮤직 스타, 건강, 섹스 등에 관해서는 거의 모든 것이 허용된다. 중국의 네티즌들은 다른 나라의 네티즌들과 마찬가지로, 정치와 무관한 주제에 한해서 자유롭게 정보에 접근할 수 있다. 중국 공산당은 또한 환경문제, 경제적 불평등, 의료보험 및 교육분야의 취약점 등 국내적 이슈들에 대해서도 보도할 수 있는 공간을 개방해 놓고 있다. 중국에서 지방관리들의 이슈는 기자들이 경쟁적으로 보도하는 소재가 되었는데, 당 중앙 정치국은 각 성(省) 지도자들의 불만을 받아들여, 2004년부터는 기자들이 다른 성(省)의 부패 문제에 대해서는 탐사보도를 하지 못하도록 지시했다.

기업 비리, 경영상태 불량, 주가 조작 등을 다루는 잡지 《재경(財經)》과 같은 상업매체도 대담한 폭로기사로 유명해졌는데, 이러한 보도 관행이 당국의 검열관들로부터 강력한 제재를 받지는 않았기 때문이다. 그러나 개별 지도자에 대한 보도, 당(黨), 민주주의, 정치개혁, 시위, 정부 회의에서 논의된 내용, 1989년 천안문 사건, 인권, 파룬궁, 종교, 고위층의 비리, 대만, 티벳 등 선전부에서 정치적으로 민감하다고 생각하는 주제에 대해서는 어떤 보도도 용납하지 않았다. 당의 권력 유지에 타격을 줄 수 있기 때문이다. 2005년 4월 학생들의 반일 시위나 2005년 겨울부터 2006년까지 이어진 광동 남부지역 촌민들의 시위와 같이 군중 시위에 대해서도 보도가 봉쇄되었다. 금지된 주제에 대해 보도하는 기자들은 국가기밀을 누설했다거나 국가전복 혐의로 해고되거나 구속될 수 있다. 상업 매체에 대한 검열은 과거에도 행해진 수법들이 우선적으로 사용된다. 행정 감독이나 인사권의 행사, 커리어를 관리하여 높은 지위에 오르려는 기자들에 의한 가기 검열 등이 그것이다.

모든 출판물은 정부의 인가를 얻어야 하며, 이러한 정부의 인가는 그 수량이 제한되어 있으며, 상위의 정부 조직에 의해 독점되고 있다. 대부분의 신문과 잡지의 발행은 사실 정부에 의해 운영되는 출판사에 의해 주도되고 정부나 당의 감독을 받는 매체 기업에 의해 관리된다. 신문과 잡지의 편집국장은 당 고위층에서 지명한다. 《환구시보》의 편집장은 《인민일보》의 편집진들과 당 위원회에 의해 임명된다. 《환구시보》의 한 편집자는 다음과 같이 시인했다. "우리가 만약 상부의 큰 방향에서 너무 벗어나 있으면 바로 해고될 것이다. 나는 이 점을 잘 알고 있다."

국제문제에 초점을 맞추고 강렬한 민족주의 색채를 드러내는 인터넷 게시판 《강국논단(強國論壇)》은 인민일보에 의해 관리되는 뉴스 사이트인 《인민망(人民網)》에 자리잡고 있다. 모든 출판물과 인터넷 뉴스 사이트는 그 뉴스의 내용에 대해 책임을 져주는 정부 또는 당 조직이 배후에 있다. CCTV는 당 중앙에 보고하고, 성(省)과 시(市)의 방송국은 지방 당국에 보고한다. 대중 매체의 보도 내용에 대한 감독과 검열 시스템에 있어서 중국은 상당히 세분화되어 있지만, 모두 중앙선전부의 통제 아래 있다. 중앙선전부는 인쇄 매체, 텔레비전, 라디오 등의 내용을 심사할 권한을 갖고 있는데, 매체들은 또한 '출판총서(出版總署)'와 '국가광파전영전시총국(國家廣播電影電視總局)'의 인가를 얻어야 한다. 중국 국무원 '신문판공실(新聞辦公室)'은 인터넷 뉴스 사이트의 컨텐츠를 관리감독하는 책임을 맡고 있다. 그러나 그 권한이 중앙선전부에 미치지 못하며, 일반적으로 중앙선전부의 지도를 받는다. 국무원의 '정보산업부(信息產業部)'는 인터넷을 관리통제하는데, 주로 인터넷의 봉쇄와 필터링 등의 업무를 담당한다. 국가안전부(國家安全部)와 공안부(公安部)는 인터넷 게시판이나 블로그, 이메일 등을 관리한다.

인터넷 검열

낙관론자들은 정치적으로 중국의 인터넷에 큰 기대감을 갖고 있었다. 샤오창(蕭強)이 언급한 것처럼, 인터넷은 '분산화의 특징과 단대단 구조(end-to-end architecture)의 끝없는 확장성을 지니고 있으며, 근본적으로 자유로운 속성을 가진 기술'이기 때문에 사람들은 정부의 검열이 불가능할 것이라고 여겼다. 그러나 실제로 인터넷 컨텐츠와 인터넷 정보 접근에 대한 중국 검열관들의 통제 능력은 아주 뛰어난 것으로 나타났다. 인터넷의 검열을 확대해야 하는 필요성 때문에 오히려 기술 혁신이 촉진되기도 했다. 하버드 대학 '버크만 센터(Berkman Center)'의 연구에 의하면, 중국은 세계에서 가장 광범위하고 정교한 인터넷 필터링 시스템을 운영하고 있다고 한다. 인터넷 백본(backbone)과 인터넷 공급자의 서버뿐만 아니라 인스턴트 메시지 클라이언트 소프트웨어에도 필터를 설치함으로써 금지된 키워드 검색을 통제하고, 해외와 지역의 웹사이트를 완전히 차단한다.

2004년에 중국의 해커들이 약 1천 개의 인터넷 금지어 리스트를 발견하여 인터넷에 게시한 적이 있다. 그 중 15%이 키워드는 '섹스'와 관련된 것이며, 나머지는 정치와 관련된 것이었다. (국제문제와 연관되어 있는 5%의 키워드 중에는 '조어도 수호'나 '매국행위' 등의 키워드가 포함되어 있었는데, 극렬 민족주의자들이 통제를 벗어나는 행동을 저지르는 것을 바라지 않는 당 지도자들의 의중이 담겨 있는 것이다.)

중국 공산당은 또한 광범위한 네트워크를 이루고 있는 인터넷 '도우미' 들을 고용하고 있다. 그들은 각종 인터넷 사이트와 온라인 게시판, 그리고 블로그 플랫폼을 관리하는 사람들로, 정부의 인터넷 감시단과 민간 감시단체의 지원을 받으며 컨텐츠를 단속한다. 중앙 정부의 관리기구인 '국무원 신문판공실'은 메신저를 이용하여 32개의 대형 인터넷 뉴스사이트 편집장들과 지속적인 접촉을 갖는다. 이러한 접촉을 통해 중요한 사건의 보도와 관련하여 보도지침을 내린다. 그리고 대형 인터넷 뉴스사이트는 보다 작은 규모의 뉴스사이트를 지도한다. (국무원 신문판공실은 인터넷 뉴스사이트 내용을 관리감독하는 책임을 맡았다. 왜냐하면 신문판공실 주임인 자오치정(趙啟正)이 핵물리학자 출신인데다 일찍부터 인터넷에 관심을 가져 왔기 때문이다. 그는 원래 상하이에 있었는데 베이징으로 올라와 신문판공실 주임을 맡으면서, 소수의 인터넷 전문가를 고용하여 조직에서 내부적으로 사용할 네트워크와 웹사이트를 만들었다. 그래서 1999년 중국에서 상업성을 띤 웹사이트들이 운영되기 시작했을 때, 그의 기관이 인터넷 뉴스 컨텐츠를 관리감독하는 책임을 지게 된 것이다. 이렇게 인력에 의존한 통제방법은 중국의 인터넷 감독이 그렇게 완벽하지는 않다는 것을 의미하기도 한다. 논란의 소지가 있는 포스팅이 삭제되는데 대체로 한 시간 이상이 걸린다. 《빙점》을 폐간하게 만든 역사교과서에 대한 기사는 《중국청년보》 웹사이트에 일 주일 동안이나 게재돼 있었고, 잡지가 폐간된 후에도 계속 남아 있었다.

교황 요한 바오로 2세가 2005년 선종(善終)했을 때, 중국의 뉴스 사이트들은 그의 선종을 기리는 기도와 토론을 처음에는 허용했는데, 나중에는 관련 내용을 삭제해 버렸다. 왜냐하면 소후닷컴(sohu.com)의 한 고위 관리자가 "중국에서 종교 문제는 특별한 사안이다. 문제를 일으킬 소지가 있어 조심스럽다"라고 말했기 때문이다. 반일 시위와 동저우(東洲) 촌의 농민 시위대에 경찰이 총격을 가한 사건과 관련하여 대형 인터넷 뉴스사이트들이 관련 기사를 차단했을 때도, 이 소식은 이메일이나 인스턴트 메시지, 블로그, 온라인 게시판 등을 통해 퍼져나갔다.

어떤 영리한 네티즌들은 금기어 대신 암호를 사용하거나, 비난의 대상을 역사에 빗대어 표현함으로써 검열을 피했다. 노련한 네티즌들은 심지어 해외 프록시 서버를 이용해 검색을 함으로써 중국의 '만리장성 방화벽(Great Firewall)'을 피할 수 있었다. 그럼에도 불구하고, 중국 당국은 놀라울 정도로 혹은 암울할 정도로 인터넷을 통한 정치 관련 정보에의 접속을 제한하는데 성공했다. 많은 중국인들이 검색 과정에서 차단당하고 있다는 것을 알아차리지 못할 수도 있지만, 어떤 이들은 정치적으로 민감한 기사들이 뉴스사이트에서 몇 분 만에 혹은 몇 시간 만에 사라지는 것을 보고 검열관의 개입을 느낄 것이다. 2005년 중국 사회과학원이 실시한 여론 조사에 따르면, 중국 인터넷 사용자의 7.6% 만이 인터넷 상의 정치 관련 컨텐츠가 통제되어야 한다고 생각하는 것으로 나타났다.

2005년 봄, 중국 당국은 대학생이 아닌 사람이 대학의 인터넷 게시판을 사용하지 못하도록 조치했다. 중국에서 대학의 인터넷 게시판은 자유분방한 토론의 장으로 여겨지고 있었다. 학생들은 자신들의 토론을 통제하는 것에 대해 정부 당국에 분노를 표현하는데 두려움을 가지고 있었다. 하지만 그들은 대신에 반일 시위를 통해 거리로 나왔다. 이 두 사안이 어떤 연관성을 갖고 있는지에 대해 필자는 개인적으로 상당한 호기심을 갖게 되었다. 2006년에는 정치적 주제에 대해 토론한 것 때문에 많은 채팅룸과 토론 게시판이 폐쇄되었다. 인터넷에 대한 중국 당국의 검열은 미국 의회와 매체에서 많은 반발을 불러일으켰다. 시스코, 야후, 마이크로소프트, 구글과 같은 미국 회사들이 수익성이 좋은 중국 시장에서 비즈니스를 하기 위해 양심을 거스르고 인터넷 검색 결과 제한에 대해 중국 정부와 협력했다. 야후는 중국 국가안전기관이 스타오(師濤)라는 기자를 추적 체포하는 일에 협조한 것 때문에 맹렬한 비난을 받았다. 스타오는 천안문 사건 기념일 관련 기사를 금지하라는 선전부의 지시를 인터넷 메시지를 통해 외부에 누설한 혐의를 받고 있었다. 스타오는 징역 10년이라는 터무니없는 처벌을 받았다.

미국 정부는 ('미국의 소리'와 '자유 아시아 라디오 방송'과 함께) 샤비얼(夏比爾) 같은 핵티비스트(hactivist: 일종의 인터넷 행동가)를 지원했다. 샤(夏)는 명석한 두뇌를 가진 컴퓨터 전문가이자 파룬궁 지지자로, 소프트웨어를 개발하여 중국의 네티즌들이 당국의 방화벽을 뚫고 중국 내 인권탄압 실태 등 외부 정보에 접근할 수 있도록 도와주는 노력을 기울였다. 샤(夏)는 매일 십만 여명의 네티즌들이 자신이 개발한 '프리게이트(Freegate)'라는 소프트웨어와 또 다른 두 개의 검열돌파 프로그램을 사용한다고 말한다. 중국의 검열관들과 미국의 인권운동가들 사이에 벌어지는 사이버전은 아직까지는 두 정부 사이의 관계에 영향을 미치고 있지 않다. 그러나 언젠가 중국 지도자들은 이것을 그들의 사이버 주권에 대한 적대적 침해로 간주하고 불만을 표시하게 될 지도 모른다.

중앙선전부

중앙선전부(中宣部)는 중공 중앙위원회에 속해 있는데, 권력 서열의 측면에서 정부 각 부처나 국무원 신문판공실보다 상위에 위치해 있고, 매체 검열의 전 과정을 주도한다. 중국 공산당은 중앙선전부의 영문 명칭을 선전부(Propaganda Department)에서 홍보부(Publicity Department)로 바꾸었다. 좀 더 미래지향적으로 보이기 위해서다. 그러나 중국어로는 여전히 중앙선전부(中宣部)로 불리고 있다. 새로운 상업매체의 관리 등 업무 범위를 확대했지만, 여전히 정보 경찰의 수뇌 역할을 맡고 있다. 중앙선전부는 성(省)과 시(市)의 지부 등 전국적인 네트워크를 이루고 있는데, 팩스나 전화를 사용하여 어떤 것을 보도하고 어떤 것은 보도하지 말아야 하는지 매주 여러 차례 출판기관들에 지시를 내린다.

이러한 지시들은 편집국의 공고란에 게시된다. 일반적으로 지시의 3분의 1은 중앙에서 오고, 3분의 2는 지방선전 당국에서 온다. 기자들의 말에 따르면 중앙보다 지방 당국의 제한이 더 심하다고 한다. 중앙선전부와 지방의 지부들은 대략 10명의 은퇴 간부들로 구성된 '검열평론소조(閱評小組)'를 두고 있다. 이 그룹은 신문보도에 대해 비평하고 사실에 근거해 징계를 결정하기도 한다. 《빙점》의 편집장인 리따통(李大同)은 공개적으로 이 그룹의 권위에 이의를 제기했는데, 이 그룹의 내막을 아는 한 인사는 그들의 활동에 대한 상세한 정보를 홍콩 매체에 누설했다. '검열평론소조(閱評小組)'는 1994년에 설립된 후, 10여 년 동안 중앙의 경우에만 8,136차례에 걸쳐 비평을 공고했는데, 하루 평균 두 차례의 평론을 내놓은 셈이다.

1990년부터 2003년까지 장쩌민 집권기에, 중앙선전부가 방대한 권력을 쥘 수 있었던 것은 이 조직의 원로 수장인 딩관건(丁關根) 때문이라고 관측가들은 평가했다. 딩관건은 장정에 참여했던 원로 간부이자 이념적으로 보수적인 성향의 인물로, 덩샤오핑과 종종 브릿지 게임(카드놀이의 일종)

을 즐기던 가까운 친구였다. 소문에 따르면 장쩌민은 덩샤오핑의 체면을 세워주기 위해 딩(丁)과 그의 선전기관들에 자율권을 부여했다고 하는데, 덩(鄧)이 죽기 전에 장쩌민에게 딩(丁)을 부탁하는 편지를 남긴 것과 관련이 있다고 한다.

2002년 딩관건이 은퇴한 후, 광동성 당서기를 맡고 있던 리창춘(李長春)이 베이징으로 올라와 정치국 상무위원과 중앙선전부장을 겸임하게 되었다. 리창춘은 직무를 시작하자마자 매체들이 맹목적으로 당의 지시에 따를 것이 아니라 대중과 현장에 밀착해 있어야 한다고 주장하는 담화를 발표했다. 기자들은 이 담화에 큰 기대를 걸었다. 후진타오 주석과 원자바오 총리로 구성된 지도부는 사스(SARS) 위기를 다루는 과정에서 언론에 개방적인 태도를 취했다. 기자 회견에서 솔직한 모습을 보이고 사스 발생에 대한 정보를 차단한 것에 대해 스스로 비판했다. 어떤 면에서 보면, 그들은 이전 지도부에 쉽게 책임을 전가할 수 있었다. 그러나 이러한 긍정적인 징후는 잠깐 나타났다가 바로 사라졌다. 몇 달이 지난 후, 중앙선전부는 신문사를 폐간하고 기자들을 해고하는 등 구태를 재연하고 있었다. 중앙선전부는 해외 기업들이 중국 TV에 방영될 컨텐츠 제작과 운영에 참여하는 안을 부결시켰다. 루퍼트 머독과 국제 매체의 경영진들은 이러한 결정에 크게 실망했다. 이후 수많은 편집자들이 언론 자유의 한도를 넘어섰다는 이유로 처벌을 받았다. 그들 중 일부는 용감하게 저항했다. 해고된 한 편집자는 학술적 성격의 웹사이트에 중앙선전부를 비판하는 글을 올리며 자신의 입장을 변호했다. 베이징의 한 유명한 신문사는 편집장이 해고당하자 전 편집부가 파업에 돌입하면서 거리 시위를 벌였다. 리창춘은 이미 딩관건과 같은 방식으로 행동하고 있었다. 사실 리창춘은 광동성의 당서기로 있을 때도 매체에 우호적인 인물이 아니었다. 한쪽에서는 이러한 변화가 리창춘의 야심 때문이라고 말했다. 정치국 상무위원회 최연소 위원인 그가 2007년에 한걸음 더 권력의 핵심으로 들어가기 위해 이름을 알리는 노력을 하고 있다는 것이다.

그러나 일부 기자들은 중앙선전부의 구태의연한 관료문화를 비판한다. 중앙선전부에서 몇 십년 동안 일했던 노간부들은 대다수가 변화를 거부한다. 정치 관측가들과 일부 기자들 중에는 이러한 언론 통제가 후진타오와 원자바오, 그리고 기타 정치국 상무위원들로부터 기인한 것이라고 말한다. 그들이 여전히 대중들에 전달되는 정보를 통제하고 싶어하는 공산주의자들의 전통적 방식을 선호하기 때문이라고 한다. 위기가 발생했을 때 중앙선전부는 상부의 정책결정자들과 의견을 조율하지 않고 독단적으로 처리하는 경우가 종종 있다. 그 예로, 2001년 중국 전투기와 미국 정찰기가 충돌했을 때, 중앙선전부는 미국 정찰기가 "허가 없이 중국 영토로 들어왔다"고 발표해 버렸다. 그러나 사실 미국 정찰기는 국제법상 배타적 경제수역 상공 위에 있었고, 이곳은 국제수역으로서 비행의 자유가 허용되는 곳이었다.

중국 내부인사의 말에 따르면, "위기에 대한 언론의 초기 보도 기조가 나중에 융통성 있는 결정을 하기 어렵게 만들었다"고 말한다. 중앙선전부의 조율되지 않은 지시는 위기를 해결하는데 있어서 선택의 폭을 제한하는 '공약의 덫(commitment trap)'을 피하기 어렵게 만들었다. 다른 상황에서도 마찬가지다. 외교와 대만 문제를 책임지고 있는 지도 그룹의 고위급 지도자들에게도 중앙선전부는 줄곧 불만의 대상이다. 대만공작영도소조(對台工作領導小組)를 관찰해 온 한 전문가의 말에 따르면, 이 지도 그룹은 중앙선전부가 자신들의 허가를 받지 않고 신문사들에 리덩후이 총통을 비난하는 기사를 내보내도록 한 처사에 대해 비판했다고 한다. 그러나 후에 이 기사들이 결국 중국 당국의 입장을 대변하는 것으로 간주되었다.

국무원 신문판공실

국무원 신문판공실은 대외적으로 중국을 홍보하는 부서로 1990년에 만들어졌다. 주요 업무는 국제적으로 중국의 이미지를 개선하는 것이다. 국무원 신문판공실은 외국 매체와의 관계를 담당하고 중국의 국제 라디오 서비스를 관리하며, 세계가 중국을 긍정적으로 바라볼 수 있도록 노력한다. 한편 인터넷 뉴스 사이트들도 관리감독한다. 국무원 신문판공실은 기자회견을 빈번하게 개최하고, 매체의 대변인들이 이념의 추종자가 아닌 생생하고 인간적인 화법을 구사할 수 있도록 훈련시킨다. 신문판공실 관리들은 지도자들이 해외방문 시 공식석상에서 자신들의 이미지를 어떻게 관리해야 하는지에 대해서도 조언을 한다. 필자는 신문판공실 주임인 자오치정(趙啟正)과 일면식이 있는데, 그는 장쩌민이 상하이에 있을 때부터 그의 수하로 있던 사람이다. 그는 필자와 만난 자리에서 장쩌민이 마이크 월러스가 진행하는 '60분(60 Minutes)'에 출연했을 때 연출했던 세련된 모습을 자랑스럽게 이야기했다.

1990년대 말부터 신문판공실은 중국 내 매체들의 선동적인 언어가 미국, 일본, 대만과의 관계를 악화시키고 있다는 것을 깨달았다. 미국 정부는 중국 매체들의 행태에 이미 상당한 반발심을 갖기 시작했는데, 일례로 국방부 장관 윌리엄 코헨(William Cohen)은 2000년 칭화대학에서의 연설에서 미국에 대한 중국 언론의 편향된 보도 방식에 대해 비판했다. 일본 정부 또한 중국의 대중매체와 인터넷에서 보여지는 악의적인 반일 논조에 항의했다. 《환구시보》는 정부 정책에서 벗어난 기사를 게재한 적이 있는데, 대만 독립을 지지하는 성향을 가진 대만 출신 기업인들이 중국에서 사업을 하는 것에 대해 공격하는 것이었다. 그 기사는 《인민일보》 해외판에도 게재되었는데, 대만을 경제적 공황상태에 빠지게 만들었다.

신문판공실은 국내 주류 언론의 해외뉴스 담당 편집자들에게 국제문제에 대한 브리핑을 하기 시작했고, 그들에게 미국, 일본, 대만 등에 대해 보도할 때 자극적인 언어를 사용하는 것을 자제시켰다. 그러나 얼마 지나지 않아, 중앙선전부가 신문판공실이 월권행위를 하고 있다고 질책하고 국제 홍보에만 치중하라는 지시를 내렸다.

외교부

중국 외교부는 대중 여론을 보다 분별력 있고 덜 감정적으로 이끌기 위해 자체 웹사이트뿐만 아니라 토론방을 만들었다. 세계 각국에 주재하고 있는 대사들뿐 아니라 리자오싱(李肇星) 외교부장까지도 온라인 상의 질의응답 세션에 참여하기 위해 해당 사이트에 접속하도록 했다. 이라크 전에 대한 중국 언론의 광범위한 보도는 대중들의 열렬한 관심을 불러일으켰고, 외교부의 홍보업무에 적지 않은 어려움을 만들어 냈다. 미국의 이라크 침공을 앞두고 정부가 모호한 태도를 보이고 있는 가운데 중국 학계는 전쟁을 찬성하는 쪽과 반대하는 쪽으로 나뉘는 온라인 탄원 운동을 조직했다. 당연히 전쟁에 반대하는 진영의 세력이 더 컸다. 미국이 침공을 개시한 지 하루가 지나고, 이라트전을 주제로 만들어진 신화넷(新華網)의 토론방에는 90만 개의 댓글이 달렸는데 대부분이 반미정서가 담긴 댓글들이었다. 공안은 반전 활동가들에게 계획된 반전 시위를 취소하라고 압력을 넣었다. 후에 시위를 조직한 사람들은 중국이 민주적이지 않고 외교정책에 있어 원칙이 없다고 비난하면서, 중국이 "돈만 벌 수 있다면 누구와도 친구가 되려 한다"는 비판을 가했다. 중국 정부는 대규모 반전 시위가 반정부 시위로 돌변할까 봐 걱정했을 것이다. 외교부는《인민일보》웹사이트에 외교관들이 '막후 교섭'을 하고 있다고 밝혔다. 그리고, 군중시위가 서구 문화의 일부이며 시위로는 아무 것도 변화시킬 수 없다고 주장하면서 자신들의 입장을 변호하는 글을 게재했다.

중국 외교관들은 자신들의 정책에 대한 대중의 지지를 확보하기 위해 미디어의 속성에 더 능숙하게 대응하는 법을 배우기 시작했다. 예를 들면, 일본의 고이즈미 총리가 2001년 방중 기간에 베이징 교외의 전쟁기념관을 방문했는데, 한 외교부 관리는 기념 화환을 동상 가까이 옮겨 놓음으로써 사진사들이 고이즈미가 절하는 것을 더 잘 포착할 수 있게 해 주었다. "수백만 명의 중국인들이 노구교(盧溝橋)에 있는 큰 중국 군인의 동상 앞에

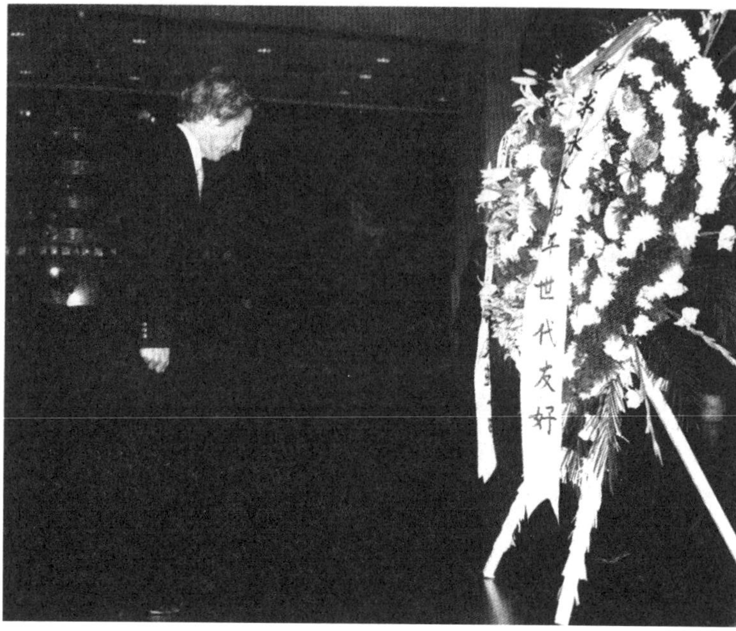

❙ 사진 ❙ 일본 총리 고이즈미 준이치로가 베이징 교외의 노구교(盧溝橋) 부근에 있는 전쟁기념관에서 일본과의 전쟁으로 전사한 중국 군인들에게 조의를 표하고 있다. 2001년 10월 8일. (Hu Haixin/ Xinhua)

서 절하는 일본 총리의 모습을 볼 수 있었다. 아주 인상적인 장면이었다."

메시지 순화시키기

시장 경쟁에서 살아남기 위해 중국의 뉴스 매체들은 자극적이고 흥미진진한 이야기를 찾는데 혈안이 되어 있다. 다른 나라의 기자들과 마찬가지로, 중국 기자들도 전쟁과 충돌 사건이 일어나는 것을 좋아한다.

한 텔레비전 제작자가 말하는 것처럼, 뉴스 프로그램은 위기가 발생했을 때 더 많은 시청률을 기록한다. 그래서 언론은 위기를 좋아한다. 심지어 대만, 일본, 미국 등이 보이는 사소한 발언이나 행동도 시청자나 독자들의 이목을 집중시킨다. 왜냐하면 사람들은 긴장 국면에 접어든 관계에 큰 흥미를 느끼기 때문이다. 그리고 언론이 어떤 상황을 보도하게 되면, 정부는 그것에 반응하도록 되어 있다. 예를 들면, 부시 대통령이 대만을 주권국가로 인정하는 의미의 '대만 공화국(Republic of Taiwan)'이라는 말 실수를 했을 때, 중국 정부의 대변인은 부시가 실제로 그런 의미에서 발언한 것처럼 비판해야 했다. 이 사건을 언급하면서 저널리즘을 연구하는 한 교수는 이렇게 말했다. "대만 관련 뉴스는 잘 팔립니다. 특히 대만과 미국에 관한 것이라면 무슨 이야기든지 매체에서는 인기가 있습니다. 중국 정부는 지금 대만과 관련한 미국의 어떠한 실수도 무시할 수 없습니다. 왜냐하면 국민들은 정부가 묵인하고 있다고 볼 수 있기 때문입니다. 그래서 정부 대변인은 진지하게 대응할 수 밖에 없습니다."

한번은 필자가 중국의 한 싱크탱크에서 일하는 전문가에게, 중국은 왜 대만의 정치인들의 사소한 도발을 무시해버리지 못하는지에 대해 물은 적이 있다. 그는 한숨을 쉬며 다음과 같이 대답했다. "우리는 선전기관들의 인질이 되어 있습니다. 우리 선전기관들은 대만이나 미국이 어떤 일을 저질렀을 때 그것에 반응하지 않으면 안되도록 만듭니다. 중국 국민들은 매체를 통해 여과되지 않은 세계에 대해서는 전혀 모릅니다. 국제관계 전문가들만이 서구의 뉴스를 읽기 위해 서구의 뉴스 사이트에 직접 접속합니다. 그 외의 사람들은 모두 서구의 뉴스를 관영매체나 대중매체에서 보도되는 것만 읽습니다. 모든 정보가 중국의 렌즈를 통해 전달되는 것이죠."

1999년 중국 대사관이 폭격 당하고, 이어서 학생들이 미국 대사관과 영사관 앞에서 시위를 벌일 때, 중국 지도자들은 미국에 대한 거친 발언을 순화시키라고 매체들에 지시를 내렸다. 지나친 애국주의에 의한 시위가 당의 통치를 위태롭게 하거나, 초강대국인 미국과 대립하는 국면으로 밀어 넣는다면 중국으로서는 최악의 상황이 될 수 있다. 검열관들은 미국 대통령에 대한 매체들의 비난을 금지시켰으며, 미국에 대해 덜 적대적인 자세로 보도하라고 지시했다.

《인민일보》의 전자파일을 분석해 보면, '패권주의'나 '다극화'와 같이 논쟁의 소지가 있는 반미적 표현의 빈도가 1999년 절정에 달했다가 그 후 감소하기 시작해서, 2001년 항공기 충돌사건 때 소폭 상승한 것을 제외하고는 기본적으로 감소세에 있음을 알 수 있다. 동시기 '윈윈(win-win)'이라는 협조적 표현의 언급은 늘어났다. 미국 정찰기와 중국 전투기가 충돌한 사건이 발생했을 때 중국의 인터넷 토론방에서는 열띤 토론이 진행되었는데, 도리어 기자들은 과도한 보도를 자제하라는 지시를 받았다.

CCTV에서 일하는 한 피디는 중앙선전부가 사건에 대한 이야기의 프레임을 통제하려는 것에 대해 불만을 표시했다. 그는 다음과 같이 말했다. "언론계에 종사하는 사람들은 그렇게 하는 것을 싫어합니다. 그들은 많은

▌도표 4.1▐ 인민일보에 언급된 '패권주의'와 '다극화', 그리고 '윈윈(win-win)'의 빈도수(1978~2005)

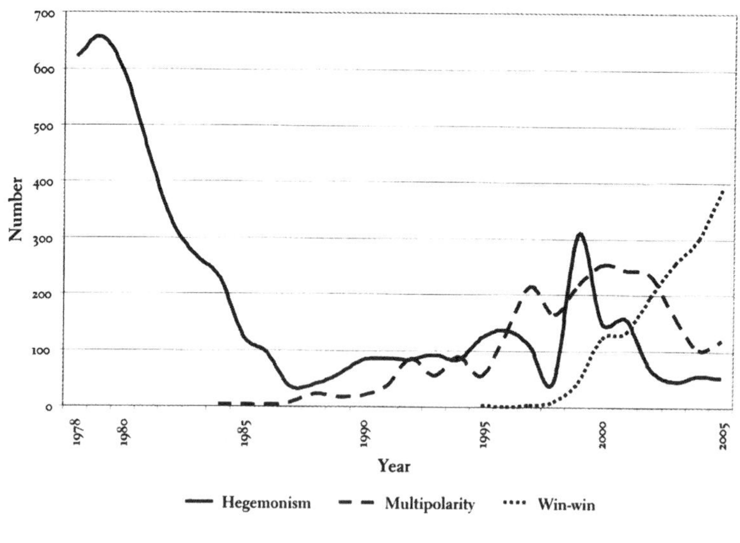

출처: 인민일보 전자문서(1946년~2002년)와 인민망(人民網: www.people.com.cn)

돈을 벌기 원할 뿐만 아니라, 더 매력적이고 재미있는 프로그램을 만들고 싶어합니다. 방송으로 광고를 내보내는 회사들은 어떤 채널과 프로그램이 더 많은 시청자를 가지고 있는지 지켜보고 있기 때문에 우리들은 시청률에 대해 항상 걱정을 합니다."

미국 정찰기와 중국 전투기의 충돌이 발생한 지 며칠 후, CCTV 토론 프로그램에 토론자로 나간 적이 있는 한 대학 교수는 그 프로그램에 나온 패널들이 발언 내용을 미리 건네 받았다는 것을 알게 되었다. 그는 함께 출연했던 사람에게 누가 발언 내용을 준비해 주었는지 물어 보았는데, "당 중앙에서 준비한 것"이라고 대답하더라는 얘기를 필자에게 들려 주었다.

1999년 말부터 당 지도부는 현재 중국에게 결정적으로 중요한 관계인 대미관계를 부정적인 여론으로부터 보호하기 위해 매체를 통제하기 시작했다. 당 지도자들은 미국 대통령과의 정상회담 전후에 또는 고위급 회담 기간에 반미 정서를 불러일으킬 수 있는 이슈에 대해서는 매체들의 입을 막았다. 미 국방부가 새로운 핵무기 개발과 관련한 '핵 태세 검토 보고서(Nuclear Posture Review)'를 발표했을 때 중국 매체들이 침묵을 지킨 것을 예를 들 수 있겠다. 한 싱크탱크 전문가의 말에 따르면, 장쩌민은 (텍사스 크로프드 목장으로) 부시 대통령을 방문하는 시점을 전후로 미국과의 우호적인 관계를 흩트릴 수 있는 것들을 차단하도록 지시했다고 한다. 아부그라이브(Abu Ghraib)에서 이라크 포로들에 대한 미군의 학대 상황도 중국보다 미국 언론에서 더 격렬한 비난을 받았다.

2005년 가을 부시 대통령이 베이징을 방문했을 때 중국 측은 양국 정상의 기자회견을 생방송으로 보도하자는 미국 측의 요구를 거절했다. 일반 대중들에게 양국 지도자 간에 발생할 수 있는 어떤 충돌도 노출하고 싶지 않았기 때문이다. 하지만 중국의 지도자들은 여전히 미국과 관련하여 대중의 분노심을 키우는 언론 플레이가 대중적으로 자신들의 인기를 더 높여 준다는 것을 잘 알고 있다. 2005년 미국의 상무부 장관인 도널드 에반스(Donald Evans)는 베이징을 방문하여 그의 협상 상대로서 수려한 외모에 정치적 야심을 가진 보시라이(薄熙來) 상무부장을 접견했는데, 보(薄) 상무부장은 카메라 앞에서 에반스를 개인적으로 비판하는 외교적 결례를 저질렀다. 일반적으로 사진을 함께 찍는 동안에는 예의를 갖춰 간단한 대화를 나누는 것이 상례인데, 보시라이(薄熙來)는 에반스의 업무능력이 70%만 좋고 30% 정도는 부족하다는 주관적인 평가를 내놓았다. 잠시 후 두 사람이 회의실로 걸어 들어가는 동안에도 보시라이는 문 앞까지 가서 다시 중국측 매체를 돌아보며 에반스에 대한 가벼운 타박을 재차 늘어 놓았다. 무안한 에반스 장관은 혼자 회의실로 걸어 들어가야 했다.

역풍: 여론에 대한 매체의 정보

중국의 외교정책 입안자들은 매체를 면밀히 주시한다. 그들은 《환구시보》와 인터넷에 반영되고 있는 대중의 생각이 관영 매체들의 판에 박은 듯한 선전과는 다르다는 것을 안다. 필자가 인터뷰했던 외교 담당 관리들은 민족주의 여론의 압력이 부쩍 강화되고 있다는 느낌을 받는다고 말했다. 내가 "여론이 실제 그런지 어떻게 아느냐?"고 물었을 때, 그들은 "《환구시보》나 인터넷을 통해 알 수 있다고 대답했다.

국무원 신문판공실과 외교부 신문국(新聞司), 그리고 외교 담당 관리들의 개인 비서들은 항상 인터넷 뉴스와 토론을 요약하여 보고한다. 고위급 지도자들 또한 국민 여론을 알아 보기 위해 점점 인터넷을 이용하고 있다. 사스(SARS) 위기 당시, 후진타오 주석과 원자바오 총리는 사람들이 어떻게 얘기하는지 알기 위해 인터넷에 접속했다고 공개적으로 언급했다. 중국의 관영 영자 신문인 《차이나 데일리》는 다음과 같이 평가했다. "인터넷 공간이 여론을 가늠하는 유의미한 공간으로 서서히 발전하고 있다. 대중들이 정부와 상호작용할 수 있는 여러 채널을 확보하게 되었다. 인터넷 공간에서 표현된 대중 여론이 정부의 고려사항이 되는 것을 여러 차례 확인할 수 있다.”

관영 매체의 기사들은 네티즌들이 인터넷에 올린 발언들을 인용함으로써 자신들의 신뢰성을 강화하려고 한다. 예를 들면, 군비지출을 늘이는 것에 대한 대중의 지지나, 아부 그라이브 포로 수용소에서 벌어진 학대 등의 이슈에서 그러하다. 상업 매체와 인터넷이 출현하기 전, 중국의 지도자들과 관리들은 내부 보고 체계를 가진 정교한 관료시스템에 의존하여 사회 동향을 파악했다. 이러한 보고 체계는 지금도 존재한다.

신화사와 인민일보의 지방 분국, 그리고 공산당의 성급(省級) 및 시급(市級) 당부에 속해 있는 신문사와 방송국은 당 지도부에 대한 보고 책임을 갖고 있다. 이러한 조직의 기자들은 일정 수량의 내부 보고서를 작성해야 하며, 그들의 보고서가 최고 지도부에 보고될 정도로 가치가 있는 것일 경우 금전적인 포상도 받을 수 있었다. 교육부 관리들은 학생들의 동향에 대해 보고해야 한다. 외교부 관리들도 미국 국무부 관리들과 마찬가지로 여론 동향의 조사와 연설을 하기 위해 베이징 외부로 출장을 다닌다. 그러나 요즘 관리들은 이메일이나 편지, 혹은 대중매체와 인터넷을 통해 직접 여론에 관한 정보를 수집하는 편이다. 관리들은 과거 사회 동향에 대한 ‘귀’의 역할을 해 주었지만, 자신들의 비위를 맞추기 위해 여과되고 편향된 정보를 제공하기도 했던 관료 내부의 보고체계에 덜 의존한다. 직접 취득한 정보는 보다 생생하고 신뢰할 수가 있다. 그리고 보다 더 직접적인 효과를 발휘한다.

중국의 관리들은 대중매체와 인터넷으로부터 피드백(feedback)되는 정보로 인해 민족주의적 관점이 더욱 강화되고 있고, 민족주의 정서가 삽시간에 중국 사회에 퍼져가고 있는 현상에 촉각을 곤두세우고 있다. 이러한 현상에 대한 인식은 그들이 정책을 결정하는 데 있어서 정치적 맥락을 형성한다. (2001년에 장쩌민은 《뉴욕 타임즈》와의 인터뷰에서, 본인 스스로 마우스 다루는 것이 어려워서 직접 인터넷에 접속하지는 않는다고 말했다. 그러나 그는 대중의 여론을 신문이나 개인적 친분을 가지고 있는 사람들과 전화통화를 하면서 얻는다고 했다. 전화통화를 하는 친구들 중에는 40년 전에 함께 일했던 노동자 출신도 있고, 대학 교수나 기술자 등 여러 직종에 종사하는 지인들이라고 소개했다.)

중국 외교부 관리들은 중국의 평범한 시민들이 우편으로 칼슘 보강제 등을 외교부에 보내주면서 미국에 대해 보다 더 줏대 있는 모습을 보여달라고 요구했던 일화를 귀가 따가울 정도로 반복해서 들려 준다. 이 일화는 어쩌면 꾸며낸 이야기일 수도 있다. 미국의 협상 대표들이 협상 때마다 미국 의회의 압력을 언급하는 협상술에 대응하기 위해 만들어진 관료 사회의 신화일 수도 있다. 그러나 이 이야기는 새로운 현실을 반영하고 있기도 하다. 즉, 중국의 정책 결정자들이 정책을 결정하는 과정에서 한 눈으로는 국내 여론을 꼭 살펴보아야 하는 상황을 반영한다.

중국 외교부 관리들의 말에 따르면, 대중 여론에 가장 큰 영향을 받는 이슈는 대일 정책 분야라고 한다. 외교부 아주국(亞洲司)에서 일본 관련 업무를 다루는 외교관들은 인터넷 상에서 네티즌들이 일본에 대해 신랄하게 공격하는 것을 자주 접한다. 2003년에 치치하얼(齊齊哈爾)의 동북부에서는 일본군이 제2차 세계대전 후에 남겨두고 간 머스타드 가스(mustard gas: 화학전에 쓰이는 독가스)를 우연히 파내다가 공사장 인부 1명이 숨지고, 현장에 있던 43명의 노동자가 부상당하는 사고가 일어났다. 중국 외교관들은 소식을 접한 후 발 빠르게 움직였다. 네티즌들의 거센 항의를 받기 전에 먼저 일본 대사에게 강력한 항의 서한을 전달하고, 이 뉴스가 사람들의 관심을 끌기 전에 미리 외교부 사이트에 일본 측에 자신들이 항의한 사실을 올려야 한다는 것도 잘 알고 있었다.

그들은 또한 대중들의 비위를 맞추기 위해 일본 정부로부터 배상을 받아내는 방안까지 생각했다. 한 싱크탱크 전문가의 말에 따르면, 1998년 장쩌민 주석이 일본을 공식 방문하기 직전에, 탕자쉬엔(唐家璇) 외교부장은 한 가지 성명을 발표했다고 한다. 일본의 중국침략은 이미 과거사가 되었으며 일본과의 관계에서 중국은 미래지향적인 시각을 가져야 한다는 내용이었다. 탕자쉬엔 외교부장의 발언은 인터넷 상에서 맹렬한 비난을 불러일으켰다. 이 싱크탱크 전문가는 바로 다음날 어떤 서점에서 개최된 토론회에 참석하게 되었는데, 사람들이 인터넷 상에 올라온 글을 근거로 탕 외교부장을 비난하고 있었다고 한다. 중국 외교부가 국민들과 직접 소통하기 위해 자신의 웹사이트를 필요로 했던 이유가 바로 여기에 있다고 그 전문가는 덧붙였다.

일본에 대한 인터넷 상의 여론이 실제 정책에 영향을 미쳤던 가장 생생한 사례는 2005년 3월의 경우가 되겠다. 거의 3천만 명에 달하는 사람들이 일본의 유엔안보리 상임이사국 진출안을 부결시키라고 요구하는 탄원서를 인터넷 사이트에 올린 사건이었다. 정부의 개입이 없었음에도 불구하고 탄원서가 중국의 주요 인터넷 사이트인 시나닷컴, 소후닷컴, 넷이즈닷컴 등의 메인페이지에 링크되면서 대대적인 관심을 받았다. 탄원서는 4월의 학생시위를 결집시켰고 결국 중국정부로 하여금 일본의 안보리 상임이사국 진출에 반대하는 공식성명을 발표하게끔 만들었다.

왜곡된 피드백

중국 지도자들은 《환구시보》나 인터넷을 통해 여론 동향을 파악하면서 스스로 더욱 극단적인 민족주의 입장으로 경도되고 있다는 것을 인정하곤 한다. 《환구시보》는 일본, 대만, 미국으로부터의 위협을 과장함으로써 독자들의 관심을 끈다. 서구와 마찬가지로 중국에서도, 인터넷에 자신의 의견을 피력하는 사람들은 일반적으로 더 극단적인 견해를 가진 사람들인 경우가 많다. 비교적 온건한 견해를 가진 사람들은 강하게 자신의 감정을 표출하지 않으며, 자신의 견해가 공개화되는 것을 덜 원한다.

중국에서 자신의 정치적 견해를 인터넷에 올리는 행위는 당으로부터의 응징 가능성을 감수해야 하는 위험을 안고 있다. 필자는 중국의 최고 학부인 베이징 대학, 칭화 대학, 중국외교학원 등에서 개인적으로 학생들을 인터뷰한 적이 있다. 그곳의 학생들은 토론방에 올라온 글을 읽느라 많은 시간을 보내지만 자신의 생각을 감히 올리지는 못한다고 얘기했다. 만약 당국이 자신의 글을 추적하여 출처를 밝혀내면 커리어에 큰 오점으로 남을 수도 있기 때문이라고 한다.

인터넷 상의 토론에 참여할 때 자신의 본명을 사용해야 하는 규정도 그만큼 발언을 위험스럽게 만든다. 그렇다면, 중국 당국은 왜 인터넷 상에서 외국인 혐오가 극단적으로 흐르는 것에 경계를 늦추지 않는 것일까? 그 추세가 중국 대중들의 대표적 관점이 아니라는 것을 알면서도 말이다.

독재국가의 정치적 성격에서 그 이유를 찾는 견해가 있다. 민주주의 국가에서 정치인들은 선거에서 이기기 위해 일반 투표권자들의 생각을 알 필요가 있다. 그래서 과학적으로 분류하여 대표성을 갖는 표본을 기반으로 여론조사를 하고 그것에 의존한다. 그러나 중국과 같은 독재국가의 지도자들은 선거에 지는 것에 대해 염려할 필요가 없다. 대신에 그들의 정치적 성패는 어떤 이슈에 대해 강하게 자신의 견해를 밝히고 반발할 수 있는 사람들을 어떻게 다루느냐에 달려 있다. 인터넷 상에서 위험을 무릅쓰고 목소리를 높이는 사람들은 군중시위에 참여하거나 시위를 조직하는 더 큰 위험도 감수할 수 있는 사람들이기도 하다.

인터넷 여론에 대한 반응

세계 역사를 돌아보면, 통신기술의 발전은 늘 혁명 세력들이 집단행동을 할 수 있도록 길을 열어 주는 작용을 했고, 국가가 그들의 조직화된 행동을 막는 것에 더 어려움을 겪도록 만들었다. 1989년 천안문 광장에서 벌어진 대규모 민주화 시위와 당시 100여 개 도시에서 연이어 벌어진 군중시위는 팩스 때문에 촉진될 수 있었다고 한다. 1999년 파룬궁이 기획한 연좌농성은 이메일과 휴대전화를 통해 조직되었다. 2005년의 반일 시위는 어떤 분명한 리더십과 조직의 선동이 없는 상황에서, 잘 알려지지 않았던 한 인터넷 사이트와 이메일, 그리고 휴대전화 문자메시지에 의해 불가사의하게 촉발되었다.

중국의 반체제 인사인 류샤오보(劉曉波)는 2006년 인터넷에 올린 「나와 인터넷」이란 글에서 "인터넷은 중국의 독재자들이 완벽히 통제할 수 없는 정보의 장이며, 사람들이 자신의 생각을 말하고 소통할 수 있게 해주는 자발적 시민 조직의 무대를 제공한다"라고 얘기했다. 인터넷 덕분에 요즘은 시위를 조직하거나 탄원서를 만드는 것이 훨씬 쉬워졌다. 인민해방군의 한 장교는 이렇게 평가했다. "인터넷은 사람들이 자신의 정서를 표출하는 배출구 역할을 하고 있습니다. 만약 그 배출구가 없다면 그들은 극단적인 행동을 선택하게 될 것입니다. 인터넷은 긴장 국면을 누그러뜨리는 역할을 하지만, 또 한편으로는 수많은 사람들의 감정을 자극해서 정부에 모종의 조치를 취하도록 압력을 가할 수도 있습니다. 그러면 사람들은 실제로 어떤 성취감을 느끼게 되고 이를 통해 시위의 필요성을 덜 느끼게 됩니다."

그렇다고 중국 당국의 지도자들이 인터넷 상에서 대중의 감정표출이 그리 해가 될 것이 없다는 것에 동의하는지는 분명치 않다. 중국의 지도자들로서는, 가상 세계에서의 행동이 실제 현실에서의 행동을 대체해 줄 것인지, 아니면 실제 행동으로 옮겨갈 전주곡이 될 것인지의 중요한 질문에 직면하게 된다. 어찌됐든, 중국 당국은 정보의 확산을 더 이상 통제할 수 없다는 상황과 정치적으로 생존하기 위해서는 뉴스에 반응할 수 밖에 없다는 사실을 분명히 인식하게 되었다. 인터넷과 상업매체의 출현이 국내정치 영역에서 정부의 민감성을 급격히 증가시킨 것이다.

재난이 발생했을 때 정부 관리들의 본능적인 반응은 뉴스를 은폐하는 것이다. 그러나 늘 그렇듯이 정보가 누설되면 고위 지도자들은 대중의 지지를 회복하기 위해 사과를 하고 부하를 해고하는 선에서 문제를 마무리

지으려는 경향이 있다. 2001년 한 시골학교에서 불꽃놀이를 하다가 사고로 47명의 아이들과 교직원이 사망한 사건이 있었다. 당시 국무원 총리였던 주룽지는 이 사고에 대한 책임을 지고 국민들에게 사과했다. 중화인민공화국 성립 이후 국민들에게 공개적으로 사과한 최초의 지도자였다. 주 총리는 처음에 한 정신이상자가 저지른 자살 폭발사고라는 지방관리들의 억지 설명을 지지했었다. 그러나 언론에 대한 보도관제에도 불구하고 전화로 마을 사람들을 인터뷰했던 홍콩과 외국 기자들의 기사가 인터넷에 퍼지자 주 총리는 TV에 방영되는 기자회견 석상에서 공개적으로 사과 성명을 발표했다.

그러나 국제 뉴스에 대해서 만큼은 고위층의 반응이 건설적이지 못한 편이다. 일본 총리가 야스쿠니 신사를 참배했다거나 대만 총통이 독립을 주장하기 위해 무슨 조치를 취했다거나 하는 등의 소식이 뉴스로 보도되기만 하면, 인터넷 상에 정부의 강력한 대응을 요구하는 목소리가 불일 듯 일어난다. 중국의 지도자들은 점점, 말로만이 아니라 실제로 이행해야 할지도 모를 최후통첩을 선언하도록 내몰리고 있다. 대중들에게 전달되는 정보를 통제할 수 있는 중국 당국의 능력은 쇠퇴하고 있는 반면에, 중국의 군사력은 점점 막강해지고 있다. 이 두 개의 흐름이 위험스럽게 교차하고 있고, 중국의 명예를 지키기 위해 무력을 사용해야 한다는 압박이 더욱 거세질 전망이다.

05

책임있는 대국

1994년 5월의 어느 쾌청한 날, 중국 정부와 군 산하 싱크탱크에 소속된 전략가 20명이 아시아 주변국 출신 및 미국의 전략가 20명과 함께 긴 탁자를 둘러싸고 빽빽하게 앉아 있었다. 회의실에는 커다란 분재 화분을 제외하고 아무 것도 없었다. 천장이 높은 회의실은 붉은색 비단으로 장식되어 있었다. 회의를 주재하는 첸치천(錢其琛) 외교부장의 머리 너머로는 '아태지역의 냉전 후 안보상황과 전망'이라고 쓰여진 붉은색 플래카드가 걸려 있었다. 지역 안보를 주제로 중국이 처음 주최하는 회의였다. 중국의 정책 결정자들은 성장하는 자국의 경제와 군사력이 주변국들을 불안하게 만들고 있다는 사실을 의식하고 있었다. 외교가와 여론계에서는 중국의 위협에 대한 이야기로 떠들썩했다. 만약 아시아의 이웃 국가들이 미국과 손을 잡고 중국을 저지하면서 중국이 강해지지 못하게 막는다면, 중국 내부의 안정에도 큰 화를 가져다 줄 수 있다. 어떻게 하면 지역 국가들의 반발을 차단할 수 있을 것인가? 이 회의는 이에 대한 해법을 모색하려고 기획된 것이었다.

소련 붕괴 후, 덩샤오핑은 중국이 불필요한 분쟁에 개입되지 않도록 국제사회에서 스스로 몸을 낮춰야 한다는 지시를 내렸다. 덩샤오핑이 한 말인 '도광양회, 유소작위(韜光養晦, 有所作為)'를 문자 그대로 번역하자면 "실력을 숨기고 때를 기다린다. 그러나 필요한 역할은 한다"가 되겠다. 덩샤오핑의 이 아리송한 지시는 자주 거론되었지만 공식적으로 외부에 발표되지는 않았다. 다른 나라들을 속이기 위한 것일 수도 있고, 혹은 속이려고 작정한 것으로 오해를 받을 수도 있다고 생각했기 때문일 것이다. 중국 정부의 관리들은 덩샤오핑의 지시를 중국이 강해질 때까지 저자세 외교를 취해야 한다는 뜻으로 받아들였다. 중국이 자신을 내세우면 주변국들의 의혹을 불러일으킬 수 있다고 이해한 것이다. 일본과 대만에 대해, 때로는 미국에 대해 강경한 모습을 보이는 것을 제외하고, 국내적으로 항로를 이탈하게 만들 수 있는 국제분쟁은 피하는 것이 덩샤오핑 이후의 시대에도 중국 외교정책의 원칙이 되었다.

회의에서 중국측 참가자들은 덩샤오핑의 충고를 명심하고 있는 듯, 여러 번에 걸쳐 중국이 역사적으로 어느 나라에도 위협이 되지 않았고, 앞으로도 위협이 되지 않을 것이라고 주장했다. 첸치천 외교부장은 공개적으로 "중국이 강대국이 되고 선진국이 되더라도 계속해서 침략과 대외확장을 자제할 것"이라고 공언했다. 중국측 발제자는 '중국 위협론'이 '소련을 대체할 새로운 적을 만들어 내려는 나라들' 때문에 생겨난 것이라고 주장했다. 필자도 당시 논문 한 편을 발표했는데, 아시아 지역 '주요 강국간의 협조체제(concert of powers)'에 대한 개념을 제안하는 글이었다. 즉, 1815년에서 1848년 사이 유럽에서 오스트리아, 영국, 프로이센, 러시아, 프랑스 등의 나라들이 이행한 방식처럼, 중국, 러시아, 일본, 미국 등이 아시아의 평화를 유지하기 위해 서로 협조해야 한다는 내용이었다.

중국측 참가자들은 필자가 중국을 '강대국'이라고 부르는 것에 반대했다. 그래서 내가 다시 "그렇다면 선도국가라고 부르는 것은 어떻습니까?"라고 제안했는데, 그 호칭도 즉석에서 거절했다. 그들은 중국은 아직 약한 개발도상국이라고 주장했다. 중국의 겸손한 부정은 설득력 없이 들렸고 허황되고 방어적인 느낌을 주었다. 인민해방군 소장 출신인 국방대학의 판쩐창(潘振強) 교수는 중국이 강대국이 되어가고 있다는 것을 그나마 인정하는 사람이다. 그는 다음과 같이 말했다. "우리는 미국을 포함한 주변국들에게 중국이 공격적 의도를 가지고 있지 않다는 것을 확신시켜야 합니다. 중국이 경제발전에 집중하기 위해 평화적인 환경을 원하고 있음을 알려야 합니다. 가장 큰 문제는 다른 나라들로 하여금 중국을 믿게 만들 수 있느냐는 것입니다."

가장 중요한 것은 국가의 평판이다

1994년의 회의 이후, 중국은 국제사회의 의혹을 없애기 위해 훨씬 더 세련된 노력을 펼쳤다. 중국 정부는 아시아의 이웃국가들은 물론이고 미국 및 세계의 여러 나라들을 안심시키기 위해 많은 노력을 기울였다. 중국이 더 강해지더라도 국제사회에서 협력적으로 행동할 것이라는 것, 즉 '책임있는 강국'이라는 것을 보여주려는 노력이었다. 이를 위한 여러 기획은 중국 외교부의 코스모폴리탄 성향을 가진 신세대 외교관들에 의해 만들어졌다. 그들은 대체적으로 매체와 대중의 관심 밖에서 움직일 수 있는 사람들이었다.

일본, 대만, 미국 관련 문제와 같이 국내적으로 큰 관심과 논란을 일으킬 수 있는 사안을 제외하고, 대부분의 외교정책 결정은 외교관들에게 위임되었다. 중국 지도자들은 협력적인 외교정책을 실행하는 것이 국제사회의 반발을 줄이는 최선의 방법이라는 외교관들의 입장에 전반적으로 동의한다. 국제사회의 반발이 국내정치 문제로 비화될 수 있기 때문이다. 중국정부는 다른 나라들이 자신의 말과 행동을 어떻게 인식하는지에 아주 민감한 편인데, 해외에서 조금씩 좋은 명성을 쌓아가면서 국내적 안정을 꾀하기 시작했다. 난카이(南開) 대학의 판쭝이(潘忠義) 교수와 같은 국제관계 전문가들은 국가에게 있어서 경제력과 군사력만큼이나 "국가의 평판도 매우 중요하다"고 주장한다.

국가 이미지를 높이고 대외선전 분야의 신뢰도를 높이기 위해 중국 정부는 국무원 산하에 신문판공실을 설립했다. 불행히도 중국의 대외선전과 대내선전은 일치하지 않는 경우가 많았다. 외교부 아주국(亞洲司)의 외교관인 푸잉(傅瑩)은 최근 한 연설에서 다음과 같이 말했다. "나는 국내와 해외에서 다르게 말해야 한다는 생각에 반대합니다. 우리는 안과 밖에서 일치되게 말해야 합니다. 지금은 정보화된 시대이기 때문입니다."

인민해방군의 한 대령은 이렇게 말했다. "우리는 외국 사람들에게 중국을 좀 더 잘 설명해야 한다는 것을 깨달아 가고 있습니다. 그러나 우리는 좋은 것만을 보여줄 수는 없습니다. 별로 좋지 않은 것도 보여줘야 합니다. 그래서 다른 나라 사람들이 스스로 판단하도록 해야 합니다. 마치 사람들에게 식사를 대접할 때와 마찬가지입니다. 음식이 얼마나 맛있는지 먹기 전에 미리 알려 줄 수는 없는 것입니다."

책임있는 대국과 현상유지세력

요즘 중국은 더 이상 자신의 힘에 대한 사실을 부인하거나 궁상을 떨지 않는다. 솔직하게 중국이 부상하는 강국이라고 말한다. 중국 학자들은 "중국이 이제 지역적 강국에서 세계적 강국으로 변모하고 있다"는 것을 인정한다. 클린턴 행정부가 중국정책 관련 연설에서 사용했던 언어를 도용하여 중국 정부도 스스로를 '책임있는 대국'으로 부르기 시작했다. 중국에서 처음 이 말을 사용한 사람은 왕이저우(王逸舟)이다. 그는 싱크탱크 출신의 학자로 1999년 자신의 글에서 "중국은 적극적이고 건설적인 태도를 유지하면서 책임있는 강대국의 모습으로 21세기를 맞이할 것이다. 시간이 지날수록 '중국위협론'의 시각은 자동적으로 폐기될 것이다"라고 서술했다.

베이징의 한 학자는 이렇게 말한다. "사람들이 '책임있는 대국'이란 말을 사용하는 것을 들으면 웃음이 나옵니다. 왜냐하면 이 말은 미국이 중국을 비난할 때, 그러니까 중국이 국제사회에서 무책임하게 행동한다고 비판할 때 사용하던 말이기 때문이죠. 20년간 개혁개방을 추진하면서 중국이 기존 국제체제에서 인사이더(insider)가 됐고, 이 체제가 유지되기 원하는 현상유지세력이 되었기 때문에 중국인들이 이 말을 사용하기 시작한 것 아니겠습니까?"

중국은 점점 기존 체제의 가치를 받아들이고 있고 기존의 국제질서를 지지하는 행동을 하고 있다. 한 학계 인사는 "중국이 더 이상 사담 후세인이나 김정일 같은 악당들을 후원하지 않으며, 주류의 기준을 따르고 있다"고 말했다. (물론 중국 정부는 여전히, 에너지 공급 문제를 해결해야 할 때는 자신의 양심을 저버리고 서구에서 불량국가라고 생각하는 나라들과 기꺼이 우방의 관계를 유지한다)

한 국제관계 전문가의 말이다. "중국의 통상 담당 관리들은 세계무역기구나 기타 국제조직에 가입했다면 그 규칙에 따라야 한다고 말합니다. 군부 인사들은 이러한 규칙이 중국을 제한하기 위한 것이며 미국에 의해 만들어진 것이기 때문에 그 규칙들을 바꿔야 한다고 말합니다. 이런 논쟁 속에서 중국 외교부는 새로운 사고를 하기 시작했습니다."

중국 지도자들은 미국이 국제무대에서 중국을 상대로 농간을 부린다는 의구심을 가지고 있다. 하지만 기본적으로 그들은 중국이 협력적인 행동을 해야만 이득이 된다는 외교부의 견해에 동의하고 있다. 탕자쉬안(唐家璇) 외교부장은 한 내부 강연에서 자국민들에게조차 지지를 받지 못했던 독재자들인 밀로셰비치와 사담 후세인을 지지한 것은 중국의 실책이라고 쓴소리를 했다. 그는 "중국이 국제사회에서 중국 자신의 이익에만 신경을 쓴다는 인상을 줘서는 안 된다. 중국이 도덕적 가치에도 관심을 가지고 있다는 것을 보여줘야 한다"고 주장했다. 탕(唐) 외교부장의 연설 내용을 필자에게 알려 준 학자는 "국제사회의 신뢰와 신임을 얻기 위해서 도덕적인 외교정책을 취하는 것이 반드시 필요하다"고 덧붙여 말했다.

중국은 왜 현상유지(status quo)를 지지하면 안 되는 것일까? 중국은 명백히 현 체제 아래서 발전했음에도 말이다. 중국의 전문가들은 중국이 다른 어떤 나라들보다 세계무역기구와 개방된 국제경제 시스템으로부터 큰 혜택을 입었다는 것을 인정한다. 중국은 '포괄적 핵실험 금지조약(CTBT)'과 '핵확산 금지조약(NPT)'을 지지함으로써 핵보유국으로서의 지위를 보호받고 있고, 다른 나라들이 핵무기 보유국이 되는 것을 방지하고 있다. 중국의 일부 평론가들 중에는 부시 행정부의 외교정책을 비판하면서 '현상유지를 변경하려는 국가'는 중국이 아니라 오히려 미국이라고 말했다. 이 견해에 미국의 부시 행정부 비판자들도 동의할 것이다.

화평굴기(和平崛起)

2002년 후진타오-원자바오 체제가 출범했을 때, '화평굴기'라는 새로운 표현이 통용되었다. 후진타오 주석은 '중국굴기(中國崛起)'에 대한 연구 프로젝트를 진행시켰다. 이 프로젝트는 중앙당교에서 후진타오를 보필했던 당의 베테랑 이론가인 정비젠(鄭必堅)에 의해 주도되었다. 원자바오 총리는 2003년 12월 하버드 대학에서 강연할 때 이 표현을 공개적으로 언급했다. 후진타오 주석도 마오쩌둥 탄생 110주년 기념행사에서 행사 취지에 어울릴 것 같지 않은 이 표현을 사용했다.

후진타오 주석은 중앙정치국 내에 연구회를 조직해서 '화평굴기의 발전노선'에 대해 논의했다. 각 대학과 싱크탱크에도 잇달아 연구 프로젝트를 진행하며 이 개념을 정립해 나갔다. 그러나 이 표현은 원래 부상하는 중국에 대한 서구 학계의 논의에서 비롯된 것으로, 중국 엘리트 집단 내에서 치열한 논쟁을 촉발시켰다. 어떤 이들은 '굴기'라는 말이 외국인들로 하여금 중국을 보다 위협적인 존재로 바라보게 할 것이라고 염려하면서 '화평발전(和平發展)'이란 말이 더 후유증이 없을 것이라고 주장하기도 했다. 어떤 이들은 '평화적'이란 표현이, 대만이 독립을 선언할 경우 무력을 사용할 수 있는 카드를 스스로 버리는 것이라고 반대했다. (결과적으로 지도자들은 '화평발전'이란 표현을 사용하게 되었고, '화평굴기'라는 말은 정부와 관련이 없는 기관의 전문가들이 사용하게 되었다)

소문에 따르면, 국무원 신문판공실 주임인 자오치정(趙啟正)은 '화평굴기(和平崛起)'라는 말에서 '화평(和平)'은 외국인들을 향해 하는 말이고, '굴기(崛起)'는 중국인들에게 들으라고 하는 말이라고 얘기했다고 한다.

2004년 보아오 포럼에서 연설할 때 후진타오는 '화평굴기'라는 표현을 사용하지 않았다. 하지만 중국의 관영 신문사들은 후 주석의 연설이 '화평굴기'의 개념을 기조로 하고 있다고 보도했다. 후 주석은 전통시대부터 중국이 '신의, 자비, 친절, 신뢰의 전통'을 지켜왔다고 언급하면서, "중국은 언제나 스스로 말한 것을 실천해 왔다"고 강조했다. 그의 연설 중 한 토막이다. "중국은 아시아에서 평화와 안정을 유지하기 위해 노력할 것이며, 분쟁지역의 긴장해소에 최선을 다할 것이다. 아시아의 이웃국가들과 협력과 상호 신뢰를 강화할 것이며, 조화와 안정 및 번영을 가져올 수 있는 정책을 펼칠 것이다"

그러나 말뿐만 아니라 행동으로 의지를 보여줄 때 중국의 '평화적인' 의도가 더 신뢰받게 될 것이다. 책임있는 대국으로서의 명성을 쌓기 위한 중국의 방안은 세 가지 중요한 요소들로 이루어져 있다.

- 주변국들과의 협조적인 관계 형성
- 다자간 국제기구에서 협력적인 역할 담당
- 경제적 유대를 통한 우호적 외교관계의 수립

책임있는 대국이라는 것을 입증하기 위한 중국의 노력은 아시아와 세계에서 아주 성공적이었다. 국제 여론조사에 따르면, 전 세계 사람들이 중국을 긍정적으로 보고 있고, 미국보다 더 긍정적으로 보고 있는 것으로 나타났다. 그러나 문제는 국제협력에 대한 중국의 헌신이 얼마나 지속적일 수 있느냐에 달려 있다. 점점 늘어나고 있는 전지구적 역할과 경제성장을 유지하기 위해 원자재를 확보해야 한다는 과제가 중국을 점점 미국과의 지정학적 경쟁 속으로 밀어 넣지 않겠는가? 만약 중국이 자신의 의도가 우호적이라는 것을 증명하기 위해 많은 노력을 기울였음에도 불구하고 다른 나라들이 계속 중국을 적으로 간주한다면 중국은 과연 계속해서 반대편 뺨을 내밀 수 있을 것인가? 중국은 보복하려고 하지 않을 것인가? 중국은 외교정책에서 책임있는 접근법을 유지하기 위해 국내적으로 '정치적 자본(political capital/ 역자주: 정부가 국민의 일반 이익에 반하는 결정을 내려야 할 때 국민을 이해시키고 따라오게 할 수 있는 정치적 힘)'을 가지고 있는가? 페이민신(裴敏欣)의 예측처럼 '국내의 단기적인 정치이익을 위해 장기적인 외교적 목표를 희생시키라는 유혹을 계속 받게 되지 않을 것인가?' 이처럼 아직까지는 여러 가지 문제가 남아있다.

중국 외교부의 아주국(亞洲司)

아주국(亞洲司)은 중국 외교부 내에서 가장 크고 중요한 부서로, 뛰어난 자질을 가진 외교관들이 많이 일하고 있는 곳이다. 아시아 정책에서 중국이 탁월한 성과를 거둔 데는 푸잉(傅瑩/ 역자주: 아주국 국장을 거쳐 호주, 영국 대사 등을 역임했으며 2010년 초부터 외교부 부부장으로 일하고 있다. 중국 외교부내에서는 아주 드물게 요직을 차지하고 있는 여성외교관)의 공로가 크다. 그리고 그녀의 멘토인 왕이(王毅/ 역자주: 외교부 아시아 담당 부부장, 주일대사, 상무 부부장 등을 역임했고, 2008년부터 대만사무판공실 주임을 담당)와 그 두 사람이 발탁하여 길러낸 젊고 유능한 외교관들의 노력이 큰 몫을 했다.

필자는 1995년에 당시 마흔 살이었던 푸잉을 처음 만났다. 동북아협력대화(NEACD)에 참석했을 때이다. '동북아협력대화(NEACD)'는 필자가 주도하고 있었는데, 중국, 미국, 일본, 한국, 북한, 그리고 러시아에서 온 학자들과 정부관리들이 지역안보 사안에 대해 논의하는 비공식 6자 회담이다.

1993년에 캘리포니아 주립대 샌디애고 분교(UCSD)에서 첫번째 그룹 미팅을 가졌는데, 북한 대표단보다 중국 대표단을 참여시키는 것이 더 어려웠다. 참석 허가를 받은 가장 높은 직위의 관리가 워싱턴 중국 대사관에서 파견된 이등 서기관에 불과했다. 처음 몇 차례의 그룹 미팅을 갖는 동안 중국 관리들은 마지못해 움직였고 불안해 보였다. 그저 회의에서 배제되지 않기 위해 참석하는 것 같았다. 그러나 단순한 논의로 끝날 것 같지 않은 내용이나 연구 프로젝트, 그룹 성명 등에 대해서는 이의 제기를 분명히 했다. 그들이 발언할 때는 마치 진부한 인민일보 사설을 듣는 것 같았다. 그러나 푸잉은 달랐다. 청량제 같은 역할을 했다. 말에 조리가 있고 맵시가 있었으며 외국인들과 자연스럽게 어울렸다. 그녀는 영국에서 공부했으며 1990년대 초 캄보디아에서 유엔 평화유지활동을 지원했다. 그녀로서는 국제협력 분야에서 귀중한 경험이 되었을 것이다.

지역내 대화가 이웃국가들과 협력하고 싶어하는 중국의 진정성을 보여줄 수 있는 절호의 기회라는 것을 푸잉은 일찌감치 깨달은 듯 했다. 그녀는 '동북아협력대화'의 공동 주최자인 것처럼 일했다. 우리 두 사람은 다음날의 의사일정을 협의하기 위해 매일 밤 함께 머리를 맞대고 의논했다. 푸잉에게 있어서 가장 큰 도전은 다자주의를 활용해야 한다는 자신의 직관에도 불구하고 다자간 조직에 대한 정부의 보수적 태도를 거스르지 않으면서 일해야 한다는 것이었다. 푸잉의 주도적인 태도 덕분에 '동북아협력대화'는 국방부 및 군 관리들 간의 협의를 위한 분과회의를 만들 수 있었고, 인권과 군사적 투명성 및 항해의 자유를 포함한 동북아시아 지역의 협력을 위한 일련의 원칙들을 초안했다.

설립된 지 이미 14년이 된 '동북아협력대화'는 북한의 핵개발 프로그램에 대한 공식 6자회담의 의사일정을 논의하는 비공식 대화채널로 유용한 역할을 하고 있다. 그리고 동북아시아에 영구적인 다자조직을 설립하기 위한 토대를 마련하고 있다. '동북아협력대화(NEACD)'와 '아세안 지역포럼(ARF)'에 참여하면서 푸잉은 외교부 내에서 지역내 다자간 협력 구상의 적극적 옹호자가 되었다. 그녀가 외교부의 아주국 내에서 빠르게 승진하면서, 중국의 지역 협력에 대한 태도도 점점 적극적으로 바뀌었다. 1996년 베이징에서 열린 '동북아협력대화'가 끝난 후, 푸잉은 필자와 당시 아주국 장이던 왕이(王毅)와의 만남을 주선했는데, 그 때 왕이와 대화를 나누면서 푸잉이 왕이를 다자간 조직에 눈뜨게 해 주었다는 것을 알게 되었다.

왕이는 일본어에 능통한 외교관으로 나중에 샌디에고에 와서 필자를 방문한 적이 있다. 그는 조지타운 대학에서 6개월을 보내면서 영어공부도 하고 승진을 준비했다. 그리고 외교부 산하의 대학에서 박사과정 연구를 했다. 대담하고 일처리가 민첩한 두 사람이 중국의 아시아 외교에 새로운 정신을 불어 넣었다. '자신감 있게 협력하자'는 정신이었다.

주변국들과 협조적 관계 형성하기

주변국들과의 관계를 원활하게 하기 위한 중국의 노력은 냉전이 종식되기 10년 전인 1979년에 이미 시작되었다. 중국의 이러한 노력은 국제질서의 변화 때문이라기보다 경제발전의 필요에서 시작되었다. 덩샤오핑은 중국이 경제 현대화에 집중하기 위해서는 평화롭고 안정적인 환경이 필요하다고 생각했다. 그런 환경을 만들기 위해 중국의 외교정책이 더 이상 주변국의 혁명화를 목표로 할 것이 아니라 이웃국가들과의 관계를 안정화시키는 새로운 방향으로 나아가야 한다고 생각했다. 그 결과, 중국 근대 사상 최초로 일관되고 통합적이며 전방위적인 아시아 지역정책이 나오게 되었다. 이 아시아 정책은 자신을 둘러싸고 있는 주변국들과의 관계 개선을 핵심으로 하고 있었다. 1980년대와 90년대에 걸쳐 중국은 인도네시아(1990년), 싱가폴(1990년), 브루나이(1991년), 한국(1992년) 등 주변국들과의 외교관계를 회복하거나 수립했다. 인도(1988년) 및 필리핀(1991년)과의 외교관계를 승격시켰고, 러시아(1989년), 몽고(1989년), 베트남(1991년)과의 관계를 정상화했다. 또한 카자흐스탄, 타지키스탄, 키르키즈스탄, 우즈베키스탄, 투르크메니스탄(1992년) 등과의 양자 및 다자간 관계를 수립했다.

장쩌민 주석은 이러한 지역적 노력을 지지하기는 했지만, 여전히 그의 최우선 순위는 강대국과의 관계에 있었다. 그는 특히 미국과의 관계에 중점을 두었다. 그러나 후진타오 집권기 중국의 대전략은 아시아 주변국들과의 관계에 초점을 맞추는 것이었다. 주변부(periphery)에 대한 관리에 주의를 집중하기 위한 것이다.

중국이 경제적으로 성장하고 군사적으로 더 강해짐에 따라, 주변국들이 중국의 의도를 염려하면서 서로 힘을 합치거나 중국을 견제하기 위해 미국과 손을 잡을 수 있다는 것을 중국의 지도자들은 인식하고 있다. '견제동맹'의 출현을 차단하기 위해, 중국의 지도자들은 19세기 말에 독일의 부상을 이끌었던 비스마르크 수상을 연상시키는 신중하면서도 회유적인 자세로 주변국들에 접근하고 있다. 과거 수 세기 동안 중화제국은 아시아에서 지배적인 강국으로 두려움의 대상이자 존경의 대상이었다. 중국의 국력이 되살아나면서 주변국들은 중국이 다시 중국 중심의 국제질서를 만들고자 하는 것이 아닌지 걱정스레 지켜보고 있다. 베트남과 몽고 같은 나라들은 오랜 기간 중국에 예속된 불행한 역사를 가지고 있다. 그 나라들의 관료들과 얘기를 나누면서 그들이 중국의 제국주의적 야심에 남다른 의혹을 갖고 있다는 것을 알게 되었다. 처음에 필자는 그들의 의혹이 다소 과장된 측면이 있다고 생각했다. 그러나 하루는 필자가 베이징의 호텔 앞에서 차를 기다리다가 호텔 도어맨과 얘기를 나누면서 그들의 의혹을 어느 정도 납득하게 되는 경험을 했다.

호텔 도어맨은 필자에게 어디로 가는지를 물었고, 나는 몽고로 간다고 대답했다. 그러자 그는 즉각적으로 "네, 몽고는 예전에 우리 땅이었죠"라고 말하는 것이었다.

아시아의 주요 강국인 일본과 인도는 중국이 자신들을 2류 국가로 전락시키고, 과거 일인자의 자리를 되찾으려 한다고 생각한다. 그렇기 때문에 점점 부상하고 있는 중국이 자신들의 국가안보에 위협적이라고 여긴다.

중국이 인도보다 일본에 대해 역사적으로 더 많은 불만을 갖고 있음에도 불구하고, 인도가 일본보다 중국에 대해 더 큰 불신을 갖고 있다. 일본은 60년 동안 미국의 동맹국이었던 반면, 인도는 냉전기에 미국에 대해 가지고 있던 반감을 이제서야 조금씩 극복해 가고 있다. 이러한 차이에도 불구하고 비스마르크가 예측했던 것처럼, 일본과 인도 양국은 모두 중국의 위협에 대한 균형추로서 미국의 역할에 기대한다. 그리고 미국과의 관계를 강화하고 있다. 중국 입장에서는 이것이 외교상 새롭게 해결해야 할 도전과제이다. 역사적 요인뿐만 아니라 지리적 요인도 주변국에 대한 중국의 외교를 어렵게 만드는 면이 있다. 중국 외교부의 한 고위관료가 내게 상기시켜 준 말이다. "중국은 세계에서 가장 긴 국경선을 가지고 있고 가장 많은 나라들과 접하고 있습니다."

중국은 14개국과 국경을 접하고 있고 22,000 킬로미터의 국경선을 가지고 있다. 2005년 4,300 킬로미터에 달하는 러시아와의 국경선을 포함하여 전체 국경의 90%에 대해 국경협정을 맺었다. 중국의 국경협상에 대해 연구하는 테일러 프레이블(Taylor Fravel)에 따르면, 중국이 전통적으로 영토주권을 중시해왔음에도 불구하고, 논쟁이 되는 영토를 구획하는 타협안에 순순히 동의하고, 협상과정에서 불리한 타협안도 받아들이는 모습을 보이고 있다고 한다. 중국은 영토를 조금 포기하더라도 접경지역 국가들과의 관계를 안정시키려 하고 있다. 물론 영해에 대한 분쟁은 상대적으로 타협이 쉽지 않은 상황이다.

중국의 선린우호정책은 이미 대국들이 이웃 소국들에게 베푸는 호의의 수준을 넘어섰다. 고위급 지도자들의 방문, 대외원조 및 증여, 해외직접투자 등의 면면을 보면 알 수 있다. 중국의 접근방식이 다른 것은, 신뢰를 구축하고 자국의 영향력을 강화하기 위해 이웃 국가들의 이익에 흔쾌히 협조한다는 데 있다. 예를 들면, 중국은 동남아 국가 및 인도와의 양자관계에서 윈윈의 결과를 가져오기 위해 기꺼이 타협한다. 이 과정에서 중국 외교관들은 '윈윈(win-win)'이라는 말을 자주 사용하는데 이것은 원래 서구에서 만들어진 개념이었다.

동남아시아

중국은 동남아시아를 전통적으로 자신의 세력범위이자 전략상의 '후문(後門)'으로 보고 있다. 자신에게 적대적인 강대국들이 침투할 수 있고 중국의 발전을 와해시킬 수 있는 곳이라고 본다.

마오쩌둥 시대에 태국, 말레이시아, 싱가포르, 인도네시아, 필리핀 같은 동남아 국가들은 중국과 거리를 두었다. 중국 공산당이 자국 내 반란군들에게 자금을 지원하고 훈련을 도왔기 때문이다. 광동성의 남부 지역에서 일했던 고위 은퇴 간부의 말에 따르면, 중국과 동남아 국가들과의 관계는 상당히 개선되었다. 중국은 과거 동남아 국가들과의 접경지역에 높은 벽을 설치했었고, 동남아 국가들은 중국이 자신들의 나라에 혁명을 수출할까 봐 우려했었다.

1991년에 중국은 동남아 10개국(태국, 말레이시아, 인도네시아, 필리핀, 브루나이, 싱가포르, 베트남, 캄보디아, 라오스, 미얀마)과 외교관계를 수립했으며, 그 나라들에 있는 반란단체에의 원조를 끊었다.

그럼에도 불구하고, 동남아 국가들은 여전히 중국에 대한 깊은 불신의 시각을 거두지 않았다. 중국이 과거 동남아 지역을 지배했던 역사 때문이기도 하고, 중국의 거대 경제가 자신들의 소규모 경제를 흡수해 버릴 것에 대한 두려움 때문이기도 했다. 10년이 채 안 되는 시간 동안, 중국은 외교 수완을 발휘하여 이러한 상황을 바꾸어 놓았다. 2004년 미국 국방대학의 보고서에 따르면, 동남아 국가들이 중국을 문제적 존재로 보던 시각은 이미 지나간 얘기가 됐다고 한다. 동남아 국가들은 점점 중국을 잠재적 위협으로 간주하기보다 발전의 파트너로 혹은 시장의 기회를 제공하는 곳으로 간주하고 있다.

동남아시아 국가들에서 실시된 여론조사를 보면 그들이 중국을 긍정적으로 보고 있음을 확인할 수 있다. 한 여론조사에서는 태국 사람들의 76%가 중국을 자신들에게 가장 우호적인 나라로 인식하고 있는 것으로 나타났다. 이와 대조적으로 9%의 태국 사람들만이 미국을 우호적인 나라로 인식했다. 아시아 정책을 다루는 중국의 한 전문가는 중국의 지도자들이 상당한 자신감을 갖고 있다고 말한다. 자신들이 노력하는 만큼 아시아 주변국들과의 관계가 눈에 띄게 호전되는 것을 목도하고 있기 때문이라고 한다. 중국 정부는 원래 한 나라씩 상대하는 양자관계를 선호하는 편인데, 동남아 10개국으로 이뤄진 다자간 기구인 아세안(ASEAN)이 동 지역에서 지도적 역할을 수행하는 것을 적극 지지하고 있다.

1991년에 중국 외교부장 첸치천은 아세안 외교장관 회의에 참석했으며, 1994년는 아세안에 의해 주도된 지역안보 포럼인 '아세안지역포럼(ARF)'의 창설 멤버로 참여했다. 동남아 국가들은 사실 중국과 비교될 때만 작은 나라로 여겨진다. 인도네시아의 경우는 세계에서 네번째로 큰 나라로 인구가 2억 7백 4십만여 명에 이른다. 그럼에도 불구하고 동남아 국가들은 아세안을 자신들을 지켜줄 방패막이로 잘 활용하고 있다.

남중국해 분쟁

중국과 동남아 사이에 벌어지는 분쟁의 핵심쟁점은 남중국해에 있는 수백 개의 작은 섬들을 둘러싼 영토분쟁이다. 남중국해는 해저에 풍부한 석유와 가스 매장량을 갖고 있는 것으로 추정되고 있다.

중국은 남중국해의 대부분이 자국 영토라고 주장한다. 대만, 베트남, 필리핀, 브루나이, 말레이시아 등의 국가들도 남사군도(Spratly Islands) 주변의 수역과 일부 섬들이 자신들의 영토라고 주장한다. 1990년대 말까지는 중국이 남중국해에 대한 배타적 권리를 주장하기 위해 무력을 사용했었다. 1974년의 해전에서 중국은 남중국해의 북쪽 지역에 위치한 서사군도(西沙群島; Paracel Islands)에서 베트남을 몰아냈다. 1988년에는 중국과 베트남의 해군 간에 산발적인 충돌이 발생했는데, 남중국해 남쪽 지역의 남사군도에 있는 암초를 둘러싼 충돌로, 72명의 베트남 사람들이 숨졌다. 1988년의 충돌이 있은 후 중국은 최초로 여러 작은 섬들을 실질적으로 점령했다.

1992년 2월 중국은 남중국해의 80%에 해당하는 해역이 중국 영토이고 중국은 그 지역에서 외국 군대가 군사행동을 벌이는 것을 금지할 권한을 갖는다고 선언하는 법안을 통과시켰다. 물론 미국 해군은 여전히 그 수역을 항행하고 있고 그 해역에서 군사훈련을 실시하고 있다.

1994년 중국은 필리핀이 자국 영토라고 주장하는 작은 섬인 산호도(Mischief Reef) 위에 뻔뻔할 정도로 대담하게 새로운 구조물을 설치했다(서구의 정보기관은 이 구조물이 군사적 용도로 지어진 것이라고 판단하고 있다).

필리핀 군함이 해당 수역에서 어획하는 55명의 중국 어부들을 체포했을 때 중국은 산호도를 되찾기 위해 9척의 해군 함정을 보내 보복했다. 필리핀 정부는 끝내 상황을 뒤집지는 못했다.

남중국해에서의 중국의 만행은 동남아 국가들을 놀라게 만들었으며 중국 정부가 취한 회유적 발언도 소용이 없었다. 1990년을 기점으로 중국 지도자들은 중국이 영토주권에 관련된 문제들을 잠시 제쳐놓고 남사군도의 자원을 공동으로 개발할 준비가 되어 있음을 거듭 선언했다. 인도네시아가 조직한 비공식 협상에서 중국은 기타 당사국들의 의견에 따라 관련 문제들이 평화적으로 해결되어야 하며 일방주의적 행동이 지양되어야 한다는 원칙에 동의했다. 그러나 한 은퇴한 중국 대사는 1995년 필자에게 "우리가 구체적 제안을 할 때까지는 아무도 우리를 믿지 않을 것"이라고 말했다.

중국은 이 문제를 그룹으로 논의하기를 거절하고, 지렛대를 활용하기에 유리한 양자적 협의방식을 선호했다. 중국이 산호도를 점령한 후, 아세안 각국의 장관들은 중국이 취한 일방적인 행동에 그들이 얼마나 우려하고 있는지를 중국정부에 전달했고, 이웃국가들을 향한 중국의 적대적 의도에 대해 그들이 어떤 생각을 하는지를 전달했다. 한편 미국도 이 문제에 주의를 기울이기 시작했다. 미 국무부는 공개성명을 발표하고 아세안지역포럼에서 이 문제를 제기했다. 다자주의적 틀에서 이 문제를 논의하는 것에 반대하는 중국에 대한 도전이었다. 중국은 1990년대 말 사태의 심각성을 깨닫고 태도를 바꿨다. 중국은 남중국해에서의 주권에 대해 공식적인 입장을 유지했지만, 모든 주장에 대한 행위규범을 아세안과 협상했다. 이 행위규범의 내용은 어떤 종류의 행위가 배제되어야 하는지에 대해 아세안 국가들이 선호하는 것보다는 덜 명확했다. 그러나 이 행위규범은 "평화와 안정에 영향을 주고 분쟁을 복잡하게 만들거나 증폭시킬 수 있는 행위에 대해서는 스스로 자제해야 하며, 무인도를 점거하는 행위에도 적용된다"고 규정했다.

남중국해는 이후로 평온해졌다. 중국은 또한 베트남 및 필리핀과의 분쟁을 해결했다. 2005년에는 획기적인 발전이 있었는데, 중국과 필리핀의 석유회사들이 남사군도에서 공동으로 지진탐사에 착수하는 계획을 세웠는데, 베트남이 반대하고 나섰고, 중국과 필리핀 양국이 베트남을 그 작업에 공동 참여하도록 요청함으로써 문제를 간단히 해결했다.

중국과 베트남의 관계는 양국 해군이 공동으로 '베이부(北部) 만' 어장을 순찰할 정도로 개선되었다. 동남아 국가들은 미국과 중국 사이에서 어느 한 나라를 선택해야 하는 것을 원하지 않는다. 그들은 중국과 점점 가까워지는 한편, 미국이 계속 이 지역에 머무르도록 하는 양다리 전략을 구사하고 있다.

중국의 움직임이 미국뿐만 아니라 일본, 한국, 인도 등의 나라들로 하여금 동남아에서 협력 경쟁에 뛰어들도록 만들고 있다. 아들은 동남아 국가들과 서둘러 협정을 체결하려고 한다. 중국은 동남아 국가들에 독점적인 관계를 강요하지 않고 있다. 중국이 동남아 국가들에 요구하는 유일한 단서는 대만을 인정하지 않는 외교노선을 지켜달라는 것이다. 찬헝치(陳慶珠) 주미 싱가포르 대사는 중국과 동남아 국가들의 관계를 이렇게 묘사했다. "중국에 대한 아세안의 접근법은 걸리버를 해변으로 데려와서 다자간 포럼, 협정, 선언, 교류 등의 밧줄로 꽁꽁 묶어 버리는 것에 비유될 수 있겠습니다. 중국이라는 걸리버는 밧줄에 묶이는 것을 별로 개의치 않는 것 같습니다. 그렇다고 잠들어 버리지도 않습니다. 중국도 똑같이 아세안 국가들을 밧줄로 묶는 시도를 하고 있습니다."

인도

중국의 인도에 대한 회유적인 태도는 아시아 지역에서의 관계개선을 위해 타협점을 찾으려는 중국의 의지를 보여주는 또 하나의 두드러진 예이다. 일본에 대해서는 훨씬 감정적인 접근을 한다는 점에서 큰 대조를 이루고 있다. 인도는 인구 규모, 영토의 크기, 경제성장률, 아시아에서 역사적으로 중요한 역할을 담당했다는 측면에서 중국에 필적할만한 잠재적 라이벌 국가이다. 이 두 대국은 냉전 시기 적대적 관계에 있었다. 1962년에 양국간에 국경분쟁이 있었는데, 짧은 기간이었지만 아주 격렬한 전투가 벌어졌다. 중국은 당시 파키스탄과 긴밀한 관계를 유지하면서 핵과 미사일 기술을 팔았다. 소련의 보호를 받고 있던 인도를 견제하기 위한 조치였다. 중국은 군사적으로나 정치적으로 지금도 파키스탄과 긴밀한 관계를 맺고 있다. 최근까지도 중국과 인도 간의 교역량은 아주 소규모(2000년에 30억불 정도)에 불과하나, 양국 간의 국경분쟁은 심각한 마찰의 원인이었다. 인도는 1974년 '평화적 핵폭발'로 명명한 지하핵실험을 실행한 후 처음으로 1998년 핵무기 실험을 함으로써 중국 정부를 크게 자극했다. 중국이 분개한 것은 실험 그 자체보다 인도 수상 바지파이(Vajpayee)가 클린턴 대통령에게 중국의 위협 때문에 핵실험을 한 것이라는 편지를 보냈기 때문이다. 이 편지는 나중에 공개됐다.

중국은 1979년부터 인도와의 관계를 개선하려는 노력을 기울였다. 아시아 지역에 대한 전방위적 선린우호정책의 일환이었다. 라지브 간디 인도 총리가 1988년에 중국을 방문하면서부터 양국 관계는 중대 전환을 맞이했다. 덩샤오핑은 라지브 간디 총리에게 "양국 모두 과거의 불쾌했던 시기를 잊고 미래를 바라보며 모든 일을 처리합시다"라고 말했다. 양국은 전반적인 양국 관계를 해결하는데 있어서 국경분쟁 등과 분리해서 다루자는데 동의했고, 1996년에는 양국 군대가 국경지역에서 여러 종류의 신뢰구축 조치를 만들었다. 인도와의 관계회복을 촉진하기 위해 중국은 중대한 타협안을 개진했는데, 카슈미르 지역에 대한 입장을 바꾸는 것이었다. 이 지역은 인도와 파키스탄 군대가 여러 차례에 걸쳐 치열한 유혈충돌을 벌였던 곳이다.

파키스탄의 입장은 카슈미르의 운명은 카슈미르 인들이 유엔의 결의안에 따라 진행되는 주민 투표의 방식으로 결정되어야 한다는 것이었다. 중국은 이 입장을 지지해 왔었다. 그러나 1980년대부터 중국은 파키스탄의 이러한 입장에 지지를 철회하고 카슈미르 논쟁이 파키스탄과 인도 간의 평화적 방법으로 해결되어야 한다는 중립적 입장을 채택했다. 인도의 핵실험, 그리고 뒤이은 파키스탄의 핵실험은 인도를 회유하려는 중국 정부의 노력에 찬물을 끼얹었다. 그러나 그것은 잠시였다. 미국 정부는 인도와 파키스탄의 핵보유에 대한 야심을 포기시키고 핵비확산 레짐을 강화하기 위한 노력의 일환으로 중국의 도움을 청했다.

1998년 6월 클린턴 대통령이 중국을 방문하기 직전에 필자는 중국 외교부의 군비통제국(軍備控制司) 국장인 사주캉(沙祖康)과 남아시아의 핵위기에 대한 공동성명을 협상하는 임무를 맡았다. 중국 측은 클린턴 행정부가 이 성명을 정상회담의 '성과'로 만들자는 의견을 흔쾌히 받아들였다. 중국 측에서는 이 성명이 미국과의 전략적 협력관계를 보여주는 것이기 때문이었다. (인도 측에서는 이 공동성명에 모욕감을 느꼈지만, 비난의 화살을 베이징 쪽으로만 향했다)

화를 잘 내는 편인 사(沙) 국장은 핵실험을 비난하고 인도와 파키스탄으로 하여금 핵확산금지조약(NPT)과 포괄적 핵실험금지조약(CTBT)에 서명하도록 압박하는 문제 등, 미국 측 초안에 담겨있는 대부분의 안건에 선뜻 동의했다.

미국 입장에서 가장 의미있는 것은, 사(沙) 국장이 중국도 미국과 함께 인도나 파키스탄에 핵이나 미사일 기술을 제공하지 않겠다는 약속에 동의한 것이었다. 핵비확산 입장에 대한 이 공약은 중국이 이전에 한번도 공식화하지 않았던 내용이었다.

그러나 우리가 중국도 포괄적 핵실험금지조약(CTBT)을 비준하라고 요구했을 때 사(沙) 국장의 얼굴은 어두워졌다. 그는 미국 의회도 비준하지 않은 조약에 중국이 비준 약속을 할 경우, 군부의 매파들이 가만있지 않을 것이라고 말하며 난감해했다. 필자는 "중국이 먼저 움직여 준다면 미국 의회도 부끄럽게 여겨 조처를 취할 것"이라고 제안했다. 그러나 사(沙) 국장을 설득하기에는 역부족이었다.

그러나 중국 외교부의 아주국은 군비통제국과 달리 핵실험에 대해 그리 우려하는 편이 아니었고, 오히려 인도와의 외교적 모멘텀을 회복하는 것에 더 열의를 가지고 있었다. (흥미로운 점은 필자가 미 국무부의 군비통제국과 지역국 사이에서도 동일한 견해 차이를 발견할 수 있었다는 것이다) 5월의 핵실험 후 몇 개월 지난 뒤 아주국은 인도와의 회담을 재개했다. 핵실험이 카슈미르에 대한 중국의 회유적인 입장에 동요를 가져오지는 않았다. 핵실험 직후 중국은 분쟁에 대한 협상을 돕기 위해 (파키스탄의 입장에 가까운) 다자간 회담을 제안했지만, 한 달 후에는 양국간 직접 협상을 권유하는 보다 등거리적 태도로 전향했다.

1999년 카슈미르의 카르길(Kargil) 지역에서 전투가 벌어지는 동안 중국은 공개성명을 발표했는데, 인도 고위 관리에 따르면 중국의 입장은 서방선진 8개국(G8)과 마찬가지로 어느 일방에 치우쳐 있지 않았다고 한다. 중국은 인도와의 관계를 개선하는 동시에 인도의 주변국들(네팔, 버마, 방글라데시, 스리랑카 등)과의 관계도 개선하고 있다. 중국의 이러한 조치는 물론 인도를 불편하게 하는 측면도 있다

부상하고 있는 두 대국은 표면적으로는 우호적이지만, 지역 내에서의 영향력에 대한 경쟁의식은 여전하다. 인도의 핵실험에 대해 차분한 태도로 대처했던 중국의 모습은, 지역의 또 다른 라이벌 일본에 대해서는 사소한 일에도 격렬한 반응을 보이는 모습과 아주 대조적이라 할 수 있겠다. 중국은 국경분쟁을 제외하고는 역사적으로 인도와 다른 원한이 없다. 인도는 중국 교과서에서 거의 언급되지 않는다. 중국은 인도의 역동적인 소프트웨어 산업을 배우고 싶어하는 것을 제외하고 인도의 역량에 대해 그리 심각하게 받아들이지 않는다. 반면에 일본의 역량에 대해서는 훨씬 경계한다. 중국의 언론 또한 인도보다 일본에 훨씬 많은 관심을 보인다. 중국 대중들이 인도에 대해서는 대체로 무관심하지만 일본에는 열렬한 관심을 보이기 때문이다.

일본 관련 정책과 달리 인도 관련 정책은 대중의 주목을 별로 받지 않기 때문에, 중국정부의 관리들은 인도에 양보할 때 대중의 비난을 두려워할 필요가 없다. 중국의 양면성, 즉 대다수 국가들에 우호적으로 대하면서

유독 일본에 대해서는 조금도 양보하지 않으려는 모습은 원자바오가 2005년 4월 인도를 방문했을 때 극명하게 드러났다. 당시 중국 학생들은 일본에 대한 시위를 벌이고 있었다. 원(溫) 총리는 인도의 유엔안보리 상임이사국 진출을 지지했으나, 일본의 진출에는 학생들과 마찬가지로 반대 입장을 확실히 했다. (결과적으로 인도의 진출 신청이 마지막에 가서 브라질, 독일, 일본의 신청안과 패키지로 취급되면서 중국은 인도에 정중히 사과하고 자신들의 지지를 철회한다)

인도를 중국에 대한 견제 카드로 키우려고 했던 부시 행정부의 확연히 눈에 띄는 의도는 중국 매체에서 인도가 자주 등장하는 계기가 되었다. 《환구시보》는 "중국을 견제하기 위해 미국은 인도가 강대국이 되도록 돕고 싶어한다"고 보도했다.

중국 관리들을 특히 불쾌하게 만드는 것은 인도가 핵확산금지조약(NPT)에 서명하지 않았음에도 불구하고 부시 행정부가 인도의 핵 에너지 프로그램을 지지한다는 것이다. "이렇게 하는데 어떻게 미국이 우리에게 적대적이지 않다고 생각할 수 있겠습니까?"라며 중국의 한 장성은 열을 냈다. 그러나 중국은 상황을 낙관적으로 보고 있다. 인도가 중국을 견제하기 위한 인질로 가만히 이용될 나라가 아니기 때문이다. 《환구시보》가 언급한 것처럼, "인도가 맹목적으로 다른 나라의 부속물이 되는 것과 외교적 자주성을 상실한다는 것은 상상하기 어려운 일"이기 때문이다. 뿐만 아니라 중국인들은 자국의 경제성장이 인도 경제에 이익을 끼치고 있기 때문에 인도인들이 중국에 대해 점점 긍정적으로 변하고 있다고 믿는다. 그러나 여전히 인도에 대한 미국의 관심에 많은 신경이 쓰이는 것은 중국으로서는 부인할 수 없는 사실이다. 그래서 중국은 인도가 미국과 함께 반중국 동맹을 형성하지 못 하도록, 비스마르크가 과거 유럽에서 기울인 노력과 비슷하게 인도와의 협력관계를 강화하고 있다.

중국과 인도는 국경협상을 가속화하고 있으며, 당분간은 현재의 관할권 구획을 사실상의 국경선으로 간주하는데 동의했다. 빠르게 성장하는 양국의 경제 때문에 양국 간 에너지 경쟁이 치열해지는 것을 방지하기 위해, 양국 정부는 자국의 석유회사들로 하여금 다른 나라의 석유 및 가스 자원에 대해 공동으로 오퍼를 제출하도록 장려하고 있다. 중국과 인도 양국은 또한 미국과 손을 잡고 2006년 봄 네팔 국왕 가넨드라의 사퇴를 설득하는 등 네팔에서 일어난 정치적 위기를 진정시키는 데 협력했다. 가장 놀라운 것은 과거 적대국이었던 나라들의 함대가 함께 연합 해상 군사훈련을 가졌다는 것이다. 2003년에 상하이 해안에서, 2005년에는 인도양에서 공동 군사훈련을 벌였다.

다자주의의 채택

중국 관리들은 아시아의 다자간 기구에 참여하는 것에 별 의미를 두지 않았다. 그들은 유엔안보리 상임이사국이라는 중국의 지위를 누리는데 만족했다. 그러나 그들은 바로 옆에 붙어있는 나라들이 손을 잡고 중국에 대항하는 것을 염려했다. 지난 10년간 중국은 지역 다자주의의 신봉자로 다시 태어났다. 중국은 방관자적 입장에서 모든 다자간 기구에 적극적으로 참여하는 방향으로 태도를 바꿨다. 심지어 직접 새로운 다자간 기구의 설립을 발기했다. '아세안 플러스 3국(동남아 10개국과 한국, 중국, 일본)'과 상하이협력기구(중국, 러시아, 타지키스탄, 키르키즈스탄, 카자흐스탄, 우즈베키스탄) 등이 그 예이다.

중국은 북한 핵문제에 대해 논의하는 6자회담의 주최자로 역할을 하면서, 동북아시아 다자간 협력의 리더로 부상했다. 그리고 다자간 협력을 국가안보정책의 핵심원칙으로 삼았다. 중국의 새로운 열정 덕분에 아시아 지역은 현재 유럽만큼 많은 지역기구들로 서로 긴밀하게 묶여있다.

중국은 처음에 아세안지역포럼(ARF)을 지역 협력에 안착하기 위한 시금석으로 삼았다. 소위 아세안(ASEAN) 방식이라는 것은, 공식적인 협정을 체결하거나 일치된 행동을 강제하는 것과 달리, 비공식대화를 통해 신뢰를 높여 나가는 방식이다. 그리고 가장 조심스러운 입장을 가진 회원국에 보조를 맞추는 방법으로 컨센서스를 이뤄 작동하는 방식이다. 아세안의 비민주적 국가들은 아세안이 회원국의 국내정치에 개입하지 않을 것을 주장하고 있는데, 이것이 중국으로서는 안성맞춤이었다. 그러나 조직 내에서 어느 정도 자리를 잡게 되자, 중국은 두각을 나타내기 시작했고 아세안지역포럼을 단지 이야기만 나누는 곳 이상의 자리로 만들고자 했다.

중국 정부는 아세안지역포럼에서 군사 분야의 의제도 다루자는 제안을 함으로써 회원국들을 놀라게 했다. 그리고 2004년에 처음으로 국방담당 관리들의 회의를 주최했다. 중국은 미국이 이끄는 아태경제협력회의(APEC)에 별로 열의를 갖고 있지 않았다. 1997년 아시아 금융위기가 닥쳤을 때 태국, 인도네시아, 한국 등의 금융시장이 무너지자, 중국은 일본, 한국, 아세안과 손을 잡고 금융 안정화를 위한 새로운 메커니즘을 만드는 데 참여했다. 이것이 '아세안 플러스 3국'이다. 인민폐가 국제적으로 유통되는 화폐가 아니었기 때문에 중국은 지역 내 다른 나라들에 타격을 주었던 금융 폭풍으로부터 안전할 수 있었다.

중국의 지도자들은 인민폐의 가치를 낮춰 자국의 수출경쟁력을 높임으로써 주변국들을 더 궁지로 몰지 않기로 결정했다. 이것은 위기가 최고조에 달했을 때 엔화를 평가절하했던 일본의 행동과 극명하게 대비되었다. 중국은 또한 태국의 경제회복을 돕는 국제통화기금 패키지 안에 기여했다. 중국의 눈에 띄는 이타적 행동에 대해 클린턴 대통령은 1998년 6월 중국을 방문했을 때 아낌없는 찬사를 보냈다. 중국은 유럽의 G-8 재무장관 회담에도 초대되었다. 아시아 금융위기에 대한 중국의 대응은 다른 아시아 국가들의 기대를 넘어설 정도로 특출 났다. 반면에 미국과 IMF의 대응은 매우 인색하고 원칙주의적이어서 실망스러운 정도였다.

아시아 국가들은 미래의 금융위기로부터 자신들을 보호하기 위한 자신들만의 지역보장 구상이 필요하다고 결정했다. 미국의 반대를 무릅쓰고

'아세안 플러스 3국'의 재무장관들은 국가위기에 대비하는 양자간 통화스왑 계약을 체결했다. (한편, 미국을 달래기 위해 국제통화기금 아래 부속시켰다) 그리고 단기자본의 움직임에 대한 조기경보를 제공하는 정보 공유에 합의했다.

중국은 '아세안 플러스 3국'을 일본과의 관계를 개선하는 기제로 이용한다. 중국의 반일 여론에 잘 포착되지 않는 영역이기 때문이다. 중국, 일본, 한국은 인도차이나의 가난한 국가들을 원조하고, 환경 훈련을 진행하며, 쌀비축 상황을 개선하기 위한 공동 프로젝트를 이행하고 있다. 또한 중국 산업의 국제경쟁력을 강화하겠다는 야심 속에서, 차세대 디지털 전화 및 정보통신 테크놀로지의 동아시아 표준개발에 중국이 동참할 수 있도록 한국과 일본을 설득하고 있다.

1999년 이래로 중국, 한국, 일본의 지도자들은 '아세안 플러스 3국' 정상회의 기간을 이용하여 개별 회담을 가졌다. (그러나 이러한 고위급 회담은 종종 대중여론의 영향을 받는다. 일본의 고이즈미 총리가 야스쿠니 신사를 참배한 것이 중국과 한국에서 공분을 일으켰고, 이 일로 인해 중국과 한국 정부는 2005년에는 삼자간 회담을 취소해야 했다)

중국은 '아세안 플러스 3국' 회의를 강화하는 노력을 기울여 왔다. 주 목적은 미국이 참여하는, 그리고 중국 입장에서 덜 효과적인 조직들을 무색하게 만드는데 있는 것 같았다. '아세안 플러스 3국'은 연례 정상회담 외에, 재무, 경제, 외교, 농업, 보건, 노동, 과학기술 분야의 장관들도 자신들의 업무를 조정하기 위해 정기적으로 회담을 가진다. 또한 싱크탱크의 전문가들의 네트워크인 '동아시아 비전그룹'은 회원국 지도자들에게 구체적 정책제안을 한다.

'아세안 플러스 3국'은 2005년 12월 말레이시아에서 동아시아 정상회담을 가졌는데, 마치 아시아에서 미국을 배제하려는 중국의 책략 같이 보였다. 물론 중국 관리들은 이것이 자신들의 구상이 아니고 말레이시아의 구상이라고 발뺌을 했다. 중국과 일부 아세안 국가들의 외교장관들은 정상회담이 정례화되지 않기를 바란다. 왜냐하면 이러한 정상회담이 반미주의 색채를 보일 뿐만 아니라, '아세안 플러스 3국' 체제 하에 이뤄지는 분주한 회의 일정이 중복되는 측면도 있기 때문이다.

상하이협력기구

중국은 '상하이협력기구'를 발기한 것에 대해 상당한 자부심을 갖고 있다. 이 다자간 기구는 중국이 가장 선호하는 지역기구이고, 다른 조직에서도 자신의 역할을 확대하는 유용한 선례가 되었다. 외교부 아주국 국장이었던 푸잉(傅瑩)의 말에 따르면, 중국의 지역협력 체제의 양대 핵심은 상하이협력기구(SCO)와 '아세안 플러스 3국'이라고 한다. '상하이협력기구'는 중국, 소련, 중앙아시아의 여러 소비에트 공화국 사이의 오랜 협상의 결과로 나온 것인데, 원래는 국경분쟁의 해결을 협의하던 조직에서 발전한 것이다. 소련이 해체되고 카자흐스탄, 키르키즈스탄, 타지키스탄, 우즈베키스탄이 독립국가가 된 후, 중국은 이들 국가들과 신장(新疆) 및 서부지역의 무슬림 테러리스트들을 비호하지 않는 협정을 맺으려고 했다.

1996년 이 국가들이 헌장에 서명을 했고, 중국 입장에서는 동의어로 보이는 '테러리즘, 분리주의, 극단주의'를 배격하겠다는 데 합의했다. 중국은 또한 중국 서부 지역의 빈곤지역을 개발하는 데 도움이 될 중앙 아시아의 석유와 가스에 욕심을 냈다.

중국의 지지 덕분에 '상하이협력기구'는 다른 아시아 기구들보다 더 제도화되었다. 베이징에 사무국을 두고 있고, 키르키즈스탄의 수도인 비슈케크에는 반테러 센터를 두고 있다. '상하이협력기구'의 헌장에는 중국이 예전에 동의하지 않았던 합동군사훈련에 대한 구상도 들어 있다. 2003년 상하이협력기구는 처음으로 연합군사훈련을 실시했다. '상하이협력기구'는 중국 스스로 발기하고 설립한 다자 기구로 다자간 협력의 항목을 군사

영역까지 확대하기 위해 중국 내 관료조직의 도움을 받았다. 9.11 테러 이후 미국이 중앙아시아 지역에서 자국의 주둔 병력을 증강시켰을 때, 즉 아프가니스탄에서의 전쟁을 위한 중계지점으로서 우즈베키스탄과 키르키즈스탄의 기지에 병력을 주둔시키고 장기 주둔의 뜻을 비쳤을 때, 상하이협력기구의 국가들과 중국 및 러시아는 별로 반대하지 않았다.

중국의 전문가들은 중국이 그 지역을 러시아의 전통적 세력권 하에 있는 것으로 간주했다고 설명했다. 그래서 러시아가 걱정하지 않는다면 중국도 염려할 필요가 없었다. 반면에 어떤 전문가는 우즈베키스탄과 키르키즈스탄에 있는 미군 기지가 중국 신장성의 성도로부터 비행기로 한 시간 거리인 400km 밖에 떨어져 있지 않다는 데 주목했다. 그럼에도 불구하고, 조사차 파견된 인민해방군의 한 장성은 미군의 주둔병력이 별로 많지 않고, 중앙아시아 국가들이 그들의 주둔을 환영하고 있으며, 중국의 이익에 심각하게 영향을 미치지 않을 것이라고 보고했다.

그러나 키르키즈스탄의 독재정권이 갑작스럽게 붕괴하고, 우즈베키스탄에서는 시위와 관련하여 유혈진압이 발생했다. (그루지야와 우크라이나에서는 거의 동시에 정권교체가 일어났다.) 중앙아시아의 지도자들은 자신들의 정권적 취약성을 인식하게 되었고, 미군 주둔에 대해서도 입장을 바꿨다. 중앙아시아의 정치 지도자들은 '색깔 혁명'이 미국과 유럽의 민주주의 지지세력이 부추긴 결과라고 비난했고, 중국도 이러한 관점에 입장을 같이 했다.

이에 대한 반응으로 2005년 상하이협력기구의 정상회담에서는 미국에게 중앙아시아 지역에서 철군하는 시점을 확정해 달라고 요구했으며, 우즈베키스탄은 미국에게 자신들의 공군기지에서 철수하라고 요구했다. 중국의 소식통에 따르면, 미국은 자신들을 쫓아내는 것에 대해 중국과 러시아를 비난했지만, 철군사건의 주요 조처는 키르키즈스탄과 우즈베키스탄에 의해 이뤄진 것이었다. 그럼에도 불구하고, 중국으로서는 상하이협력기구가 반미적인 조직이 아니라는 것을 미국 측에 확신시키기가 점점 더 어려워지고 있다. 우선 강력한 반미주의자인 이란의 마호메트 아흐마디네자드 대통령이 2006년 상하이에서 개최된 상하이협력기구의 정상회담에 5명의 옵저버 중 한 명으로 초청됐다.

다자간 군사협력

인민해방군은 전통적으로 은밀하게 움직이고 다른 나라에 자신들의 취약점이 드러나는 것을 기피하는 태도를 보여왔다. 그런데 외교부의 끈질긴 독촉에 못 이겨 결국 지역협력의 항렬에 들어서게 되었다.

2002년 인민해방군과 상하이협력기구의 회원국인 키르키즈스탄은 공동군사훈련을 실시했다. 우호관계를 돈독히 하기 위해 양국간 군사훈련을 실시한 것이다. 이후 파키스탄, 인도, 프랑스, 영국, 호주, 러시아 등과도 함께 군사훈련을 가졌다. 공동군사훈련의 내용은 수색 작업이나 구조, 또는 테러 진압과 같은 비전통적 안보 임무를 수행하는 것인데, 이를 통해 중국은 주변국들에게 적대적 의도를 갖고 있지 않다는 것을 보여줄 수 있었고 실제 전투시의 준비태세에 대해 기밀을 유지할 수 있었다. 인민해방군은 자신들이 투명하고 개방적이라는 것을 보여주기 위해 공동군사훈련에 다른 국가의 인사들을 초대한다거나 중국의 단독적인 군사훈련을 관람할 기회를 제공한다.

중국 외교부 아주국(亞洲司)의 식견있는 관리들과 국방부 외사판공실의 군 관리들은, 만약 중국이 미태평양 사령부와 그 동맹국들에 의해 조직된 지역 범위의 군사훈련에 참여한다면 중국이 미군의 아시아 주둔에 도전할 의도가 없다는 것을 보여줄 수 있고, 미국과 아시아 지역국가들을 모두 안심시킬 수 있는 징표가 될 것이라는 생각을 갖고 있었다. 한 군 관리가 말한 것처럼, 중국인민해방군 해군은 지역과 세계의 해군 패밀리에 가담하고 싶어한다. 그러나 문제는 정치와 군사 부문에 있는 고위급 지도자들이 전통적 관행에서 벗어나는 행동을 하는 인민해방군을 가만히 보고만 있을 것인가에 있다. 국방부의 국제주의자들은 자신들의 구상을 상하이협력기구에서의 선례와 연결시키는 기발한 방법을 생각해 냈다. 장쩌민은 상하이협력기구의 헌장에 있는 다자간 군사훈련을 승인했으므로, 다른 다자간 훈련으로의 확대도 어려운 일이 되지 않을 것이다.

그들은 비망록에 "세계무역기구가 중국을 경제적으로 더 강하게 만든 것처럼 공동군사훈련에 참여하는 것이 인민해방군을 군사적으로 더 강하게 만들 것"이라고 명시했다. 이 비망록은 군과 외교부의 상층부에 보고되었고 장쩌민 주석 본인도 안건으로 직권 상정해 처리했다. 이에 따라 인민해방군은 2002년에 바로 관찰단을 '코브라 골드'라고 불리는 대규모 지역 군사훈련에 파견하기 시작했다. 이 군사훈련은 태국이 주최하고 미태평양사령부가 조직한 것이었다. 지뢰 탐지와 잠수정 구조훈련에도 참가했다. 그 후로 중국의 군사협력은 예상한 것 이상으로 더 많이 진척되었다. 2006년 한국 동해에서 중국은 미국이 주도하고 일본 및 주변 4개국이 동참하는 핵무기 확산방지를 가상의 목표로 하여 조직된 해군 공동훈련에 참여했다.

여러 해의 협의를 거쳐, 인민해방군과 미국 국방부는 공동 해상구조훈련을 실시하겠다는 계획을 발표했다. 미국이 이끄는 공동훈련에 참여함으로써 중국은 군사적으로도 미국 및 아시아 주변국들과 같은 팀이 되기를 원한다는 메시지를 보내려 했다.

6자 회담

2003년은 중국이 국제무대에서 외교적으로 처음 스포트라이트를 받으며 비상했던 해이다. 중국은 북한 핵무기 프로그램을 둘러싸고 미국과 북한 사이에 일촉즉발의 긴장을 해소하기 위해 전력을 다했다. 한 중국 학자는 "중화인민공화국의 외교사 어디에도 직접적인 당사국의 신분이 아닌 상황에서 이렇게 깊고 광범위하게 지역적으로 쟁점이 되는 사안에 연루된 적은 없다"고 평했다. 한 정책 전문가는 "한반도 문제가 부상하고 있는 중국에게 하나의 시금석"이라고 말했다. 작은 돌을 던져서 적의 반응을 살펴보는 것과 같다는 것이다. 그는 이렇게 설명했다. "우리가 보다 적극적인 역할을 할 수 있는지, 그 역할에 성공할 수 있는지, 나아가 지역과 세계에서 책임있고 건설적인 역할을 할 수 있는지를 살펴 볼 수 있었습니다. 제4세대 지도자들(후진타오와 원자바오 등)은 보다 적극적인 역할을 하기 원합니다. 그들은 세계에서 중국의 역할에 대해 상당한 야심을 갖고 있습니다. 그들은 중국이 건설적 역할을 하기 원합니다. 대만은 또 다른 '시금석'이지만 이 문제는 미루어 두었다가 나중에 해결할 문제입니다."

중국 정부는 미국과 북한 사이에서 벌어지는 적대적인 상호작용이 중국을 위험에 빠뜨릴 수 있다고 보고, 위기를 해결하는 데 전례없는 리더십을 발휘했다. 부시 대통령은 공개적으로 그가 북한의 지도자 김정일을 혐오한다고 선언했고, 2002년의 연두교서에서는 북한을 '악의 축'이라고 부를 정도로 강하게 비난했다. 2003년 1월 북한은 핵확산금지조약(NPT)에서 탈퇴하겠다고 선언하고 즉시 핵무기 제조에 착수했다. 부시 행정부는 북한 정부와 대면하여 협상하기를 거절했으며, 중국은 미국이 이라크를 공격한 것처럼 북한을 공격할까봐 걱정했다. 중국의 한 미국전문가는 "두 나라 중 한 나라는 미친 것 같다. 이런 상황이라면 큰 위기가 발생할 수 있으므로 무언가 조치를 취해야 한다"라고 말했다.

중국의 국경지역이 큰 혼란에 빠질 수 있고, 한국, 일본, 심지어 대만에서까지도 '핵 도미노 현상'이 일어날 수 있다는 두려움 때문에, 중국 지도자들은 분쟁을 중재하기 위해 나설 수 밖에 없었다. 부시 행정부는 북한과 회담을 가질 경우 동북아 지역 국가들도 함께 참여해야 한다는 입장을 견지했다. 부시 행정부의 의도는 중국, 러시아, 일본, 한국 등의 국가들을 자기편에 한 줄로 세워 평양에 압박을 가하려는 것이었다. 그러면 북한이 핵에 대한 야심을 포기할 것이라고 생각했다. 만약 북한이 계속 저항할 경우 제재조치나 군사력을 동원하려는 것이었다. 결국 중국 외교관들은 아시아 주변국의 수도를 돌아다니면서 다자간 협상을 전개해야 했다.

중재인의 역할을 하기 위해 중국은 자신의 혈맹과 거리를 둬야 했다. 한국 전쟁(1950년~1953년)에서 인민해방군이 북한과 어깨를 나란히 하고 미국에 대항한 이래, 중국인들은 북한을 자신들의 혁명동지로 여겨 왔다. 1990년대 초 이후로, 중국이 경제적으로 역동적인 한국에 더 많은 관심을 갖게 되긴 했지만, 중국과 북한의 군부와 당 사이에는 빈번하고 우호적인 접촉이 계속되었다. (중국 관광객들은 중국이 경제적으로 현대화되기 전에 얼마나 궁색한 생활을 했었는지 향수를 되살리기 위해 북한을 방문한다고 한다)

중국의 전문가들과 외교관들은 미국 측 협상 파트너들만큼이나 김정일의 태도에 곤혹스러움을 느낀다고 한다. 그들은 미국의 적대적인 태도 앞에서 김정일이 느낄 불안감에 대해 공감하기도 하지만, 왜 김정일이 중국이 선례를 보여준 시장개혁이라는 성공적인 길을 따르지 않고 핵을 이용한 벼랑끝 전술을 선택하는지 이해하지 못한다.

그럴 의향이 없어서 그렇지, 중국은 북한을 움직일 경제적 지렛대를 갖고 있다. 북한은 거의 모든 수입연료를 중국에 의존할 정도로 비참한 경제 상황에 놓여 있다. 또한 많은 중국 기업가들이 북한 공장에 투자하고 있다. 전직 국방장관인 윌리엄 페리는 1993년에 북한이 핵확산금지조약(NPT)에서 탈퇴하겠다고 위협한 후 다시 협상테이블에 돌아오게 된 데는 중국의 개입이 크게 작용했다고 생각했다. 10년 후 다시 발생한 핵 위기 과정에서, 중국은 북한을 협상 테이블로 불러내기 위해 추가적인 경제 원조와 투자를 제공했다. 다른 한편으로는 과거의 혈맹에 대해서도 강경한 태도를 취할 수 있다는 의지를 드러내기도 했다. 중국은 공개적으로 한반도의 비핵화를 요구하고 북한으로 연결되는 송유관을 3일간 봉쇄했으며(표면적으로는 기술적인 이유를 들었다), 북한이 중국과의 국경부근에 건설하려

▌사진▌중국의 장쩌민 주석과 북한의 김정일 위원장이 베이징에서 회동을 갖는 모습. 2001년 1월20일 (AFP/ Getty Images)

고 기획한 경제특구를 관리할 것으로 예정된 중국출신 기업가를 세금탈루 혐의로 체포해 버렸다. 그리고 북한이 핵확산금지조약(NPT)을 위반했다는 내용의 국제원자력기구(IAEA) 보고서를 유엔안보리에 회부하는 안건에 찬성했다.

2003년 8월, 중국에서 첫번째 6자회담이 개최되고 각 당사국이 자신들의 1차 제안을 하던 시기에 필자도 중국에 있었다. 비록 아무것도 성사되지 않았지만, 중국 언론들은 이 회담을 중국 외교의 일대 개가로 치켜 세웠다. CCTV의 24시간 보도채널은 각국 대표들의 프로필, 전문가 인터뷰, 뉴욕타임즈와 외신들의 보도내용 요약 등으로 시간을 채우면서 CNN 스타일의 보도를 계속해서 내 보냈다. 마치 이 회담이 중국 외교의 명예로운 전통을 이어가고 있는 것처럼, 중국의 중심적 역할을 강조하는 외신들의 보도와 저우언라이 총리의 과거 족적 등을 함께 오버랩 시켰다. 화면 밑에는 "전세계의 눈이 베이징에서 열리는 회담을 주시하고 있다"고 적혀 있었다. 심지어 베이징 밖의 택시기사들도 중국의 성취에 큰 자부심을 나타

▌사진▌ 베이징 조어대(釣魚臺)에서 개최된 북핵 관련 6자회담. 2005년 7월26일 (Guang Nin/ AFP/ Getty Images)

냈다.

당시 아주국의 제안으로 중국 외교부는 홍보활동에 대성공을 거두었다. 조어대(釣魚臺) 국빈관 회의실을 주말마다 개방하여 일반인들이 회의실에 배치되어 있는 6자 회담용 테이블을 참관할 수 있도록 한 것이다. 1인당 인민폐 100원을 받았다. 중국의 이러한 새로운 국제적 리더십에 해외 언론조차 감탄을 금하지 못했다.

2005년 개최된 제4차 회담에 참석한 6개국은 한반도 비핵화를 포함한 회담의 목표가 담긴 공동성명서를 발표했다. 이것은 중국측 협상대표들에게는 큰 수확이었다. 그들은 각 대표단으로부터 주요 타협안을 이끌어 내고 협의안의 초안을 잡았다. 그러나 상황은 곧바로 악화되기 시작했다. 미국 재무부는 마카오(포르투갈의 식민지였다가 1998년 중국으로 회귀함)의 한 은행에서 화폐위조 및 돈세탁 혐의가 있는 북한의 계좌를 동결시키도록 했으며, 북한은 금융제재가 해제되기 전까지 협상테이블로 돌아가지 않겠다고 버텼다.

그 후 2006년 5월, 김정일은 일본 상공을 향해 미사일을 시험 발사했고, 3개월 후에는 국제여론을 무시하고 소형 핵무기 실험을 진행했다. 북한이 핵실험을 함으로써 중국 지도자들은 어느 편에 서야 할 것인지를 결정해야 했다. 중국은 북한 쪽에 설 수도 있었고, 혹은 미국이 주도하는 국제사회의 제재조치에 동참할 수도 있었다. 대다수의 관측가들은 중국정부가 북한으로 하여금 핵무기를 소유하게 할지언정 북한을 강하게 압박하지는 못할 것이라고 예상했다. 북한에 압박을 가할 경우 북한 체제가 무너질 수 있고 나아가 수천 명의 난민들이 국경을 넘어 중국 동북지역으로 유입되는 것을 우려하고 있기 때문이다. (중국 동북지역은 심각한 실업문제와 노동불안으로 이미 많이 어수선한 상황이다)

게다가 중국 정부는 서울의 주도 아래 한반도가 통일되는 것을 원하지 않는다. 그럴 경우 미군이 중국 국경지역에 바로 배치될 수 있기 때문이다. 그러나 중국 지도자들은 이번만큼은 김정일에 대해 강경한 태도를 취하기로 결정했다. 북한 핵실험 후 중국 외교부가 발표한 성명은 중국이 어느 나라보다 더욱 분개하고 있음을 보여주었다. 성명서에는 북한의 핵실험을 '한란(悍然)'이라는 말로 비난했는데, '제멋대로'라는 뜻을 담고 있는 말이다. 이 말은 과거 대만, 일본, 미국의 도발에 대해 사용된 적이 있는 말로, 이제까지 중국정부가 외교적으로 딱 5번 밖에 사용하지 않았던 아주 강도 높은 표현이다.

한편 중국은 북한이 핵실험을 진행하기 전에 평양에 판매하는 석유가격을 올렸었는데, 2006년 9월 미사일 실험 후에는 평양에 대한 석유판매를 아예 끊어버렸다는 보도도 있었다. 북한 핵실험 후 중국은 유엔 안보리가 마련한 강경한 내용의 결의안에 찬성표를 던졌다. 이 결의안은 무력사용을 배제한 것이었지만, 중국이 과거 받아들일 수 있었던 방안에 비해 훨씬 강력한 것이었다. (중국은 특히 자신의 주변국들에 대한 제재조치를 오랫동안 반대해 왔다.) 당시 미국 국무장관인 콘돌리자 라이스는 깊은 인상을 받았다고 했다. 라이스는 "중국정부가 북한의 행동에 대해 국제평화와 안보에 위협이 된다고 인정하리라고는 상상조차 하지 못했다"고 말했다.

중국은 국경지역에서 트럭들에 대한 검열을 시작했고, 일부 은행들에게 북한과의 거래를 중지하라고 지시하는 등 결의안에 담긴 요구사항보다 더 강한 조치를 취했다.

선전부 당국 역시 타블로이드 신문과 인터넷 뉴스사이트가 북한의 행동을 자유롭게 비판하는 것을 내버려 두었다. 이것은 강경한 대응에 대한 대중적 지지를 확보하려는 당의 의지를 엿볼 수 있는 대목이기도 했다. 중국의 단호한 행동이 북한으로 하여금 6자 회담에 돌아오도록 만들었을 수도 있다. (혹은, 회담을 재개하는 것이 북한의 원래 작전이었을 수도 있다.) 결국, 제재조치가 취해진 3주 후 북한은 미국측과 베이징에서 만났다. 그리고 회담을 재개하기로 했다. 6자 회담이 북한의 핵 야심을 포기시키는데 성공할 수 있을 것인가의 문제를 떠나 중국은 이 회담을 통해 동북아에서 없어서는 안 될 강국이 되었다.

전지구적 규모의 다자주의

10년간의 경험 속에서 중국 외교관들은 다자간 조직이 중국의 책임있는 강국으로서의 명성을 높여준다는 것에 대해 더욱 긍정적인 견해를 갖게 되었다. 중국은 유엔과 기타 전지구적 조직 내에서 '선량한 시민'으로 행동하며 모든 국제적인 군축조약에 서명했다. 중국은 '내정간섭'이라고까지 부르던 국제사회의 집단행동에 대한 오랜 반감을 극복하고, 1992년에는 유엔평화유지활동에도 참여하기 시작했다. 중국은 캄보디아에 800명의 공병단을 최초로 파견한 이래, 지금까지 약 4천 명의 중국 군인들이 유엔 파견대에서 근무했다. 2005년에는 1,300명의 중국 군인들이 세계 각지에서 유엔 평화유지군으로 활동했다. 중국은 수단(Sudan) 정권이 벌인 잔혹행위에도 불구하고 그들의 환심을 사려한다는 비판을 받았지만, 400

명 이상의 군인을 파견하여 유엔평화유지군의 임무를 수행하도록 했다. 중국은 또한 인도네시아에서 분리독립한 동티모르를 지원하기 위해 경찰 병력을 파견했다. 2006년 7월에는 이스라엘의 레바논 공습으로 유엔 옵저버로 근무하던 한 중국인이 사망한 사건도 있었다.

유엔 안보리의 상임이사국으로서 중국은 미국의 제안에 대해 거부권을 행사할 권한을 가진 4개국 중 하나다. 중국은 안보리에서 책임있는 대국으로서의 풍모를 보여주고 싶은 욕망과 부시 행정부의 일방주의적 외교정책에 대한 깊은 불신감 사이에서 좌절감을 느꼈다. 미국의 일방주의적 외교정책에 대해 첸치천 전 외교부장은 "세계를 지배하기 위해 힘, 특히 군사력에만 의존하는 행위"라고 평가했다.

부시 대통령이 연임에 성공한 후 제2기 부시 행정부에서 국무부 부장관으로 일했던 로버트 졸릭(Robert Zoellick)은 중국이 핵 비확산 문제의 이슈 등을 다루면서 국제사회에서 책임있는 이해당사자가 돼 줄 것을 요구했다. 중국 관리들이 '이해당사자(stakeholder)'라는 말의 사전적인 의미에 주목할 것을 요청했다. 즉, 뒤로 물러나서 다른 국가들의 노력에 무임승차하기 보다 국제문제를 해결하는 것에 적극 협조하는 나라가 돼야 한다는 것이다.

졸릭은 이란 핵프로그램에 대해 중국이 취한 행동을 보면 중국이 핵비확산조약에 얼마나 진정성을 가지고 있었는지를 알 수 있다고 말했다. 이란의 핵프로그램과 같이 지역 외부에서 일어나는 사안에 대해 중국은 유엔의 강경한 대응을 지지하는 것을 주저했다. 적을 만들고 싶어하지 않기 때문이다. (특히, 이란과 같이 주요 석유 공급국인 경우에는 더욱 그렇다) 그리고 원칙적으로 제재조치에 반대한다. 그러나 혼자 반대의견을 가지고 있을 경우에는 중국도 거부권을 행사하는 것을 싫어한다. 시간이 지날수록 미국이 이란문제와 같은 이슈에 대해 유럽이나 러시아와 함께 일치된 입장을 취한다면 중국도 이에 참여하게 되거나 혹은 적어도 거부권을 행사하지 않고 기권할 가능성이 높다. 2006년 유엔 안보리에서 북한의 미사일 및 핵실험에 반대하는 투표에서 만장일치로 통과된 것이 좋은 선례라 하겠다. 세계무역기구(WTO)에 가입한 후 5년 동안 중국은 세계무역기구의 가장 열광적인 지지국이었다. 물론 중국은 농업보조금과 같은 논쟁적인 사안에 대해서 두드러진 입장을 나타내지 않고 있기는 하다. 이는 유럽뿐만 아니라 개발도상국의 무역 파트너들과의 관계에 찬물을 끼얹는 것을 원하지 않기 때문이기도 하다. 중국은 서로 다른 입장을 가진 양쪽 진영 국가들의 완고한 견해차이를 화해시킬 수 있고, 무역자유화를 진전시킬 수 있는 교량역할을 할 수 있는 나라가 되었다. 그러나 중국은 이러한 역할에 별 관심을 두고 있지 않다. 중국이 무역 등의 의제에서 적극적으로 주도적 역할을 할 수 있도록 격려하기 위해 G8 국가들은 중국이 자신들의 확대회의에 참여하도록 초청했다. 세계경제에 대한 중국의 영향력은 이제 이탈리아, 캐나다, 심지어 프랑스를 능가하게 되었다. 중국 지도자들은 자신들이 G8과 같이 배타적 성격의 부국 그룹에 참여하는 것에 너무 열광하는 것처럼 보이지 않기 위해 표정관리를 하고 있지만, 한 중국 평론가는 "중국이 G8에 가입할 시기가 이미 무르익었다"고 주장한다.

베이징의 한 대학생은 G8 문제와 관련하여 미국의 이중적인 태도를 지적했다. "G8에 러시아는 받아들이면서 중국은 왜 배제하는지 모르겠습니다. 중국 경제가 세계경제에서 훨씬 더 중요한 위치를 점하고 있지 않습니까? 결국 미국이 중국을 신뢰하지도 않고 존중하지도 않는다는 것을 보여주고 있는 것입니다. 러시아에 대해서만 민주국가라고 인정해 주고 있는 것 아니겠습니까…?"

새로운 안보개념

중국 학자들은 1996년부터 상호신뢰, 상호이익, 평등 및 협력의 원칙에 근거한 새로운 안보개념을 면밀하게 발전시켜왔다. 이 새로운 안보개념은 현실 정치와 군사력에 기반한 전통적이고 냉전적인 안보관과는 대비되는 개념이다. 중국 학자들이 이러한 새로운 안보개념을 만들어 낸 데는 외교부 아주국의 지지가 뒷받침되었다. 주 목적은 중국 다자주의 외교에 대한 규범적 정당성을 제공하고 군부와 관료조직, 그리고 학계 내에 자리잡고 있는 회의론자들을 설득하는 것이다. 한편 중국 학자들은 미국이 여전히 냉전적이고 전통적인 안보관을 고수하고 있다고 주장한다.

중국의 전문가들이 말하는 것처럼, 이 새로운 안보개념은 중국이 기존에 가지고 있던 '제로섬(zero-sum)'적인 안보관을 상호 '윈윈'하는 안보관으로 대체하도록 만들었다. 1999년 장쩌민은 스위스 제네바에서 개최된 유엔 군축위원회(United Nations Committee on Disarmament)에서의 연설에서 '군사동맹과 군비증강에 기반한 구안보관'과 '시대의 요구에 부합하는 신안보관'을 구분 지었다. 중국 정부는 새로운 패러다임을 만들어 낸 것에 대한 자신들의 공헌을 강조하면서, 중국이 새로운 국제협력의 시대에 선구자라고 내세웠다. 중국의 다수 외교정책 전문가들이 아직도 중미관계 또는 중일관계를 힘에 기반한 대결적 구도로 인식하는 등 현실정치의 렌즈를 통해 아시아를 보고 있지만 신안보관을 옹호하는 학자들은 이러한 접근을 거부한다.

한 싱크탱크의 전문가의 견해는 이렇다. "우리는 미국뿐만 아니라 우리를 둘러싸고 있는 미국의 동맹국들에 대해서 별로 걱정하지 않습니다. 그 어떤 나라도 중국을 봉쇄할 수는 없습니다. 해법은 결국 우리 자신에게 달려 있습니다. 만약 우리가 평화적으로 행동한다면 아무도 우리를 봉쇄하지 못할 것입니다. 중국에게 최대의 위협은 오히려 내부적 위기와 연관되어 있습니다."

중국 외교부의 아주국은 장윈링(張蘊嶺) 교수에게 새로운 패러다임에 관한 연구 프로젝트를 위탁했다. 장윈링은 중국사회과학원 아태연구소 소장으로 아주 활동적인 학자이다. 그는 유럽연구소에서 9년간 일한 적이 있는데, 유럽공동체 설립과 관련한 여러 모델들을 대해 구상하고 연구해 왔다. 그의 보고서는 중국이 자신의 세력이 확대될수록 주변국들이 위협을 느끼게끔 행동하고 있다는 것을 솔직히 인정했다. 중국은 주변국들에게 자신들이 기존 국제질서의 규범들을 지킬 것이라는 것을 보여줄 필요가 있었다. 다자주의 활동에 적극 참여함으로써, 중국 스스로 도전세력이 아니라 현상유지를 지지하는 세력이라는 것을 보여줄 수 있었다.

다자주의와 아시아에서의 미국의 역할

중국의 다자주의적 활동 배후에 깔려 있는 전략적 함의는, 양자간 동맹관계를 통해 아태지역과 세계를 지배하려는 패권국 미국을 상당히 껄끄럽게 만든다는 점이었다. 한 국제정치 전문가는 "중국이 동아시아에 통합될수록 미국과의 협상과정에서 더 유리한 지위를 점하게 된다"고 평했다. 우호적인 주변국들에 둘러싸여 있음으로써 중국은 미국의 압력에 대한 완충지대를 얻게 된다. 게다가, 아시아에 다자적 안보공동체를 만들어 가겠다는 중국의 비전은, 미국을 중심으로 일본, 한국, 호주, 태국 등이 개별적으로 미국과 연결되는 '중심축과 바퀴살(Hub-and-Spokes)' 식의 체제와 경쟁하게 될 것이다.

주룽지 총리는 2002년 보아오 포럼에서 아시아 지역에 싹트고 있는 여러 다자간 기구에 대한 중국의 입장을 묻는 질문에 다음과 같이 대답했다. "지역 조직들은 철도나 배, 또는 비행기 같은 것이다. 서로 간에 경쟁할 수 있다. 좋아하지 않는 것을 억지로 참여하게 할 수는 없다."

아시아 국가들이 만약 지역안보 공동체가 자신들의 안보 요구를 미국과의 동맹보다 더 잘 처리해 줄 수 있다고 믿는다면, 미국 주도의 체제는 시간이 갈수록 쇠퇴하게 될 것이다. 그리고 미국은 다자주의적 흐름에 동참하게 될 것이다. 그게 아니라면 미국은 해당 지역에서 소외되고 말 것이다. 그러나 중국은 미국 패권에 정면으로 맞설 생각을 갖고 있지는 않다. 중국은 자신의 목표에 대해 공식적으로 '다극성(multipolarity)'이라는 말을 완곡하게 내세우고 있다. 즉, 미국과 중국 등의 주요 세력들 간에 힘을 간극을 좁히는 것이다. (물론 이 주요세력에 일본은 포함시키지 않는다.)

중국의 일부 학계 전문가들과 대부분의 군사 전문가들은 일본과 한국의 군사기지를 포함한 아시아 지역에서 미군을 내보낼 것을 지지한다. 왜냐하면 미군이 중국을 봉쇄하고 대만을 중국 본토로부터 분리된 상태로 유지시키려 한다고 생각하기 때문이다. 반면에 그 외의 많은 전문가들이 대만 문제와는 별도로 미군의 주둔이 한반도를 안정시키고 일본이 자주적 군사 강국으로 부활하는 것을 방지하고 있다는 것을 인정한다. 중국 정부는 미국을 아시아 지역 밖으로 내보내기 위해 아시아 방식의 먼로주의(Monroe Doctrine)를 채택한 적이 없다. 아태연구소의 장윈링 소장은 필자에게 다음과 같이 말한 적이 있다. "중국을 포함한 모든 아시아 국가들은 미국을 지역에 참여시키는 방안을 찾고 싶어합니다. 특히 안보 분야에서 그렇습니다. 이것은 미국과 유럽 간의 관계와 똑같습니다."

중국의 미 해군이 싱가포르나 태국의 시설을 이용하지 못하게 하려고 그 나라들에 압력을 가하지 않았고, 미군 주둔을 반대하는 한국과 일본의 국내 단체들을 지원하지도 않았다. 그럼에도 불구하고, 중국 정부의 궁극적인 목표가 결국 미국을 아시아에서 몰아내는 것이 아닌가 하는 모호한 신호를 느끼게 된다. 2001년 한 사적인 자리에서 당시 외교부장인 탕자쉬안(唐家璇)은 미 국무장관인 콜린 파월에게 중국은 미국을 동아시아에서 몰아낼 생각이 없다고 얘기했다. 2003년 필자도 참석했던 한 국제회의에서 외교부 부부장인 왕이(王毅)는 "중국은 미국이 아시아 지역에서 적극적이고 건설적인 역할을 하기를 바란다"고 공개적으로 선언했다. (왕이의 참모들은 이 발언이 가진 민감성을 인식하고 원래는 그의 연설 내용을 비공개로 할 것을 조언했다고 한다. 그러나 왕이는 그의 연설이 《환구시보》에 실리도록 개인적으로 허용했다.) 주일대사 직을 맡고 있는 왕이는 최근에 "중국은 미국이 아시아 지역에서 전통적인 영향력을 갖고 있고, 현실적인 이해관계를 갖고 있다는 객관적인 사실을 존중한다"고 재차 확인하는 발언을 했다.

그러나 중국은 상하이협력기구(SCO)에 옵저버로 참석하고 싶다는 미국의 요청을 거절했다. 오히려 미국이 아닌 러시아가 2005년 동아시아 정상회담에 옵저버 신분으로 참석하도록 요청되었다. 그리고 중국은 러시아와 함께 거행한 대규모 연합군사훈련을 관람하도록 미국을 초청하지 않았다. 이 훈련은 표면적으로는 대테러 임무를 목적으로 한 것이지만, 훈련내용에는 대만의 비상사태와 연결된 육해군 공동상륙작전 및 기타 활동들이 포함되어 있었다.

중국의 말과 행동이 일치하지 않을 때마다, 중국의 진정한 의도는 미국에 적대적인 것이라는 의심은 더욱 커진다. 2005년 국무부 부장관 졸릭은 한 연설에서 "미국은 아시아 지역에서 중국의 이해관계를 존중한다. 그리고 다자주의 외교의 유용성도 인정한다. 하지만 중국이 지배적 권력을 얻기 위해 책략을 부린다면 미국의 우려는 더욱 커질 것이다"라고 말했다. 중국은 위협적이지 않은 방법으로 자신의 영향력을 강화하기 위해 다자주의를 촉진하고 있다. 중국은 지난 세기에 자신과 마찬가지로 부상 세력이었던 미국으로부터 교훈을 얻으려고 한다. 제2차 세계대전 후, 미국의 지도자들은 유엔과 같은 국제 레짐을 설립함으로써 스스로 자신의 손발을 묶는 길을 선택했다. 그들의 선견지명은 딱 들어맞았다. 즉, 미국이 국제기구들의 규칙을 준수한다면 다른 나라들이 미국의 힘이 세지는 것에 대해 불편해 하지 않을 것이라는 논리였다.

중국도 지금 미국과 아주 비슷한 접근을 함으로써 아시아 지역에서 부상하고 있는 자신의 힘에 대한 적대적 반응을 누그러뜨리려 하고 있다. 비록 중국이 참여한 조직들이 그렇게 전면적으로 중국을 구속하고 있지는 않지만 말이다.

경제 외교

경제력이 성장하면서 중국의 외교관계에는 기회뿐만 아니라 문제도 많이 늘어나고 있다. 20년 넘게 10% 이상의 경제성장률을 유지하는 경이적인 기록을 세우면서, 중국은 다른 나라들을 불안하게 만든다. 중국이 해외직접투자를 대량으로 흡수해 버리면 다른 나라들에게 무엇이 돌아가겠는가? 세계 수출시장 점유율이 1990년의 1.9%에서 2000년의 4%, 2005년에는 거의 6%에 달하는 나라가 있다면, 다른 나라들은 점점 시장에서 밀려나지 않겠는가? 석유, 천연가스, 철광석, 석탄, 대두 등과 기타 원자재의 가격은 중국 산업의 거침없는 식욕에 의해 계속 상승하고 있고, 풍부한 지하자원을 가진 빈국들에게는 큰 이익을 가져다 줬다. 그러나 선진국들로서는, 원자재 가격의 상승으로 인한 인플레이션 효과가 결국 중국으로부터 염가의 상품을 수입함으로써 생겨날 수 있는 인플레이션 방지 효과를 초과할 것이고, 이로 인해 선진국의 경제성장은 둔화될 가능성이 높아지고 있다.

중국이 세계 곳곳에서 비즈니스를 벌이는 전지구적 경제 강국이 되면서, 중국은 미국의 이익에 순응할까, 아니면 미국의 이익과 충돌할까? 긍정적인 측면에서는, 중국의 거대한 시장과 역동적인 경제성장이 다른 나라들에게 많은 혜택을 가져다 줄 것이다. 무역 관계는 경제논리에 의해 움직인다. 중국은 국제 비즈니스계 인사들에게 자석 같은 매력으로 상당한 호응을 얻고 있다.

《환구시보》의 기사 중에 중국 외교정책 결정자들에게 '경제 카드를 잘 사용하라'고 조언하는 글이 실린 적이 있다. 군사 카드 혹은 정치 카드와 달리, 경제 카드는 모든 사람들이 사용하기 좋아하는 카드라고 강조했다. 중국의 황제들(또는 미국의 대통령들)은 방대하고 활력있는 경제가 외국 사절들을 끌어들인다는 것을 오래 전부터 잘 알고 있었다. 외국 사절들은 무역과 투자의 기회를 쟁취하기 위해서라면 기꺼이 고개를 숙이고 몸을 낮췄다.

전세계의 정부와 비즈니스 리더들이 사업의 기회를 노리며 중국 정부의 승인을 얻고 상업적 혜택을 얻기 위해 앞을 다퉈 베이징으로 모여든다. 중국 정부는 항공기 구매, 외국 보험회사의 영업허가, 대규모 투자 프로그램 승인 등의 혜택을 부여함으로써 미국을 포함한 주요 국가들의 환심을 사려고 노력한다.

자유무역협정(FTA)의 외교

중국의 지역관계 개선을 위하여 지금까지 일어난 가장 좋은 사건은 세계무역기구(WTO)에 가입한 일이다. 세계무역기구의 회원국이 되었다는 것은 중국이 규범의 구속을 받는 국가 그룹에 들어가게 되었음을 의미할 뿐만 아니라, 중국이 다른 어떤 개발도상국들보다 외국 상품에 대해 자국 시장을 더 활짝 개방해야 함을 의미했다. 중국은 2005년까지 평균 수입관세를 10%까지 내리기로 약속했다.

현재 중국의 평균관세는 선진국들보다 약간 높은 수준이며, 대부분의 개발도상국들보다는 훨씬 낮은 편이다. 아시아 금융위기 당시 중국을 방문하면서 클린턴 대통령은 중국이 위안화를 평가절하하지 않은 것에 대해 주룽지 총리에게 찬사를 표했다. 한편, 중국이 아시아 지역경제의 성장엔진으로서 역할을 하기 위해 수입시장을 더 개방해야 한다고 조언했다.

중국이 세계무역기구에 가입하고 국내시장의 장벽을 낮춘 이래로, 중국은 약속을 잘 이행해 왔다. 2000년부터 2004년의 기간 동안, 중국의 수입은 149%까지 증가(2,510억 달러에서 6,240억 달러로 증가)했다. 그 증가속도가 수출보다 훨씬 더 빨랐다. (2,800억 달러에서 6,290억 달러로 128% 증가함)

미국과 유럽을 주요 수출대상국으로 삼았던 아시아 지역의 수출국들은 중국에 대한 수출을 늘렸다. 중국은 현재 한국, 베트남, 일본에게 최대 교역상대국이다. 중국의 급증하는 수입과 경제외교 덕분에, 아시아 지역은 점점 그 어느 때보다 경제적으로 상호의존적인 관계가 되었다. 아시아개발은행(ADB)의 집계에 의하면, 아시아 지역 내의 교역량은 전세계 교역량과 비교해서 두 배 가까이 성장했고 전세계 교역량의 반 이상을 차지하고 있다. 아시아개발은행의 수석 이코노미스트인 이프잘 알리(Ifzal Ali)는, 중국의 급속한 경제성장이 지역내 교역량 증대의 주요 동력이라고 평가했고, "동아시아와 동남아의 경제가 중국의 수입 증가로 인해 큰 혜택을 입는다"고 강조했다.

관세인하라는 쓰디쓴 약을 이미 집어 삼킨 중국은 주변국가들과 양자간 자유무역협정을 추구하기에 이미 유리한 위치를 점하고 있다. 세계무역기구에 가입하기 위해 이미 약속한 시장개방을 승낙함으로써 중국은 많은 점수를 딸 수 있었다.

한 중국 외교관은 자유무역협정에 담겨 있는 정치논리에 대해 다음과 같이 설명한다. "모든 나라들이 중국과 자유무역협정을 체결하면 중국의 거대시장 때문에 큰 이익을 얻을 것이라고 생각하는 것 같습니다."

WTO 가입 후에 자유무역협정을 통해 주변국들과의 관계를 개선하겠다는 대담한 구상은 중국 외교부의 아주국 내에 전략적 사고를 할 줄 아는 외교관들로부터 나온 것이다. 원래 중국 외교부는 한국 및 일본과의 관계를 개선하는 것이 정치적으로 중요하기 때문에 이 양국과 FTA를 체결하려 했다. 그러나 중국의 경제학자들은, 한국과 일본이 장기적으로 농산물 시장을 개방하지 않고 쌀과 기타 상품을 수입하지 않는다면, 한국과 FTA를 체결할 경우 손실이 크지 않지만, 일본과 체결할 경우에는 손실이 상당할 것으로 결론을 내렸다.

그러나 중국 측은 한국과 일본에는 농민단체의 힘이 막강하기 때문에 농산물 시장 등을 개방하는 것이 거의 불가능할 것이라고 판단하고 있다. 중국 내부적으로도 한국이나 일본과 같은 거대 교역상대국과 무역협정을 체결할 경우 너무 많은 부문에 걸쳐 영향을 미치기 때문에 관료적 합의를 이끌어내는 것이 매우 어려울 것이다. 그래서 자유무역협정 같은 특별한 교역관계를 맺을 가장 적절한 대상으로 중국의 세력범위에 있는 동남아 국가들이 낙점되었다. 동남아 국가들은 중국이 WTO에 가입한 후 해외투자와 수출시장을 잃을까 봐 줄곧 노심초사해 왔으며, 자국 시장에 싼 중국 상품들이 밀고 들어옴으로써 생길 영향에 대해 우려하고 있었다. 2000년까지 중국과 아세안 간의 교역은 중국 전체 교역량의 8% 정도였고, 아세안 전체 교역량의 5%에 불과했다. 따라서 국내 생산자들은 양국 상호간 관세보호를 해제하는 것에 대해 그리 큰 이의를 제기하지 않았다. 동남아의 고품질 고무로 인해 시장점유율을 잃을 수 있는 중국의 고무 생산자들조차 협정을 막으려고 하지 않았다.

2000년 11월, 중국과 아세안 국가들 간의 회의가 싱가포르에서 개최되었는데, 주룽지 총리는 내부적으로 결정이 내려지기 전에 동남아 국가들과의 FTA를 즉흥적으로 제안했다. 그 자신의 참모들조차 예상하지 못했던 일이었다. 중국의 한 동남아 전문가는 그 때의 정황을 이렇게 설명해 줬다. “동남아 국가들은 이구동성으로 중국의 WTO 가입이 자신들에게 얼마나 타격을 줄 것인가에 대해 성토하고 있었습니다. 주 총리는 이에 대해 어떻게 회답할 것인가를 혼자서 고민했을 것입니다. 결국, 별다른 준비 없이 ‘장기적인 차원의 무역협정의 가능성에 대해 함께 논의해 보자’라고 말하게 된 것입니다.”

중국의 급증하는 수입과 자유무역 외교는 일본을 멀리 따돌리고 있다. 아시아 경제의 중심이라는 전통적 지위로 되돌아온 중국은 종전의 ‘플라잉 기스(flying geese)’라는 계층적 형태를 와해시켜 버렸다. 즉, 일본을 선두로 하고 한국과 대만이 그 뒤를 따르며 중국과 동남아 국가들은 맨 뒤에 쳐져 있는 날아가는 ‘기러기 떼’ 대형이 흐트러진 것이다.

아세안 국가 외에, 중국은 칠레, 홍콩, 호주, 뉴질랜드 및 방콕 그룹(방글라데시, 인디아, 라오스, 한국, 스리랑카)과도 최혜국 무역상대국 지위를 보장해 주는 협정을 체결했거나 협상을 진행하고 있다. 중국 외교부는 한국 및 일본과의 자유무역협정을 계속해서 추진하고 있다. 한 경제학자는 "한국 및 일본과의 자유무역협정을 제안하는 것이 정치적 명망을 얻는 데는 도움이 되겠지만, 중국이 꼭 그렇게 할 필요는 없다"고 주장했다.

중국의 자유무역 외교는 이미 일본에게 상당한 압력으로 작용하고 있다. 일본 정부로 하여금 국내적으로 강력한 세력을 가진 농업분야 압력단체들의 영향력 행사를 저지할 수 밖에 없도록 만들고 있다. 그래야만 일본이 그나마 중국과 경쟁할 수 있는 것이다.

전세계로 뻗어나가는 중국

중국은 석유, 천연가스, 철광석, 구리 등과 같은 원료의 공급을 확보하기 위해 아주 적극적으로 나서고 있다. 자신들이 이뤄온 숨막힐 듯 빠른 경제성장을 유지하기 위해서이다. 수출시장 다각화(현재는 중국의 수출시장이 미국, 유럽, 일본 등에 집중되어 있음)를 바라고 있는 중국 기업인들은 아프리카, 남미, 중동 등지에 있는 고객들을 찾아 나섰다. 중국의 기업가들은 원자재를 가까이서 공급하기 위해 이 새로운 지역들을 다니며 공장 설립을 검토하고 있다. 중국 외교관들은 바로 뒤따라 다니며 우호협정, 대외원조, 기초 건설사업 등을 추진한다. 그렇게 함으로써 이들 나라에서 에너지 협약과 상품시장 개방을 승인해 줄 권한을 쥐고 있는 관료부문 핵심인사들의 환심을 산다. 앞으로는 무기 수출에도 손을 댈 것 같다. 중국 군산복합체가 해외수출을 확대하기 위해 시장개방의 기회를 이용하려고 하기 때문이다.

미국이 등한시해 온 아프리카 대륙은 중국의 표적이 되었다. 석유, 철광석, 동, 황금 등의 지하자원이 풍부하게 매장되어 있는 기회의 땅이기 때문이다. 아프리카에 대한 중국의 투자는 1991년 150만 달러에서 2005년

12억 달러로 증가했지만, 아프리카 대륙 전체의 해외투자와 비교했을 때 아직은 미미한 수준이다. 중국은 아프리카 대륙의 3대 교역상대국이 되었다. 전체교역량이 2001년부터 2005년 사이의 기간 동안 네 배로 증가하여 400억 달러에 이르게 되었다. 2006년 중국은 수입 석유의 30%를 아프리카에서 들여왔다. 교통망도 증가했다. 나이로비 공항에서 광저우까지 직항이 생겼다. 아프리카와의 상업적 유대를 확장하기 위해 중국 정부는 아프리카에 최고 수준의 관심과 배려를 베풀고 있다. 2006년 한 해 동안 후진타오 주석과 원자바오 총리, 그리고 탕자쉬안 외교부장이 잇따라 아프리카 15개국을 방문했다.

필자가 베이징에 머무르고 있던 2006년 11월, 마침 중국정부는 아프리카 48개국의 국가원수들을 초청했다. 세간의 이목을 집중시킨 중국-아프리카 정상회담(수천 명의 대표단이 한 자리에 모인 거대한 회합이었음)을 개최하기 위함이었다. 이 정상회담은 중국이 '아프리카의 해'라고 명명한 그 해의 대미를 장식했다. 베이징 당국은 이 성대한 행사를 올림픽의 전주곡으로 간주했다. 도시 곳곳이 붉은색 등(燈籠)과 포스터로 치장되어 있었고, 특별 교통통제조치로 도시 공기가 이례적으로 상쾌했다. 중국의 텔레비전과 각종 매체들은 이 행사를 중국이 전세계 리더로 데뷔하는 무대인 것으로 보도하느라 요란법석이었다.

한편 서구의 뉴스 매체들은 중국이 무조건적 원조와 기타 여러 가지 혜택을 제공함으로써, 재정적 인센티브의 제공을 인권상황 개선이나 환경보호와 연결시키려는 미국 및 서구 국가들의 노력을 수포로 돌아가게 하고 있다고 강조했다. 이는 세계은행 총재인 폴 울포비츠가 제기한 비판이기도 하다. 가장 논란이 되었던 쟁점은 석유 공급과 관련하여 중국의 큰 이해관계가 걸려있는 수단(Sudan)에서 정부의 지지 아래 친정부파 민병대가 민간인을 학살하는 문제였다. 미국과 동맹국들은 살육을 막기 위해 수단 정부에 더 강한 압력을 가하고자 했고, 중국은 중간에서 훼방을 놓았다.

중국-아프리카 정상회담이 개최되기 직전, 필자는 아프리카 정책을 책임지고 있는 중국 외교부 관리를 접견했다. 그는 중국이 막후에서 유엔평화유지군을 받아들이는 문제와 관련하여 수단 정부에 "보다 실용적인 태도를 취하라"고 설득하고 있음을 강조했다. 외교부 부장조리(차관보에 해당)인 자이쥔(翟雋)은 한 신문과의 인터뷰에서 "우리는 문제해결을 위해 수단 정부와의 우호관계와 협력관계를 최대한 이용하고 있다"고 말했다. 그는 또한 "하지만 우리가 매번 우리의 노력을 대대적으로 알릴 필요는 없지 않겠습니까"라고 덧붙였다.

중국 텔레비전들은 정상회담 기간에 후진타오 주석이 "다르푸르 사태는 위험한 단계에 있지는 않다"고 언급한 것과 오마르 알바쉬르(Omar al-Bashir) 수단 대통령과의 회견에서 "모든 당사자들과 두루두루 대화하라"고 조언한 것을 보도했다. 정상회담이 끝난 지 일주일이 못 되어 유엔 관리들은 다르푸르에 평화유지군을 파견하기로 수단 정부와 합의를 보았다고 발표했다. 그리고 평화유지군을 받아들이도록 수단 정부를 설득한 것에 대해 주유엔 중국대사인 왕광야(王光亞)에게 그 공을 돌렸다. 아프리카 관리들은 대다수가 비민주적 정부 출신이기 때문에, 자신들에게 위압적으로 보이는 서구의 태도보다 중국의 무비판적인 우정에 더 호감을 갖는다. 한 미군 장성은 아프리카에서의 중국의 역할에 관해 의회에서 증언을 하는 과정 중에 아프리카의 지도자에게 직접 들은 얘기를 해 주었다. "우리는 미국을 사랑합니다. 미국은 누구보다도 먼저 우리에게 무엇이 필요한지 정확히 알려 주기 때문이죠. 그러면 그 다음에 중국이 와서 우리에게 필요한 그것을 줍니다."

남아프리카 출신의 한 기업인은 중국이 '선생, 정복자, 또는 수호자'인 것처럼 행동하지 않는 최초의 외국 열강이라고 말했다.

그러나 과거 식민지 점령자들의 처지와 마찬가지로, 아프리카의 일부 지역에서는 이미 중국에 대한 반발이 생겨나고 있다. 시작은 잠비아에서 비롯되었다. 지난 10년간 잠비아의 수도인 루사카에서는 중국인 이주자가 10배 이상 증가하면서 그 인구가 3만 여명을 기록하게 되었다. 잠비아의 야당 대통령 후보는 중국이 빈국들을 착취하고 있다고 비난했다. 뒤이어 폭도들과 강도들이 중국 상점을 공격했고, 그 야당 후보는 예상보다 더 많은 득표율을 기록했다.

중국은 하룻밤 사이에 지역강국에서 세계적 강국으로 도약했다. 중국의 발자취가 세계 곳곳에 미치면서 "중국이 세계를 장악해 가고 있다"는 미국 등 여러 나라의 불안감도 함께 커져가고 있다. 이러한 불안감은 사실 경제분야에서 일어나고 있는 새로운 버전의 '냉전적 사고'라고도 할 수 있겠다. 과거 소련이 개발도상국들과 교류할 때마다 서구인들을 전전긍긍하게 만들었던 것과 유사한 모습을 보인다.

아프리카, 남미, 중동 지역에 중국이 발을 들여놓음에 따라 일어나고 있는 정치적 반발은 중국 정책결정자들에게는 큰 딜레마다. 자원을 구하지 못하면 중국은 생존할 수 없다. 그렇다고 자원을 확보하기 위해 책임있는 대국으로서의 명성이 훼손되면 '평화적인 부상(和平崛起)'이라는 기치도 덩달아 타격을 입게 된다. 사실 중국이 전세계로 뻗어나가는 움직임의 배후에는 지정학적인 동기보다 경제적이고 상업적인 동기가 우선되었다. 미국 국방대학의 필립 손더스(Phillip Saunders) 교수는 다음과 같이 분석했다. "경제적 투입과 수출 시장 접근에 대한 필요가 증가하면서 중국에는 전략적 사고와는 무관한 새로운 논리와 지리적 관심이 생겨나고 있다."

중국 자체의 에너지 공급이 경제성장의 속도에 보조를 맞추지 못함에 따라 중국은 1993년부터 '순 석유수입국'이 되었다. 중국 사회의 급증하는 자동차 수요와 산업의 성장 덕분에, 중국은 이미 세계에서 두번째로 큰 석유 소비국이 되었고, 세번째로 큰 석유 수입국이 되었다. 중국이 공업용도로는 자체적으로 생산한 석탄에 주로 의존하고 있음에도 불구하고 말이다.

에너지 안보

지난 몇 년간 중국 지도자들은 세계시장에서 석유와 가스를 구매하는 것만으로는 안전하지 않다는 결론을 내리게 되었다. 한 고위 경제관리는 다음과 같이 말했다. "중국의 에너지 사용이 훨씬 더 비효율적이기 때문에 석유가격이 상승하게 되면 미국보다 중국이 더 큰 타격을 입게 됩니다." 중국 정부는 중산층 자가용 소유자들의 반발과 인플레이션을 유발할 위험을 두려워한다. 그래서 에너지 가격을 높여 소비자들에게 부담을 주는 것을 주저한다. 이러한 연유로 상당한 재정적 부담을 정부 스스로 감당하고 있는 실정이다. 중국 정부는 산유국들의 정치 불안이 석유 공급 부족이나 중단으로 이어지는 것을 우려한다. 그렇게 되면 중국의 경제성장을 위태롭게 할 수 있고 실업률을 높이고 체제 위기로까지 연결될 수 있기 때문이다. 세계 에너지 시장이 잘 작동하고 석유공급 부족 현상이 드물게 일어났음에도 불구하고 2005년에 중국의 남부지역은 석유공급 사정에 어려움을 겪었다.

중국은 석유 소비량의 60%를 정치적으로 불안정한 중동지역에 의존하고 있다. (2010년에는 그 의존도가 80%까지 상승할 것으로 예상된다) 한편, 러시아는 석유와 가스를 가지고 구매자들에게 종종 권모술수를 부리곤 한다. 중국은 러시아가 시베리아 동부에서 중국 동북지역까지 송유관을 설치하는 데 합의했다고 생각했다. 그러나 러시아는 이 약속을 이행하지 않았다. 반대로 송유관을 일본과 마주하는 태평양 연안지역으로 연결시키려고 하고 있다. 게다가 중국의 관점에서 보면, 세계 에너지 시장은 서구의 석유회사들이 독점하다시피 하고 있다. 또한 중국의 수입석유가 반드시 경유해야 하는 국제수역의 핵심항로는 미 해군에 의해 통제되고 있다. 그러나 중국 지도자들이 정말 우려하는 것은, 대만 해협이나 기타 지역에서 위기 상황이 발생할 경우 미국과 유럽의 동맹국들이 중국의 석유공급을 봉쇄할 수 있다는 것이다. 이런 이유 때문에 중국 지도자들은 에너지 공급을 확보하는 대책으로 산유국에서 지분을 매입하거나 장기 공급 계약을 체결하려고 하는 것이다. 그렇게라도 석유와 가스의 직접적인 통제를 해야 한다고 생각하는 것이다.

경제학자들은 세계시장에서 석유를 매입하지 않고 다른 국가의 유전을 소유하는 것은 비합리적인 행위라고 말한다. 그러나 '에너지 안보'라는 원형적 개념을 받아들이는 곳은 중국만이 아니다. 1970년대에 일본도 막대한 돈을 들여 세계 각지의 에너지 자산에 투자했다. (그리고 유가가 갑자기 폭락하면서 엄청난 손실을 입었다) 미국 의회의 의원들과 매체들 중에는 중국이 캐나다와 베네주엘라 같은 나라에서 에너지 관련 자산을 매입하는 것에 대해 맹비난을 퍼붓곤 한다. 이 나라들이 미국에게는 전통적으로 안전한 에너지 공급원이기 때문이다. 중국의 한 에너지 전문가는 서방의 기자에게 다음과 같이 얘기했다. "일반인들은 석유가 일종의 상품에 불과하다고 생각합니다. 돈만 있으면 살 수 있다고 생각하죠. 그러나 이러한 생각은 석유공급을 이미 통제하고 있는 나라들에서나 성행하는 것입니다."

미국의 의도에 대해 불신감을 갖고 있기 때문에 중국인들은 에너지 자원을 둘러싸고 벌어지는 경쟁을 정치적 경쟁의식에 의해 야기되는 '빅게임'으로 생각하게 되었다. 중국의 해양석유총공사(CNOOC)가 미국의 석유기업인 유노칼(UNOCAL)을 인수하려고 했을 때, 미국에서 격렬히 반대하는 것을 보고 중국인들은 확실히 느끼게 되었다. 한 중국 학생은 "전략에너지와 연관된 곳에서 자유시장이라는 것은 존재하지 않는 것 같다"고 말했다. 그리고 심상치 않은 말투로 단언했다. "일본이 제2차 세계대전을 일으킨 것은, 그들이 중국과 기타 지역에서의 에너지 공급이 봉쇄된 것에 공황을 느꼈기 때문입니다. 만약 다른 나라들이 중국의 에너지 공급을 저지하려고 한다면 매우 위험한 상황에 이르게 될 수 있습니다."

2002년부터 후진타오 지도부는 3대 국영 석유회사와 기타 국영기업들에게 밖으로 나가 해외에 투자하라고 부추겼다. 또한 2005년 원자바오 총리의 주관 하에 정부 부처간 고위급 협의기구인 '에너지 영도소조(能源領

導小組)'를 설립했다. 같은 해 6월, 당 정치국은 에너지 안보에 대한 특별 회의를 개최했다. 연이어 10월에는 중앙위원회가 중요 문건을 채택했는데 중요한 국제적 추세로 등장한 글로벌 자원경쟁에 대해 주의를 환기시키는 내용이었다.

중국은 아프리카(수단, 나이지리아, 가봉, 앙골라), 남미(브라질, 에콰도르, 베네주엘라), 러시아, 중앙아시아(카자흐스탄), 아시아(인도네시아, 미얀마), 그리고 호주 등지에서 자산 매입 또는 장기계약 협정을 논의하고 있거나 이미 체결한 상태이다. 후진타오, 원자바오, 그리고 중국 지도자들의 여행 일정을 살펴보면, 그들이 얼마나 에너지와 원자재 확보에 압도적인 관심을 기울이고 있는지 알 수 있다. 후진타오가 2006년 백악관을 방문하고 나서 바로 그 다음에 달려간 곳이 사우디아라비아였다는 것은 잘 알려진 일이다. 사우디아라비아에서 중국과 사우디 양국 간에 진행된 협상 의제 중에는, 석유 공급이 갑자기 중단될 경우에 대비하여 전략적 석유 공급의 방편으로 사우디가 푸젠성에 정유 공장을 투자 및 설립하는 안건과 중국에 사우디의 석유를 일부 저장하는 안건이 포함되어 있었다.

국제 에너지 시장의 후발주자인 중국은 안정되고 평판이 좋은 나라들의 질 좋은 석유와 가스 자원의 대부분을 손에 넣을 수 없다는 것을 알게 되었다. 왜냐하면 석유 생산국의 국영기업이나 서구의 석유회사들이 이미 그것들을 독차지하고 있기 때문이다. 그래서 중국은 미국 정부의 제재조치로 미국 회사들의 접근할 수 없는 수단이나 이란 같은 나라들로 눈을 돌릴 수 밖에 없었다. 미국인들은 중국이 아프리카, 남미, 중앙아시아의 산유국에 있는 반미 성향의 독재자들과 점점 좋은 관계를 맺어가는 것을 못마땅한 눈으로 바라보고 있다. 중국 관리들은 '선량한' 국가들의 자원을 이미 다른 나라들이 독점하고 있기 때문에 중국은 달리 갈 곳이 없는 것이라고 항변한다. 그러나 기타 국가들은 불가피하게 중국과 서구 국가들 사이의 경쟁을 이용할 수 밖에 없다. 냉전 시기 소련과 미국의 대결 상황 속에서 그랬던 것처럼 주변국들은 강력한 동맹국을 자기 편으로 만들고 싶어 한다.

이란의 핵개발 프로그램을 포기시키고 수단의 인종대학살을 중단시키기 위한 미국과 유럽의 경제적 압력은 계획과 달리 틀어져 버렸다. 중국이 이들 나라들과 우호관계를 유지하고 있기 때문이다. 국제적으로 책임있는 대국이라는 인정을 받고 싶어함에도 불구하고 에너지 안보에 대한 열망때문에 중국은 스스로를 잘못된 방향으로 몰아가고 있다.

중국의 책임있는 면모

주변국들에 호의를 베풀고, 다자간 기구에 협력하며, 시장의 힘을 이용해 우방을 포섭함으로써, 중국은 아시아 주변국들과 세계 각국에 스스로 평화적이고 시혜적 성격을 지닌 나라임을 알리는 데 꽤 성공한 것처럼 보인다. 부시 행정부는 공개적으로 다음과 같이 확인했다. "현재의 중국은 과거 1940년대 말의 소련과는 다르다. 가장 중요한 차이는 중국이 스스로의 미래에 대해 국제체제의 기본질서를 뒤집는 데 달려 있다고 생각하지 않는다는 데 있다.

중국은 호의적인 태도를 취함으로써 경제성장에 타격을 줄 수 있고 공산당 통치에 위협을 줄 수 있는 나라들과의 충돌을 피하려고 한다. 중국학자 진찬룽(金燦榮)은 한 신문과의 인터뷰에서, 미국이 남북전쟁과 제1차 세계대전 사이에 취했던 고립주의 정책과 현재 중국이 내부 발전에 중점을 두고 있는 정책 사이에는 상당한 유사점이 발견된다고 얘기했다. 진찬룽(金燦榮)은 현재의 중국이 그 시기의 미국과 마찬가지로, 급속한 산업화와 농촌에서 도시로의 거대한 인구이동에 의해 생겨난 사회변화, 그리고 점점 확대되는 빈부격차와 기대수준 상승으로 인해 생겨난 엄청난 사회문제들에 직면해 있다고 분석했다. 손대기 어려운 내부적 도전 때문에, 중국은 국민들을 빈곤에서 구해내고, 사회적 긴장관계를 완화하며, 공산당의 독점적 권력을 유지하기 위한 충분한 자금의 흐름을 지켜내기 위해 국제적 안정과 충분한 시간을 필요로 한다는 것이다. 그러나 수억 명에 달하는 노동력과 에너지 및 원자재에 대한 막대한 수요를 갖고 있고 폭발적으로 성장하는 거대한 경제체가 30년 간의 격리 기간을 끝내고 세계경제에 통합되면서, 세계의 거의 모든 나라들에 고통스러운 파급효과를 가져다 주었다.

중국 지도자들의 입장에서는, 중국이 서구의 국가들이 수십년간 사용해온 일반적 관례에 따라 자국 경제를 발전시키려고 노력하고 있는 것이기 때문에 자신들은 떳떳하다고 생각할 것이다. 싱가포르의 리콴유는 중국의 접근법을 옹호하며 이렇게 말했다. "중국인들은 계속 무역을 할 것이다. 그들은 '여긴 내 세력범위니까 너는 꺼져라'라고 요구하지 않을 것이다. 그들은 권력을 쥐기 위해 군사 분야의 경쟁을 추구하지도 않을 것이다. 그러나 경제 분야의 경쟁은 포기하지 않을 것이다."

그러나 문제는 오늘날과 같은 세계화 시대에 경제 분야의 경쟁은 권력을 추구하는 지정학적 경쟁으로 쉽사리 오인될 수 있다. 게다가 중국 정치의 취약성과 불투명성 때문에 중국 지도자들이 계속해서 권력을 장악할 수 있을지에 대한 의구심은 여전히 남아있다. 대중들이 특별히 관심을 기울이고 있는 국제적 이슈들, 특히 일본, 대만, 미국 등과 연루된 문제들에 대한 중국 정부의 접근법은 다른 외교정책들만큼 온건하지 못하고 신뢰할 만하지도 않다.

특히 정서적으로 휘발성이 강한 이슈들에 있어서 대중들의 정서는 강경하고, 타협을 용납하지도 않는다. 인터넷 채팅룸에 올라온 글 중에 이런 것이 있었다. "중국은 강경하게 행동해야 한다. 우호적으로 행동하기만 해서는 안 된다. 책임있는 대국이 되기 위해 한 손에는 장미를, 다른 한 손에는 총을 들어야 한다. 복수하고 저항할 수 있어야 한다."

중국 외교 분야의 원로인 첸치천(錢其琛)은 모교인 베이징대에서의 연설 중에 한 학생으로부터 질문을 받았다. 현재 중국 외교에 있어서 '주요 모순(마오쩌둥 시대의 화법)'이 무엇이냐는 질문이었다. 첸치천은 이렇게 대답했다. "건설적 외교정책과 대중 여론 사이에 일어나는 모순일세."

06

일본

“중국인들이 화를 내면, 항상 큰 문제가 생긴다”

베이징 서북부 외곽에 자리잡아 대학가와 인접해 있는 중관촌(中關村)은 중국의 첨단기술 발전을 한 눈에 볼 수 있는 곳이다. MIT와 인접해 있으면서 하버드와 그리 멀지 않은 메사추세츠의 캠브리지에 위치한 켄달 스퀘어와 비슷하지만, 좀 더 상업화된 곳으로 이곳을 이해하면 될 것 같다. 이곳의 부근에는 약 10만 명이 넘는 학생들이 거주하고 있는데, 중국에서 가장 똑똑하고 우수한 학생들이다. 대학입학시험에서 고득점한 학생들만 베이징의 대학에 입학할 수 있는데, 중관촌 부근에 위치한 베이징대학과 칭화대학은 중국의 하버드이자 MIT라고 할 수 있겠다. 학술적 목적의 실험실에서 시작된 이곳의 첨단기술 회사들은 세련된 고층빌딩 여기저기에 입주해 있다. 대형 마켓과 쇼핑몰에는 컴퓨터, 카메라, 전자제품 주변기기 등을 사려 수많은 소비자들이 몰려든다. 여기저기의 대형 스크린에서는 건물 내부의 제품을 광고한다. 2005년 4월 9일의 어느 토요일, 1만 명 이상의 학생들이 중관촌에서 가장 큰 쇼핑몰로 모여들었다. 그들은 쇼핑을 하러 온 것이 아니라, 시위를 하러 온 것이었다. 일본은 중국을 점령하고 있던 제2차 세계대전 시기에 수많은 잔악행위를 저질렀는데, 일본이 이에 대해 자신들의 잘못을 올바로 시인하지 않는 것에 대해 항의하기 위한 것이었다. 학생들은 중화인민공화국 국기를 흔들며 "궐기하라, 궐기하라"라고 큰 소리로 구호를 외쳐댔고, 1달간 일본제품 불매운동을 펼치자고 촉구했다.

일본 정부는 당시 새 교과서를 승인했는데, 그 교과서는 1937년의 악명 높은 난징대학살에서 시민들을 학살한 사실을 얼버무리고 전시에 일본이 중국을 침략한 것에 대한 책임도 부인하는 내용을 담고 있었다. 게다가 일본의 고이즈미 총리는 14명의 전범을 포함하여 일본의 전몰군인들을 추모하는 야스쿠니 신사를 참배하는 행사를 멈추라는 요구를 묵살하고 있었다. 이 모든 사건은 유엔이 일본 정부의 유엔 안보리 상임이사국 진출 신청을 고려하던 시기에 벌어졌다. 학생들은 상점의 진열대에 전시되어 있는 일본 전자제품들을 상징적인 타깃으로 삼았다.

❙ 사진 ❙ 반일 학생시위대가 베이징의 대학가인 중관춘(中關村)에서 시위를 벌이고 있다. 2005년 4월 9일. (China Photos/ Getty Images)

학생들의 셔츠와 머리띠에는 "일본 제품을 타도하라"는 슬로건이 새겨져 있었다. 시위에 참여한 대부분의 학생들에게는 이번이 생애 최초의 정치적 시위여서인지 흥분으로 가득한 분위기였다. (중국 학생들은 1989년 민주주의를 요구하는 천안문의 시위가 당지도부에 의해 동원된 군대에 강제진압 된 뒤 정치적으로 침묵을 지켜왔다) 쇼핑몰 전체가 항의 인사들로 가득 차자 어린 학생들의 시위는 더욱 과격해졌다. 캐논 카메라 및 일본 전자제품을 홍보하는 전자광고판을 때려 부수고 (일제 휴대폰과 카메라로 서로를 찍어 주면서) 소란 중에 갇혀버린 도요타 자동차들을 발로 차거나 망치로 두들겼다. 또한 일본계 은행과 레스토랑의 유리도 깨뜨려 버렸다. 이 시위를 조직한 것으로 보이는 나이든 반일 운동가들조차 젊은 군중들을 통제할 수 없었다. 학생들은 중관촌에서 몰려나와 1989년 민주화를 외치던 시위대가 걸었던 똑같은 길로 베이징의 시중심을 향해 행진해 갔다. 구경하는 시민들은 길가에 서서 그들을 환호하거나, 일부는 시위 행렬에 합류하기도 했다. 베이징의 공안과 인민무장경찰부대(치안을 담당하는 준군사조직)는 천안문으로 진입하려는 대규모 시위대를 저지했지만 일부 학생들이 외국대사관이 있는 지역으로 진입하는 것은 허락했다. 나머지 행렬은 흩어졌다. 일본 대사관과 대사 관저에 도착한 시위대는 방패와 곤봉을 들고 다섯 겹으로 저지선을 만들어 그곳을 지키고 있는 무장경찰에게 병, 타일, 돌, 계란 등을 던졌다. 인민무장경찰부대는 학생들이 대사관과 관저에 돌을 던지는 것은 내버려 두었지만, 그곳에 진입하는 것은 허용하지 않았다.

한 반일 운동가가 메가폰을 잡고, 이 시위를 통해 새로운 시대의 반일운동이 시작되었음을 선포했다. 경찰 차량에 장착된 확성기에서 계속해서 들려오는 "절제된 모습을 보입시다. 일단 충분히 시위를 했으니 각자 학교로 돌아가기 바랍니다"라는 메시지가 그의 목소리와 경쟁하듯이 울려 퍼졌다. 수십 대의 버스가 학생들을 학교로 데려가기 위해 대기하고 있었다. 여섯 시쯤 되자, 경찰들이 "이제 그만 화를 풉시다. 이 정도면 충분합니다.”라고 다독이며 시위대를 점잖게 해산시켰다.

베이징에서 벌어진 시위는 사실 작은 부분에 불과하다. 거국적인 반일 시위가 이미 한 주 전에 청두(成都)와 선전(深圳) 등지에서 일어났는데, 일본인이 경영하는 슈퍼마켓과 백화점 앞에서 아주 격렬한 시위가 벌어졌다. 공안들은 시위 군중이 상점을 파괴하는 행위는 허용했지만 상점으로의 진입은 막아 섰다. 선전에서 일어난 시위는 4월 10일에 시작되어 17일까지 계속되었다. 보도에 따르면, 17일에는 만 여명의 군중이 거리로 쏟아져 나왔다. 중국 공산당 중앙선전부(中宣部)는 4월 9일 베이징의 시위가 일어나기 직전인 4월 6일부터 언론의 시위관련 보도를 틀어 막았다. 신문, 웹사이트, TV 등에서 시위와 관련한 그 어떤 보도도 허용하지 않았다. 그럼에도 불구하고 시위가 시작된 지 3주째 되던 주말, 시위의 규모가 확대되어 중국 25개 도시를 포함한 중국 전역으로 퍼지면서 상황은 걷잡을 수 없게 되었다. 학생 시위대뿐만 아니라 노동자 및 실업자들이 가세했다. 애국심의 발로에서는 돈 버는 것 외에도 나설 수 있다는 것을 보여주고 싶은 욕망에서든 기업인들까지 시위에 참여했다.

공산당 지도부의 입장에서 가장 경각심을 불러일으킨 것은 시위가 종전에 볼 수 없었던 새로운 방식으로 조직되었다는 점이었다. 정부의 명령에 따라 주요 웹사이트의 웹 관리자들이 시위에 대한 공고를 삭제했음에도 불구하고, 시위 조직자들은 휴대폰 메시지, 인터넷을 이용한 ‘행운의 편지’식 전달, 개인 블로그, 그리고 소규모 웹사이트를 이용하여 정부의 통제를 교묘하게 빠져 나갔다. 그 시위 공고는 나를 포함하여 해외에 있는 중국 관측가들에게도 전송되었기 때문에 우리는 그 시위에 대해 미리 알게 되었다. 중국 공안도 미리 알고 있었으리라 생각한다. 4월 9일 베이징에서 시위가 발생하던 전날 밤, 일본 정부는 중국에 거류하고 있는 일본인들에게 시위에 대한 주의를 전달했다.

노동 파업이나 농민 시위를 해산시키는 공산당의 통상적인 방법으로는 당시 시위대의 활동을 효과적으로 봉쇄할 수 없었다. 공산당은 시위가 발생하면 일단 시위대의 처지를 동조해 주고, 시위 조직자를 체포하며, 시위가 다른 지역으로 확산되지 않도록 막는 등의 방법을 사용해 왔다. 그러나 당시처럼 조직 및 시위 지도자들의 실체를 전혀 알 수 없고, 산발적이면서 밑에서부터 올라오는 상향식 시위 동원 앞에서는 속수무책이었다. 2005년의 시위는 우크라이나의 '오렌지 혁명'을 흉내 낸 새로운 스타일의 시위이자, 테크날러지를 통해 가능해진 중국식 집단 행동이었다. 이러한 시위는 처음 시도되었지만 마지막이 되지는 않을 것이다.

중국에서 가장 국제화된 도시 상하이에서 벌어진 4월 16일의 시위는 규모면에서 가장 크고 가장 격렬했다. 상하이 시정부의 대변인은 당시 군중의 규모가 2만 여명에 달했다고 추정하지만, 직접 시위 현장을 목격한 사람들에 따르면 시위대 규모가 10만 여명 정도는 됐을 것이라고 얘기한다. 시위대는 피 묻은 고이즈미 총리의 얼굴이 새겨진 티셔츠를 입고, 그를 비방하는 피켓을 들고 나왔다. 시위대는 일본 영사관, 일본 음식점, 일제 자동차를 부숴 버렸다. 어쩌다가 시위대에 재수없게 걸려 구타를 당하는 일본인도 있었다. 시위대가 들고 있는 피켓 중에 당시 무슨 일이 벌어지고 있는지를 잘 요약해 주는 문구가 적혀 있었다. "중국 사람들이 열 받으면 큰 문제가 생긴다"

3주에 걸쳐 시위가 지속된 후, 당은 시위를 멈출 때가 되었다는 분명한 메시지를 보냈다. 4월 16일 나는 베이징에 있었는데, 당일 발행된 인민일보 1면 논설에서는 애국심이 숭고한 감정이지만 청년들이 사회 안정을 소중히 생각할 줄 알아야 하며, 학업과 일을 통해 이성적으로 애국심을 발현해야 한다고 지적했다. 논설에서는 시위 자체에 대해 간접적인 언급만을 했지만, 정부 당국은 시위를 중지하라는 분명한 명령을 내리기 위해 주말쯤 시위에 대한 뉴스 엠바고를 해제해야 했다.

4월 16일, 나는 예정된 반일 시위를 보기 위해 천안문 광장에 갔다. 그러나 대학 당국이 학생들을 캠퍼스에 묶어 두었기 때문에 시위 계획은 무산되었다. 내가 본 것이라고는 보통 때보다 더 많이 운집해 있는 공안과

❙ 사진 ❙ 2005년 4월 16일 상하이에서 벌어진 반일시위 중 중국 시위대가 얼굴에 낙서가 되어 있는 고이즈미 총리의 초상화를 불태우고 있다. (China Photos/ Getty Images)

실망한 채 카메라를 들고 서 있는 외국 기자들이었다. 몇 주 후, 5·4 운동(1919년 5월 4일, 제1차 세계대전이 끝난 후 독일의 조계지를 일본에 넘기는 바르세이유 조약에 반대했던 학생시위) 기념일에 베이징시 당국은 천안문 광장을 봉쇄하고, 그곳에 18세 청소년들의 성년을 축하하는 성대한 의식을 거행함으로써 시위 발생을 방지했다.

중국인들의 감정을 건드리는 가장 민감한 사안

일본, 대만, 미국 등 중국의 3대 대외관계에서 중국 지도자들이 국내적으로 가장 민감한 사안으로 여기는 것은 역시 대일(對日) 관계이다. 대일관계는 "중국 대외관계의 모든 측면에서 가장 관건이 되는 영역"으로 중국 지도자들의 입장에서 고도로 능숙하고 균형잡힌 행동을 요한다. 한 중국 학생은 "중국에서 일본 문제는 가장 민감한 사안"이라며, "정부의 정책 결정 과정에서 국민 여론이 상당히 크게 작용하는 사안"이라고 설명했다.

중국 공산당의 정치적 정당성은 사실 1945년 항일전쟁의 승리에 기반하고 있다. 중화인민공화국의 건국 신화 또한, 마오쩌둥과 공산당의 지휘 아래 중국인들이 어떻게 일제에 항거하여 50년 동안의 잔악하고 굴욕적인 압제를 벗어버렸는지와 밀접한 관련이 있다. 1949년 이래로 중국의 교과서와 선전물은 끊임없이 일본의 만행을 고발하고 중국이 얼마나 영웅적으로 일본을 무찔렀는지에 대해 국민들에게 주입해 왔다. 중국 정치지도자들은 처리하기 어려운 국내문제가 생겼을 때 국민들의 관심을 돌리거나, 지도자로서 지지기반을 강화해야 할 때 일본 관련 사안을 즐겨 사용한다. 자신감이 떨어지는 지도자일수록 반일 민족주의 정서를 부추긴다. 장쩌민은 마오쩌둥이나 덩샤오핑보다 일본에 훨씬 강경한 태도를 취했다. 당의 선전기관들은, 1989년 천안문 사건 이후, 공산당의 역사적 정당성을 강화하기 위해 애국주의에 호소하며 일본의 침략 역사를 종종 이용했다. 당은 일본을 성토하는 대규모 탄원 운동을 인터넷 상에서 진행시키고, 베이징에 있는 일본 대사관 앞에서 정기적인 소규모 시위를 벌이는 것을 허용했다. 매체들은 대중에 영합하여 반일적인 내용의 뉴스를 내보냈다. 예전처럼 당이 일본 관련 정보를 철저히 통제하는 것은 불가능해졌다. 반일 감정이 통제불능 상태의 대규모 시위로 치달을 때는 그 칼끝이 당으로 향하지 않도록 하면서 주도면밀하게 시위를 중단시킨다.

싱가포르 국립대학의 정융녠(鄭永年) 교수는 민족주의를 사용하는 것이 체제에는 이익이 되겠지만, "어느 지점에 도달하면 멈춰야 한다"고 말한다. 1960년대 한국에서는 독재정권이 일본 문제 앞에서 나약한 모습을 보이는 것에 국민들이 불만을 품고 시위가 일어났는데, 이것이 민주화를 가속화시키는 계기가 되었다. 동일한 일이 중국에서도 일어날 수 있다. 반일 민족주의 정서를 고무시켜온 장쩌민의 캠페인은 사실 그의 후임자들을 코너로 몰아넣는 결과를 낳았다. 후진타오와 원자바오는 일본에게 부드러운 눈길을 보낼 엄두조차 내지 못하게 되었다. 만약 그들이 일본에 대한 중국 대중의 울분을 가라앉힐 묘안을 찾지 못한다면, 위기가 닥쳤을 때 그 화가 반정부 운동으로 전환될 수도 있고 일본과 일촉즉발의 군사적 대결을 벌이게 될 수도 있다.

일본의 반발

최근까지는 일본에 대한 대중의 반감을 자극하는 일이 미국이나 대만에 대한 분노를 불러일으키는 것보다 안전한 편으로 여겨졌었다. 미국이나 대만에 대한 대중의 분노는 초강대국과 일전을 벌이도록 만들 수 있지만, 일본에게 감정을 발산하는 것은 별다른 대가를 치르지 않아도 된다고 생각하는 중국인들이 많다. 2005년 4월의 반일시위 기간 동안 중국의 외교정책 전문가 중에 중국의 대일 정책에 대해 개인적으로 이렇게 설명해 주는 사람이 있었다. "미국은 초강대국이므로 중국은 미국의 심기를 건드리고 싶어하지 않습니다. 하지만 경제 상황이 중국의 성장에 많이 의존하고 있는 일본에 대해서는 이등국가로 간주하는 중국인들이 대부분입니다. 그래서 중국 지도자들이 일본에 대해서는 강경한 태도를 보이는 것입니다." 그의 설명은 이렇게 끝을 맺었다. "중국 지도자들은 실제의 결과나 대가가 어떻게 될 것인지에 대해서는 별 관심이 없습니다."

2005년 4월 18일, 중국의 인기있는 인터넷 토론 사이트인 '강국논단(強國論壇)'에 올라온 포스팅은 이런 상황을 간결하게 보여주고 있다. "일본과의 관계가 최악으로 흐르는 것은 괜찮다. 그러나 미국과의 관계를 손상시켜서는 안 된다." 하지만, 일본과의 관계를 악화시킴으로써 국내적 지지를 얻어내는 일은 일본 내에 반발세력이 형성되면서 조금씩 위험스러워지고 있다. 중국이 점점 위협적인 존재로 인식되면서 일본 국민들은 고이즈미 총리와 같이 중국에 대해 강경한 모습을 보이는 정치지도자들을 지지하게 되었다.

중국으로부터 오는 위협을 인지하기 시작하면서 일본 국민들은 '평화헌법'의 개정과 방위능력의 강화에 관심을 갖게 되었다. 일본인들은 제2차 세계대전 시기의 범죄에 대해 속죄하라는 주변국들의 끝없는 압박에 지쳐있고, 자신들도 전쟁의 피해자라는 것을 인정받고 싶어한다. 고이즈미 총리는 이러한 분위기에 영합하기도 하고 때론 국민여론을 자극하는 모습을 보이기도 했다. 그는 종전 이후 야스쿠니 신사를 매년 참배하는 첫 번째 총리였다. 또한, 일본의 자위대가 정식 군대라는 것을 공식적으로 인정한 첫번째 총리이기도 했다.

중국에 대한 일본의 국민여론은 악화되고 있다. 2004년 베이징에서 열린 아시안컵 축구대회에서 일본 국가대표팀이 중국을 이긴 일이 있다. 중국의 성난 관중들이 일본 외교관의 차량을 습격해 창문을 부순 사건이 발생했는데, 당시 일본의 국민여론은 급격하게 나빠졌다. 2005년 4월 중국에서 일어난 반일시위 후, 일본의 주요일간지인 '요미우리 신문'이 실시한 여론조사에 따르면, 일본국민의 압도적 다수가 중국에 대해 강경한 입장을 취하는 것에 찬성했다. 시위가 일어난 6개월 후의 여론조사에서도 약 65%의 일본인들이 중국에 대한 비호감을 표시했다. 이 수치는 중국의 여론조사에서 나타난 일본에 대한 비호감보다 높은 수치였다.

2006년에는 일본인의 28%, 중국인의 21%만이 상대국에 대해 긍정적인 시각을 가지고 있는 것으로 나타났다. 양국 국민들은 모두 상대국이 경쟁적이고 탐욕스러우며 거만하다고 생각하고 있었다. 일본 정치인들은 국내적으로 반중 정서를 부추기고 있다. 고이즈미 총리는 2005년 제2차 세계대전 종전 기념일에 두 종류의 서로 다른 성명서를 발표했다. 하나는 이웃나라들에게 들려주기 위한 것으로 일본의 식민화와 침략에 대한 인정과 사과를 담고 있었고, 또 다른 하나는 자국민들에게 들려주기 위한 것으로 과거의 잘못에 대한 인정이나 사과가 누락되어 있었다. 2005년 일본의 총선에서 고이즈미 총리의 빈번한 야스쿠니 신사참배에 대한 야당의 비판은 유권자들에게 별다른 영향을 주지 못했다. 대신에 고이즈미의 반중(反中)적인 태도가 자민당이 총선에서 승리하는 데 도움을 주었다. 2006년 9월 고이즈미 총리가 은퇴할 때, 다수의 자민당 인사들은 중국에 대해 강경한 입장을 보이는 아베 신조를 그 후임으로 뽑았다. 일본 정부는 중국에 대한 개발원조 예산을 삭감했는데, 이는 중국이 감사할 줄 모르는 것에 대한 분개와 군비증강을 가속화하는 것을 우려하는 국민여론 때문이었다. 중국 정부는 그 원조에 대해 공개하지 않았다. 수년 동안 일본은 중국 선박이 자국의 해안을 탐사(표면적으로는 연구 목적으로 행해졌던 탐사)하는 것을 묵인해 왔었는데, 고이즈미 정부는 그것에 대해 공개적으로 이의를 제기하기 시작했다. 양국의 국내 정치 사이에서 벌어지는 상호작용이 양국관계를 곤두박질치게 만들고 있음이 분명했다.

중국 국민들은 일본의 모든 행동을 역사라는 렌즈를 통해서 들여다 보고, 자신들의 행동이 일본에게 어떤 영향을 미치고 있는지에 대해서는 인식하지 못한다. 한 중국 학생은 일본 정치인들이 반중 감정을 이용하고 있다고 비난했다. 그는 "여론도 중요하지만 지도자들 또한 여론의 향방에 영향을 미치고 있는 것"이라고 말했지만, 같은 논리가 중국에도 적용될 수 있다는 것을 의식하지 못하는 것 같았다. 2005년 10월, 중국과 일본의 단체들이 공동으로 실시한 여론조사에서 90%의 중국인 응답자들이 양국관계의 악화에 대해 일본 측에 책임이 있다고 답한 반면, 50% 이상의 일본인 응답자들은 어느 쪽에 책임이 있는지 말하기가 어렵다고 답했다.

국제적 위험

아시아에서 가장 큰 경제대국이자 군사대국인 중국과 일본 두 나라 간에 군사적 충돌이 일어날 가능성은 예전처럼 요원한 것으로 느껴지지 않는다. 하늘 높은 줄 모르고 치솟는 유가와 수입 연료에 의존하는 양국의 실정은 물론이고, 양국간에 갈등을 빚고 있는 동중국해의 영토 분쟁은 실질적인 이해 충돌의 원인이 되고 있다. 수년 간 양국 정부는 영토분쟁의 대상이 되고 있는 조어도(일본인들은 센카쿠 열도라고 부름)와 동중국해의 인근 해협을 둘러싸고 성급한 민족주의자들이 국민정서를 자극하지 못하도록 노력해 왔다. 1895년 일본은 대만과 한국을 점령할 때 그 섬들을 손에 넣었다. 2차 대전 이후에는 미국이 그 섬들을 관리했고 1972년 일본에게 돌려 줬다. 하지만 중국인들은 수 백년 동안 그 섬들이 자신들의 것이라고 믿고 있다.

중국은 이 해역에서 채굴을 시작했고, 일본 정부는 자국의 한 기업에 이 해역에서의 석유 및 천연가스 채굴권을 승인해 주었다. 중국 군함이 부근을 순찰하기 시작했고, 이에 대해 한 일본 정치인은 '무력 외교'라고 비난했다. 2004년에는 중국의 핵 잠수함 한 척이 일본 해역에 진입함으로써 일본 자위대 측에 최상위 단계의 비상령을 작동하도록 만들었다. 후에 중국은 이에 대한 사과를 표명했다. 일본의 신문 보도에 따르면, 2004년 7월에서 2005년 6월 사이 중국은 동중국해 분쟁지역에 해양정찰기는 146번, 해양순찰선은 18번이나 출동시키면서 당 해역에 대한 정찰을 강행했다. 한편, 일본 항공자위대가 중국 항공기의 진로를 차단하는 빈도수도 증가하고 있다. 일본 항공자위대는 2005년 9월부터 2006년 2월 사이 약 반년 동안 30번 정도 긴급 작전에 투입되었다.

양국 정부는 석유와 가스전을 둘러싼 군사적 대립을 '조용한' 협상을 통해 해소하고 싶어한다. 그러나 중국은 이미 해외의 정보가 쉽게 넘나드는 사회이고 중국 자체의 매체들도 매우 공격적으로 움직이기 때문에, 양국간의 협상은 금방 대중의 관심을 받게 돼 있고 타협이 매우 어려워진다. 따라서 양국 사이의 군사적 충돌 가능성도 높아질 수 밖에 없다.

중국의 인터넷 포털 사이트인 시나닷컴(sina. com)은 2005년 7월 일본 정부가 한 석유가스 회사에 당 해역에 대한 채굴 개시를 허가했다는 뉴스를 올렸다. 그 뉴스가 올라간 6시간 뒤 약 24,000명의 사람들이 '강한 분노와 비난'의 댓글을 달았다. 그들은 일본 정부의 이러한 행동이 "중국의 가장 중요한 이익을 침해한 것"이고 "중국의 발전을 방해하려는 의도를 담고 있다"고 성토했다.

중국 관영 신화통신은 온라인 상에 올라온 대중들의 분개에 대해 보도했다. 이 보도를 중국의 고위층이 볼 것이라는 것은 불 보듯 뻔한 일이다. 신화통신은 저장(浙江) 대학 교수의 말도 인용했다. "동중국해 대륙붕에서 석유와 가스 자원을 점유하고자 하는 일본의 야망은 2차 대전 시기의 침략주의와 확장주의 이데올로기가 다시 살아나고 있음을 보여 준다."

인민일보를 비롯한 중국의 매체들은 외교부 관리들이 베이징과 도쿄의 양쪽 채널을 이용하여 일본에 강력히 항의했다는 소식을 크게 다뤘다. 국내 정치적 관점에서 보면, 2차 대전 시기 일본의 행위를 비난함으로써 얻게 되는 정서적 만족이 동중국해의 자원채굴 문제와 같은 구체적 사안의 해결을 협상하는 것보다 우선시된다. 2005년 10월 중국의 리자오싱(李肇星) 외교부장은 일본 외교관들에게 "역사인식 문제와 총리의 야스쿠니 신사참배 문제가 해결된다면, 중국은 확실하게 우호적인 협상을 통해 동중국해 문제를 해결할 것"이라고 말한 것으로 알려졌다. 객관적 입장에서 보면, 일본과 반목하는 것보다 역사문제를 일단 제쳐 놓고 좋은 관계를 만들어 가는 것이 장기적으로 중국의 국가이익에 도움이 될 것이다. 그러나 중국의 지도자들은 눈 앞에 놓인 상징적 과제들을 통해 국내적 지지를 확보하기 위해 장기적 이익들을 일관되게 희생시켜 왔다.

중국 지도자들이 국민들의 반일감정으로부터 자신들을 보호하는 것을 가장 우선순위에 두고 있다는 것을 가장 확실히 보여주는 예들이 있다. 중국 지도부는 2001년부터 고이즈미 총리의 중국 방문을 거부해 왔으며, 후진타오 주석은 고이즈미 총리가 연례적으로 야스쿠니 신사를 참배한다는 이유로 중국 밖에서조차 그를 만나는 것을 꺼렸다. 베이징에서 만난 한 중국 학생은, "지도자들은 국민들에 대한 책임감 때문에 고이즈미를 초정할 수 없는 것이다. 문제를 만든 사람은 고이즈미 자신이기 때문에 일본 측이 먼저 어떤 변화를 보여줘야 한다"라고 말했다. 또 다른 학생은 "고이즈미가 계속해서 야스쿠니 신사참배를 강행하는 상황에서 그를 중국에 초청하면 국민들의 지지를 잃을 수 있다는 것을 후진타오 주석이 두려워할 것"이라고 분석했다.

한 중국 학생에게 "만약 차기 일본 총리도 계속해서 야스쿠니 신사를 참배한다면 어떻게 할 것인 가?"라고 물었더니, 그는 "양국 관계가 얼어붙을 것이며 매우 위험한 상황이 도래할 것"이라고 예측하면서, "일본 측이 성의가 없다는 것이 명백해졌기 때문에 중국정부 측에서 대대적인 정책 변화가 있을 것"이라고 대답했다.

경제적 대가

경제적으로 볼 때 중국이 일본에 의존하는 것보다 일본이 중국에 더 의존적이라는 것은 양측이 모두 인정하는 현실이지만, 중국 공산당이 자신들의 권력을 유지하기 위해서는 경제성장이 필수적인 요소이기 때문에 일본과의 무역이나 투자를 무시할 수 없다.

2004년에 유럽이 중국의 최대 교역상대국이 되기 전까지 일본은 줄곧 중국의 최대 교역상대국이었다. 또한 일본은 중국의 제4대 직접투자국이다. 일본 정부의 통계에 따르면 일본에서 유학하는 중국 학생들의 숫자(70,814명)가 미국에서 유학하는 중국 학생들의 숫자(2002년에서 2003년 기간 64,757명)를 넘어섰다. 중국 내의 반일정서 때문에 일본 경영인들은 중국에서 사업을 함으로써 생길 수 있는 정치적 위험에 대해 우려한다.

2005년 4월 이후 7,000여개의 일본기업을 대상으로 실시된 여론조사에 따르면, 3분의 2에 달하는 기업들이 중국에서의 투자활동에 대해 우려를 표했고, 그 외 13.5%의 기업들은 중국대륙에서의 반일정서가 가져올 경제적 효과에 대해 심각하게 걱정하는 것으로 나타났다. 또한 투자계획을 갖고 있던 30%의 기업들이 투자계획의 취소를 고려하고 있는 것으로 나타났다. 이미 중국에서 비즈니스를 진행하고 있는 일본 기업들에 대한 여론조사에 따르면, 단지 10%의 회사들만이 반일시위로 인해 어려움을 느끼고 있지만 투자확대를 계획하는 기업들의 수는 급격히 떨어진 것으로 나타났다. 그러나 2005년 발표된 통계에 따르면 반일시위에도 불구하고 중국에 대한 일본의 직접투자는 약 20% 가까이 오르면서 65억 3천만 달러를 기록했다고 한다. 그러나 중국 지도자들은 계속되는 반일 폭력시위와 일본 상품 불매운동이 결과적으로 일본 기업가들을 몰아낼 수 있다는 것에 우려감을 갖고 있다.

미일안보동맹

민족주의 정서에 대해서는 제쳐 놓고 글로벌 현실정치(global realpolitik)의 관점에서만 보면, 중국이 일본에 구애를 펼쳐 오랜 역사를 가진 미일안보동맹에 균열을 가져올 수 있다면 중국의 입장에서는 분명 엄청난 성과이다. 반면에 중국이 일본을 자극하고 도발하면 일본을 미국에 더 밀착하게 만들 뿐이다.

미일안보동맹은 본래 아시아에서 소련의 확장을 방지하기 위해 고안된 것인데, 소련의 해체 이후에도 그 관계가 위축되지 않았다. 일본의 입장에서는 중국이 강대해지고 북한이 핵무기를 개발하는 상황에서 안보동맹을 필요로 하고 있고, 미국 또한 중국을 저지하고 북한의 군사적 도발을 억제하는 책임을 일본과 분담하고 싶어하기 때문에 미일동맹은 오히려 더 돈독해졌다.

1997년 미국 정부와 일본 정부는 방위지침을 개정했다. 해당 지역에 위기상황이 발생했을 때 군사적으로 어떻게 협력할 것인가를 다루는 내용이었다. 일본 정부는 북한으로부터의 공격을 방어하는 필요조치로서 미국과 공동으로 막대한 비용이 드는 전역미사일방어체제(TMD)를 개발하는데 동의했다. 그러나 사실 중국의 위협 또한 주요 고려사항 중 하나였다.

군사강국으로서의 일본

중국의 분석가들은 한때 미일동맹이 '일본의 군국주의 부활을 억제하는 효과가 있다'고 평가했었다. 즉, 미일동맹이 하나의 '병마개' 역할을 할 것으로 본 것이다. 그러나 1990년대 중반부터 그들은 미일동맹이 "일본의 재무장을 억제하는 것이 아니라 오히려 촉진한다"고 생각하게 되었다.

중국의 적대적 태도가 일본으로 하여금 군사작전의 범위와 역량을 확대하도록 부추겼다. 미국 정부로서는 원하던 흐름이었다. 일본의 자위대는 이라크에서 비전투 임무를 수행했고, 일본의 군함(미국으로부터 구입한 최첨단 이지스 구축함을 포함하여)들은 인도양에서 미국의 아프가니스탄 군사작전을 지원하고 있다. 일본이 해군력을 기르는 이유는 일본이 수입하는 대부분의 석유와 상품이 대만 동남부 연안을 거쳐 배를 통해 운반되기 때문이다. 만약 중국이 계속해서 일본에 대해 적대적인 태도를 취하고 대만을 되찾으려 한다면, 일본의 경제적 생명선이 끊길 수 있는 것이다.

은퇴한 일본 해군사령관의 말처럼, 모든 해로가 '붉은 색'으로 물들지도 모른다. 가장 주목할 만한 일은 일본 국회가 전후 '평화헌법'의 핵심조항인 제9조를 삭제하는 헌법개정의 검토를 추진하고 있다는 것이다. 일본헌법 제9조는 무력사용과 실질적 군사력 보유에 대한 포기를 규정하고 있다. 그러나 일본에 대한 중국의 비우호적인 태도가 전후 일본의 평화주의적 입장을 포기하게 만드는 역효과를 초래하고 있다. 인민해방군의 한 고위 장교도 반일 시위가 초래하는 잠재적 대가에 주목하게 되었다. 일본의 대중여론이 악화되고 있는 것이다.

"과거에 우리는 일본이 대만에 대한 방위에 있어서 한걸음 물러나 있기를 희망할 수 있었습니다만, 지금은 더 이상 그렇게 생각할 수 없게 되었습니다."

아시아의 역내 반응

중국 정부는 일본을 제외한 아시아의 기타 국가들에게 협력적이고 우호적인 태도를 보이고 있다. 주변국들에게 자신이 평화적인 의도를 가진 신중한 강대국이라는 이미지를 심어주기 원하기 때문이다. 일본과의 관계는 아주 예외인 셈이다. 2006년 7월4일 북한이 7개의 미사일을 시험 발사했을 때, 후진타오 주석과 고이즈미 총리는 각자 부시 대통령 및 세계의 여러 나라 지도자들과 전화상으로 대책을 협의했다. 그러나 정작 서로에게는 전화를 걸지 않았다. 아시아의 역내 국가들은 중국과 일본이 다툼을 벌일 경우, 양국 간에 군사적 충돌이 일어남으로써 지역을 분열시킬 가능성에 대해 우려한다. 한국의 노무현 대통령은 한국이 중국과 일본 사이에서 '균형자' 역할을 해야 한다고 주장했다. 동남아 국가들은 동북아에서 중국과 남한, 그리고 미국과 일본으로 편이 갈리는 적대적인 두 진영이 출현할까 봐 우려한다.

싱가폴 총리 리셴룽(李顯龍)은 중국과 일본에게 다음과 같이 촉구했다. "민족주의 감정을 절제하고, 화해를 위해 노력하며, 제2차 세계대전 후 유럽에서 독일과 프랑스가 걸어온 길을 역사의 교훈으로 삼아야 합니다." 중국과 일본 사이에 정치적 마찰이 지역 경제협력의 구축 또한 지연시키고 있다.

중국과 일본 양국은 동아시아와 동남아를 구성하는 13개 국의 전체 경제 규모에서 80% 이상을 차지하고 있다. 이들 13개국은 궁극적으로 자유무역지대의 건립을 희망하고 있다. 중국 외교부 아주국의 외교관들은 일본과의 관계가 개선될 때 중국이 얻게 될 이익에 대해 줄줄이 외울 수 있을 정도다. 젊은 나이의 한 실력파 외교관이 필자에게 한 말을 빌리자면, 중국의 외교관들은 체면보다는 이익 때문에 일본과의 우호관계를 만들어가고 싶어한다. 그러나 그들의 손발은, 대일정책을 국내정치의 연장선상에서 다루고 있는 당의 정치 지도자들에 의해 꽁꽁 묶여 있다. 또한 일본에 대한 중국 대중들의 공공연한 적대감 때문에 꼼짝할 수가 없다. 그 사이 중국과 일본의 충돌 가능성은 점점 커지고 있다. 주일 대사를 역임했던 쉬둔신(徐敦信)은 다음과 같이 말했다. "이웃간에 사이가 나쁠 때는 이사라도 갈 수가 있습니다만, 이웃 나라 사이의 관계가 틀어지면 방법이 없습니다. 중국과 일본은 물만 건너면 갈 수 있을 정도로 가까운 이웃나라입니다."

중국의 대중여론

2000년에서 2003년 사이에 베이징 시민들을 대상으로 진행된 과학적으로 높은 신뢰도를 가진 한 여론조사에 따르면, 베이징 시민들은 미국보다 일본에 대해 더 부정적인 감정을 갖고 있는 것으로 나타났다. 미국에 대한 부정적인 감정은 소득 수준, 연령, 성별에 따라 차이가 있었지만, 일본에 대한 부정적인 감정은 인구 전체에 고르게 퍼져 있었다.

중국사회과학원 일본연구소에 의해 진행된 전국 규모의 여론조사에 따르면, 최근 몇 년간 일본에 대한 중국인들의 적대감은 더욱 커졌다고 한다. 2002년에는 43.3%의 사람들이 일본에 비우호적인 감정을 갖고 있다고 말했다. 2004년에는 그 수치가 53.6%까지 올라갔다. 재미있는 점은, 자칭 '중립적'이라고 말한 사람들의 비율은 매우 높은 반면, 우호적이라고 말한 비율이 매우 낮다는 것이다. 연구자들의 설명에 따르면, 미국과의 관계가 껄끄러울 때조차도 중국인들은 미국에 대해 기꺼이 호감을 표현하지만, 일본과의 관계는 좋을 때에도 호감을 가지고 있다고 말하는 것을 주저한다.

중국인들이 일본에 대해 가지고 있는 반감의 많은 부분은 실질적인 것이고, 역사적으로 깊이 뿌리내려진 것이다. 젊은이들은 특히, 오늘날 중국인들의 삶에 팽배해 있는 상업주의를 초월하고 이미 포기되다시피 한 공산주의적 가치를 대체할 이상주의적인 어떤 것을 추구하고 싶어한다. 그러나 정치적 정확성 또한 하나의 요인이다. 역사 문제는 일단 한쪽으로 제쳐놓고 생각하자고 주장하고 싶은 정치인은 우선 모든 문제가 일본 때문이라고 비판하는 것으로 자신의 주장을 시작하는 것이 좋다. 그리고 나서 일본이 민족주의적 과잉반응을 불러일으켜서 중국의 최우선 목표인 자주강화를 달성하지 못하게 만들려 한다고 주장하는 것이 낫다.

민족주의적 감정에서 비롯된 사회여론의 압력은 미국이나 대만과의 관계에서도 작동하지만, 일본과의 관계에서 가장 강렬하게 작용한다. 이 압력은 정치인들만이 느끼는 것이 아니다. 필자가 인터뷰했던 한 젊은 네티즌은 일본에 관련된 견해를 인터넷 상에 올릴 때 반드시 자신이 일본을 얼마나 증오하는지부터 밝혀야지, 그렇지 않으면 웹사이트 관리자가 자신의 글을 삭제시킬 수 있다고 말했다. 2005년 4월의 반일시위가 끝난 지 얼마 지나지 않아 일본 제품을 구매하지 못하게 하거나 일본 여행을 가지 못하게 하는 사회적 압력을 느낀다고 필자에게 말하는 사람들도 있었다. 그래서 어떤 가족은 5월의 휴가 기간에 도쿄의 디즈니랜드로 여행을 가려던 계획을 취소해야 했다. 어떤 사람은 자신이 일본에 여행갈 계획을 세우고 있지만 누구에게도 그것을 말하지 않을 것이라고 얘기했다. 반일 시위가 일어난 지 2년여가 지났는데도 여전히 많은 대학생들이 다른 선택권이 있다면 일본 제품을 사지 않을 것이라고 말한다. 물론 어떤 대학생처럼 "중국은 난처한 상황에 놓여 있다. 일본 제품 없이는 살아갈 수 없다"라고 인정하는 부류들도 있다. 필자는 일본, 대만, 미국에 대한 중국 대중들의 호감도를 측정하는 자신만의 비과학적인 방법을 갖고 있다. 필자는 매번 중국 학생들이나 지방 관리들, 또는 기자들을 대상으로 강연을 할 때마다,

각각의 나라에 대한 중국 정부의 정책이 너무 센지, 너무 약한지, 적당한지에 대해 손을 들어 보라고 부탁한다. 결과는 늘 일관성 있게 나온다. 대만 또는 미국에 대한 정부의 정책이 '너무 약하다'고 비판하는 사람들이 더 많다. 2005년 여름에 중국의 젊은이들을 대상으로 실시된 한 여론조사에서는 반 이상의 설문 대상자들이 일본을 미워하거나 싫어한다고 답했다. 거의 80%의 설문대상자들이 일본에서 온 사람을 한 번도 만나보지 못했으며, 60% 이상의 사람들이 신문이나 텔레비전, 또는 인터넷을 통해 일본에 대한 견해를 갖게 되었다고 말했다.

중국 젊은 세대들에게 가장 많이 알려진 일본인 세 명은 고이즈미 준이치로 총리, 그리고 제2차 세계대전 당시 일본군 지도자이자 전범으로 선고 받은 도조 히데키 장군과 야마모토 이소로쿠 해군 제독이었다. 필자가 만난 적이 있는 중국 학생들의 대부분은, 자신들이 대학 캠퍼스 내에서 일본 학생들과 만나는 것을 피하는 편이라고 얘기했다. 영국에서 유학했던 한 중국 학생은 대만 학생들만이 일본 학생들에게 말을 걸 뿐 해외에서조차도 중국 학생들은 일본 학생들을 일부러 피한다고 했다. 한 신문사의 편집장은 이렇게 얘기했다. "중국인에게 일본과의 관계는 '애국심의 문제'이지만, 미국과의 관계는 '이데올로기의 문제'입니다. 그렇기 때문에 일본에게 무엇을 양보한다는 것은 그만큼 어려운 것입니다."

한 네티즌은 자신이 느끼는 감정의 강도를 이렇게 표현했다. "만약 중국이 대만과 전쟁을 한다면 내 월급 한달 치를 기부할 것이다. 미국과 싸워야 한다면 월급 일년 치를 내겠다. 그러나 일본과 전쟁이 일어난다면 내 생명을 내 놓을 것이다."

역사의 무거운 짐

어째서 일본에 대한 중국인들의 감정은 이리도 격렬한 것일까? 제2차 세계대전 당시 일본이 진주만을 공격해 많은 미군 병사들을 죽였지만, 대부분의 미국인들은 일본을 이미 용서했다. 중국인들은 왜 용서하지 못하는 것일까? 그 차이는 일본이 19세기말 중국을 침략하여 지배했던 시기로 거슬러 올라가 살펴보아야 한다. 그 때부터 중국인들의 역사 기억 속에서 일본은 지울 수 없는 존재가 되었다. 천년이라는 세월이 넘도록 중국은 아시아에서 압도적인 지위를 누려 왔다. 경제, 군사 분야에서뿐만 아니라 문화적으로도 주변국들에게 우러름을 받아 왔다. 중국의 다른 우방들과 달리 일본은 중국에게 조공을 바치며 중국의 종주권을 승인하지는 않았지만, 1890년대까지 이 지역에서 일본의 지위는 주변적이었다. 청조 조정의 무능함이 심각해진 국내문제를 해결하는데 실패하고 비틀거리고 있을 때 일본은 1894년과 1895년에 걸쳐 발발한 청일전쟁에서 중국을 굴욕적으로 패배시켰다. 1839년에서 1842년 기간에 발발한 아편전쟁에서 영국에 패하는 등 중국이 외부세력에 패한 것이 처음은 아니었지만, 아시아에 속한 이웃 나라에게 패배를 당했다는 데 중국인들은 더욱 모멸감을 느꼈다.

서구 제국주의 열강들은 19세기 중반 비슷한 시기에 중국과 일본에게 문호를 개방하라고 압박을 가했다. 군대와 사회를 근대화하는 과감한 개혁을 단행한 일본과 달리 청조는 직면한 도전에 민첩하게 대응하지 못했다. 2004년판 중국 고등학교 교과서는 다음과 같이 서술하고 있다. “1895년의 청일 전쟁을 통해 청조의 무능과 부패상이 드러났다. 동시에, 외국세력이 안겨준 굴욕에 맞서 싸운 중국 군대 및 국민들의 불굴의 정신과 강인한 의지도 함께 볼 수 있었다.”

설상가상으로 청일전쟁에 따른 시모노세키 조약의 결과로 중국은 대만을 잃었고, 명목상 독립적이었던 한국에 대한 지배권을 일본에 넘겨야 했다. (시모노세키 조약으로 중국 영토를 양도한 청조의 관료 리훙장(李鴻章)의 이름은 역사의 죄인으로 남았다. 리훙장이 현대의 인물로 복원된다면 ‘매국노’로 치부될 것이다.)

대만문제는 일본문제와 아주 긴밀하게 얽혀 있다. 오늘날 중국인들은 일본이 중국의 영토를 분할하고, 제2차 세계대전 종결 때까지 대만을 식민지로 지배한 것에 대해 용서하지 못한다. 리덩후이 전 총통을 포함하여 나이가 지긋한 대만인들은 일본에 대해 깊은 친밀감을 갖고 있고 만다린어(표준 중국어)보다 일본어를 더 잘 구사한다. (중국의 택시 기사들을 가장 분개시키는 것이기도 하다.)

2004년판 중국 역사교과서는 과거의 판본에 비해 청일전쟁과 대만할양의 연관성을 보다 명확하게 서술하고 있다. "야만적 침략에 직면하여 중국 국민들은 나라를 지키기 위해 갖은 노력을 기울였다. 특히 대만 할양에 반대하는 전투를 펼쳤다."

"애국심으로 가득한 군과 민은 힘을 합쳐 일본 침략자들에 저항하며 많은 피를 흘렸다. 또한 조국의 영토를 보존하려는 강한 의지와 애국 정신을 보여주었다. 그 후 50년간 일본이 대만을 지배하는 동안에도 대만인들은 식민통치에 대한 저항과 조국으로 회귀하려는 노력을 멈추지 않았다."

현대 중국의 민족주의는 20세기 초에 나타나기 시작했다. 일본은 중국인들이 자신들의 정체성을 규정하도록 만드는 '타자'가 되었다. 제1차 세계대전 후, (영국과 동맹을 맺은) 일본은 중국정부에 '21개 조항'을 내놓았다. 일본이 중국 내 독일 조계에서의 모든 권리 승계를 주장하는 내용으로, 산둥 지역에서의 철도권과 군사주둔의 권리를 포함하고 있었다.

미국과 유럽 각국이 1919년에 개최된 베르사이유 평화회의 석상에서 일본의 요구에 동의했고, 회의에 참석한 중국대표단이 형세를 돌이킬 수 없게 되었다는 소식이 베이징에 전해졌을 때, 베이징을 비롯한 중국 전역에서 대규모 시위가 일어났다. 근대 중국 민족주의와 동의어라 할 수 있는 5·4 운동이 발발한 순간으로, 그 태동은 일본에 대한 분노로부터 시작되었다. 일본의 중국 침략사에서 중국인들에게 가장 큰 상처로 남은 것은 1930년대와 1940년대에 야만적으로 진행된 침략과 점령의 사건들이었다. 일본군은 중국 동부 지역과 만주 지역을 모두 장악했고, 공산당과 국민당 정부를 각각 옌안(延安)과 충칭(重慶)으로 퇴각시켰다. 중화인민공화국 정부의 추정에 따르면, 1931년부터 1945년까지의 항일전쟁 기간 동안 약 3천 5백만 명(그 중 대부분이 민간인이었음)이 죽음을 당했다. (천안문 사건 이후 중국 정부는 사망 추정 인원을 보편적으로 받아들여지던 1,000만 명에서 3,500만 명으로 올렸다.)

중국의 거의 모든 가정이 어떤 방식으로든 일본의 잔인한 만행에 고통을 겪었다. 가족 중에 누군가가 일본군에 살해당했거나 전시의 혼란 속에서 기아와 질병을 감수해야 했다. 남북전쟁 기간에 큰 고통을 겪어야 했던 미국 남부의 가족들과 마찬가지로, 중국은 가족 차원에서 자신들의 자녀와 손주들에게 고난의 시기에 겪었던 가혹했던 개인의 경험들을 대대로 전해주고 있다. 한 학생은 필자에게 이렇게 말했다. "어렸을 때 어른들로부터 일본인들의 잔악성에 대해 이야기를 들은 적이 있습니다. 어떻게 그런 작은 나라가 중국과 세계를 점령하려고 했는지 한편으로는 무서운 생각도 들었습니다. 당시 나는 악몽을 꾸었는데 아직도 그 꿈을 기억하고 있습니다."

장쩌민 주석은 일제 점령기에 화동(華東) 지방에서 자랐는데, 그도 개인적으로 고통스런 경험을 갖고 있다. 장 주석의 삼촌이 일본인들에 살해를 당했고, 그는 대를 잇기 위해 삼촌 가정으로 입양되었다. 전시의 모든 비극 중에서도 가장 공포스러운 사건은 1937년에 일어난 '난징(南京) 대학살'이었다.

일본군이 난징(南京) 시민들에게 자행한 행동에 대해 역사학자 조나단 스펜스(Jonathan Spence)는 이렇게 평가했다. "근대 전쟁사상 가장 끔찍한 만행으로 기록되어야 할 공포와 파괴의 시간이었다."

스펜스에 따르면, 약 2만 명의 여성들이 강간을 당했고, 그들 중 다수가 살해됐다. 1만 2천명의 일반인들이 살해됐으며 3만 명의 중국 병사들이 죽임을 당했다. 중국의 공식 통계에 따르면 난징 대학살로 30만 명이 목숨을 잃었다고 한다. 난징의 한 역사학자는 실제 사망수는 약 10만 명 정도 될 것이라고 알려주었다.

1948년 도쿄 전범 재판소에서 원용된 사망인원은 20만 명이었다. 정확한 숫자는 아무도 알 수가 없다. 전후 일본은 미국의 점령 하에 평화헌법을 제정했다. 그리고 도쿄 전범재판소에서 27명의 정치 및 군사 지도자들이 유죄판결을 받았다. 그러나 일본 사회는 독일이 한 것처럼 자신들이 전시에 저지른 잔악행위에 대한 책임에 대해 심각하고 철저하게 살펴보지 않았다. (중국 정부는 2005년부터 전후 독일의 예와 비교하면서 일본에 모욕을 주려고 시도했다.) 일본 학생들은 미화된 전시 역사를 배운다. 한 일본 교수는 자신이 학생들과 오키나와를 견학하며 미군 공동묘지를 들렀을 때, 학생들이 제2차 세계대전 기간에 아시아 전역에서 미군들이 죽었다는 사실을 듣고 매우 놀라워했다고 얘기해 주었다. 일본 박물관에는 1945년에 히로시마와 나가사키에서 미국의 원자폭탄 공격을 받은 일본인 희생자들에 대한 이야기만 볼 수 있고, 그러한 비극을 야기시킨 일본 침략에 대해서는 거의 언급이 없다. 일본의 역사 박물관에는 일본군이 한국과 중국에서 성노예로 강제 동원한 '위안부 여성'에 대한 내용과 포로들에게 생화학무기 실험을 행했던 내용 등을 포함한 여러 잔악행위에 대해 어떠한 언급도 하지 않고 있다.

야스쿠니 신사에 부속되어 있는 박물관에서는 일본의 중국 점령 사실에 대해 얼버무리고 있고, 일본이 아시아에서 서구(특히 미국)의 식민주의 확장 정책에 저항한 것만을 강조한다. 결과적으로, 2005년에 고이즈미 총리가 한 것처럼 일본의 역대 총리들이 '식민지 점령과 침략에 의한 피해와 고통에 대해 진심어린 사과와 애도'를 계속해서 표하고 있음에도 불구하고, 아시아의 이웃나라들의 귀에는 조금도 진실하게 들리지 않는다.

역사를 살아 숨쉬게 만드는 매체들

전시에 저지른 잘못을 인정하지 않는 일본에 대한 중국인들의 분노는 시간이 지날수록 담담해지기보다는 더 격렬해지고 있다. 중국의 젊은이들은 자신들의 부모나 조부모들보다 오히려 역사문제에 더 집착하는 편이다.

당의 공식적인 선전기관과 선정적인 대중매체들이 절묘하게 결합되어 국민들로 하여금 그 어느 때보다 뼈아픈 역사를 통감하게 만들고 있다. 양쪽 모두 의도적으로 과거의 고난과 상처를 이용하거나 과장하는 경향이 있다. 대중 매체와 인터넷 뉴스사이트는 중국 독자들과 시청자들의 주의를 잡아끌만한 국제뉴스를 샅샅이 뒤진다. 일제 침략기 역사나 현재 일본의 군비증강에 관련된 뉴스들은 중국 도시 청년들의 관심을 끄는 주제임에 틀림없다. 도시 청년들은 중국 광고주들의 주요 타겟층이다. 일본의 폭행과 관련된 보도는 모두 인터넷 채팅룸에서 격렬한 토론을 일으킨다. 매체와 인터넷 상의 시끌벅적한 논쟁은 일반 국민들뿐만 아니라 지도자들과 정부 관리들에게 반일정서가 온 나라를 휩쓸고 있다는 인상을 심어준다. 그리고 혼자가 아니라는 것을 알기 때문에 탄원서나 시위 같은 집단 행동에 적극 가담하게 만든다. 이러한 흐름 때문에 중국의 정책결정자들은 여론의 강한 압박을 느끼게 된다. 그리고 일본의 아주 작은 모욕에도 공개적으로 반응할 수 밖에 없도록 만든다. 일본 지도자들의 가벼운 모욕이나 교과서를 개정하는 움직임을 비롯하여 중국에서 일본인 관광객이나 일본 유학생이 저지른 모든 과실은 독자의 관심을 사는 주요 소재이며 대중 정서를 자극할 수 있는 좋은 기회가 된다. 리덩후이 전 대만 총통의 개인적인 일본 방문과 같이, 대만과 일본이 함께 연루된 사안은 무엇이든 독자들의 흥미를 돋울 수 있다.

1931년 일본이 만주사변을 일으킨 것을 기념하는 행사가 있던 2003년 9월, 중국 남부 지역에서 대규모의 일본 관광객들이 단체로 매춘 관광을 한 것이 《중국 청년보》에 의해 처음 보도된 후 이틀 동안 중국의 유명 토론 사이트에는 7천 개가 넘는 게시글이 실렸다. 심지어 미쯔비시 지프차의 브레이크 결함이나 마쓰시타 휴대폰의 수신불량과 같은 일본 제품의 결함조차도 매체와 채팅룸에서는 좋은 꺼리가 된다. 일본 제품들의 광고가 의도치 않게 중국 소비자들의 기분을 거슬리게 하는 경우도 있다. 한번은 토요타 프라도(중국에서는 프라도를 빠따오(霸道)라는 이름으로 부르는데 하필 '패권국의 길'로 해석될 수 있는 말이다)의 광고에서 프라도(Prado) 한 대가 무릎을 꿇고 한 줄로 앉아 있는 중국 돌사자들 앞에 가서 딱 서는 장면이 있었다. 그 장면에서 광고 문구 한 줄이 화면 밑에 나온다. "프라도(霸道)를 당신은 존경하지 않을 수 없습니다." 이 광고는 일본에 대한 중국인들의 분노를 분출하게 만든 또 한번의 계기가 되었다.

한번은, 한 패션 잡지가 중국의 여배우에게 일본 국기가 새겨진 옷을 입혀 촬영한 후 사진을 실은 일이 있었다. 후난(湖南) 지역의 한 신문이 이 사실을 폭로하는 기사를 실었고, 대중 매체와 인터넷 상에서 큰 화제거리가 되었다. (폭로기사가 발표된 후 1주일 간 6천명이 넘는 분노의 게시글이 시나닷컴 웹사이트에 올라왔다.) 이 패션잡지의 편집장은 해고당했다. 시위 군중들은 심지어 여배우의 집에 찾아가 병과 벽돌을 투척했다. 결국 그 여배우는 텔레비전과 인터넷 상에서 공개 사과를 했다. 그럼에도 불구하고 새해맞이 파티 석상에서 아직 화가 덜 풀린 한 남성이 무대에 올라가 여배우에게 인분을 뿌렸다. 그리고 인터넷 상에는 도처에 컴퓨터로 합성된 여배우의 나체 사진이 떠돌았다.

이러한 영웅적인 이야기들은 또 다른 극단적인 행동을 계속 불러들이는 단초가 되었다. 야스쿠니 신사는 줄곧 인터넷 상에서 가장 공분을 사는 대상이었고 때로는 우스갯소리의 소재가 되기도 한다. 예를 들면, "나는 우리집 화장실을 '야스쿠니 신사'라고 부르기로 했어. 너희들도 똑같이 했으면 좋겠는데……"와 같은 류이다.

당 간부들은 매체를 통제하여 일본에 대한 혐오가 폭력으로 흘러가지 않도록 하기 위해 노력한다. 중국 정부는 헐리우드 영화 '게이샤의 추억'의 상영을 취소시켰다. 이 영화에서 세 명의 중국 영화배우가 게이샤로 출연하기 때문에 매체와 대중들의 격렬한 분노를 불러일으킬 지 모른다는 우려에서 나온 처사였다. 국무원 신문판공실은 신문과 인터넷 사이트에 일본에 대한 전면적인 공격을 피하고 대신에 일본의 '우파'들을 비판하는 데 주력하라는 가이드라인을 내렸다. 국무원 신문판공실 주임은 일본 기자들에게 "주요 신문 기관들이 이제는 반일적인 보도를 내보내지 않을 것"이라고 약속했지만, 그는 자신의 약속을 강제할 수는 없었다. 반일적 내용의 기사들은 상업매체들이 포기하기에 너무 매력적인 뉴스거리이기 때문이다. 중국 외교부 아주국의 추이톈카이(崔天凱) 국장은 2006년에 염치 좋게도 일본 관료들에게 다음과 같은 불만을 표시했다. "일본 매체들은 중국에 대해 부정적인 면만 부각시켜 보도하고 있다. 중국 정부는 적어도 긍정적인 보도를 만들어 내기 위해 매체들에 가이드라인을 제공한다. 일본 정부도 대중 매체들에 유사한 가이드라인을 제동해야 한다." 일본 관료들은 일본이 매체를 검열하거나 간섭하지 않는다고 딱 잘라 말했다.

근래 중국 매체들은 다른 나라에서와 마찬가지로 핫이슈에 대한 여론 동향을 살피는 것을 좋아하는 것 같다. 사람들은 보통 다른 사람들이 어떻게 생각하는지에 대해 알고 싶어한다. 매체들은 종종 대표성이 높지 않은 표본을 가지고 여론조사에 활용한다. 때로는, 질문에 대답해야 하는 수고를 충분히 감수할 만큼 어떤 문제에 대해 강한 의견을 갖고 있는 독자들을 대상으로만 조사를 진행해서, 극단적인 결론을 도출해 내기도 한다. 일본과 연관되어 있는 사건이기만 하면 보도 속에 나오는 여론은 거의 모두가 일본에 적대적인 것으로 보도되며, 결과적으로 일반 대중과 엘리트들의 대일본 정서를 강화시키는 작용을 한다. 그 예로 2005년 4월의 한 여론조사는 그리 놀랍지 않은 결과를 도출하여 보도했는데, 96%의 중국인들이 일본 정부의 새로운 교과서 승인으로 인해 심각한 상처와 모욕을 느꼈다는 것이었다.

2005년 4월 반일시위 후, 중국 정부는 학생들의 격정을 진정시키려고 했다. 신문기사들은 당국의 권위만 내세우기 보다 인터넷에 올라온 글들을 인용하여 냉철하고 이성적인 애국주의를 견지해야 한다고 당부했다. 중국 외교부 관리들은 대일 정책에 대한 매체의 보도와 여론을 항상 예측해서 대응해야 한다는 것에 불만을 갖고 있다. 그 중 많은 이들이 직접 인터넷에 들어가 논쟁이 되는 내용을 파악한다. 인터넷이 의제를 설정하면 외교관들은 거기에 대응하기 바쁘다. 게다가 인터넷 여론보다 한 발 앞서 대응하고 싶어 한다.

마오쩌둥은 일본의 사과를 필요로 하지 않았다

마오쩌둥 시대(1949년에서 1976년까지) 초기에는 중국 지도자들이 대중의 반일정서를 동원할 필요가 전혀 없었다. 중화인민공화국을 세우고 권력을 전횡한 마오쩌둥은 대외정책 사안에 있어서 독보적인 권위를 누렸다. 마오쩌둥과 마오의 오른팔 역할을 한 저우언라이 총리는 일본과의 평화적이고 우호적인 관계를 추구했다. 찰머스 존슨(Chalmers Johnson)의 분석에 따르면, 마오(毛)와 저우(周) 두 사람은 "민족주의적으로 일말의 의문을 제기할 수 없을 정도로 큰 신임을 받고 있었기 때문에 자신들의 목적을 이루기 위해서 때로 민족주의적 사안을 간과해도 무방했다"고 한다.

마오가 국제적 위협을 통해 대중을 동원하고자 할 때마다 이용된 것은 미국이었고, 나중에는 소련이 그 대상이 되었다. 한 싱크탱크의 정책 전문가는 이렇게 설명했다. "모든 것이 최고지도자들의 수중에서 통제되었죠. 일본과의 우호관계는 최고 지도부의 정치적 결정이었습니다. 지도부가 명망이 높았기 때문에 사람들은 그들의 결정에 그대로 따랐습니다." 이 전문가는 그 지도자들이 일본을 좋아했던 것은 아니라고 덧붙였다. 사실 구세대들은 일본을 증오했다. 이 전문가는 다음과 같이 회상한다. "1965년 베이징에서 개최된 일본문화 전시회장에 들어갔는데, 사람들이 거기서 일본 국기를 보자마자 충격과 놀라움에 그대로 바닥에 주저앉았습니다. 그 정도로 일본에 대한 기억은 나쁜 것이었습니다."

1950년대 마오(毛)와 저우(周)는 전략적 차원에서 일본과 우호적인 관계를 증진했다. 미국과 힘의 균형을 맞추기 위해 미국의 동맹국을 자기 쪽으로 끌어올 필요가 있었기 때문이다. 중국과 일본 사이에 공식적인 외교관계가 수립되지 않았음에도 불구하고, 양국은 비공식적으로 교역이 이루어지고 있었다. 중국과 일본의 우호 관계는 마오 시대 정치교육과 선전활동의 큰 화제거리였다. 1970년대 초 마오(毛)와 저우(周)는 당시 중국의 최대 위협으로 간주되던 소련을 견제하기 위해 미국 및 일본과의 정치적 우호 관계를 추진하는 전략적 판단을 내린다. 중국은 1972년 일본과 수교를 맺었다. 중미관계 정상화보다 7년 더 일찍 이뤄진 것이다. 일본이 중국과의 교역을 확대하는 것을 적극적으로 원했고 대만과의 정치적 관계도 희생시킬 의도가 있었기 때문에 가능한 일이었다. 1972년 외교승인에서 마오(毛)와 저우(周)는 기꺼이 제2차 세계대전 기간에 행해진 일본의 범죄행위에 대한 배상청구를 포기했다. 전후에 국민정부의 장제스(蔣介石)가 전후 일본에게 했던 약속을 바꾸지 않겠다는 것이었다.

중국은 전쟁 배상금으로 나라를 건설하지 않을 것이며, 패배국에게 엄청난 배상금을 요구하는 것은 평화를 해칠 수 있고, 전쟁에 참여하지 않은 세대에 배상을 요구하는 것은 온당하지 않다는 메시지가 담겨 있었다. 마오쩌둥과 저우언라이는 공동성명에서 일본이 자신들의 행동을 뉘우친다고 말한 것에 만족해 했다. 일본은 공동성명에서 이렇게 밝혔다. "일본은 전쟁을 통해 중국 인민들에게 입힌 과거의 중대한 피해에 대해 책임을 통감하고 있으며 깊이 반성하고 있다."

마오와 저우는 침략행위에 대한 일본의 사과 및 태도 문제가 영구적으로 해결되었다고 믿었다. 중일관계를 연구하는 한 중국 학자는 마오나 저우가 "일본이 계속해서 사과해야 한다고 생각하지 않았다"고 말했다.

덩샤오핑의 수완

덩샤오핑은 장정(長征) 세대에 속하는 혁명원로인데 문화대혁명 시기 두 차례의 숙청을 당하면서도 살아남았다. 이후 그는 1978년부터 1994년까지 중국의 최고지도자로 군림했는데, 그 권위가 오늘날의 지도자들과는 비교할 수 없을 정도로 막강했다. 특히 외교정책 분야에서 그러했다. 덩샤오핑은 실용주의자로 유명한데, 그의 어록 중에 특히 잘 알려진 "흰 고양이든 검은 고양이든 쥐만 잘 잡으면 된다"라는 말은 사실 마오쩌둥이 만든 표어를 도용한 것이다. 덩(鄧)은 시장지향적인 경제개혁이 성공하기 위해서는 일본과의 관계가 관건이라고 보았다. 1978년 12월 개혁개방 정책을 발표하기 바로 몇 달 전 덩샤오핑은 일본을 방문했다. 중국 지도자로서는 처음 있는 일이었다. 이후 덩(鄧)은 한 차례 더 일본을 방문했다. 《인민일보》의 보도에 따르면, 덩샤오핑이 권좌에 있으면서 접견한 외빈 중에 일본측 인사가 가장 많았다고 한다.

필자는 2005년 반일시위가 발생한 후 얼마 지나지 않아 중국 남부 지역 출신의 고위 은퇴 간부를 접견한 적이 있다. 그는 필자에게 일본과 합리적이고 우호적인 관계를 유지했던 덩샤오핑 시대에 대해 들려 주었다. 그는 1980년대 초 덩샤오핑이 구무(谷牧) 부총리를 시켜 일본인 여러 명을 초청하여 중국의 경제 현대화를 위한 자문단에 모시도록 했다. 그래서 중국인들이 일본의 발전경험을 배울 수 있도록 '중일 경제지식 교류회(中日經濟知識交流會)'를 창설했다.

당시 중국과 일본 사이에는 심각한 경제 분쟁이 발생했다. 중국이 상하이 외곽 지역에 현대식 철강 공장을 설립하는 일과 관련하여 일본과의 계약을 어긴 사건이었다. (중국이 기술설비를 구매하고 공장을 설립하는데 소용될 비용을 충당하기 위해 일본에 중국 석유를 더 많이 수입하도록 강요했다.) 그러나 두 나라는 우호관계 기조를 유지했다.

1970년대와 1980년대 초, 일본은 중국 내에서 아주 긍정적인 이미지를 갖고 있었다. 일본이 아시아의 경제 및 과학기술 분야에서 가장 앞서나가고 있고 중국이 배울만한 대상이라고 여겨지고 있었다. 1980년에 필자는 현지조사차 충칭에서 한 달을 보낸 적이 있는데, 정부 관리들을 위해 만들어진 초대소에 머물렀다. 저녁이 되면 쓰촨 지역 관리들이 텔레비전 앞에 옹기종기 모여 앉아 일본의 경제 기적에 대한 일주일 분의 다큐멘터리를 시청했다. 중국 관리들이 가장 인상적으로 꼽은 것은, 일본이 아주 현대화된 사회였음에도 불구하고 부모를 잘 모시고 전통문화를 잘 간직하고 있는 모습이었다.

덩샤오핑 집권기에 중국과 일본은 무역 증진을 위한 협정 및 중일평화우호조약(中日和平友好條約)을 체결했다. 그리고 조어도(釣魚島)에 대한 영유권 분쟁으로 양국간 우호관계가 위기에 처했을 때, 덩샤오핑은 사태처리를 보류하며 "다음 세대가 해결하도록 넘기는 게 좋겠다"는 발언으로 입장을 대신했다.

1982년 처음으로 일본교과서 논란이 불거졌을 때 중국 정부는 강력히 대응했다. 1987년 일본 법원이 1950년에 중화민국 정부가 매입한 학생기숙사(光華寮) 소유권을 중화인민공화국이 아닌 대만 정부에 넘겨 줬을 때도 중국 정부는 강하게 반발했다. 그러나 한 정책 자문가의 설명에 따르면, "덩샤오핑은 상황을 잘 통제했고 끓어오르는 국민정서를 재빨리 가라앉혔다"고 한다. 그는 또한 당시 일본의 태도가 지금과는 사뭇 달랐다고 덧붙였다. (지금은 거의 찾아볼 수 없게 된) 일본의 좌파 지식인들은 중국인들과 같이 일본 교과서들에 비판적인 입장을 갖고 있었다. 나카소네 총리도 1985년 문부성에 교과서 내용을 개정할 것을 요청하는 입장이었다. (이후 일본 교과서는 여러 차례 개정되었으며, 일부 교과서 내용은 보다 더 균형잡힌 시각을 보여줬다. 반면 일본이 전시에 저지른 범죄에 대한 내용을 채택하지 않은 교과서도 있다. 이 교과서들이 2005년 중국인들의 격한 항의를 촉발시키기에 이른 것이다.)

1993년 중일관계는 유엔평화유지 활동에 양국이 군대를 공동으로 참여시키는 안을 논의할 정도로 호전되었다.

1985년 반일 학생시위

1985년 9월 18일 아침, 베이징의 대학들에서 일본의 만주 침략을 기념하는 행사가 거행되었는데, 학생들이 승인 없이 천안문 광장으로 몰려가면서 대규모 시위로 이어졌다. 시위대는 '일본 군국주의를 타도하라', '나카소네를 타도하라', '일본 제품을 거부하자', '제 2의 침략을 반대한다' 등의 슬로건을 외쳤다. 일제상품에 대한 슬로건은 당시에 일제 상품이 지금보다 중국시장에서 다른 외제품보다 훨씬 높은 비율을 차지하고 있었음을 알려준다. 수 주 동안 유사한 시위가 다른 도시에서도 일어났다. (인터넷이나 휴대폰이 개발되기 전이었지만 전화를 통해 소문이 전해졌다.) 일본 교과서의 내용과 총리의 야스쿠니 신사참배가 사건의 도화선이 되었는데, 20년 후의 지금과 판에 박은 듯이 똑 같은 상황이다.

당시 TV에서는 '한 지붕 네 세대(四世同堂)'라는 연속극이 방영되고 있었는데, 항일전쟁 시기에 한 가족이 겪은 고난과 곤경을 드라마화한 내용이었다. 이 드라마도 시위를 촉발시키는 데 일조했을 것이다. 반면에 일본 측의 반응은 상당히 자제하는 분위기였다. 일본은 경제번영의 흐름을 타고 있었고 일본 정부는 국내적 지지를 자신하고 있었다.

중국과의 관계를 중시했던 나카소네 야스히로 총리는 중국의 화를 누그러뜨리기 위해 교육 당국에 교과서 개정을 지시했다. 그는 당시 선거를 치르고 있었음에도 불구하고 '이웃 나라의 국민 정서를 신중히 배려하는 차원에서' 다시는 신사참배를 하지 않겠다고 약속했다. 당시 중국 지도부는 후야오방(胡耀邦)이 당 총서기였고, 자오쯔양(趙紫陽)이 국무원 총리를 맡고 있었다. 덩샤오핑은 공식 지위를 갖고 있지 않았지만 자타가 공인하는 중국 최고의 지도자였다. 그들은 국내외의 압력에 시달려야 했지만

2005년의 당 지도부보다는 일본에 대해 더 많은 배려를 보여줬다.

당의 선전조직을 책임지고 있던 지도자가 작성한 권위있는 장문의 글은 "힘들게 쌓아온 중일 간의 우호관계를 소중히 하자"는 제목으로 시작되었다. 글은 일본 국민들을 변호하는 내용으로, 극소수의 일본인들만 일본정부의 군국주의를 지지했다는 것을 강조했다. 학생들이 국내에서 나카소네 총리의 야스쿠니 신사참배에 대해 시위를 벌이고 있는 중에도 자오쯔양은 달리 강경한 입장의 성명을 발표하지 않은 채 뉴욕에서 개최된 유엔총회에서 나카소네 총리를 만났다. 같은 기간에 후야오방 당 총서기도 '중일우호 21세기 위원회' 회원들을 접견했다. 과거를 돌이켜 보면, 당시의 지도자들이 더 공개적으로 대일관계를 보호하고자 했다.

2005년의 반일 학생시위에서는 학생들의 애국심을 높이 평가해주는 대신에 '열심히 공부할 것'과 '조국을 더 강하고 번영된 사회주의 대국으로 만들 것'을 촉구하는 등 비교적 완곡하게 사태를 다뤘다. 학생들을 향한 이 당부들은 리펑 부총리가 1985년 12월 9일, 1935년에 일어난 반일 학생시위의 50주년 기념식 날, 자발적으로 일어난 시위를 저지하기 위해 6천여 명의 청년들 앞에서 행한 연설의 일부였다. 지금도 그렇지만 당시에도 반일 시위에 참여했다는 이유로 처벌받는 학생은 없었다.

덩샤오핑과 지도부는 국내외적으로 어떤 대가도 치르지 않고 원만히 반일 시위를 수습하는 것처럼 보였다. 그러나 실제로 시위에 대한 억제는 정치적 후유증을 불러 일으켰다. 오늘날 중국 지도자들은 당시의 역사적 교훈을 바탕으로 미래 유사한 문제가 발생하는 것을 피하기 위해 대책을 연구하고 있을 지도 모른다.

시위의 정치적 후유증

1985년 반일 시위가 막을 내린 후, 학생들은 국가의 강한 힘을 실감하고 마지못해 학교 캠퍼스로 돌아갔다.

베이징대 학생들은 "12월 9일의 정신을 되살리자"라는 구호를 내걸면서 다시 돌아오는 1935년 반일시위 기념식 날에 시위를 재개할 것을 촉구했다. 그러나 공산당은 12월 9일에 어떤 시위도 일어나지 못하도록 단단히 조치를 취했다. 캠퍼스에 붙은 대자보(지금의 인터넷 게시판이 발명되기 전 주로 사용된 낮은 기술 단계의 정보 유통수단이라고 할 수 있겠다)에는 정부가 국민들을 '감시받아야 할 노새'나 '멍청한 촌놈' 정도로 다루고 있다고 비난했다.

학생들의 대자보에는 "이웃 나라의 기분을 언짢게 만들까 봐 무서워서 중국의 지위가 떨어지고 국민들이 냉담해지는 것을 신경 쓰지 못하고 있다"고 정부를 비웃는 내용들이 적혀 있었다. 학생들의 분노는 고조되었고 1986년 또 다시 12월의 기념일이 돌아왔을 때, 허페이(合肥), 상하이, 우한, 선전, 난징, 그리고 베이징 등지에 있는 학교의 학생들은 캠퍼스를 나와 시위를 벌였다. 시위는 1987년 초까지 지속되었다. 이번에는 학생들이 일본이 아니라 자신들의 정치체제가 갖고 있는 문제들에 칼끝을 겨눴다. 플래카드와 대자보에는 민주주의와 자유를 촉구하는 글들이 적혀 있었다. 당시 상하이에서 시위 모습을 지켜봤던 제프리 워써스트롬(Jeffrey Wasserstrom) 교수의 관찰에 따르면, 시위 운동의 주 목표는 시위 자체에 대한 권리를 쟁취하려는 것이었다고 한다. 학생들은 특히 1985년과 1986년에 있었던 자신들의 시위가 언론에 한 번도 보도되지 않은 것에 분개했다. 그들은 국민들에게 진상을 알릴 것과 시위대가 왜 시위를 하고 있는지 방송을 통해 설명할 시간을 줄 것을 관영매체들에 요구했다.

베이징의 학생들은 학생들의 투쟁을 비판한 관영 신문을 사람들 앞에서 불태웠다. 홍콩의 한 잡지가 보도한 바에 따르면, 베이징대학 학생들의 최대 목표는 완전한 언론의 자유와 출판의 자유였다고 한다. (2005년의 학생 시위에서는 정부에 대한 공개적인 비판이 없었고, 정치개혁 관련 문제도 제기되지 않았다. 그러나 학생들은 본교 학생이 아닐 경우 인터넷 게시판을 이용할 수 없게 제한하는 새로운 규정을 비롯하여 여러 인터넷 규제 등에 몹시 불만스러워하고 있었다.)

학생들의 눈에는 자신들의 시위 관련 뉴스가 차단되는 등 국가에 의해 검열 및 통제되고 있는 중국의 매체와 해외 매체의 보도가 너무나 명확히 대비되었다. 특히 인터넷 기술에 능하여 정부의 인터넷 필터를 우회하는 방법을 알고 있는 학생들에게는 더욱 그랬다. 대신에, 1980년대 학생들의 시위를 야기시켰던 비정치적 성격을 갖는 불만들은 2005년에는 더 이상 존재하지 않는다. 예를 들면, 대학 졸업생에 대한 국가의 직업 분배나 인플레이션, 그리고 캠퍼스 내의 열악한 생활 조건 등이다. 1989년에 일어난 세 번째 시위의 물결은 눈덩이처럼 전국적으로 확대되어 체제를 무너뜨릴 뻔했던 천안문의 격변으로 이어졌다. 이 세 번의 시위 운동(1985년, 1986년, 1989년) 과정에서 학생들은 위협을 거의 느끼지 않았다. 당 지도부 내에 학생들을 지지하는 듯한 목소리들이 공존하고 있었기 때문이다. 학생들은 정치적 일치성을 강조하는 당의 겉모습 뒤에 숨겨진 이면을 의식하게 되었다. 대일정책과 정치개혁 등 두 가지 사안이 서로 얽히면서 최고지도자들 내부에 발생한 분열의 징후를 신문 사설 등을 통해 감지할 수 있었다.

1980년대에 당 총서기 후야오방은 중일관계와 정치개혁에 대해 가장 직언을 하며 옹호하던 사람이었다. 후야오방은 1984년에 3,000명의 일본 청년들이 중국을 방문하는 활동을 직접 주관했다. 이 프로젝트는 대중의 관심을 많이 끌었을 뿐만 아니라 많은 비용이 드는 활동이었다. 후야오방은 또한 나카소네 일본 총리와 그 가족을 자신의 집에 초대하여 접대했다. 중국 지도자로서는 아주 이례적인 일이었다. (당시 필자는 베이징에서 연구를 하고 있을 때인데, '제일(第一) 유치원'을 다니고 있던 딸아이가 유치원을 방문하는 일본 손님들을 환영하기 위해 특별히 노래와 율동을 배워 왔던 기억이 남아 있다.)

후야오방은 또한 지식인들이 정치개혁에 대한 공개토론을 할 수 있도록 장려했고, 그들 중 일부는 시위 운동 과정에서 주도적 인물이 되었다. 덩샤오핑은 원래 대일관계와 정치개혁 의제에 해해 후 총서기를 지지했다. 그러나 1986-1987년 기간에 일어난 시위 운동에 격분하면서, 덩샤오핑은 보수파들과 입장을 같이하여 후 총서기를 비난하고 그를 권좌에서 쫓아냈다. 후야오방의 축출은 현재 및 미래의 중국 지도자들에게 아주 생생한 교훈이 된다. 후(胡)가 몰락한 후, 그 어떤 지도자도 일본에 부드러운 태도를 보이려 하지 않았다.

일본과의 관계를 안정시키려고 덩샤오핑이 나선 것은 1985년 반일 학생시위의 평화적 종결에 결정적인 역할을 했다. 시위가 일어난 지 몇 주 후의 10월 10일, 덩샤오핑은 베이징에서 일본 외무상과 회동했고, 일본 총리가 더 이상 야스쿠니 신사를 참배하지 않을 것이라는 데 비공식으로 협정이 맺어진 것으로 알려졌다. 대신에 중국 정부는 더 이상 나카소네 총리를 공격하지 않기로 했다. 주일대사 왕이(王毅)는 2005년 도쿄에서의 한 연설에서 1985년에 쌍방 정부간에 '신사협정'이 맺어진 사실을 밝혔다. 만약 일본의 고위층, 즉 총리, 관방장관, 외무상 등이 더 이상 야스쿠니 신사를 참배하지 않는다면, 그 답례로 중국은 제 2선의 인물들이 참배하는 것에 대해서는 비난하지 않겠다는 약속이었다. 2005년 나카소네 총리는 '신사협정'의 존재를 부인했다. 1985년 나카소네가 야스쿠니 신사를 참배한 후 11년간 일본 총리들이 야스쿠니를 방문하지 않은 것은 덩샤오핑이 개인적으로 맺은 암묵적 합의 정도로 보인다. 2005년 필자가 왕이를 접견했을 때, 그가 일본과의 비공식 협정을 회복시키려 애를 쓰고 있다는 것을 알게 되었다. 그의 이런 노력은 충분히 예상할 수 있는 것이다. 그러나 왕이와 고이즈미 사이에는 운이 따르지 않았다. 중국 정부가 고이즈미에게 너무 공개적으로 신사참배를 중단할 것을 요구함에 따라, 자국민에게 너무 약한 모습을 보이지 않으면서 중국의 요청을 순순히 따르는 것이 불가능해졌다. 왕이는 총리직을 승계할 가능성이 가장 높아 보이던 아베 신조와 잘 되기만을 바라야 했다.

아베 신조가 지닌 강경한 민족주의자로서의 이미지가 그로 하여금 야스쿠니 신사 참배에 대해 더 유연하게 행동할 수 있는 정치적 보호막이 될 수도 있었다. 미국이 중공과 관계를 여는 데 리처드 닉슨의 정치색이 도움이 되었던 것과 유사한 상황이었다.

장쩌민의 '애국주의 놀음'

장쩌민이 덩샤오핑의 권력을 승계하게 된 것은 사실 1989년 천안문 사건 후 정치적 타협의 산물이었다. 장(江)은 덩샤오핑의 건강이 악화되자 1994년과 1995년 기간부터 실권을 장악하게 되었다. (덩샤오핑은 1997년에 92세의 나이로 생을 마감한다.) 마오쩌둥이나 덩샤오핑과 달리, 장쩌민은 자신감이 결여된 인물이었다. 장쩌민은 정치적 라이벌들의 도전과 자신에 대한 대중들의 태도에 대해 늘 전전긍긍했다. 천안문 사건의 기억과 위기의식이 생생하게 남아있었고, 결과적으로 그는 점점 더 민족주의 여론에 귀를 기울이게 되었다. 1980년대 상하이 시장으로 있던 장(江)은 반일 시위를 벌이는 학생 시위대와 직접 대면한 적이 있는데, 이 기억이 그를 두려움에 빠지게 만들었는지도 모르겠다. 1986년 12월 장쩌민은 모교인 교통대학에서 학생들에게 시위를 중단하라고 촉구하는 연설을 한 적이 있는데, 학생들은 그에게 "진부한 이야기만 늘어놓고 있다"고 야유를 보냈다. 그의 개인사에서도 일본의 중국 점령은 지울 수 없는 나쁜 기억으로 남겨져 있었다.

시간이 지날수록 장쩌민은 미국과의 관계를 개선하는 데 더 많은 공을 들였다. 반면에 일본과 관련해서는 한 발자국도 물러서지 않았고 전임자들에 비해 역사문제 등을 더 공격적으로 다뤘다. 중국 외교부의 한 고위 관료는, 마오쩌둥과 덩샤오핑 시대에는 중국이 일본을 회유하기 위해 노력했으나, 장쩌민 시대에 와서는 그런 노력이 거의 없다는 것을 인정했다. 이 고위 관료는 중일관계의 악화가, 일본 경제가 주춤하면서 중국의 부상을 질시하는 일본 측의 태도와 관련이 있다고 해석한다. 그러나 다른 이들은 장쩌민의 책임여부에 대해 그리 관대하지 않은 편이다.

한 싱크탱크 전문가는 필자에게 이렇게 말했다. "마오와 저우는 일본을 증오할 절대적인 도덕적 정당성을 갖고 있었습니다. 그러나 그들은 전략적으로 사고했기 때문에 책임지고 일본과 좋은 관계를 건립하는 임무를 수행했습니다. 이에 반해 장쩌민은 단지 애국자 놀음을 하고 있습니다."

장쩌민 집권기에 중국은 계속해서 자본주의 경제를 지향하고 있고, 이에 따라 민족주의가 공산주의를 대체하고 있다. 국민들이 당을 지지할 수 있는 정당성을 확보하기 위한 것이다. 1994년부터 중앙선전부의 '애국주의 교육 운동'은 학교와 매체를 통한 사회화 과정에서 가장 지배적인 주제가 되었다. 국가에 대한 민족주의적 경향을 고양함으로써 국민들, 특히 젊은 사람들의 충성심을 확보하려는 것이다. 1995년 제2차 세계대전 종식 50주년 기념일이 가까워오자 학교와 대중매체들은 일본의 중국 침략 역사를 전면적으로 부각시켰다.

1995년 여름 장쩌민 주석은 고위급 간부들을 이끌고 중국의 대일항전 승리를 기념하는 공식 기념행사에 17차례 참석했다. 1985년에 건립된 '난징대학살 기념관'은 1995년에 확장공사를 진행했다. (난징 시정부는 2005년에도 기념관 확장계획을 발표했는데, 여러 차례 진행된 확장 사업은 모두 민족주의가 고조된 시기에 추진되었다.) 난징대학살 기념관은 중국 대중 민족주의의 상징이 되었고 일본 야스쿠니 신사와 대척점에 서 있었다. 2000년 12월 난징대학살 기념관이 곧 철거될 것이라는 잘못된 소문은 지방에서 격렬한 폭력시위까지 불러 일으켰다. 2002년에 한 지역 인사가 좀 더 미래지향적인 태도를 갖자는 의미에서 '난징대학살 기념관'을 '난징 국제평화센터'로 개조하자고 주장한 적이 있는데, 그는 지역신문을 비롯하여 여러 인터넷 웹사이트에서 비애국적이라는 이유로 강한 질타를 받아야 했다.

그나마 긍정적인 징후는 가장 최근의 확장공사에서 기념관의 규모를 확대하는 것 외에 국제평화 광장을 기념관 옆에 만드는 것이 포함되었다는 것이다. 중국 정부는 《난징 대학살: 제2차 세계대전의 잊혀진 홀로코스트(The Rape of Nanking: Forgotten Holocaust of World War II)》라는 베스트셀러를 쓴 중국계 미국 작가인 고(故) 아이리스 장(Iris Chang)을 기념하기 위해 두 개의 동상을 세울 것을 의뢰했다. 하나는 난징대학살 기념관에, 다른 하나는 캘리포니아 산 호세에 위치한 그녀의 집 부근에 세우도록 기획했다. 2005년 7월, 지방 선전기관 간부들이 대대적으로 참석한 난징대학살 기념관의 기념의식에서 중국 최대의 인터넷 뉴스사이트인 시나닷컴(新浪網)은 난징대학살의 역사적 기록을 주제로 하는 사이트를 개설하겠다고 선언했다.

장쩌민이 애국주의 교육 캠페인을 추진함으로써 중국 내 반일정서가 격앙되었다. 이로 인해 중일관계는 1972년 국교정상화 이후 1995년에서 1996년 사이에 가장 바닥을 기록했다. 그리고 악순환이 계속되었다. 길버트 로즈만(Gilbert Rozman) 교수는 "중국이 일본의 경계심을 부추겼으며, 그 경계심을 근거로 일본이 중국에 호의를 가지고 있지 않다고 선전했다"고 평가했다.

중국은 일본의 핵실험 중지 요청을 무시했고, 1995년 세 번에 걸쳐 핵실험을 진행했다. 일본 측은 중국에 대한 원조를 끊음으로써 자신들의 실망감을 표시했다. 중국 측은 역사와 관련된 불만들을 쏟아내며 원조가 전시배상의 의미를 갖는 것이기 때문에 지속되어야 한다고 주장했다. 댜오위다오(釣魚島, 일본명 센카쿠 열도)와 관련한 양측의 긴장이 다시 고조되었고, 류타로 하시모토 일본 총리는 야스쿠니 신사를 개인 자격으로 참배했다. (1985년 이래 일본 총리로서는 첫번째 방문이었다. 나카소네 총리와 고이즈미 총리의 참배는 공식적인 것이었다.)

워싱턴과 도쿄는 쌍방의 군사동맹을 다루는 가이드라인을 재조정했다. 양측이 지역 위기에 대응해야 할 때 일본 정부가 자국 내에 있는 미군을 지원할 수 있도록 하기 위함이었다. 중국 정부는 격렬한 반대를 표시했는데, 이 조치가 대만을 협력 방어하기 위한 것이라고 인식했기 때문이다.

당시 필자는 중국 외교부의 고위 관료와 가진 사적인 자리에서, 미국, 중국, 일본 사이에 3자 회담을 갖는다면 상호불신을 가라앉히는 데 도움이 될 것이라고 제안한 적이 있다. 그러나 그는 놀라울 정도로 오만한 태도로 필자의 제안을 거절했다. 그리고 다음과 같이 말했다. "알다시피, 일본은 중국이나 미국처럼 '진정한' 대국이 아니지 않습니까……"

당연히 중국과 일본 대중들의 태도도 점점 적대적으로 변해 갔다. 1996년 말, 《중국 청년보》에서 젊은 층을 대상으로 진행된 그다지 과학적이라고 여겨지지는 않는 한 여론조사에서, '일본'이라는 단어를 들었을 때 가장 먼저 난징대학살을 떠올리게 된다는 비율이 83.9%에 달했다. 그리고 81.3%의 사람들이 '일본인들은 인정하지 않는다'와 '항일전쟁'을 떠올린다고 응답했다. 일본인이 어떻다고 생각하느냐는 질문에는, 56.1%의 사람들이 '잔인하다'를 선택했다. 일본 정부의 여론조사에서는, 중국에 대해 '호감'을 갖고 있다고 응답한 비율이 1988년에 68.5%에 달했으나, 천안문 사건 이후인 1989년 말에는 51.6%까지 내려갔고, 1996년에는 39.9%까지 떨어졌다.

장쩌민의 일본 방문

장쩌민은 1998년 일본 국빈방문을 추진했는데, 방문 내내 외교적 파장을 불러 일으켰다. 외교를 국내정치화하는 그의 행보를 여실히 보여주는 사례였다. 중국과 일본의 외교관들은 당시 외교적 파국이 일어난 전말에 대해 별 이견이 없었다. 장쩌민 주석은 한국의 김대중 대통령이 일본을 방문한 한달 뒤인 11월에 일본으로 향했다. 원래는 김대중 대통령보다 앞서 일본을 방문할 예정이었으나 일정에 변동이 생겼다. 일본 정부는 다시는 역사문제를 제기하지 않을 것이라는 김대중 정부의 약속을 대가로 식민지

시기에 대한 서면사과문을 전달했다.

장쩌민이 일본 방문을 기획하는 단계에서는 중국 외교부가 일본으로부터의 서면 사과를 요구할 계획이 포함되어 있지 않았다. 원래 다루려고 했던 세가지 사안은 대만, 미일동맹 문제, 그리고 역사문제에 대한 것이었다. 그러나 장쩌민 주석은 김대중 대통령이 서면 사과를 받은 것을 본 후, 자신도 사과문을 얻어 국민들에게 가져가야겠다는 결심을 하게 된다.

양국은 충분한 사전교섭의 시간이 부족했다. 일본 전문가이기도 한 중국 외교부장 탕자쉬안(唐家璇)은 서면사과를 받아야 한다는 장쩌민의 요구를 지지할 수 밖에 없었다. 자신이 일본의 앞잡이가 아니라는 것을 보여줄 필요가 있었기 때문이다. 일본 정부의 관료들 중에는 서면 사과를 하는 것에 동의하는 사람들도 있었다고 한다. 그러나 게이조 오부치 총리는 외무성의 고위급 자문단을 소집하여 다음과 같이 물었다. "중국이 정말 역사문제를 포기할 것이라고 믿는가?"

결국 외무성의 관료들은 오부치 총리에게 구두상의 사과만 할 것을 조언했다. 그 이유는 중국이 한국과 달리 성의가 느껴지지 않기 때문에 서면 사과를 받더라도 역사문제를 거론하지 않겠다는 그들의 약속을 믿을 수 없었기 때문이다. 일본 측에서는 중국과 장쩌민이 계속해서 '역사문제'라는 카드를 사용할 것이라고 보았다. 중국 측은 일본 방문을 취소하는 것까지 논의했지만, 다른 정치지도자들과 마찬가지로 장쩌민도 자신의 설득력을 과신했다. 자신이 도착하자마자 원하는 것을 얻을 수 있을 것이라고 생각했다.

장쩌민은 다른 두 주제(대만 문제, 미일동맹 문제)는 미뤄 놓고, 역사 문제에만 온 힘을 기울였다. 텔레비전에 방영된 천황과의 만찬을 포함하여 모든 공개석상에서 장쩌민은 자신의 입장을 고집하면서 일본 측을 압박했다. 좌파 진영의 사람들을 포함하여 모든 일본인들이 장쩌민이 매우 무례하다고 느꼈다. 결국 장쩌민은 빈 손으로 돌아와야 했다. '인민일보'는 장쩌민 주석의 일본 국빈방문을 매우 성공적인 것으로 보도했지만, 영문판 '차이나 데일리(China Daily)'는 장쩌민에게 서면 사과를 하지 않은 것에 대해 일본정부를 비난했다. 중국 외교부 입장에서는 달갑지 않은 일이었다.

중국 대중들은 외교부장인 탕자쉬안에게 비난의 화살을 돌렸고, 탕 외교부장은 이에 대해 큰 모욕감을 느꼈다. 장쩌민 주석조차도 실패의 책임을 탕 외교부장에게 돌렸다. 일본 방문 이후, 장쩌민은 자신이 개인적으로 일본인들에게 모욕을 당했다고 느꼈다. 그러나 외교부 관료들과 다른 고위급 지도자들은 반성하기 시작했다. 일본 전문가들은 중국이 역사문제에 너무 집착함으로써 일본 내에서 큰 반발심을 만들어 내고 있고 '상황이 매우 심상치 않다'는 내용의 분석을 당 중앙위원회에 보고했다.

장쩌민 주석의 대외적 이미지를 책임지고 있는 국무원 신문판공실 주임인 자오치정(趙啟正)은 1999년 초 일본을 방문했는데, 당시 들은 얘기들에 큰 충격을 받았다. 자오치정은 중국이 현재 모든 일본인들을 적으로 만들고 있다고 장쩌민에게 개인적으로 보고했다. 중국 정부는 필히 일본과의 폭넓은 협력관계를 증진할 방법을 찾아야 했다. 그러나 장쩌민은 이런 조언들을 귀담아 듣지 않았다. 심지어 그의 심복인 쩡칭홍(曾慶紅)의 말에도 귀를 닫았다. 장쩌민은 쩡칭홍이 몇몇 보수성향의 자민당 지도자들과 만난 것에 대해 비난했다.

당 중앙 외사영도소조(外事領導小組: 핵심 외교안보정책을 결정하고 장쩌민이 주관하는 그룹)는 최종적으로 장쩌민을 설득하여 대중들이 특별히 관심을 갖지 않는 대일 관련 이슈에 대해서는 외교부가 보다 실용적인 접근을 할 수 있도록 허락했다.

일본에 대한 새로운 사고

중국은 2000년부터 새로운 태도를 취하기 시작했다. 그 새로운 태도의 기본 정신은 역사논쟁의 열기를 가라앉히고 일본인들의 의혹을 불식시키자는 것이었다. 그렇게 함으로써 역사 문제가 단지 여러 의제 중에 하나가 되도록 하는 것이었다. 새로운 노선은 고전적인 표현을 동원했다. 즉, "역사를 거울로 삼고 미래를 향해 나아가자"라는 구호를 앞세우며 미래적 관계를 증진하는 데 집중하자는 것이다.

탕자쉬안 외교부장은 일본 기자들과 가진 한 인터뷰(중국 언론에는 보도되지 않았음)에서 중국이 일본과의 관계를 '장기적이고 전략적인 관점'에서 판단할 것이라고 말했다. 각종 국제적 긴급 상황에서 일본 정부가 군사적 대응을 할 수 있도록 허용하는 법안을 일본 의회가 통과시켰을 때 중국 정부는 놀라울 만큼 신중하게 반응했다. 소위 '미소 외교(smile diplomacy)'라고 불린 중국의 변화를 일본 측도 감지했다.

주룽지 총리는 2000년에 일본을 방문하면서 중국에 대한 일본인들의 인식을 개선하기 위해 새로운 접근법을 취했다. 주 총리는 발언 중에 눈에 띌 만큼 역사문제를 거론하지 않았으며 질문을 받았을 때만 응대하는 식이었다. 그리고 TV 생방송에서 일본 국민들과 친밀한 대화를 나눴다. 주 총리는 2차 대전 시기의 전시 역사에 대한 질문을 받았을 때, 중국과 일본의 국민들 모두가 고통을 겪었기 때문에 일본인들만 비난 받아서는 안 된다고 답했다.

현장에서 총리의 메시지를 조율하기 위해 주 총리를 수행했던 외교부 아주사(亞洲司)의 고위 관료들의 관점에서 보면 이 방문은 대성공이었다. 중국 외교관들은 위기를 유발할 수 있는 사건에 대해 침착하게 대응하면서 일본과의 관계를 안정시키기 위해 노력했다. 그 예로 2001년 동중국해 해상에서 일본 해상 자위대 함정들이 국적 불명의 한 선박을 추격해 발포한 일이 있었다. 후에 그 배는 북한 선박으로 밝혀졌다. 북한 선박은 반격하며 황급히 도주했지만 중국 연안에서 침몰됐다. 중국 외교부는 일을 크게 만들지 않고 일본이 그 선박을 인양하도록 했다. 한 중국 장교의 설명에 의하면, 이 사건이 비교적 쉽게 처리된 것은 북한의 선박에 대해 "사람들이 별로 관심을 가지지 않았기 때문"이었다.

유럽에서 프랑스와 독일이 했던 것처럼, 중국 또한 다자주의적 틀에서 일본과의 협력을 강화하려고 노력했다. 중국 정부는 중국, 일본, 한국 간의 삼자 협의를 제안했는데, 우선 경제적 사안에 초점을 맞추고 정치 및 안보 이슈에 대해서는 후순위로 두었다. 아시아 금융 위기를 다루기 위해 '아세안 플러스 3' 정상회담이 1997년에 처음 개최되었고, 2000년부터는 매년 정기적으로 회담이 열렸다. 중국 외교부는 일본을 대등하게 존중하며 더 이상 지역 리더십에서 배제하지 않겠다는 의미로 삼자간 고위급 회동을 적극 추진했다. 다자간 외교 활동은 신문 1면에 거의 나오지 않기 때문에 이러한 구상은 국내적으로 거의 방해를 받지 않았다. 한편 폭넓은 인맥을 가진 중국의 주요 싱크탱크 전문가들은 국제 심포지움 등에서 일본에 대해 보다 관대한 메시지를 보내기 시작했다.

필자는 동북아협력대화의 기획자 역할을 하면서 이러한 진화의 과정을 지켜봤다. '동북아협력대화'는 중국, 일본, 미국, 러시아, 북한, 한국의 관료들과 학자들이 함께 참여하는 비공식 안보 포럼으로 1993년부터 시작되었다. 몇 년 동안 중국측 참가자들은 군국주의 부활과 미사일 방어체제에 대한 미국과의 협력을 근거로 일본을 비판하는 장광설을 늘어놓기 일쑤였다. 하지만 2001년부터는 태도를 확 바꾸고 일본의 정책에 대해 거의 비판하지 않았다. 2002년 개최된 중일 포럼에서는 중국 국가안보부(미국 CIA에 해당)와 연계된 싱크탱크의 책임자가 중국이 미일안보동맹에 반대하지 않는다는 발언을 공개적으로 했는데, 일본 측은 놀라움을 금치 못했다.

대중매체와 인터넷의 역류

2001년 8월, 고이즈미 총리가 야스쿠니 신사를 참배하기로 결정하면서, 중국 외교부의 대일 정책에서 실용주의적 접근은 국내적으로 큰 시련을 겪게 되었다. 같은 해 10월, 아시아 각국과 미국의 지도자들이 '아태경제협력회의(APEC)' 정상회담 참석차 상하이에 모였다. 중국은 이 행사를 통해 경제 강국이자 외교 강국으로서의 실력을 과시하기 원했다. 중일간의 마찰로 인해 이 행사에 불똥이 튀는 것을 원치 않았다. 미국에서 9.11 테러 사건이 발생한 직후, 고이즈미 총리는 하루 일정으로 베이징을 방문했다. 장쩌민 주석과 주룽지 총리를 만나 사태를 수습하기 위함이었다. 일본 전문가이자 외교부 부부장인 왕이(王毅)와 주중 일본대사 간에 고이즈미 총리의 후속 일정이 논의되었다. 고이즈미는 베이징 교외의 노구교에 있는 항일전쟁기념관을 방문했다. 이곳은 1937년 전쟁이 시작되었던 곳으로, 상징적 의미가 큰 일정이었다. 고이즈미 총리는 일본의 침략으로 희생당한 영정들에 사과하며, 전쟁 중에 죽은 군인들을 기념하기 위해 세워진 중국 병사의 동상에 헌화했다.

그러나 고이즈미 총리가 2002년 봄에 두번째로 야스쿠니 신사를 참배했을 때, 중국 외교관들의 그 어떤 노력도 대중 매체와 인터넷의 반발을 막을 수 없었다. 장쩌민 주석은 배신감을 느끼는 것처럼 보였다. 장 주석은 고이즈미가 신사참배를 다시는 하지 않겠다고 자신에게 약속했었음을 알렸다. 이후 고이즈미는 중국의 초대를 받지 못했다.

균형적 태도

현재 중국의 지도자인 후진타오 주석과 원자바오 총리는 장쩌민 시대에 조성된 민족주의 정서를 달래면서, 다른 한편으로는 과도하게 분출되는 민족주의가 일본과의 충돌이나 국내적 불안정으로 이어지지 않도록 노력하고 있다. 이러한 균형적 태도는 지도자들에게는 큰 도전이다. 후진타오와 원자바오가 집권한 지 4년(2007년 당시) 정도가 지났지만 아직 그 권위가 확고하다고 볼 수 없기 때문이다. (장쩌민은 2005년 반일시위가 끝나고 얼마 지나지 않은 때 난징대학살 기념관을 방문했다. 소문에 따르면, 자신이 학생들의 뜻에 동감한다는 것을 보여주고 간접적으로 후진타오를 비판하기 위한 것이었다고 한다.) 한 영향력 있는 정책 자문가의 얘기에 의하면, 포스트 후진타오 시대의 지도부를 결정하게 될 2007년 중국공산당 17차 당대회를 앞두고, 후진타오가 장쩌민의 강경한 대일 정책을 폐기하는 것처럼 보이지 않으려고 조심하고 있다고 말했다.

중국 대중들은 당의 이러한 불확실한 태도를 반일 시위를 벌여도 된다는 청신호로 해석했다. 이로 인해 중일 관계는 더욱 악화되었다. 중국 교육부는 1980년대 초 이후로는 처음인 2001년에 중고등학교 역사 교과서를 수정했다. 교과서에서 맑스주의 이데올로기의 색깔을 벗어버렸다. 세계사와 중국사를 결합시켜 중국과 세계의 연결성을 강조하는 한편, 미국의 역할에 대해 부정적 묘사를 피했다.

그러나 일본에 대해서는 훨씬 더 부정적이고 감정적으로 다루었다. 새로운 판본의 교과서는 특별히 일본의 중국 침략 역사를 상세히 서술하고 있다. 1894년에서 1895년 간의 청일전쟁을 시작으로 1931년의 만주 점령, 2천 2백만 명의 중국인이 죽거나 부상당한 1937년에서 1945년 사이의 전면전에 대해 상세히 서술했다. 과거의 판본보다 훨씬 생생한 서술이었다. 각각의 전투에 대한 무미건조한 설명 대신에, 새로운 교과서에서는 난징에서 일어난 살해와 방화 장면, 파괴되고 약탈당하는 마을의 모습, 그리고 포로들에게 생화확 무기를 실험하는 등의 끔찍한 장면들이 담긴 사진들이 게재되었다. 각 장의 후반부에는, "일본의 우파들은 난징 대학살과 관련하여 일본군이 잔악행위를 저질렀다는 것을 강하게 부정하며 단지 전시행동에 불과하다고 말한다. 이에 대해 어떻게 생각하는가?"와 같은 토론 주제가 첨부되었다.

새로운 교과서에서는 또한 일제의 침략과 대만을 잃어버리게 된 사건 사이의 인과관계를 명확히 서술하고 있다. 교과서 집필자들이 일본에 대해 긍정적 서술을 외면한 것은 사실 의식적으로 한 결정이었다. 교과서 수정을 위한 관련 기관들의 첫 회의에서, 참석자들은 한 관료의 다음과 같은 제안에 동의했다. "중일전쟁, 난징대학살, 미국의 벨그레이드 중국 대사관 폭격사건 등과 같이 '민족 정서'와 연결된 주제들은 그대로 놔두는 게 좋겠습니다. 그 외의 것들은 역사적으로 좀 더 정확하게 수정하도록 합시다." 일본이 제2차 세계대전 패배 후 이룬 경제 근대화에 대해 더 많은 소개를 하자는 일부 학자들의 제안은 부결되었다.

일본 정부는 중국측 협상 대상을 만나는 외교무대나 일본인들 위주의 모임에서 중국 교과서에 대해 문제 삼기 시작했다. 중국 외교부가 2005년 4월 새로 개정된 일본 교과서에 대해 이의를 제기하기 위해 주중 일본대사를 소환했을 때, 그 일본대사의 응수는 중국의 교육도 중국 젊은이들 사이에 반일정서를 부추기고 있지 않냐는 것이었다. 중국은 이와 같은 혐의를 부인했지만, 한 대학의 일본 전문가를 교육부 내 일본 문제를 심사하는 패널의 책임자로 임명했다. 중일 양국의 교과서 분쟁을 해결하기 위한 협상은 험난할 것이다. 그 어느 나라도 자신들의 아이들에게 무엇을 가르칠 것인지에 대한 결정권을 다른 나라에 양보하고 싶어하지 않기 때문이다.

역사 기념운동

반일정서를 부추기는 중국 정부의 노력은 교과서 수정에 그치지 않았다. 중국 공산당은 일본이 중국을 침략한 역사적 시기마다 그 날을 기념하는 행사를 대학과 각급 학교에서 계속 개최하고 있다. 1931년 9월 18일 일본군이 만주 남만철도의 일부를 폭파시키고 만주를 식민지화한 날, 1935년 12월 9일 베이지의 각 대학 학생들이 국민정부와 공산당 간의 싸움을 중지하고 일제에 저항하기 위해 힘을 합칠 것을 주장하며 시위를 벌인 날, 1937년 7월 7일 베이징 서쪽 교외에 위치한 노구교에서 중국과 일본 병력 간이 소규모 충돌이 전면전으로 확전된 날, 그리고 1945년 8월

15일 일본이 항복하고 제2차 세계대전이 종식된 날(중국인들은 미국과 그 동맹국들이 전쟁을 종식시키는 데 아무 공헌이 없는 듯이, 일제침략에 대한 항전 과정에서 '중국의 승리'라는 측면만을 부각시킨다)이 그 역사적 시기다.

기념 연설에는 중국 국민들의 영웅성을 찬미하고, 전시의 잔악행위에 대해 인정하지 않는 일본을 비난하며, 일본 군국주의의 부활의 위험성에 대해 경고하는 내용들이 담겨 있다. 매 5년마다 중앙선전부는 1945년 제2차 세계대전에서 중국이 일본에 승리를 거둔 것을 기념하는 대규모 기념식을 여러 달에 걸쳐 준비한다.

1년 전 혹은 그보다 더 오래 전부터 행사를 준비하며, 그 기간 동안 선전부 관리들은 TV 방송이나 영화관을 일본인의 야만성과 중국인의 용기를 보여주는 생생한 드라마로 뒤덮어 버린다. 저녁 7시에 방송되는 뉴스 시간에는 매일 몇 분씩 할애하여 항전의 역사를 소개한다. 문화 영역은 반일 선전으로 가득 메워진다. 이 기간에는 외국영화의 개봉도 뜸해진다. 2005년 항전 승리 60주년 기념행사는 4월의 반일 시위 전야를 기점으로 시작되었다.

공청단(共青團)의 통계에 따르면, 4천만 명이 넘는 젊은이들이 전쟁에서 목숨을 잃은 이들에게 헌화하기 위해 외침의 역사를 다루는 웹사이트(총 1,000여개 정도로 추산됨)에 접속했다고 한다. 텔레비전으로 생중계된 기념식은 만리장성을 배경으로 거행되었는데, 학생들이 다음과 같은 선서문을 낭독했다. "우리는 순국 선열들이 이루지 못한 소망을 기리며 민족정신을 계승해 나갈 것이다. 우리는 국가적 치욕을 결코 잊지 않을 것이며 평화를 소중히 여길 것이다."

반일 운동

중국 지도자들은 다른 외교정책 영역에서보다 시민들의 반일 운동을 관대하게 다루고 있다. 미국을 공격하는 웹사이트들이 폐쇄되는 동안 반일 웹사이트는 여러 해 동안 유지되었다.

2002년 5월에 개설된 《애국자동맹망(愛國者同盟網: www.1931-9-18.org)》이라는 웹사이트는 베이징의 소프트웨어 프로그래머인 루윈페이(盧雲飛)에 의해 만들어졌는데, 십만 명이 넘는 가입 회원을 확보하고 있고 총 15만개 이상의 게시글이 올라와 있다. 2005년 4월 17일, 《애국자동맹망》에는 반일시위에 대한 5,995개의 평론이 게시됐는데, 게시글에 대한 조회수도 몇 배로 증가했다. 반일 운동가인 통쩡(童增)은 베이징의 일본 대사관 앞에서 소규모 시위를 벌였다. 미국 대사관 앞에서는 허용되지 않는 일이었다. 1991년 일본에서 배상을 요구하는 편지로 자신의 반일운동을 시작한 통쩡은 회사에서 해고되고 1990년대 내내 중국 당국에 의해 베이징 밖으로 쫓겨나 있었다. 그러나 몇 년 전에 복귀가 허용되었고 지금은 아주 자유롭게 반일운동을 조직하고 있다.

후진타오와 원자바오가 권좌에 오른 후 중국 정부는 자국의 민족주의자들이 댜오위다오(釣魚島: 일본명 센카쿠 열도)에 어선을 상륙시키는 행동을 그대로 두었다. 이 섬에 대한 중국측의 입장을 강조하기 위함이었다. 홍콩과 대만의 민족주의자들은 1990년대에 여러 차례 아주 공공연하게 그 섬에 상륙하는 항해를 시도했다. 그러나 중국 정부는 자국 활동가들의 행동을 금지함으로써 일본과의 충돌을 피했다. 1996년 9월 한 일본 우익단체가 그 섬의 등대를 수리했을 때, 홍콩, 마카오, 대만, 캐나다 등지에 거주하는 수 만 명의 중국인들은 한 목소리로 분노의 시위를 벌였다. 베이징 당국은 이 문제를 조용히 지나갔으며 본토 지지자들의 합류를 막았다.

그러나 새로운 지도부는 댜오위다오(釣魚島: 일본명 센카쿠 열도)를 수호하고자 하는 민족주의자들의 활동을 풀어주었다. 〈중국민간조어도수호협회(中國民間保釣聯合會)〉 라는 단체가 1996년 설립되었다. (홍콩에서 등록되고 푸젠성(福建省)의 샤먼(廈門)에 활동지를 두고 있다) 이 단체는 규모는 작지만 지지세력과의 연대가 활발한 조직으로, 2003년 6월을 기점으로 섬으로의 상륙을 세 차례나 시도했다. 중국 관영 신문사들은 이 애국인사들이 2004년 1월 이 섬에 대한 원정을 단행하면서 10척의 일본 군함이 쏘는 물대포 공격을 견뎌냈다는 선동적인 보도를 전했다. 2004년 3월의 세번째 시도에서, 이 단체는 중국 최초로 상륙에 성공했으나 원정대가 전원 체포되었고, 근처 일본 오키나와로 이송되어 경찰의 심문을 받았다. 이후 대치상황은 피하려는 일본정부에 의해 곧 중국으로 보내졌다. 중국 관영 신문들은 이 단체의 준비상황과 상륙 스토리를 드라마틱하게 보도했다. 상륙행위에 대해 당지도부의 승인이 있었음을 분명히 보여주는 신호였다. 중국의 《애국자동맹망》의 활동가들은 논쟁적 이슈가 발생할 때마다 반일 정서를 부추기는 온라인 청원 운동을 벌였다. 이러한 움직임은 수년간 계속되었고 중국 정부의 특별한 저지를 받지 않았다.

《애국자동맹망》은 자신들의 웹사이트를 이용해 백만이 넘는 연대 서명을 받았다. 2003년 8월 일본이 매장해 놓은 일본 화학무기 때문에 상해를 입은 중국인들에 대해 일본정부의 배상을 요구하는 서명운동이었다. 그 다음 달 《애국자동맹망》은 10일만에 8만 명이 넘는 연대 서명을 받았다. 계획 단계에 있는 상하이와 베이징을 연결하는 고속철도 건설사업에 일본 회사가 참여하지 못하도록 중국 철도부에 요구하는 서명운동이었다.

관영 신문매체가 이러한 청원활동을 대대적으로 보도하는 것은 당국이 이러한 활동에 관대한 태도를 보이고 있다는 것을 암시한다. 중국 공산당 당국은 이러한 인터넷 상에서의 집단행동보다 덜 위험한 것으로 인식했을 것이다. 그러나 2005년 봄에 일어난 전국적 규모의 시위가 보여주듯이, 인터넷에서의 가상 행동은 실제 행동의 열기를 가라앉히기보다 오히려 더 촉발시키는 것으로 나타났다.

뒤섞인 메시지들

중국인들은 공산당이 여전히 여러 수단을 동원해 신문과 인터넷 뉴스 사이트, 그리고 휴대폰 문자 메시지를 통제하고 있다는 것을 알고 있다. 중국의 네티즌들은 어떤 내용이 당국의 용납을 받을 수 있는 최저 한도인지, 어떤 내용이 봉쇄를 당할 것인지를 추론할 수 있다. 그리고 어떤 공적 참여 행위가 용납될 수 있는지를 추론한다. 최근 한 중국 학생이 필자에게 이런 얘기를 들려 주었다. "우리 세대는 특별히 하지 말라는 얘기를 듣지 않는 한, 대체로 무엇이든 할 수 있다고 생각합니다." 2005년 4월 시위가 벌어지기 몇 달 전, 중국의 젊은이들은 매체와 인터넷에서 공산당이 반일 애국 행동을 용인할 것이라는 신호를 감지했다. 당시 해외의 중국인들은 인터넷 상의 청원을 통해 일본이 역사적 범죄들에 대해 인정하지 않는 한 유엔안보리 상임이사국의 지위에 오르도록 지지해서는 안 된다고 촉구했다. 정부에 의해 통제되는 주요 신문매체의 웹사이트에는 이러한 온라인 청원운동에 대해 대대적으로 보도되었다. 4천만 명 이상의 사람들이 청원 운동에 서명했다.

회사와 공장의 수많은 중국인들이 앞다퉈 서명을 했고, 정부 당국의 어떠한 반대 흔적을 찾아볼 수 없었다. 중국 외교부의 대변인인 류젠차오(劉建超)는 3월 24일 언론 브리핑에서 '반일 청원운동'에 대한 한 기자의 질문에 다음과 같이 답변했다. "나는 이 사건을 반일 감정의 발현으로 보지 않습니다. 오히려 일본에게 일부 역사문제에 대해 올바르고 책임있는 자세를 취할 것을 촉구하는 행동으로 봅니다."

《인민일보》는 수백 만 명의 아시아인들이 서명운동을 통해 일본에 대한 불신임을 표출하고 있는 마당에, 일본은 도리어 이 아시아 사람들을 대표해 안보리 상임이사국이 되겠다는 꿈을 꾸고 있다고 비꼬았다. 중국의 타블로이드 신문과 웹사이트들은 수정 전후의 일본 교과서를 비교해 2001년 판본의 교과서보다 2005년 판본이 훨씬 더 많이 역사왜곡을 하고 있음을

보여줬다. (그러나 사실 이 개정된 교과서는 아주 소수의 학교에서만 채택되고 있었다)

관영 신화통신은 선동적인 기사들을 통해 유난히 상식을 벗어난 역사왜곡에 대해 지적했다. 기사의 상단에는 '용인할 수 없는 교과서 역사왜곡', '잉크로 쓰여진 거짓말은 피의 역사를 덮을 수 없다' 등의 제목이 달려 있었다. 신문에 실린 일본 교과서에 항의하는 한국 시위자들의 사진은 젊은 중국인들로 하여금 모방하고 싶게끔 만들었다. 중국 프랜차이즈 경영협회는 아사히 맥주, 아지노모토 조미료 등과 일곱 개의 일본 제품에 대해 불매 운동을 벌이겠다고 선언했다. 이 제품을 생산하는 회사들이, 일제가 전쟁 중에 저지른 잔악행위에 대한 참고문헌의 삭제 등 교과서 수정을 부추긴 조직인 '새 역사 교과서 편찬회'를 후원해 왔기 때문이다. 중국의 상업 관련 협회들은 정부 조직과 밀접한 협력관계를 유지하고 있기 때문에, 이러한 선언은 중국 정부가 대규모 반일 운동을 공식적으로 지지하고 있는 것으로 이해되었다. 반일 시위 활동들이 실제로 공식적인 허가를 받았는지에 대해서는 확실치 않다. 필자가 인터뷰한 관리들과 기자들은 그 어떠한 정부의 허가도 요청되거나 승인된 적이 없었다고 얘기했다. 일부 시위 활동은, 정부의 허가를 받았다고 사람들에게 발표함으로써 군중들을 불러 모으는 수단으로 삼기도 했다.

중국 당국의 불분명한 태도

2005년 4월 일본의 유엔안보리 상임이사국 진출에 반대하는 격렬한 시위가 발생한 후, 중국 당국에서는 누구도 나서서 그들을 비난하지 않았다. 인도를 방문 중이던 원자바오 총리는 시위자들을 지지했으며, 중국 정부는 일본의 유엔안보리 진출을 지지하지 않을 것이라고 선언함으로써 시위자들의 요구에 부응했다. 4월 17일 일본 외무대신이 베이징을 방문하여 일본 대사관과 영사관에 손해를 입힌 시위자들을 대신해서 중국 정부가 사과해야 한다고 요구했을 때, 중국 외교부장 리자오싱(李肇星)은 사과해야 할 나라는 중국이 아니라 일본이라고 반박했다.

중국 매체들은 외교적 갑론을박을 상세히 보도했다. 그 주 주말에 고이즈미 총리는 인도네시아에서 열린 개발도상국 회의에서 공식적으로 일본이 '식민 통치와 침략'으로 아시아의 인민들에게 초래한 '피해와 고통'에 대해 '깊은 후회와 진심어린 사과'를 표명했다. 그 후 고이즈미는 후진타오 주석과 개인적으로 접견했다. 고이즈미와의 접견 후, 회의실 밖으로 나온 후진타오는 어두운 표정으로 기자들에게 일본이 전시 중에 중국인들에게 행한 잔악행위에 대해 '진지하게 반성해야 한다'고 말했다.

한 달 후 중국의 최고위 여성 지도자인 우이(吳儀) 부총리는 특별히 공개 석상에서 자신의 반일 입장을 표명했다. 우이 부총리는 일본과의 긴장 완화를 위해 후진타오 주석의 특사 신분으로 일본에 파견됐다. 고이즈미 총리가 다시는 야스쿠니 신사를 참배하지 말 것과 일본 기업인들에게 고이즈미 총리의 신사참배에 대해 압력을 넣어 줄 것을 촉구하기 위한 방문이었다. 중국 싱크탱크의 소장이 우 부총리의 일본 방문에 대해 설명해 준 적이 있다. 그녀는 사실 일본 방문을 주저했고 일본으로 떠나기 전 그녀의 방문 목적이 단지 일본 아이치에서 개최되는 세계 엑스포를 참관하기 위한 것이라고 말했다. 후 주석은 우 부총리를 불러 그녀의 임무가 양국 관계를 개선하는 것임을 다시 한번 주지시켰다. 우 부총리의 방일 기간에 고이즈미는 국회의 한 위원회에 출석하여 야스쿠니 신사를 참배하는 것은 자신의 권리라고 발언했다. 우 부총리는 이 발언을 구실 삼아 외교적 결례를 무릅쓰고 고이즈미 총리와의 회담을 취소하고 중국으로 돌아와 버렸다. 당시 주일 대사였던 왕이(王毅)가 우 부총리에게 그렇게 하지 말 것을 간청했지만 아무 소용이 없었다. 일본 국민들은 자신들의 지도자를 명백히 모욕한 그녀의 행위에 분개했다. 그러나 중국 대중들은 그녀의 행위에 환호했다. 우 부총리는 자신의 참모들을 시켜 인터넷에서 자신의 행위에 대한 여론 동향을 살핀 후 매우 기꺼워했다고 한다. 인민일보가 운영하는 인터넷 토론 사이트인 강국논단(強國論壇)에 실린 게시글 중에 이런 문장이 있었다. "중국의 모든 애국주의자들은 우이(吳儀)의 '무례한' 접견 취소에 대해 박수를 보내야 한다. 우이의 그런 행동 때문에 일본 지도자들의 사악한 본질이 드러난 것이다." 이에 대해 싱크탱크의 소장은 "그녀가 해임되었어야 마땅한 일이었다"고 평했다. 그러나 후진타오가 그렇게 했다면, 그것은 정치적 자살이나 다름 없었다.

중국 지도자들은 공개적으로 계속 일본을 비난했음에도 불구하고, 눈덩이처럼 시위가 확대되자 3주가 채 지나지 않아 그 소요사태가 안정을 위협할까 두려워했다. 국내 문제와 관련된 대규모 시위가 동시에 일어나고 있었기 때문이기도 하다. 화난(華南) 지역에서 3만 명이 넘는 시민들이 지역의 화학공장에서 나오는 오염 문제로 경찰과 관리들에 항의하는 폭동을 일으켰다. 선전(深圳)에 있는 일본인 소유의 공장에서는 만 명의 노동자들이 노조의 조직을 요구하며 파업에 돌입했다. 심지어 인민해방군조차 소란을 피우기 시작했다. 약 20여개 성(省)의 2,000여 명의 퇴역 군인들이 자신들의 연금을 올려달라고 요구하며 베이징에 있는 인민해방군 총부 앞에서 농성을 벌였다. 상하이에서는 일부 반일 시위대가 관료들의 부패를 비판하는 플래카드를 들고 다녔다. 결국 4월 16일에서 17일의 주말 동안 정부는 반일시위를 중지시키는 방향으로 움직이기 시작했다. 한 홍콩 잡지에 따르면, 공산당 정치국과 정치국 상무위원회가 세 차례 회의를 소집해 국내 치안을 책임지는 루오깐(羅幹)으로 하여금 일본 관련 문제를 처리하는 고위급 소위원회를 담당하게 했다.

교수들과 평복을 입은 치안관리들이 학생들을 진정시키기 위해 기숙사에 급파되었다. 중국 공산당의 중앙선전부, 인민해방군, 교육부 및 기타 중요 부문의 관리들이 인민대회당에 모여 회의를 열었다. 약 3천 5백 명의 간부들이 참석한 이례적인 모임이었다. 그곳에서 그들은 왜 안정을 해치는 시위를 허용해서는 안 되는지, 시위가 일본과의 우호관계를 깨뜨려 중국의 국가이익에 얼마나 해가 되는지에 대해 외교부장의 설명을 청취했다.

학계 전문가들과 전직 외교관들이 팀을 이뤄 전국에 있는 대학들을 찾아 다녔으며, 인터넷에 들어가 경제 세계화의 시대에 중국이 일본과의 협력으로 얼마나 큰 이익을 얻고 있는지에 대해 설파했다. 최고위급 경제 관료들은 언론 인터뷰를 통해 일본 상품에 대한 불매운동이 중국에 해가 됨을 설명했다. 일본 상품의 많은 부분이 사실은 중국에 설립된 일본 회사들에 의해 제조되기 때문이다. 중국 공안부는 온화한 내용의 공개 성명을 통해 청년 학생들이 시위를 벌이기 전에 허가를 받아야 하며, 휴대폰이나 인터넷을 사용하여 시위에 동참하도록 사람들을 선동하는 것이 부적절한 행동임을 주지시켰다.

몇 몇 성(省)과 시(市)의 치안조직들은 바로 바로 그 인터넷과 휴대폰을 이용해 시위운동을 통제함으로써 자기 모순적인 모습을 보이기도 했다. 그 치안 조직들은 모든 휴대폰 가입자들에게 반일 대중시위 참여를 용납하지 않겠다고 문자 메시지를 보냈다. 당국은 정부의 보호 하에 활동하는 반일 활동가들에게 그들이 운영하는 웹사이트를 잘 통제할 것을 요청했다. 일본 언론에서는 2005년 4월의 반일 시위에 대한 중국 정부의 대응이 늦었던 것은 "대일 정책에 대한 중국 지도부 내의 망설임 또는 충돌" 때문이라고 추측했다. 당 지도부는 대중 민족주의자들의 폭동으로부터 당을 보호하기 위해 결속력을 다져야 할 이해관계를 공유하고 있었다. 그러나 시위가 일단 통제를 벗어나게 되면 지도부 내부에 분열이 일어날 수 있다. 서로간에 경쟁을 벌이는 개개의 정치지도자들로서는 '일본에 대해 너무 약한 태도를 취한다'는 정치적 라이벌의 비판이나 대중들의 공격으로부터 자신을 보호할 필요가 있다.

후진타오 주석과 원자바오 총리도 일본에 양보하는 모습을 보일 경우 비난의 화살을 피할 수 없다. 반면에 야심을 품고 호시탐탐 기회를 노리는 정치국 위원들은 현 실권자들의 명성에 손상을 주는 시위의 지속을 당내에서 더 높은 지위로 올라갈 기회로 여길 것이다. 지도자들 간에 책임과 비난을 함께 감수하겠다는 합의가 형성되기만 하면 시위자들을 각자의 학교로 돌려보내는 것이 어렵지 않다. 내부적인 균열의 징조가 조금만 보여도 사실 그런 합의를 형성한다는 것은 쉬운 일이 아니다. 상하이시 당위원회(은퇴한 장쩌민과 연계되어 있는)에 의해 운영되고 있는 한 신문에 4월 26일 발표된 묘한 평론은 날카로운 어조로 시위활동에 대해 다음과 같이 논평했다. "불법 시위는 애국적 행동이 아니다. 자발적인 대중운동도 아니고 배후에 음모가 도사리고 있다."

인터넷 상에서는 줄곧 반일시위를 지지해 온 장쩌민의 의중과 모순되는 듯한 이 평론의 숨은 의미가 무엇이고 출처가 어디인지에 대해 의견이 분분했다. 학생들은 당 고위층에서 서로 다른 목소리가 나올 경우 자신들의 시위 활동에 더 큰 공간이 생긴다는 것을 잘 알고 있다.

좌고우면하는 4세대 지도자들

중국 싱크탱크 전문가들에 의하면 후진타오와 원자바오는 장쩌민처럼 일본에 대해 감정의 응어리가 전혀 없다. 그리고 자신들의 동료들에게 자신들이 장쩌민보다 일본과의 복잡한 관계를 더 섬세하게 잘 다룰 능력이 있다는 것을 보여주고 싶어한다. 후진타오와 원자바오는 자신들의 '새로운 사고'를 공식정책으로 승격시킬 계획을 갖고 취임했다. 그러나 영향력 큰 저널인 《전략과 관리(戰略與管理)》에 2002년과 2003년에 실린 두 논문에 대한 온라인 대중의 떠들석한 논쟁은 그들로 하여금 자신들의 입장에서 잠시 뒤로 물러나게 만들었다.

마리칭(馬立誠)은 「대일관계의 새로운 사고—중일 양국민의 고민」이란 논문에서 1990년대를 휩쓸었던 반외세 정서를 비판하면서 중국은 일본에 성숙하고 자신감있는 태도를 취해야 한다고 주장했다. 전쟁이 끝난 지 60년의 세월이 지났으니 이제는 역사적 원한을 초월할 시간이 되었으며,

중국은 정치적으로나 군사적으로 '정상국가(normal power)'가 되고 싶은 일본의 열망을 이해해야 한다고 말했다.

스인훙(時殷弘)의 또 다른 논문 「중일간의 관계회복과 외교혁명」은 중국인과 일본인 사이에 점점 커져가는 적대의식이 중국 안보에 위험한 것이라고 주장했다. 중국은 국가이익을 위해서 역사논쟁을 제쳐놓고 유엔안보리 상임이사국이 되고자 하는 일본의 요청을 지지해 주면서 일본과의 관계를 강화해야 한다고 설파했다. 대일관계 개선은 대미관계에서 중국의 입지를 높여줄 것이다.

스인훙은 교수지만, 마리청은 공산당 기관지인 《인민일보》의 전직 편집주간이었다. 신 지도부는 마리청의 논문을 대일 실용주의 접근에 대한 여론의 반응을 살피는 풍향계로 삼았던 것이다. 마리청과 스인훙의 논문에 대한 인터넷의 반응은 매우 부정적이었다. 인터넷 뉴스사이트와 대학 게시판에는 그들을 매국노로 비난하는 글들로 가득했다. 그런 분위기는 여러 달에 걸쳐 지속되었다. 이러한 반응을 본 당내 고위층은 좌고우면하게 되었다. 한 외교부 관료는 이렇게 해석했다. "당 지도부는 국민들에게 매국노로 낙인 찍히고 싶어하지 않았습니다."

고위 지도부가 내부적 위기상황으로 간주했던 2005년 봄의 반일시위는 아픈 곳을 찔린 사건이 되었다.

아베 총리의 베이징 방문

대일관계의 악화나 국내 여론 때문에 역사논쟁에 함몰되지 않는 정책을 공개적으로 추진하려던 후(胡)와 원(溫)의 입장은 큰 제약을 받게 되었고, 그들은 신임 일본총리 아베 신조가 야스쿠니 신사를 참배하지 않도록 만류하면서 재앙의 불씨를 끄려고 노력했다. 중국 외교관들은 한국의 외교부와 협력하여 중국과 한국의 처지를 이해하는 것으로 보이는 일본 정치인들이나 단체들에게 공을 들였다.

아시아 이웃 나라들로부터 계속 소외되고 있는 일본 상황에 불안감을 느낀 영향력 있는 일본 기업인들과 언론계 인사들은 총리에게 더 이상 신사참배를 하지 말 것을 주장하거나 전범들의 기념비를 다른 곳으로 이전시킬 것을 건의했다. 2006년 여름 전범들이 야스쿠니에 안치된 후 히로히토 천황이 신사참배를 꺼렸다는 기록을 일본 신문들이 발굴한 후, 일본의 여론은 신사참배를 반대하는 쪽으로 급격하게 돌아섰다. 중국 정부의 막후교섭이 효과를 거둔 셈이었다. 취임한 지 2주도 되지 않은 아베 총리는 2006년 10월 베이징을 방문했다. 아베 총리의 방문시기는 중국 공산당 중앙위원회 전체회의와 겹쳤고, 그 회의에서 후진타오 주석은 자신의 당내 실권을 확고히 다졌다.

전례를 깨고 워싱턴이 아닌 베이징을 선택함으로써 아베 총리는 중국을 예우했다. 이 방문은 타협의 산물로, "일본과 중국이 정치적 장애를 제거하는 데 합의했다"고 선언함으로써 중국에 외교적 승리를 안겨줬다. 모든 사람들이 이 말의 의미가 "다시는 신사참배를 하지 않겠다"는 것으로 알아들었다. 아베 총리는 야스쿠니를 참배할 의도가 있는지에 대해 공개적 입장을 드러내지 않았다. 한 일본 신문은 아베가 '당분간'은 야스쿠니를 참배하지 않겠다고 약속했을 것이라고 분석했다. 후진타오 입장에서는 외교적 대성공이었다. 장쩌민이 빚어낸 골치 아픈 문제를 해결하는 능력을 보여줬기 때문이다. 아베 총리의 방문 기간과 방문 이후, 중앙선전부는 매체들에게 '우호관계를 헤칠 수 있는' 어떤 글도 내서는 안 된다고 경고했다.

인터넷 대화방과 웹사이트의 검열관들은 긍정적 발언에 대해서는 그대로 두고, 비판적 글은 신속히 삭제시켰다. 그러나 긍정적 의견들조차도 "아베 총리의 말 뿐만 아니라 행동에도 주의를 기울여야 한다"는 경계론과 "중국은 두 가지 전략을 준비해야 하는데 일본과 좋은 관계를 유지하면서 일본을 능가할 실력을 길러야 한다"는 경쟁론을 깔고 있었다. 북한

▌사진▌ 아베 총리가 첫 베이징 방문에서 원자바오 총리와 함께 의장대 사열을 하고 있다. 2006년 10월 8일(Itsuo Inouoy/ AFP/ Getty Images)

지도자 김정일은 아베 총리가 베이징을 방문한 바로 다음 날을 특별히 선책해서 핵실험을 강행함으로써 후진타오의 계획에 찬물을 끼얹었다. 중국 정부는 그 핵실험에 굉장히 격분했는데 그 타이밍이 가장 큰 이유였다. 그러나 북한의 핵위협은 중일간 협력에 새로운 지평을 열어 주었다. 아베 총리의 베이징 방문 기간 동안, 아베와 중국 지도자들은 북핵실험이 용납될 수 없는 것이라는 공동의 입장을 발표했다. 공동의 적이 서로 미움을 갖고 있던 두 나라를 단결시켰다.

미래에 대한 전망

아베 총리가 야스쿠니 신사참배를 실제로 그만 두더라도, 중국이 역사 문제로 일본을 비난하지 않겠다는 약속을 충실히 지키지 않는다면 두 나라의 협상이 포괄적인 해결점에 도달하지는 못 할 것이다. 그렇게 하기로 명백히 서약한 한국도 국내적 압력 때문에 그 약속을 지킬 수 없었다. 공산당 정치국 상무위원회가 중국 교과서를 어찌해서든 수정하는 데 동의하고 기념일에 치러지는 기념식을 중단하더라도 그들은 여전히 일본에서 일어나는 사건을 통제할 수 없고 타블로이드 신문에 그 사건이 보도되는 것까지 억제할 수 없다.

한 인민해방군 대령은 개인적으로 다음과 같은 분석을 필자에게 들려주었다. "외교부와 당 지도부가 대일 여론을 바꾸려 하고 역사문제를 뒤로 미뤄 두려 해도, 때는 이미 너무 늦었다고 봅니다. 우리는 당이 정보를 통제할 수 있었던 10년 전에 여론을 바꾸기 위해 노력했어야 했습니다. 지금은 더 이상 그렇게 할 수가 없습니다."

중국의 국력이 더욱 강해지고 중국인들이 더 자신감을 갖게 되면서, 중국인들은 역사문제와 관련하여 일본 정부로부터의 모욕을 점점 더 용납하지 못하고 있다. 중국인들은 마음 깊은 곳에서 일본이 중국의 부상을 막아서려 한다고 믿고 있다.

한 국제회의에서 있었던 일이다. 한 젊은 중국 외교관은 일본학자가 "미국은 중국의 부상을 받아들일 수 있으나, 일본은 그럴 수 없다"고 발언한 것을 듣고 매우 분개했다. 그는 "미국은 대만과의 평화적 통일을 받아들일 수 있는데, 일본은 그럴 수 없다"는 뜻이라고 불만을 토로했다.

온라인 상의 반일 감정은 중국과 일본이 아시아의 패권을 다툴 것이라는 중국인들의 사고방식을 드러낸다. 이를테면, "일본을 적으로 대할 때가 되었다. 우리는 일본이 우리의 머리에 총을 겨눌 때까지 기다려서는 안 된다. 우리는 미국과 일본이 대만을 팔아 버린 후 돈을 셀 때까지 기다려서는 안 된다. 우리는 일본이 유엔 안보리 상임이사국의 지위에 올라 중국을 2류 국가로 밀어내도록 해서는 안 된다"와 같은 글들을 쉽게 볼 수 있다.

또 다른 네티즌은 다음과 같이 말하고 있다. "미국과 우호적인 관계를 유지해야 하는 실용주의적인 이유는 일본과 평화적으로 경쟁하고 일본을 넘어서야 하기 때문이다. 그렇게 될 가능성은 아주 높다. 지금 일본은 중국보다 강대국이지만 일본의 전후 기적은 미국이 배후에서 지원해 주었기 때문에 가능했다. 일본의 오랜 경제침체는 그 기적에 얼마나 많은 거품이 있었는지 보여 준다."

《환구시보》의 한 기자는, 중일 양국이 2000년간 교류하면서 때로는 일본이 강했고 때로는 중국이 더 강했는데, 지금은 양국이 모두 강국이 되었으며 어느 쪽도 약하지 않다고 말했다. 그리고 이러한 상황은 "쌍방이 모두 약한 모습을 보이고 싶어하지 않게 만들었고, 양국 정부가 타협을 시도하면 약한 모습을 보이는 것처럼 해석될 수 있어서 양국에 모두 엄청난 압력으로 작용한다"고 주장했다.

국제적 시야를 가진 젊은 금융학 박사는 중일관계는 중국이 강해지면 자연스럽게 해결될 수 있다며 매우 자신있게 다음과 같은 예측을 내놓았다. "지금은 아시아에서의 주도권을 두고 양국이 치열한 경쟁을 벌이고 있습니다. 그러나 중국이 확실한 일인자가 될 때 일본은 이 상황을 받아들일 것이며 양국관계도 개선될 것입니다."

07

대만

"중국 공산당체제의 존망이 걸린 문제"

인민해방군 장교 출신으로 현재는 싱크탱크에서 일하고 있는 두 명의 중국 친구가 필자를 찾아온 적이 있다. 우리는 필자가 묵고 있던 베이징의 한 호텔 커피숍에 앉아 이야기를 나눴다. 그들은 다가오는 2004년 대만 총통선거에 대해 많은 우려를 드러냈다. 당시 천수이볜(陳水扁) 대만 총통은 재선을 위한 선거전략의 일환으로 2004년 3월에 실시되는 총통선거에서 대륙정책과 관련한 일련의 의제에 대해 국민투표를 병행하자고 제안했다. 국민당(國民黨)과 친민당(親民黨) 등 야당에 의해 주도되고 있던 대만 국회는 천수이볜의 국민투표안을 저지하는 데 실패했다. 조지 부시(George W. Bush) 대통령이 워싱턴을 방문한 원자바오 총리와의 공동기자회견 석상에서 대만해협의 현상(status quo)을 무너뜨리는 천수이볜 총통의 일방적인 행동을 공개적으로 비난했지만, 천수이볜 총통은 국민투표를 추진하는 것에 굳은 의지를 보였다. 국민투표에서 다룰 구체적 의제들은 사실 상대를 도발하는 내용은 아니었다. 그러나 중국 입장에서는 국민투표를 실시하는 것 자체가 미래에 대만독립안에 대해서도 국민투표를 실시할 수 있다는 위험한 선례로 남는 것을 우려한 것이다.

두 사람의 퇴역 장교는 대만의 행동보다는 중국 정부의 대응에 대해 더 걱정을 하고 있었다. 그 중 한 사람은 다음과 같이 설명했다. “우리는 대만이 만약 국민투표를 통해 독립을 선언할 경우, 중국이 군사력을 동원하는 것을 어떻게 막을 수 있을까에 대해 고민해 왔습니다. 중국 국민들은 대만 문제에 대해 강한 애착을 갖고 있습니다. 만일 대만이 독립을 선언하는데 지도자들이 가만히 있는다면, 공산당 체제는 무너질 것입니다. 반면에 미국이 대만 문제에 개입하지 않고 방치한다면 미국도 국제사회에서 체면을 잃게 되겠지요. 어느 나라든 자국의 명성에 타격을 입는 것이 싫기 때문에 순순히 양보하지 않을 것입니다. 미국은 국제적으로 그렇고, 중국은 국내적으로 그렇습니다.” 중미 양국이 대만 문제로 인해 충돌을 피할 수 없을지도 모른다는 비관적 분위기가 중국사회에 널리 퍼져 있다. 미국이 실시한 한 조사에 따르면, 74%의 중국인들이 양안관계로 인해 군사적 충돌이 일어날 가능성이 있다고 믿고 있다. 중국 학계에서 잘 알려져 있는 한 평론가는 이렇게 설명했다. “일반 중국 국민들은 대만에 대해 매우 강경한 입장을 취하고 있습니다. 그것은 단지 체면 때문만은 아닙니다. 대만이 독립할 경우 티벳과 신장(新疆), 심지어 내몽고에서도 분리주의 운동이 확산될 수 있고, 국가 통합에 위협을 받을 것이기 때문입니다.”

그는 미국, 일본, 대만 문제에 대해 중국인들이 일반적으로 가지고 있는 정서에 대해 설명해 주었다. “미국과의 관계는 ‘체면과 국익’이 걸려 있는 문제입니다. 그리고 일본은 강렬한 민족주의적 정서를 불러일으키는 존재입니다. 반면에 대만은 체제의 생존이 걸려있는 문제지요. 그 어떤 체제도 대만을 잃어버린다면 위기에 직면하게 될 것입니다.”

만약 중국의 지도자들이 체제에 위협을 느낀다면, 그들은 독립여부를 결정하는 대만의 국민투표에 대해 군사적으로 대응할 수 밖에 없다는 생각을 갖게 될 것이다. 그것이 미국과의 군사적 충돌로 이어질 지라도, 일반 대중이나 다른 지도자들에게 설득력 있는 다른 대안이 주어지지 않는다면, 불가피한 선택이 될 것이다. "지도자들은 실제로 무력을 사용하기보다 중국이 무력 행사를 할 권리가 있다는 것에 대한 새로운 논리를 제시할 수도 있습니다. 혹은 경제제재를 강행할 수도 있겠지요." 두 퇴역 장교는 여러가지 묘안을 짜냈다. "미국인들과 다른 나라 사람들은 대만이 독립국가라는 것을 인정하지 않을 것입니다. 그러나 그것만으로는 중국인들을 누그러뜨리지 못합니다." 그들은 중국이 주도권을 쥐기보다 대만의 행동에 피동적으로 대응해야 하는 상황에 좌절감을 느끼면서 다음과 같이 말했다. "중국은 이런 상황을 통제할 방법을 찾아내야 합니다. 대만에 늘 끌려 다녀서는 안됩니다. 능동적으로 대처해야 합니다."

중국의 정책결정자들은 대만과 중국 대중의 압박 사이에서 딜레마에 빠져 있는 셈이다. 인민해방군의 한 대령은 다음과 같이 말했다. "대중들은 정부가 대만에 대해 충분한 대응을 하지 않고 있다고 비판합니다. 만약 천수이볜이 어떤 행동을 취하고 미국이 이에 대해 아무런 저지를 하지 않는다면, 중국 군부에서는 그에게 본 때를 보여줘야 한다고 생각할 것입니다. 그러면 미국도 가만 있지 않을 것이고, 중국 국민들은 정부의 강력한 대응을 지지할 것입니다. 그러나 미국은 세계의 초강대국이고 지켜야 할 체면이 있습니다. 그래서 미국도 이에 대응할 수 밖에 없고, 긴장의 확대는 수습할 수 없는 지경에 이르게 될 것입니다." 대만이 민주화되면서 양안관계는 훨씬 예측하기가 어려워졌고 위험해졌다. 대만도 원래는 중국과 별 차이가 없는 권위주의 체제였는데, 생기가 넘치는 민주주의 체제로 변모했다. 내전에서 공산당에 패한 후 1949년 대만으로 퇴각한 국민당은 원래 중국을 통일시키겠다는 목표를 갖고 있었다. 그들의 입장에서는 대만으로의 퇴각이 중화민국의 수도가 대륙에서 대만으로 옮겨진 것에 불과했다. 그러나 대만의 민주 인사들, 특히 대만에서 나고 자란 정치인들은 외성인(外省人)들처럼 대륙으로 돌아가서 그곳을 통치하겠다는 낙관적인 기대감을 공유하고 있지 않았다. 그들은 본성인(本省人) 및 외성인(外省人)의 자손들 사이에 뿌리내리고 있던 대만인이라는 새로운 국가정체성을 고무시켰다. 대만의 본토화에 호응하면서 대만의 정치인들은 점점 법적인 독립을 향해 발걸음을 내디뎠다.

중국의 정책결정자들은 대만과 중국 대중의 압박 사이에서 딜레마에 빠져 있는 셈이다. 인민해방군의 한 대령은 다음과 같이 말했다. "대중들은 정부가 대만에 대해 충분한 대응을 하지 않고 있다고 비판합니다. 만약 천수이볜의 행동에 미국이 아무런 저지 없이 방관한다면, 군부에서는 그에게 본 때를 보여줘야 한다고 생각할 것입니다. 그러면 미국도 가만 있지 않을 것이고, 중국 국민들은 정부의 강력한 대응을 지지할 것입니다. 그러나 미국은 세계의 초강대국으로서 지켜야 할 체면이 있습니다. 그래서 미국도 이에 강경하게 대응할 수 밖에 없고, 긴장의 확대는 수습할 수 없는 지경에 이를 것입니다."

대만이 민주화되면서 양안관계는 훨씬 예측하기가 어려워졌고 위험해졌다. 대만도 원래는 중국과 별 차이가 없는 권위주의 체제였다가 생기 넘치는 민주주의 체제로 변모했다. 내전에서 공산당에 패한 후 1949년 대만으로 퇴각한 국민당은 원래 중국을 통일시키겠다는 목표를 갖고 있었다. 그들의 입장에서는 대만으로의 퇴각이 중화민국의 수도가 대륙에서 대만으로 옮겨진 것에 불과했다. 그러나 대만의 민주 인사들, 특히 대만에서 나고 자란 정치인들은 외성인(外省人)들처럼 대륙으로 돌아가서 그곳을 통치하겠다는 낙관적인 기대감을 공유하고 있지 않았다. 그들은 본성인(本省人)뿐만 아니라 외성인(外省人)의 자손들 사이에 뿌리내려 가고 있던 대만인으로서의 새로운 국가정체성을 고무시켰다. 대만의 본토화에 호응하면서 정치인들은 점점 법적인 독립을 향해 발걸음을 내디뎠다.

대만의 첫번째 민선 총통을 역임(1988-2000)한 대만 본토 출신의 국민당 지도자인 리덩후이 총통이나 2000년에 리덩후이를 계승한 민주진보당 정치운동가 출신의 천수이볜 총통이나 모두 대만의 중화민국이 이미 주권국가이고 독립된 나라이기 때문에 독립을 선언할 필요가 없다고 주장한다. 대신에 대만정부는 점진적인 변화를 꾀해 왔다. 일종의 '살라미 전술

(salami tactics)'(역자주: 문제를 한꺼번에 해결할 수 없을 때 문제를 세분화해서 이슈화함으로써 차례로 성과를 얻어내는 전술)로 여권의 커버나 교과서의 내용, 해외의 대표부 사무소 명칭이나 지도상의 명칭 등을 바꿈으로써 대만이 주권국가임을 천명하는 것이다. 이러한 작은 변화들 외에, 리 총통과 천 총통은 때때로 대만 독립을 선언하는 것으로 해석할 수 있는 폭탄선언으로 모두를 놀라게 했다. 중국의 상업주의적 매체들과 인터넷은 대만의 이러한 도발을 여과 없이 대중들에게 전달한다.

중국의 군사력은 최근 지속적으로 강해지고 있다. 그러나 중국 대중에게 대만의 움직임에 대한 뉴스가 전달되는 것을 통제하는 능력은 갈수록 약화되고 있다. 이러한 두 흐름이 합류할 때 전쟁의 위험성도 크게 증가하게 된다. 한 저널리스트는 상황을 다음과 같이 묘사했다. "대만에 관한 한 중국은 선택권이 없습니다. 우리는 대응할 뿐입니다. 마치 고삐 잡힌 소가 천수이벤이 당기는 대로 이리저리 끌려 다니는 모양새입니다. 재앙을 막을 방도가 없습니다. 천수이벤은 자신이 원하는 이슈는 무엇이든 제기할 수 있으나, 우리 지도자들은 할 말이 없습니다. 단지 대응할 뿐이죠. 중국 지도자들은 정치적 자원도 없고 지혜도 부족합니다."

중국 내부의 여러 연구들은 중국이 군사 행동을 취할 경우 막대한 대가를 치르게 될 것이라고 평가한다. 적어도 중국 경제를 3년에서 5년, 혹은 10년 전까지 후퇴시킬 것으로 예측한다. 중국 지도자들은 이러한 상황을 피하려 하고, 적어도 자신들의 군사력이 준비될 때까지 기다리려고 한다. 중국 지도자들은 또한 대만 국민들의 신뢰를 얻기 위해 경제협력이나 정치 교류 등 우호적인 유대관계를 강화하고 있다. 그러나 국내적으로 너무 약한 모습을 보여서는 안 되기 때문에 내키는 대로 혜택을 제공하지는 못한다. 대만에 대한 유연하고 융통성 있는 접근에 대해 지지를 얻기 위해 중국 지도자들은 양안관계가 옳은 방향으로 가고 있다고 국민들을 설득해야 한다. 중국인들이 즐겨 쓰는 표현대로라면, "시간은 우리 편"이라는 확신을 줘야 한다. 이러한 낙관주의에 확실한 근거가 부족할 경우 유연한 접근은 유약하게 보일 것이다. 문제는 대만에서 일어나는 여러 현상들이 잘못된 방향으로 가고 있다는 것이다. 중국과 대만의 경제는 점점 통합되어 가고 있는데, 정치는 오히려 멀어지는 방향으로 움직이고 있다. 게다가 중국 지도자들은 이러한 불안한 흐름에 대한 정보를 대중들에게 고스란히 노출시킬 수 밖에 없고, 대만의 정치인들이 어떤 말을 하고 무슨 행동을 할 지 전혀 예측할 수도 없다. 아는 것이라고는, 그들이 대만 총통에게 대화 재개를 요청할 경우, 그가 다음날 바로 기자들에게 대만은 독립된 국가라고 말함으로써 그들을 난처한 상황에 빠뜨릴 수 있다는 것이다.

한 양안관계 전문가는, 만약 베이징의 지도자들이 대만에 대해 긍정적인 접근만을 취한다면 대만이나 중국 국민들 모두 그 신중한 접근을 유약한 것으로 오해할 것이고, 중국은 소리만 요란한 종이 호랑이로 여겨질 것이라고 분석한다. 대만이 독립을 선언하는 것을 막기 위해 무력사용도 불사하겠다는 중국의 오래된 위협은 이미 그 신뢰성을 잃었고, 국내에서조차 비판을 받고 있다. 만약 대만과 관련한 일련의 흐름이 잘못된 방향으로 가고 있다면, 대만에 대한 우호적인 태도는 강경한 발언이나 군비 증강 등과 짝을 이룰 때만 유효하게 될 것이다. 중국 지도자들의 관점에서는 강경하고 위협적인 모습을 보이는 것이 언제나 더 안전한 셈이다.

미국의 역할

중국 지도자들의 입장에서 가장 이상적인 해법은 워싱턴을 통해 대만문제를 해결하는 것이다. 미국 정부를 통해 대만이 통일의 길로 향하도록 만들거나, 적어도 대만이 법적인 독립을 추진하지 못하도록 막는 것이다. 중국 정부는 1971년 미중 수교를 위해 저우언라이(周恩來) 총리와 헨리 키신저가 처음 회담을 가진 이래 수십년간 미국 정부가 그렇게 움직이게 만들려고 노력해왔다. 그러나 베이징의 지도자들은 대만의 정치인들에 대한 미국의 영향력을 과대평가하는 경향이 있다. 중국 정부는 워싱턴과의 모든 협상에서 대만문제를 가장 중심에 움직인다. 핵확산 방지조약과 같은 이슈에서의 협조와 관련해서, 대만의 행동을 제약하겠다는 약속을 조건으로 내걸며 연계시키려고 한다. 중국 정책전문가들의 입장에서 볼 때 대만문제에 있어 가장 관건이 되는 것은 중미관계의 상황이다. 중미관계가 좋지 않으면 대만문제는 가까운 미래에는 결말이 지어지지 않을 것이다. 그리고 양안관계의 악화를 막을 수 없을 것이다. 대만은 중국에게 핵심적인 이익이지만, 미국에게는 그 정도까지는 아니다. 닉슨 대통령 이래 미국 정부는 이 핵심의제와 관련하여 중국에 대해 어느 정도 양보를 해 왔지만, 그렇다고 대만을 완전히 단념한 것은 아니다. 대만은 미국 내에서, 특히 의회에서 폭넓은 정치적 지지를 받고 있다. 냉전기간 내내 미국 의회와 미국 국민들은 '붉은 중국'에 대항하는 자유중국을 지지했다. (이것이 베이징과의 관계개선을 꾀하는 데 반공주의자로서 나무랄 데 없는 명성과 배경을 지닌 공화당 출신 대통령 리차드 닉슨이 역할을 할 수 있었던 이유이기도 하다.)

민주적인 정치체제와 시장경제 때문에 미국인들은 2,300만의 인구를 가진 대만에 대해 자연스럽게 호감을 느끼고 있고, 미국인들은 대만이 이미 독립국가인 것으로 알고 있는 경우가 많다. 미국인들의 눈에는 대만이 중국이라는 공산주의 체제의 골리앗에 당당히 맞서 싸우는 민주주의 체제의 다윗과 같아 보인다. 대만은 또한 미국 내에서 가장 막강하고 풍부한 재원을 가진 로비 단체들을 가지고 있다.

미국정부가 1979년 중화민국(대만)과 단교하고 중화인민공화국을 승인했을 때 미국 의회는 '대만관계법(Taiwan Relations Act)'을 통과시켜 행정부에 대만의 안전을 지키도록 요구할 수 있는 법적 토대를 마련했다. '대만관계법'은 미국이 대만에 무기를 판매할 수 있는 권한을 부여하고, "경제적 불매동맹이나 통상금지령 등을 포함하여 평화적 수단 이외의 방법으로 대만의 미래를 결정하려는 시도는 서태평양 지역의 평화와 안전에 위협이 되며, 미국에게도 중대한 문제로 간주될 것"이라는 입장을 분명히 하고 있다. '대만관계법'은 중국과 충돌이 일어났을 때 명확한 행동 절차를 강제하고 있지 않고 충돌 시의 구체적인 상황에 따라 대응을 취하도록 하는 등 공식적인 방위조약은 아니지만, 대만에 대한 미국의 확고한 정치적 책임을 천명하고 있다.

대만은 왜 중국에게 중요한가?

미국인들은 중국인들이 왜 그렇게 대만에 신경을 쓰는지 이해하지 못할 때가 많다. 물론, 아무리 하찮은 영토라 할지라도 어느 나라에게든 자국의 영토를 포기한다는 것이 쉬운 일은 아닐 것이다. 그러나 중국인들은 어째서 해안에서 90 마일 떨어진 2,300만 인구의 작은 섬을 고수하기 위해 미국과의 전쟁도 불사하고 그들이 이뤄온 경제발전까지 희생시키려 하는 것일까? 그것은 대만이 중국의 국가안보에 위협이 되기 때문이 아니다. 냉전시기 대만은 미국의 '가라앉지 않는 항공모함'으로 불렸지만, 미국은 1979년 이후 어떤 군사력도 대만에 주둔시키지 않고 있다. 중국 또한 대만의 군사력에 대해 걱정하지 않는다. 중국의 근심은 내부 문제에 있다. 즉, 체제 안전의 문제이지 안보상의 문제가 아닌 것이다. 중국인들은 대만 문제에 대해 굉장히 관심이 많은데, 공산당이 학교 교과서와 매체를 통해 그렇게 가르쳤기 때문이다. 한 중국 전문가는 "중국인들의 대만에 대한 강한 집착은 교육에서 나온 것"이라고 말했다. 또 다른 전문가는 "대만에 대한 중국의 여론은 50년간 공산당의 선전기관에 의해 만들어진 것"이라고 평했다.

수 천년 동안, 대만은 중국의 고유영토가 아니었다. 청조(淸朝)는 17세기에 들어서 티벳, 신장 위구르, 몽고, 만주 등지와 함께 대만을 복속했고, 200여년 후 청일전쟁 패배의 결과로 일본에 할양했다. 1940년대에 마오쩌둥은 에드가 스노우라는 미국 기자에게 중국 공산당이 일본을 무찌르고 나면 대만을 독립시킬 것이라고 직접 말한 적이 있다. 중국의 교과서들은 대만과 관련된 역사를 국력이 약해 외세에 착취를 당했던 역사로 기술하며, 과거의 실패에 대한 교훈으로 삼고 있다.

일본은 1895년 청조로부터 대만을 빼앗았다. 중국은 공산당의 깃발 아래 제2차 세계대전에서 일본을 격파했는데, 대만은 그 때 중국으로 되돌려져야 했다. 그러나 미국이 중국으로부터 대만을 영구적으로 분리시킬 의도로 한국전쟁 기간에 제6함대를 동원하여 개입했다. 중국이 통일 대업을 이룰 만큼 충분히 강해질 때까지 '치욕의 세기'는 끝나지 않을 것이다. 통일을 주장하는 사람들이 공통적으로 말하는 것처럼, 대만에 대한 중국의 의지는 영토의 문제와 관련된 것이라기보다 민족의 존엄과 관련된 것이다.

1990년대, 중국 공산당은 국제무대에서 민족적 존엄을 수호하는 존재로 자신을 부각시킴으로써 국내적 지지기반을 강화하려 했다. 중국 연구자인 톰 크리스텐센(Tom Christensen)은 "중국 공산당이 그 어느 때보다 자신의 민족주의적 사명(대만과의 통일을 의미함)을 강조하고 있다"고 관측한다. 사실, 중국의 생활수준을 높이는 것을 제외한다면, 민족주의적 사명보다 중국 공산당의 통치 정당성 확보에 중요한 것은 없다.

시장 지향적인 중국의 대중매체들은 대만에 대한 국민감정을 종종 이용해 먹는다. 한 중국 저널리스트는 "대만 관련 보도는 시장성이 좋다"고 말한다. 그래서 "많은 일면 기사가 대만 뉴스로 채워지는 것"이라고 설명한다. 여론조사에 근거하여 90%의 중국 국민들이 대만의 도발에 분개하고 있다는 기사들은 많은 독자들의 관심을 끈다. 부시 대통령이 무심코 '대만 공화국(Republic of Taiwan)'이란 말을 뱉었을 때는, 모든 중국 매체들이 그 뉴스에 달려 들었다.

중국의 신문들은, 대만이 만약 중국을 공격을 받으면 삼협(三峽) 댐과 같이 전략적 가치가 높은 목표물에 보복을 가하는 것을 고려할 수 있다는 미 국방부의 보고서를 인용 보도했다. 그리고 그 댐에 대한 공격이 미국에 의해 제안된 것이라고 왜곡하여 보도했다.

베이징 대학의 한 교수는 이렇게 설명한다. "중국 정부는 대만문제와 관련하여 미국의 어떠한 실수도 그냥 넘겨버릴 수 없습니다. 그럴 경우 국민들이 그것을 정부가 그냥 묵인하는 것이라고 생각할 것이기 때문입니다. 그래서 중국 정부의 대변인은 일일이 대응할 수 밖에 없는 것입니다."

어떠한 강력대응도 하지 않은 채 대만이 독립하도록 내버려 둔다면 중국 공산당은 몰락하게 될 것이라는 주장은 중국에서 보편적으로 받아들여지고 있다. 베이징의 한 대학생은 이렇게 말했다. "만약 중국이 대만을 되찾을 수 없다면, 중국 정부는 국민들을 통제할 힘을 상실하게 될 것입니다. 그것은 정부가 영토를 수호할만큼 강하지 못하다는 것을 보여주는 것입니다. 그렇다면 국민들은 정부를 교체하려고 할 것이고, 심지어는 민주주의를 요구하게 될 수도 있습니다."

대만 문제와 공산당 체제의 지속성 사이에 이러한 연관성이 존재하기 때문에, 대만 문제는 중국정치의 아킬레스건이다. 대만 문제를 잘못 다루면, 중국 정치인들에게는 크나큰 굴욕에 직면하게 될 것이다. 이는 곧, 당의 지도자들이 권력을 유지하기 위해 무력사용이 필요하다고 판단할 경우, 누구도 막을 수 없다는 것을 의미한다. 중국인들은 대만 문제가 공산당 체제를 무너뜨릴 수도 있다는 것에 대해 어떻게 생각하는지 좀처럼 명확히 얘기하지 않는다. 정권을 무너뜨리는 데는 기분이 나쁘거나 분노한 다수의 국민들, 그 이상의 것을 필요로 한다. 그리고 사실, 베이징의 권력 엘리트 밖에 있는 사람들을 접촉하게 된다면, 중국 사회에 대만 문제보다 경제발전에 더 많은 관심을 쏟는 '침묵하는 다수'가 있다는 것을 알게 될 것이다. (지방 정부의 관료들 중에는 필자에게 이렇게 얘기한 사람들도 있었다. "국민들은 대만 문제에 별로 신경쓰지 않습니다. 정부만 신경을 쓰고 있을 뿐이죠.")

베이징의 한 대학교수는 이렇게 말하기도 했다. "저는 개인적으로 중국이 대만의 독립을 내버려 둘 수도 있다고 생각합니다. 중국은 그럴 수 있을 만큼 큰 나라이니까요. 그러나 저는 이런 생각을 안사람과 친한 친구들에게만 말할 수 있습니다. 물론 그들이 내 생각에 동의하지 않겠지만요."

이 교수는 중국 지도자들이 여론의 전환을 시도할 수도 있다고 말한다. 예를 들면, 새로운 형태의 주권 개념을 소개하는 것이다. 그러나 그는 "당 지도자들이 먼저 그렇게 생각해야 하는데, 그들은 그렇게 할 수가 없다"고 덧붙였다. 크나큰 정치적 위험이 뒤따를 것이기 때문이다. 그들은 매국노로 공격을 받을 것이다. 온건한 정책이 대세인 시기에도 그렇게 얘기하기가 어려운 것이다.

중국의 한 대담한 작가는 이렇게 얘기했다. "대만 문제 때문에 대규모의 군사적 충돌이 발생하여 엄청난 대가를 치르고 예상할 수 없는 결과에 직면할지라도 대다수의 중국 국민들이 변함없이 무력시위를 지지할 것이라고는 확신할 수 없습니다."

그러나 중국 공산당 체제의 정치적 존망이 '대만' 문제에 걸려 있다는 신화가 중국 사회에 너무 깊이 스며들어 있어서, 이 신화는 중국 자신의 정치적 현실이 되었다. 중국 공산당 지도부 내에서는 더욱 그렇다. 그리고 확실한 것은, 일단 전투가 시작되면 중국인들은 분명히 중화인민공화국의 붉은 깃발 아래 모여들 것이다. 다른 외교정책 사안들은 고위 관료들이나 외교부에 위임될 수 있는 반면에, 대만관련 정책은 늘 최고지도자(마오쩌둥, 덩샤오핑, 장쩌민, 그리고 지금은 후진타오)의 책임으로 간주되어 왔다.

대만에 대한 중국 지도자의 접근방식은 세 가지 변수에 달려 있다. 국내 정세, 대만 내부의 정세, 양안 문제에 대한 미국의 입장이 그것이다. 자신의 권력에 대해 더욱 자신감을 가질수록, 대만에 대해 유연한 접근을 할 수 있게 된다. 그러나 만약 대만 총통이 대만문제와 관련하여 폭탄발언을 한다면, 중국 지도부의 그 누구도 온건한 정책을 옹호하기가 불가능해진다. 미국의 동향도 관건적인 요소다. 만약 백악관에서 대만의 도발을 적극적으로 저지한다면, 중국 지도자들이 자신을 자제하고 과잉반응을 하지 않는데 도움이 된다.

대만에 대한 중국 지도자들의 모든 발언과 행동은 우선 중국 국민들을 염두에 두고 행해진다. 두번째는 미국을 염두에 둔 것이다. 중국 지도자들은 미국이 대만을 저지해 주길 희망한다. 마지막 세번째가 대만을 대상으로 한다. 상하이의 한 대학교수는 이렇게 말했다. "중국의 지도자들은 그 세 대상 중에 그 누구에게도 체면을 잃고 싶어하지 않습니다."

1995년-1996년의 대만해협 위기

국내정세와 중국의 대만정책 사이의 예민한 결합은 1990년대 중반 미중 간에 전쟁을 불러들일 뻔 했다. 필자는 대만에 대한 중국의 군사적 위협에 클린턴 행정부가 어떻게 대응할 것이냐를 결정하던 1996년 3월의 악몽 같은 시기에 국방정책위원회에서 소집한 회의에 참석하기 위해 펜타곤에 있었다.

국방부 장관으로 클린턴 행정부 내에서 중국에 대한 포용정책을 가장 강력히 주장했던 엄숙한 표정의 윌리엄 페리는 긴장이 고조되기 전에 중국을 향해 더욱 분명한 군사행동의 가능성을 내비쳐야 한다고 목소리를 높였다. 다행히 그의 생각은 주효했다. 그러나 대만을 둘러싼 미중 간의 충돌은 다시 벌어질 수 있다. 중화인민공화국은 자신의 목표를 달성하기 위해 군사적 공세를 펼친 전력이 있다. 영토 문제가 걸렸을 경우에 특히 그러하다.

당 원로 덩샤오핑이 와병 중에 있던 1995년 1월, 중국의 최고 지도자로서 막 권력을 다지고 있던 장쩌민 주석은 중국 입장에서는 매우 대담하고 적극적인 평화통일 제안을 내놓았다. '장쩌민의 8개항 제안(江八點)'으로 알려져 있다. 장 주석은 대만 당국이 '하나의 중국'이라는 전제를 받아들이기만 한다면, 대등한 입장에서 대만 당국과 모든 문제를 협상할 수 있다는 제안을 내놓았다. 대만의 지도자들이 '하나의 중국' 원칙, 즉 중국은 하나이고 대만은 중국의 일부라는 것을 인정하기만 하면 된다는 것이었다.

이 원칙은 대만의 오랜 집권당이었던 국민당(國民黨)의 일관된 입장이었다. 식민지였던 홍콩과 마카오가 중국에 반환될 날(홍콩은 1997년, 마카오는 1999년)이 곧 다가오고 있었다. 장쩌민은 대만이 곧 그 뒤를 이을 것이라는 기대감을 한껏 높였다. 장쩌민은 자신의 이름을 마오쩌둥과 덩샤오핑의 반열에 올릴 역사적 업적으로서 통일이라는 의제에 집착했다. 대만 문제에 경도됨으로써 장쩌민은 자신의 권력이 아직 확고히 자리잡지 않았고 지도부 내의 분열이 체제를 불안정하게 만들 수 있는 상황에서 정치적 무리수를 두고 있었다. 홍콩의 언론에 따르면, 장쩌민이 '8개항 제안(江八點)'을 내놓기 전부터 이미 강경파 간부들과 인민해방군의 고위급 장성들은 미국과 대만에 대한 장쩌민 주석과 첸치천 외교부장의 정책을 비난하고 있었다고 한다. 그들이 정책이 너무 유약하다는 비판이었다.

제안을 내놓은 지 6개월 후, 장쩌민은 예기치 않게 미국에게 수모를 당했다. 클린턴 행정부는 16년간의 관례(1979년 단교했기 때문에 대만의 고위급 관료의 미국방문을 금지해 왔음)를 깨고 리덩후이 총통에게 그의 모교인 코넬 대학에서 연설할 수 있도록 비자를 발급해 주었다. 미국의 국무장관이던 워런 크리스토퍼는 4월부터 이미 중국 외교부장인 첸치천에게 클린턴 행정부가 리 총통에게 비자를 발급하는 것에 반대한다고 말해 왔다. 정식 수교국이 아니기 때문에 그에게 비자를 발급하는 것이 합당하지 않다는 이유에서였다. 첸치천 외교부장은 외교적으로 미국의 언질을 받은 것으로 알았다. 그러나 미국의 상하원은 압도적인 표결(반대 1표)로 클린턴 행정부에 비자 발급을 요구했다.

리덩후이 총통은 코넬 대학의 연단에서 대만을 민주적 주권국가로 칭하며 '대만에 있는 중화민국(中華民國在台灣)'이란 호칭을 최초로 제기했다. 장쩌민은 당내 정치적 라이벌인 차오스(喬石)와 리루이환(李瑞環)(이들은 국내적에서는 개혁가로 명성을 떨치고 있었음에도 불구하고, 혹은 그랬기 때문에, 대만에 대해 매우 강경한 노선을 견지하고 있었다), 그리고 인민해방군 장성들로부터 격렬한 비판을 받았다. 장쩌민이 대만에 대해 회유적인 태도를 보일 때마다, 타이베이와 워싱턴 당국이 중국의 유약한 모습을 이용할 수 있다는 비난이 쏟아졌다.

장쩌민은 강력한 군사대응을 지지하는 매파들과 보조를 맞출 수 없었다. 매파 인사들이 모두 군인인 것은 아니었다. 민간 관료들 중에도 무력시위를 주장하는 인사들이 있었다. 짜오수이성(趙穗生) 교수의 분석에 의하면, 군사대응을 요구하는 압력이 인민해방군 뿐만 아니라 공산당 통치 정당성의 근원으로 민족주의를 주입시키던 공산당 이론가들, 그리고 위기가 지방에 대한 통제의 강화를 정당화시켜주길 바라던 중앙 관료들로부터 시작되었다고 한다.

1995년 7월, 인민해방군은 공개적인 경고를 보낸 후, 최초로 대만 근해(대만 동북부 해안에서 80마일 떨어진 곳)에 미사일을 발사했다. 그 다음 달에는 중국 해군이 미사일 및 포격 훈련을 실시하고 대만 북부 해상에서 대규모 군사훈련을 벌였다. 뒤이어 10월과 11월에도 대규모 군사훈련이 벌어졌다. 그러나 가장 큰 규모의 훈련은 1996년 3월에 실시되었는데, 대만의 첫 번째 직선제 총통 선거가 열리기 직전이었다.

인민해방군 최고위 장성의 지휘 하에 대만을 마주보고 있는 푸젠(福建) 지역에 본부를 두고 연합군사훈련이 진행되었는데, 훈련에는 인민해방군 양대 군구(軍區)가 동원되었다. 중국은 당시 공개 경고를 보낸 후, 지룽(基隆)과 까오슝(高雄) 항의 외해를 일시적으로 봉쇄시키고 대만을 향해 미사일 실험을 진행했다. 미국은 대만 근해(미국 고위 장성의 구상에 따라 불필요한 도발을 피하기 위해 대만해협으로 직접 진입하지는 않았음)에 두 개의 항공모함 전투군단을 배치하고 대만을 수호하겠다는 결의를 알렸다.

중국은 계속해서 푸젠 근해에서 대규모 군사훈련을 거행했다. 중국 대륙과 대만의 시청자들은 이 군사훈련을 TV를 통해 볼 수 있었다 그러나 결국 직접적인 무력충돌은 일어나지 않았고 위기는 일단락되었다.

1995년과 1996년의 위기 국면에서 중국은 대중매체를 통해 대만에 대한 적의를 숨기지 않았고, 리덩후이 총통에 대해 개인적인 인신공격을 가했다. 그러나 대중 시위를 동원하지는 않기로 결정했다. 뉴욕 시에 거주하는 수천 명의 중국 학생들이 리덩후이 총통의 방문에 반대하는 시위를 벌였다. 반면에 대만 각지에서는 중국의 위협에 항의하는 시위가 벌어졌다. 그러나 중국 대륙 자체적으로는 학교 당국들이 교내에서만 소규모 시위를 허가할 뿐이었다. 어떻게 당시의 위기를 다룰 것인가에 대해 지도자들 간의 합의가 너무 취약했기 때문에 대규모 시위는 당의 분열을 야기할 수 있었다. 대규모 시위가 군사적 대치상황에서 정책 결정자들에게 더 큰 압박이 될 수 있었다. 중국은 1999년 벨그레이드 대사관 피폭 사건 당시 반미 대중시위를 획책했었고, 여러 차례 반일시위를 조장한 적이 있었다.

마오쩌둥도 1958년에 금문도 포격을 개시하면서 군중시위를 발동한 적이 있다. 그는 이를 계기로 대중들에게 자신의 유토피아적 기획인 '대약진 운동'을 지지하도록 만들려는 의도였다. 그러나 그 후 1990년대 중반까지 중국 지도자들 중에는 대중시위를 선동할 생각을 가진 사람이 감히 나타나지 않았다. 국내적 사안이든 양안관계 관련 사안이든 대중들의 시위가 통제불능 상태로 치닫는 것을 두려워했기 때문이다.

위기의 여파

위기의 순간에도 한 가닥 희망은 남아있게 마련이다. 위기는 사람들로 하여금 군사적 대립이 무시무시한 대가를 치르게 만들 것이라는 것을 깨닫게 해 준다. 위기는 또한 서로가 받아들일 수 있는 최저한계가 어디까지인지 알게 해 준다. 1995년과 1996년에 걸쳐 일어난 위기 이후, 베이징과 워싱턴은 상호 소통을 강화함으로써 전쟁을 피하려는 노력을 기울였다. 장쩌민 주석과 클린턴 대통령은 1997년과 1998년 사이 상호 국빈방문을 추진했으며, 양국은 세계 정세와 관련하여 제약없는 '전략 대화'에 많은 공을 들였다. 클린턴 행정부는 대만의 독립 움직임을 위험한 도발이라고 규탄하기 시작했다. 1998년 방중 기간에 클린턴 대통령은 '삼불(三不) 정책' (대만 독립, 하나의 중국과 하나의 대만, 대만의 국제기구 가입 등의 입장에 반대하는 정책)을 공식 표명함으로써 대만 정부와 미 의외를 화나게 만들었다.

중국 매체들은 1995-1996년의 위기를 중국의 승리로 묘사하고 있지만, 사석에서는 중국의 전문가들도 이것이 상당한 역효과를 가져 왔다는 사실을 인정하고 있다. 대만은 위기가 지난 후, 중국 대륙의 군사행동 때문에 위축되기보다, 미국의 안보 지원을 더 확신하게 되었다. 중국의 군사위협은 경제의 많은 부분을 무역에 의존하는 대만 경제에 충격을 가져다 주었다. 주식은 폭락하고 외국 기업인들은 대만 출장을 취소했다. 또한 1995년 12월의 총선에서도 국민당(집권당)에 불리하게 작용했을 것이다. 그러나, 1996년 3월 중국 당국이 미사일 발사 실험을 강행하는 등 대만을 무력으로 위협하려는 행위는 대만 유권자들의 분개를 불러일으켰고, 선거에서 리덩후이가 대만의 첫번째 민선 총통에 큰 격차로 당선되도록 도와 주었다. 가장 중요한 것은, 미국이 필요한 경우 대만 방어에 나설 것이라는 것을 입증한 것이다. 게다가 미국과 일본은 방위협력지침을 개정함으로써 미일안보동맹을 강화했다. 결과적으로, 위기는 리덩후이 총통과 대만의 대중들로 하여금 계속해서 대만의 주권을 주장하게끔 만드는 왜곡된 결과를 가져 왔다.

조급한 장쩌민 주석

위기의 여파는 장쩌민 주석을 어려운 상황으로 몰아갔다. 그는 자신의 정치적 업적을 대만 문제와 연결시켜 왔다. 그가 1995년에 발표한 '8개항 원칙(江八點)'은 대만정책의 공식 규범으로 자리잡았고, 연례의식 때마다 언급되었다. 그래서 장쩌민은 자신의 대만 정책이 큰 실패를 보고 있음에도 불구하고 그 문제로부터 빠져나올 수 없었다. 1997년에 장쩌민은 '대만공작영도소조(對台工作領導小組)'의 책임자를 맡게 되었다. 이 그룹은 정부와 군에서 대만 정책을 다루는 최고위급 정책결정자들로 이뤄진 모임이었는데, 장(江)은 그 규모를 줄여 대만문제 관련 정책을 결정하는 핵심 정책그룹으로 그 성격을 변모시켰다. 한 전문가는, 통일에 대해 인내심있는 태도를 취했던 마오쩌둥이나 덩샤오핑과 달리, "장쩌민은 대만 문제에 대해 조바심을 갖고 있었다"고 평가했다. 그는 "장(江) 주석은 위대한 업적을 남기고 싶어했다"고 덧붙였다. 그는 중국을 통일한 지도자로 역사에 남겠다는 꿈을 꾸고 있었다. 대만 문제를 다루는 중국의 정책 전문가들에 따르면, 1998년을 기점으로 장쩌민은 통일 시간표에 대해 언급하기 시작했다.

'통일 대업'에 대한 장쩌민의 절박감은 2000년 대만 총통선거 전에 발행된 '대만백서(對台政策白皮書)'와 정부의 주요 정책 발표에 뚜렷하게 나타난다. (국제안보 분야에서 이름을 떨치고 있는 학자인 스인훙(時殷弘)은 1995년부터 2000년까지 장쩌민 주석이 취한 강경 조치의 사례로 대만 해역에서 실시한 1996년의 미사일 발사실험 및 연이은 군사훈련뿐만 아니라 이 대만백서도 함께 포함시키고 있다)

대만 백서는 중국이 두 가지 상황 하에서 대만에 대해 무력을 행사할 수 있다는 말을 반복하고 있다. 그 두 가지 상황은, 대만이 정식으로 독립을 선포하거나 다른 나라가 대만 문제에 개입할 경우를 말한다. 또한 새로운 불길한 위협도 추가되었다. 중국은 "대만 당국이 협상을 통한 양안 통일문제의 평화적 해결을 (무기한으로) 거절할 경우 무력을 사용할 수 있다"고 명시했다. 이것은 마치 대만에 대한 중화인민공화국의 최후통첩같이 들렸다. "빨리 협상을 하자. 안 그러면 가만 두지 않겠다"라는 소리였다.

사정을 잘 아는 내부인사의 얘기에 따르면, 백서에 나오는 '세번째 가정'은 사실 장쩌민이 직접 내용을 추가한 것이라고 한다. 당의 대만 전문가들에 의해 초안이 마련되고 여러 부처의 협의를 거친 후 장쩌민이 최후로 서명하는 과정을 거쳤다. 필자가 그 백서의 입안자 중 한 명을 인터뷰한 적이 있는데, 그도 이러한 내막을 부정하지 않았다.

대만백서가 공포되던 2월의 어느 흐린 날, 필자는 국가 미사일방어 시스템(NMD)에 대해 논의하기 위해 국무부, 국방부, 국가안전보장회의 등의 차관급 인사들과 베이징에 있었다. 우리들은 중국 지도자들의 도전적인 타이밍에 적잖이 놀랐다. 우리는 그것을 대만과 미국에 대한 중국의 위협이 대폭 증대된 것으로 해석했다. 중국 외교관들은, 백서를 공포한 타이밍이 부처간 조율 부족 때문에 생겨난 의도하지 않은 결과라고 둘러대며 우리 측을 안심시키려고 노력했다. 그러나 우리는 의심을 거둘 수 없었다.

무력 사용을 위한 적극적인 준비

장쩌민은 리덩후이의 미국 방문으로 수모를 당한 후, 인민해방군으로부터 최고사령관으로서의 신뢰를 회복할 필요가 있었다. 그리고 빨리 통일대업을 완수해야겠다는 그의 결심이 확고해지던 1995년을 기점으로 대만에 대한 군사적 압력을 높이기 시작했다. 전략적 고려에 따라 인민해방군이 군의 현대화를 가속화하는 프로그램에 대해 승인이 내려졌다. 국방예산이 두자릿 수의 비율로 증가하면서, 인민해방군은 러시아로부터 첨단화된 구축함, 전투기, 잠수함 등을 구매할 수 있게 되었다. (중국의 군수산업은 시대에 뒤쳐져 있었기 때문에 자체 생산은 선택사항이 되지 못했다.) 인민해방군은 또한 대량으로 단거리 미사일과 중거리 미사일을 생산하기 시작했다. 미 국방부에 따르면, 인민해방군은 초기에 매년 50기의 미사일을 대만 맞은편의 푸젠성에 배치했는데, 이후에는 매년 100기씩 배치하고 있다고 한다.

인민해방군 군인들은 더 강도 높은 훈련을 하기 시작했는데, 특히 해상과 공중으로부터의 침공에 필요한 해군과 공군의 공동작전의 형태를 띈 훈련을 강화했다. 군의 현대화는 1999년 7월 타이베이 측의 불쾌한 발언 이후 더욱 가속화되었다. 대만의 리덩후이 총통이 중국 대륙과 대만의 관계를 '국가 대 국가간의 관계'라고 공개적으로 주장한 사건이었다. 많은 중국인들에게, 특히 인민해방군의 입장에서는 이 주장이 독립의 선언을 공식화하는 것으로 들렸다. 군 계통의 매체들은 "모든 인민해방군 장병들이 리덩후이의 분리주의적 발언에 분개하고 있다"고 보도했다. 중국 정부는 리덩후이와 대만 정부에 다음과 같이 경고했다. "주권과 영토보전을 지키려는 중국 정부의 결심을 과소평가하지 말 것이며, 분리주의를 배격하고 대만독립에 반대하는 중국 국민들의 용기와 역량을 과소평가하지 말라."

군사적으로 대응해야 한다는 압력과 요구가 장쩌민에게 거세게 들어왔다. 클린턴 대통령은 장쩌민 주석을 안심시키기 위해 직접 전화를 걸었다. 그리고 리덩후이가 성명서를 발표하기 전에 미국과 미리 상의하지 않았으며 미국도 그 성명을 지지하지 않는다는 말을 전했다. 백악관 기자회견에서 클린턴 대통령은 미국이 '하나의 중국'을 지지한다는 것을 누차 강조했을 뿐만 아니라, 다른 한편으로 <대만관계법>의 제약을 받는 미국 정부가 대만해협에서의 비평화적 수단의 사용에 대해서는 엄중하게 지켜보고 있다는 것을 중국 정부에 상기시켰다.

리덩후이의 '양국론'에 반대한다는 것을 확실히 해 줌으로써 미국은 리덩후이의 발언에 대한 국내적 반응을 장쩌민이 잘 관리할 수 있도록 도왔다. '대만과 중국이 두 개의 분리된 국가'라는 리덩후이의 발언에 어떻게 반응할 것이냐가 매년 여름 베이따이허(北戴河)의 해변 리조트에서 열리는 중국 정치 지도자들의 연례회의에서 그 해 여름의 핵심 주제가 되었다.

중앙위원회는 은퇴한 장성들과 당 지도자들까지 그 범위를 확대하여 이 문제를 논의했다. 회의의 분위기는 침울했다고 한다. 왜냐하면 주룽지 총리가 워싱턴에서 WTO 협정을 체결하는 데 실패한데다가, 파룬궁의 연좌시위, 미군의 벨그레이드 중국대사관 폭격사건 등으로 한 해가 매우 순조롭지 않았기 때문이다. 많은 사람들이 벨그레이드 중국 대사관의 폭격이 중국에 대한 미국의 적대감을 보여주는 명백한 증거라고 해석했다. 이와 같은 비관적인 견해는 "평화와 발전이 핵심기조가 돼야 한다"는 덩샤오핑의 원칙을 수정하도록 요구했다.

아시아 금융위기의 발생이 보다 개방된 아시아 경제국들에게 만큼 중국에 영향을 미치지는 않았지만, 중국경제의 성장을 둔화시키고 디플레이션을 일으켰다. 정책 자문가들과 군 관리들의 설명에 따르면, 회의에서 군 장성들은 대만 문제는 중국의 명예가 걸려 있는 것이기 때문에 대만의 부속 도서 중 하나를 빼앗거나 하는 등 중국의 결의를 보여주는 군사적 행동을 취해야 한다는 과격한 주장을 펼쳤다고 한다.

장쩌민은 중국의 경제발전을 위태롭게 하고 미국과의 관계에 위기를 초래하기 싫었지만, 그렇다고 약한 모습을 보일 수도 없었다. 특히 군부 내에 있는 그의 지지층에게는 더욱 약한 모습을 보여서는 안 되었다. 그는 난처한 입장에 처해 있었다. 장쩌민은 인민해방군 장성들을 향해 다음과 같은 질문들을 던졌다고 한다. "만약 미국이 대만을 방어하기 위해 개입한다면 우리가 이길 수 있다고 확신하는가?" 군 장성들은 자신들이 아직 준비가 되어 있지 않다는 것을 인정해야만 했다. 장쩌민은 즉시 인민해방군에 공약을 했다. "다음 번에 또 이 질문을 받았을 때 확실한 대답을 할 수 있어야 하오. 그것을 위해 우리는 군이 필요로 하는 모든 것을 지원하겠소. 돌아가서 평화적으로 문제가 해결되지 않을 때 무력으로 대만문제를 해결할 능력을 키우시오."

한 평론가는 당시의 베이따이허(北戴河) 회의에서 나온 결정에 대해 다음과 같이 정리했다. "지금은 가능한 한 대규모 군사행동을 피하고 군사력과 경제력이 강해질 때까지 기다린다. 우리가 압도적으로 우세한 힘을 가진 후, 대만의 독립 움직임을 저지하기 위해 무력을 사용할 것인가의 여부를 결정한다."

한 중국 외교관은 이렇게 말했다. "중국은 평화통일을 추구하고 있지만,

군사력을 동원하여 통일을 할 준비도 하고 있습니다. 그렇게 하기로 이미 결정되어 있습니다."

한 인민해방군 대령은 "인민해방군은 무력을 통한 통일 준비에 박차를 가하고 있습니다. 정부의 일이 평화적 통일을 준비하는 것이라고 한다면 군의 과제는 전쟁을 준비하는 것입니다"라고 힘주어 말했다.

장쩌민은 강경한 발언을 통해, 그리고 군이 가장 원하는 것을 지원함으로써 군의 불만을 누그러뜨렸다. 무엇보다도, 강대국으로서 자랑스럽게 여길만한 첨단무기 등을 구입하도록 지원했다. 다른 당정 지도자들도 이러한 해법에 동의했다. 대만에 대해 보다 온건한 접근을 주장하는 지도자들조차 이 접근법에 동의했다. 그 상황에서 어떻게 동의하지 않을 수 있었겠는가!

중국 언론은 거친 표현을 써가며 리덩후이를 질타했고, 인민해방군의 전투기 조종사들은 대만해협 상공에서 대만 전투기에 공격적으로 접근하는 등 도발적 행동을 벌였고 해커들은 대만 컴퓨터를 공격했다. 그러나 대체적으로 중국은 리덩후이의 모욕적인 행위에 대해 1995-1996년의 위기 때보다 1999년에 훨씬 더 자제심을 발휘했다.

중국은 미국과의 우호적인 관계를 유지해 나가면서 승산이 없는 전쟁을 피했다. 리덩후이의 '양국론' 이후 2000년 3월에 독립지향적 정당인 민주진보당의 후보 천수이볜이 총통에 당선되면서, 평화적 통일에 대한 회의론이 베이징의 정치적 분위기를 휘저었다. 시간은 중국의 편이 아니었다. 종국에는 무력이 사용되어야만 할 지도 몰랐다. 당과 정부의 지도자들은 군에 전쟁준비를 가속화하라는 명령을 내렸다. 군사적 옵션이 2010년이 되기 전에 사용될 수 있도록 준비하는 것이었다. 이 옵션에는 미국의 개입을 막을 수 있는 전쟁 수행 능력을 갖는 것에서부터 대만을 해상과 공중에서 봉쇄해버릴 수 있는 능력까지를 포함하고 있었다.

인민해방군은 자신들이 많이 뒤처져 있고 미국이 앞으로도 군사적 우위를 계속 점할 것이라는 것을 잘 알고 있다. 그래서 적국의 취약점을 공략

하면서 대응하기 쉽지 않게 만드는 사이버 테러 등의 비전통적 수단, 즉 '자객의 단검(assassin's mace)'이라고 불려지기도 하는 비대칭 전력을 개발하고 있다.

미 국방부의 분석에 따르면, 대만의 맞은편 해안에 배치된 710기에서 790기에 이르는 단거리 탄도미사일은 대만의 독립을 방지하고 중국의 의도대로 통일을 압박하기 위한 중국의 가장 강력한 무기이다. 이 탄도미사일은 대만의 미사일 방어능력(가장 발전된 전역 미사일 방어시스템(TMD)도 무용지물임)을 제압하고 대만의 비행장과 군사시설을 무력화할 것이다. 또한 민간인들을 공포에 떨게 만들고 무역 위주의 대만 경제를 와해시킬 수 있다. 인민해방군의 목표는 대만에게 투항을 강요할 만큼의 능력을 갖추는 것이다. 그리고 미국이 대만 방어에 착수하기 전에 대만과의 협상을 진행시키면서 미국이 관여할 수 없게 만드는 것이다.

중국의 지도자들은 신무기를 사용할 필요가 없는 전략을 선호한다. 즉, 중국 고대의 탁월한 병법가인 손자(孫子)가 조언하는 바와 같이, 싸우지 않고 이기는 것이다. 목표는 신뢰할만한 억지력(deterrence)을 유지하는 것이다. "활 시위를 당겨 놓고 있지만 활을 쏘지 않고, 개전을 감행하지는 않지만 압박을 계속해서 유지하는 개념이다."

중국이 희망하는 것은 중국의 군사력이 더욱 강성해지는 동시에 대만이 경제적으로 점점 더 중국에 의존적이 되는 것이다. 그리고 결국에는 대만이 잘 익은 자두처럼 중국의 무릎에 떨어지는 것이다. (혹은 중국의 한 인터넷에 오른 게시글이 말하는 것처럼, "중국이 동아시아에서 명백한 지도국이 되면 대만과의 통일은 자연스럽게 이뤄질 것"이다.)

선택의 순간이 되면 중국은 대만에게 암묵적인 위협과 함께 '거절할 수 없는 제안'을 할 것이다. 대만의 지도자들은 통일을 협상하는 것 외에 별다른 도리가 없다는 것을 인식하게 될 것이며 미국은 승자없는 충돌을 피하기 위한 협상안을 추구할 것이다.

미국이 직면하고 있는 난제들은 많다. 중국이 대만보다 군사적으로 더욱 강해졌다는 이유로 미국은 양안의 '평화적 통일'에 묵묵히 따라야만 하는가? 아니면, 중국을 적으로 선포하고 군사적으로나 경제적으로 중국을 봉쇄하기 위해 모든 수단을 동원해야 할 것인가? 또한, 미국은 중국(특히 인민해방군)이 신무기를 확보한 뒤 그것들을 사용하길 원하지 않는다는 것을 어떻게 확신할 수 있는가?

당근과 채찍

많은 중국인들은 1995년에서 1996년까지의 위기 및 1999년의 위기 상황에서 하나의 교훈을 얻었다. 대만에게 군사력만을 사용해서는 실패할 수 밖에 없다는 것이다. 무력의 동원은 중국 대륙에 대한 대만인들의 반감만을 높일 것이며, 대만으로 하여금 더욱 미국의 보호에 의존하게 만들고, 나아가 미일 간의 군사동맹을 강화시키는 결과를 가져 올 것이다. 대만의 독립 움직임을 저지하기 원한다면, 채찍뿐만 아니라 당근도 사용하는 전략이 필요하다. 한 정책 전문가는 "군사적 압력이 제대로 작동하지 않는다는 것이 분명한 상황에서, 중국은 다른 수단을 강구할 필요가 있다"고 조언했다. 장쩌민은 당근과 채찍의 양면 작전을 사용함으로써 지도부 내의 컨센서스를 이뤄냈다. 즉, 군사력을 강화하는 한편 대만 동포들에게 우호적 손길을 뻗쳤다. 대만인들의 인심을 얻기 위해 공산당의 용어로 '통일전선 전술'을 사용하고, 대만인들이 중국 정부를 신뢰할 수 있도록 만들며, 독립을 주장하는 대만 정치인들에게는 압력을 가하는 것이다. 통일전선 전술은 또한, 미국으로 하여금 중국의 통 큰 자세에 갈채를 보내게 할 것이며, 양안에 긴장 국면을 조성시키고 있는 '트러블 메이커' 대만을 비난하게 유도할 것이다.

후진타오는 이 양면 정책을 계속 유지해 왔다. 그리고 대만의 야당들과 유대관계를 구축했다. 2008년에 천수이볜의 두번째 임기가 끝나면 새로운 총통이 이 당들로부터 나올 것이라는 기대감을 갖고 있었기 때문이다. 그러나 중국의 국내정세는 여전히 중국 지도자들이 대만에 대해 유연하고 회유적인 자세를 취하는 것에 제약을 가한다. 다른 국가들에 대해서는 실용주의적 접근을 취하는 것과 달리, 대만에 대해서는 국내정세의 영향을 받으며 상징적 의미만을 갖는 원칙의 문제에 좌우되어 왔다. 정치적 야심을 가진 관료들에게는 대만 관련 이슈에 대해 강경한 태도를 취하는 것이 정치적으로 옳은 선택이다. 왜냐하면 대만 관련 이슈는 타협될 수 없는 원칙의 문제이기 때문이다.

한 정책 전문가는 "온건하게 들릴 수 있는 창의적 아이디어를 제안하는 것은 자살행위에 해당한다"고 말했다. 대만에 대해 어떤 긍정적인 제스처를 취하든, 그것은 강경하게 보여야 한다. 한 저널리스트는 원자바오가 대만에 대해 언급한 것을 예로 들었다. "원자바오는, 일말의 가능성이 남아 있는 한 평화적 통일을 추구할 것이라고 말했습니다. 원자바오가 이렇게 말할 수 있었던 것은, 어떠한 대가를 치르더라도 대만의 독립 움직임을 저지할 것이라고 먼저 언급했기 때문입니다. 그러니까 원자바오는 두 가지 입장을 동시에 제시하고 있는 것입니다."

후진타오는 긍정적 구상을 제안하면서도 무력을 동원할 수 있다는 가능성을 강조하는 것을 게을리 하지 않았다. 전략 분석가인 스인훙(時殷弘)의 말에 따르면, 후진타오는 '당근을 더 달콤하게' 만들기 위해 채찍을 '더 매섭게' 다뤄야만 했다. 이렇게 꽉 막힌 정치적 분위기 속에서는 대만에 대한 창의적인 구상이 나오기 어렵다. 일본이나 미국에 대한 정책자문 요청에 비하면, 대만정책에 대해서는 정책 자문가를 찾는 경우가 훨씬 드물다. 한 전문가는 "지도자들은 자신들이 대만을 잘 이해한다고 생각합니다. 같은 중국인이기 때문에 더욱 그런 것 같습니다"라고 평했다. 따라서 대만에 대한 긍정적인 제안이나 구상은 종종 당 원로들로부터 나온다. 정치적인 비난을 어떻게든 감당할 수 있어야 하기 때문이다.

경제협력

덩샤오핑은 대만에 우호적 접근을 시도한 첫번째 지도자였다. 1979년, 덩샤오핑은 세계를 향해 중국 경제의 문을 활짝 열어 젖혔다. 대만에게도 마찬가지였다. 덩샤오핑은 1949년 이래로 중국대륙과 대만 사이에서 경제 및 사회적 왕래를 가로 막았던 적대감의 벽을 허물어 버렸다.

중국은 대만에 특혜를 제공하며 투자와 무역을 끌어들였다. 또한 대만인들이 중국을 방문하여 이산가족을 만나고 관광을 할 수 있도록 개방했다. 그 후 대만과 중국 대륙 간의 유대관계는 급속도로 심화됐다. 대만 기업들의 중국 러쉬가 시작됐다. 노동집약적인 소규모 신발 산업과 장난감 제조업을 시작으로 반도체 등 대규모 하이테크 기업들이 공장을 중국 대륙으로 옮겨갔다. 더 저렴한 토지와 설비, 그리고 노동력을 찾기 위해서였다. 금융업과 서비스업도 그 뒤를 이었다. 크나큰 경제적 매력으로 인해 중국에 대한 의존도가 높아지는 것을 막기 위해 대만 정부에서는 규제를 강화해야 했고, 대만 기업들은 그 규제를 빠져나가기 바빴다. 대만 해협을 직항하는 노선이 없고 모든 거래가 홍콩이나 제3국을 경유해야함에도 불구하고, 중국은 대만의 최대 수출시장이 되었고 대만은 중국에 두번째로 큰 해외직접투자국이 되었다. 2005년 말까지 대만의 대 중국 수출(홍콩 포함)은 미국, 일본, 유럽에 대한 수출을 합한 것보다 더 커졌다. 대만의 정보기술산업도 속속 중국으로 이전했다. 2,300만의 대만 인구 중 100만 명이 넘는 사람들이 중국에 상주하고 있다. 그곳에서 일하고 학교를 다니며 결혼한다. 그들 중 대부분이 광동성의 동관(東莞)과 상하이 인근의 쿤산(崑山) 지역에 집단으로 거주한다. 양안 간의 정치적 대립은 더 이상 대만의 자본과 기술이 중국으로 이전하는 것을 막기 어렵다.

아주 특별한 경우를 제외하고, 중국 정부는 양안의 정세가 경색되었을 때도 대만 기업인들을 보호하려고 노력해 왔다. 중국에서 대만 기업인(台商)들은 정치적 논쟁의 대상이 되지 않는다. 지방정부의 관리들은 대만 기업인들이 일자리를 창출하는 것을 몹시 반긴다. 국무원 대만판공실에서 각 지역으로 파견된 관리들은 대만 투자가들의 투자가 순조롭게 진행되도록 적극적으로 편의를 제공한다. 중국인들은 대만이 경제 및 사회적으로 중국의 궤도 속으로 진입하게 된 것에 매우 흡족해 한다. 이것이 언젠가는 정치적 통합으로 이어질 것이라는 희망을 가져다 주기 때문이다.

비록 그렇다 하더라도 2000년과 2004년에 대만에서 거행된 총통선거 이후, 중국 내부의 정세는 중국 공산당으로 하여금 '녹색(천수이볜을 지지하고 대만 독립을 주장하는 진영)' 성향의 대만 기업인들에게 불쾌감을 표명하도록 압박했다.

장쩌민은 자신의 멘토이자 전임 상하이 시장인 왕다오한(汪道涵)을 양안협상의 대표로 임명했다. 왕(汪)은 '대만공작영도소조(對台工作領導小組)'에서 매우 비중 있는 인물로 대만에 대한 온건한 접근을 지지했다. 그는 장쩌민 주석과 개인적인 친분이 돈독할 뿐만 아니라 높은 존경을 받는 인물로 기존의 정치적 고려를 초월할 수 있는 사람이었다.

필자는 왕다오한과 여러 차례 의견을 교환한 적이 있는데, 그의 탁월한 식견을 느낄 수 있었다. 그는 푸젠(福建)에 배치된 탄도 미사일의 수량을 동결해야 한다고 주장하는 등 양안의 신뢰구축을 위한 여러 구상을 갖고 있었다. 연해 지역의 지방정부들은 왕(汪)이 자신들의 이익을 대변한다고 생각했다. 양안 간의 대립이 경제발전을 저해하는 일이 일어나지 않도록 노력했기 때문이다. 샤먼(廈門) 대학교 대만연구원에 소속된 한 연구자의 말에 따르면, 베이징에서 멀리 떨어져 있고 대만의 바로 건너편에 자리잡고 있는 샤먼대학 대만연구원이 '상당히 자유로운 견해'를 개진하는 곳으로 명성을 떨치고 있다고 말했다.

장쩌민은 쌍방의 무역 및 투자 관계를 심화하고 양안 간의 교류와 대화를 증진하며 중국으로서는 매우 관대한 입장으로 통일 이후 대만에게 고도의 자치권을 부여하는 구상을 제안하는 등 상하이 지역의 입장과 동일선상에 서 있었다. 덩샤오핑이 제안한 '일국양제' 구상의 연장선이었다.

(즉, 대만에게 민주적 정치체제와 군대의 보유 등을 허용할 수 있다는 것이다.)

소통을 망치는 발언들

그러나 교조적인 입장과 정치적 고려 때문에 중국 지도자들은 정말 매력적이라고 느끼게 할만한 제안을 하지 못했다. 중국의 언론과 대중들은 대만에 대한 중국정부의 용어선택에 별로 신경을 쓰지 않는다. 그러나 관리들은 다르다. 바티칸의 사제들처럼 중국 공산당 내의 엘리트들 사이에서는 원칙주의가 승리하게 되어 있다. 덩샤오핑은 당내 지도부의 의견이 대립할 때마다 항상 '좌파'가 '우파'를 압도하는 현상을 한탄하곤 했다.

관료들은 혁신적인 구상을 제안하는 것보다 건국 원로들이 다져놓은 원칙을 그대로 따르는 것이 안전한 길이라는 것을 잘 알고 있다. 일단 대만에 대한 입장이 확립된 후에는 유약하다는 비판을 두려워하기 때문에 중국 지도자들은 그 입장을 바꾸거나 폐기하고 싶어하지 않는다. 대만 쪽에서 새로운 구상에 어떻게 반응할 지 예측하기 어렵기 때문에 그 위험성은 배가되는 것이다. 대만이 만약 그들 내부의 정치 동학에 따라 자신들의 새로운 제안을 거절하고 법적인 독립을 계속 밀고 나가기라도 한다면, 중국 지도자들은 멍청이 짓을 한 셈이 되는 것이다. 대만이 행여나 긍정적으로 반응한다 하더라도 중국 지도자들 입장에서는 의혹을 떨쳐 버릴 수 없다. 왜냐하면 그 새로운 제안을 이행하기 위해서 너무 많은 것을 양보해야 할지도 모르기 때문이다.

덩샤오핑이 1979년 제안한 '일국양제'가 좋은 예이다. 덩샤오핑은 통일 이후 대만이 고도의 자치를 누리게 될 것이라고 밝혔다. 중국은 1979년 중국으로 귀속된 홍콩에 동일한 공식을 적용했다. 홍콩의 자치가 원래 대만에 제안되었던 것보다는 훨씬 제한적이었지만 말이다. 예를 들어 인민해방군은 현재 홍콩에 주둔하고 있다. 그러나 대만은 자신의 군대를 소유할 것이다. 베이징 당국은 홍콩이 식민지 체제에서 민주체제로 이행하는 것을 스스로 결정하는 것에 대해 거부권을 갖고 있지만, 덩샤오핑의 구상대로라면 대만에 대해서는 민주적 정치체제가 그대로 허용될 수 있다. '일국양제'의 구상을 홍콩에 비춰 보면, 대만 사람들 입장에서는 중국정부가 그 제안의 원 취지를 너무 훼손한 것처럼 보인다. (대만 지도자들은 홍콩이 1997년 중국에 귀속된 후 얼마나 발전했는가에 대해 매우 회의적이다. 특히 베이징에서 홍콩의 정치에 너무 간섭하고 있다고 지적한다.)

필자는 미국에서 연구하는 중국 학자들을 대상으로 발표를 한 적이 있는데, 당시 이런 주장을 했다. 중국 정부가 홍콩과 대만을 차별화하고 대만인들의 호응을 끌어 내기 위해 '일국삼제(一國三制)'와 같은 새로운 호칭을 만들어 낼 필요가 있다는 주장이었다. 대만인들은 통일 후 자신들의 삶이 더 좋아진다는 확신을 갖지 않으면 절대 통일에 찬성하지 않을 것이다. 관리들과 정책 전문가들은 '일국양제'의 주장을 폐기해야 한다는 것에 개인적으로는 동의했다. 다른 외교정책 사안에서와 마찬가지로 중국인들은 실용주의적 경향이 강하다. 그러나 대만에 대한 덩샤오핑의 주장은 성역과 같다. 장쩌민 시대에 양안 간에 진행된 모든 협상에서 '하나의 중국 원칙'은 절대적인 전제조건이었다. 중국은 대만 당국이 이 원칙을 받아들일 때까지 대화를 거절했다. 중국 정부는 대만 총통이 '하나의 중국'이라는 주문을 욀 것을 공개적으로 주장함으로써, 대만 총통이 자신의 국민들 앞에서 줏대 없는 모습을 보여야만 하는 상황으로 몰아갔다. 대만 총통이든 중국 국가주석이든 누군가는 체면을 잃어야 하는 것이다.

클린턴과 부시 행정부는 전제조건을 달지 말고 양안 간의 대화를 재개하라고 주장했다. 그러나 장쩌민도 후진타오도 엄두를 내지 못했다. 한 인민해방군 간부는 2004년 필자에게 "후진타오는 정치적 권위가 제한적인 상황이기 때문에 조건없는 대화를 제안할 처지가 못 됩니다"라고 말했다. 그는 이렇게 설명했다. "장쩌민 집권기에 장(江)은 의심할 나위 없는 실력자였습니다. 그러나 장 주석조차 그런 민감한 일을 벌일 정치적 힘을 갖고 있지 못했습니다. 그러니까 후진타오도 자신의 위신을 손상시키거나 비난을 받으면서까지 그렇게 하고 싶지 않을 것입니다."

중국의 정치 엘리트들은 '하나의 중국 원칙'에 굉장히 집착한다. 그래서 2002년까지 그 원칙을 대만과의 삼통(三通)을 위한 전제조건으로 삼았다. 삼통(三通)은 1979년 이래 중국이 줄곧 열망해 온 것으로 대만을 중국 본토에 묶어두기 위한 수단으로 여겨졌다. 베이징 당국은 대만 정부의 권위를 결코 인정하려 들지 않았다. 중국 측의 완강한 거부로 대만 정부는 관광이나 무역과 같은 평범한 사안도 논의할 수 없었다. 중국은 개별 산업대표가 경제 사안에 대한 협상을 진행해야 한다고 주장하고, 정부 관리들은 단지 산업계의 자문으로서만 동석할 수 있었다. 중국과 대만은 모두 WTO 회원국이지만, 중국은 WTO 내에서 대만과 좀처럼 대화하지 않는다. 대화할 경우 대만정부가 주권을 갖고 있는 것처럼 보여질 수 있기 때문이다.

중국이 자존심을 버리고 대만 정부와 직접 대화할 때까지 평화적 통일의 진행은 요원한 일이다. 장쩌민이 공산당 총서기로서의 임기가 끝나는 마지막 해, 장(江)은 통일을 향한 의미있는 진전을 보여주고 싶어 했다. 그리고 경기침체를 겪고 있던 대만이 삼통(三通)에 동의할 것이라는 기대감을 갖고 있었다. 장쩌민은 새로 취임한 미국 대통령 조지 부시의 환심을 사려 했다. 장 주석은 텍사스 크로포드 목장으로 초대됐다. 중국의 최고지도자로 10년 동안 권좌를 지키면서 그의 권위는 견고했다. 이런 상황에서 장 주석은 결국 당내의 컨센서스를 형성하고 대만에 좀 더 유연한 제안을 할 수 있었다. '하나의 중국 원칙'에 있어서 '중국'에 대한 정의가 대만이 덜 반대할만한 것으로 바뀌었다. '중국'의 개념이 더 이상 대만을 하나의 성(省)으로 포함하고 있는 중화인민공화국으로 정의되지 않았다. "중국 본토와 대만은 모두 하나의 중국에 속한다"는 새로운 언술이 만들어졌다. 이 언술의 목적은 통일이 대등성에 기반하고 있고, '누가 누구를 먹는 행위가 아님'을 보여주는 것이었다. 이것은 양안이 주권을 공유할 수 있다는 가능성도 열어 놓았다. 베이징 당국은 또한 훨씬 더 구미가 당길만한 대안을 제시했다. 대만은 양안 간의 첫 협상에서 나온 모호한 결론이었던 '92년 컨센서스(九二共識)'를 수용한다고 했다. 양측은 '하나의 중국'이 무엇을 의미하는 지에 대해 각자 자신의 해석을 내릴 수 있고, 상대편의 해석에 따르지 않아도 되었다.

혹은 양측이 명확한 정의를 내리지 않은 채, '92년 컨센서스(九二共識)'를 수용한다고 말할 수 있도록 했다. 양안관계 전문가인 리차드 부시(Richard Bush)는 이것을 '대화재개를 정당화하기 위해 만든 상징적인 조화(造花)'라고 이름 붙였다. 그러나 천수이볜 총통은 '92년 컨센서스'를 지지한다는 말을 입 밖에 내지 못했고, 협상대표를 베이징에 보내려고 하지도 않았다. 새겨 둬야 할 것은, 이 두 언술이 중국 내부에서는 광범위하게 사용되지 않았다는 점이다. 또한 대만이 중국의 일개 성(省)으로 여겨지는 것에는 변함이 없었고, '하나의 중국'이란 원칙은 절대 건드릴 수 없는 마지노선이었다는 점이다. (2005년에 후진타오는 대만이 받아들일 수 있는 '일중원칙(一中原則)'의 새로운 해석을 내놓았다. '양안일중(兩岸一中)'이라는 언술이었다. 천수이볜은 받아들이지 않았고 후진타오는 그 표현의 사용을 중단했다.)

미국의 저명한 중국 전문가이자 국가안전회의(NSC) 스태프를 역임했던 케네스 리버설(Kenneth Lieberthal)은 양안이 '잠정협약'을 체결하라고 제안했다. 50년 혹은 그 이상의 특정 기간 동안 현상유지(status quo)로 안정화하는 것이다. 베이징의 한 정책 전문가는 케네스 리버설의 제안이 괜찮은 생각이라고 말하면서도 중국 지도자들이 절대 그 아이디어에 공개적으로 동의하지 못할 것이라고 말했다. 왜냐하면 대중들과 다른 간부들은 그것을 일정 기간 동안 통일에 대한 희망을 포기하는 타협으로 여길 것이기 때문이다.

신임 대만 총통 천수이볜과 양안관계의 새로운 국면

2000년 3월 천수이볜이 신임 대만총통으로 선출되기 전, 그는 타이베이 시장신분으로 여러 차례 워싱턴을 방문했고 비공식으로 미국 관리들과 회동을 가졌다. 천수이볜은 민진당 내의 정통 독립주의자들과 자신을 차별화하기 위해 애를 쓰는 것 같았다. 중국 당국과 잠정협정을 맺고 새로운 역사를 열어갈 가능성을 내비쳤다. 2000년 세 후보 간에 벌어진 팽팽한 접전에서 천수이볜이 선출되었을 때, 미국 측은 베이징 당국의 군사행동을 우려하면서 어떠한 도발행위도 용납할 수 없다고 미리 경고했다.

한편으로 과거에 받은 인상(印象)에 근거하여 미국 측은 천수이볜이 닉슨이 중국에 접근한 것처럼 돌파구를 마련할 수도 있다고 내심 기대했다. 타이베이 주재 미국 대표는 중국을 안심시키기 위해 신속하게 움직여야 한다고 천수이볜을 재촉했다. 천수이볜은 당선과 취임 연설에서 신중한 표현을 사용하여 중국 당국에 긍정적인 메시지를 띄웠다. 천수이볜이 양안 관계상 특별한 마력을 가진 '하나의 중국'이라는 주문을 외우지는 않았지만, 중국이 공격 의도를 보이지 않는 한 독립을 선언하지 않을 것이라고 약속했다. 또한 '양국론'을 헌법에 명시하는 작업을 추진하지 않고 '중화민국'이라는 국호도 바꾸지 않을 것이며, 독립여부를 결정하는 국민투표를 실시하지 않고 국가통일강령 및 국가통일위원회도 폐지하지 않겠다는 약속을 했다.

천수이볜의 이러한 약속은 전형적인 중국 스타일의 표현을 사용하여 '4불 1몰유(四不一沒有)'로 천명되었다. 천수이볜은 베이징 당국이 요구하는 것에 조금씩 근접해 가면서 '하나가 되어가는 중국(未來一中)'을 제시했다. 그러나 독립을 지향하는 당에서 대만 총통이 선출된 것에 대해 충격을 받은 베이징의 지도자들은 쉽게 마음을 추스르지 못했다. 그리고 대응책을 두고 내부적으로 혼란에 빠져 있었기 때문에 긍정적으로 반응할 수 없었다.

중국 공산당은 1995년 군사적 위협을 사용한 것으로 인해 대만 사회에서 오히려 역효과가 일어난 것을 기억하고 대만이 총통선거를 마칠 때까지 최대한 자제하는 모습을 보였다. 중국의 관리들은 천수이볜의 당선을 돕는 상황을 만들고 싶지 않다고 말했다. 장쩌민 역시 대만에 대해 자제하면서도 다른 한편으로는 강경한 모습을 보이려고 노력했다. 소문에 따르면, 그는 당시 내부 보고문건을 작성해 내려보냈는데, 대만에 군사행동을 개시할 수 있도록 철저히 준비하라는 내용이었다.

상황이 그렇다 하더라도, 당시 인민해방군 상장(上將)이자 중앙군사위 위원인 장완녠(張萬年)은 가만히 있을 수만은 없었다. 그래서 전국인민대표대회 석상에서 "대만독립은 전쟁을 의미한다"고 경고하는 발언을 했고, 이 연설문은《인민일보》에 그대로 등재되었다. 1999년 비참했던 미국방문을 마치고 돌아 온 뒤 입지가 좁아져 있던 주룽지 총리도 선거를 앞두고 대만 사람들에게 "경거망동하지 말라. 나중에 후회해 봐야 소용없다"라고 공개적으로 경고했다. 자신의 국내적 지위를 강화하고자 하는 것처럼 보이는 발언이었다.

천수이볜의 당선 후 비관적인 그림자가 베이징을 뒤덮었다. 완전히 준비되기 전까지 불필요한 충돌을 피하려고 인민해방군의 군사훈련은 매우 조심스럽게 행해졌지만, 군비강화의 작업은 비약적으로 이뤄졌다. 베이징의 한 대만연구 전문가는 당시의 상황을 이렇게 얘기했다. "천수이볜이 선거에서 승리한 후 일부 지도자들은 무력사용을 내세우더군요. 그러나 우리는 그들에게 천수이볜의 승리는 국민당의 분열 때문에 3자 구도로 선거가 치러졌기 때문에 가능한 것이었지, 독립을 지지하는 당(민진당)의 지지도가 올랐기 때문이 아니라고 설득했죠."

중국 정부는 대만의 새로운 총통인 천수이볜이 개방적으로 들리는 발언을 하는 것을 보고 우선 사태를 관망하기로 했다. 소위 '말과 행동을 먼저 지켜보겠다(聽其言, 觀其行)'는 입장을 유지하며 직접적으로 천수이볜을 비판하는 일을 자제했다. 그러나 지도부 내의 어느 누구도 독립을 지지하는 정당에서 나온 대만총통에게 긍정적으로 화답하는 위험을 무릅쓰려 하지 않았다. 장쩌민도 마찬가지였다.

한 저명한 대만정책 전문가는 당시 이렇게 말했다. "만약 장쩌민이 대만에 대해 일방적으로 양보하는 태도를 보였다면 그는 반역자로 간주되었을 것이고, 대중시위가 일어날 수도 있었죠." 그리고 이렇게 덧붙였다. "내가 만약 획기적인 내용의 새로운 양보를 제안했다면 나도 비판의 대상이 됐을 겁니다."

한번 퇴짜를 맞은 후, 천수이볜은 다시는 중국 대륙과의 간극을 메우기 위해 진지한 노력을 기울이지 않았다.

비관론 + 조급증 = 위험

장쩌민이 2002년 최고지도자의 자리에서 물러났을 때, 그의 대만정책은 완전히 실패한 것으로 중국 내부에서 광범위한(물론 사적인 자리에서만) 비난을 받았다.

한 교수는 이렇게 설명했다. "학생들과 일반인들 중에 장쩌민의 대만정책이 너무 유약하다고 비판하는 사람들이 많았습니다. 장 주석의 정책이 그런 평가를 받았음에도 대만은 이에 화답하지 않았죠. 중국의 유약한 모습을 이용해먹기만 한 셈이죠." 대만과 미국의 도발이 계속된 것은 장쩌민이 배짱이 없었기 때문인 것으로 치부되었다.

외교정책 관련 싱크탱크의 한 전문가는 "대만의 국방부장이 미국을 방문한 것을 모든 사람들이 알고 있었습니다. 그것 때문에 택시 기사들과 일반인들 사이에 의견이 분분했죠"라고 말했다. 또 다른 전문가는 이렇게 말했다. "장쩌민은 미국과 대만에 지나치게 협조적이라는 비판을 받았습니다. 나는 부부장급 인사들까지 그런 비판을 하는 것을 들은 적이 있습니다. 예를 들면, 부시 대통령이 '어떤 대가를 치르더라도 대만을 방어할 것'이라는 발언을 했을 때, 그리고 미국이 대만에 엄청난 양의 무기를 판매했을 때, 장 주석이 무대응으로 일관한 것 때문에 불만이 많았죠."

장쩌민은 또한 군비증강을 너무 늦게 추진한 것에 대해서도 비난을 받았다. 장쩌민을 대신하여 양안협상을 담당했던 왕다오한과 그의 참모들은 대만 정세가 실망스런 방향으로 흐르는 것에 대해 다음과 같이 설명했다. "대만정책의 성과가 만족스럽지 않은 것은 불가항력적인 자연적 현상이지 국가 지도자의 실책 때문이 아닙니다."

그러나 대만에 대한 긍정적인 접근과 경제통합을 지지하는 사람들조차, 중국의 평화적 노력이 대만 내부에 팽배한 독립지향적 국면에 압도되고 있음을 인정해야만 했다. 한 대만문제 전문가는 이렇게 말했다. "평화적 경제통합에는 시간이 걸립니다만, 천수이볜은 우리에게 시간을 주지 않고 있습니다."

한편 인민해방군은 유사시에 대비하여 무력사용을 준비했다. 1990년대 초부터 군에 대한 투자가 점점 늘어나기 시작했고, 1999년부터는 군비증강이 가속화되었다. 대만과 미국의 전문가들은 2015년 경이 되어야 비로서 대만 문제를 힘으로 해결할 준비가 완료될 것으로 보고 있지만, 대부분의 중국인들은 2008년 올림픽 이전에 군사적 준비가 끝날 것이라 평가한다. 인민해방군이 후진적 군대에서 현대식 병력으로 재빠르게 탈바꿈한 것은, 한 국가의 전략적 목표가 분명하기만 하다면 군이 신속하게 현대화될 수 있다는 것을 보여줬다. 사실 군의 신속한 현대화 과정은, 국내의 반란으로부터 자신들을 보호해 줄 군을 감히 소외시킬 수 없는 정치인들 때문에 가능한 것인지도 모른다. 그 정치인들이 온화한 사람들이든 강박증을 가진 사람이든 관계없이 말이다.

천수이볜이 도발할 때마다 현대화된 군을 사용해야 한다는 압력이 작동했다. 중국 싱크탱크 전문가의 분석에 따르면, 대다수의 정책 전문가, 당 간부, 군인들은 무력 사용을 지지했다. 그러나 장쩌민 집권기에 군사적 압박은 동원되지 않았다. 왜냐하면 장쩌민, 주룽지, 첸치천이 비교적 유연한 노선을 채택할 수 있을 만큼 충분한 정치적 권위를 갖고 있었기 때문이다. 그러나 현재의 지도자들과 정책결정자들은 연령이 비슷하다. 후진타오와 원자바오는 상대적으로 권위가 부족한 편이고 그나마 자신들이 가지고 있는 권위도 사용하는 것을 꺼리는 편이다.

천수이볜의 연임과 함께 깊어지는 비관론

장쩌민은 가까운 장래에 통일이 이뤄질 수 있다는 기대감을 높여왔다. 그리고 그 기대감 때문에 2002-2003년 시기에 집권한 후진타오는 큰 부담을 감수해야만 했다. 인민해방군의 전력이 증강되면서 중국이 가용할 수 있는 공격 옵션도 증가했다. 후진타오는 국내정치면에서나 외교정책면에서나 대만문제를 안정화하겠다는 생각을 갖고 취임했다. 그는 대만문제가 자신의 다른 계획들까지 어그러뜨릴 수 있는 민감한 사안이라는 것을 잘 알고 있었다.

대만문제는 공식적인 권력이 이행되기 전부터 후진타오를 괴롭혔다. 후진타오는 군과 당에 대한 자신의 권력을 확고히 하기 전에 대만문제에 어떻게 대응할 것인지 결정해야 했다. 2002년 8월 천수이볜은 워싱턴 당국과 사전협의 없이, 심지어 자신의 참모들과도 상의하지 않고, 리덩후이가 제창한 '양국론(兩國論)'의 새로운 버전을 내놓았다. 소위 '일변일국론(一邊一國論)'이었다. 동시에 그는 입법원에 국민투표안을 통과시킬 것을 요구했다. 대만인들이 국가적 안건에 대해 국민투표권을 행사할 수 있도록 하는 법안이었다.

중국 언론은 천수이볜의 폭탄선언에 대해 위협적인 언사를 서슴지 않았다. 2002년 8월 5일에서 12일까지 한 주 동안, 《인민일보》는 천수이볜을 비난하면서 '불장난 하지 말라'고 경고하는 글을 30여편 이상이나 실었다. 천 총통이 대만을 중국에서 분리시킬 경우 가만 두지 않을 것이라고 경고

▌사진▌ 천수이볜 총통이 국민투표를 제안한 후 중국신문 《세계신문보(世界新聞報)》에 실린 일면 기사. 인민해방군 병사들의 훈련 모습을 찍은 사진 위 헤드라인에는 이렇게 적혀있다. "우리 군의 군사훈련이 대만의 독립분자들을 떨게 만든다" 2002년 8월 7일자. (Kevin Lee/ Getty Images)

했다.

《환구시보》는 "대만의 국민투표는 선전포고나 마찬가지"라고 보도했다. 후진타오는 언론이 자신을 대변하는 것을 허락했다. 그러나 대만문제에 대해 여전히 신중한 태도를 보였다. 권력승계가 이뤄지기도 전에 자신의 지도체제를 망가뜨릴 수 있는 중대한 실수를 피하고자 했기 때문이다.

2003년에서 2004년의 총통선거 기간 동안 전쟁에 대한 불안감은 더욱 높아졌다. 천수이볜이 국민투표를 통해 2006년에는 헌법을 개정하고 2008년에는 그 개정안을 비준하겠다고 주장했기 때문이다. 이 시간표는 2008년 베이징 올림픽과 확연히 일치하는 것이었다. 천수이볜은 중국이 올림픽 개막을 망치면서까지 대만을 공격하지는 않을 것이라는데 도박을 걸었다. 중국의 신문들은 대만에 대한 가능한 공격 시나리오를 게재했다. 예를 들면, "상대방을 무력화시키는 무자비한 공격으로 대만의 저항은 단시간 내에 무너질 것"이라는 식이다.

신문들은 또한 전쟁의 대가를 감당할 수 있는 중국의 능력에 대해 토론했다. 전쟁이 일어날 경우 중국이 2년 동안 경제성장률이 매년 30%씩 하락할 것이고, 올림픽 개최 기회를 상실하게 될 것이라고 예측했다. 그러나 "조국의 통일을 수호하기 위해서라면 중국인들은 어떠한 대가도 지불할 것"이라는 결론으로 마무리 지어졌다. 대규모 군사훈련은 실시되지 않았지만 퇴역장성 출신으로 국무원 대만사무판공실의 부주임을 맡고 있던 왕자이시(王在希)는 "국민투표는 독립을 하겠다는 것이고, 독립은 곧 전쟁을 의미한다"고 위협했다. 이러한 위협은 부시 행정부의 이목을 끌었다. 부시 행정부는 대만의 국민투표를 저지함으로써 양안의 군사적 충돌을 방지하려고 전력을 다했다.

줄곧 실용주의 노선을 지지해 왔던 정책 전문가들조차 천수이볜에게 분개했으며 전쟁을 감수하는 한이 있더라도 대만문제의 부담에서 벗어나려고 서둘렀다. 싱크탱크에서 일하고 있고 원래는 개방적인 성향을 가진 한 전문가는 2003년 12월 필자와의 만남에서 이렇게 말했다. "대만문제가 미해결 상태에 있음으로 인해 중국은 국내적으로나 외부적으로 많은 고통을 당하고 있습니다. '하나의 중국'이라는 말을 듣기 위해 미국에 너무 많은 양보를 해 왔습니다. 대만문제가 사라진다면 중국이 운신할 수 있는 폭이 훨씬 커질 것입니다. 다른 사안들은 미국과 윈윈(win-win)할 수 있는 부분이 많습니다. 중국은 가급적 빨리 이 문제를 해결할 필요가 있습니다. 그러기 위해서 기꺼이 외교관계, 투자, 경제성장 등을 희생해야 합니다. 중국은 중앙계획체제를 회복할 수 있고 정부의 채권을 매각하며 고용창출을 위해 자금을 사용할 수 있습니다. 그렇게 해서 사회를 통합시킬 것입니다. 중국은 국내수요가 왕성합니다. 그것이 전쟁과 제재조치를 감당할 수 있게 해 줄 것입니다."

법률적 대안: 《반분열국가법(反分裂國家法)》의 제정

대만에 대해 무력을 동원해야 한다는 컨센서스가 점차적으로 확산되면서 다수의 정책전문가들이 크게 우려하기 시작했다. 그들은 중국이 대만을 공격하고 대만인들을 힘으로 굴복시키려 한다면, 미국이 이라크를 점령한 것과 같은 비참한 결과를 낳게 될 것이라고 걱정했다.

천수이볜이 2004년 3월 연임에 성공하자 중국의 정치 엘리트들은 상황이 매우 위태롭다고 생각했다. 대만에서의 선거전은 한 편의 나쁜 영화를 관람하는 것 같았다. 투표 시작 24시간 전 천수이볜은 암살시도로 부상을 입었다. 야당에서는 이 사건이 자작극이라고 선거결과에 항의하며 대규모 시위를 벌였다. 중국 매체들은 대만의 민주주의를 조롱했고, 독자들의 관심을 끌기 위해 그 내막에 대해 신나게 보도했다. 그러나 결국 천수이볜의 승리가 확정되었고 2008년까지 재임할 수 있게 되었다.

중국의 대만문제 전문가들은 천수이볜의 승리에 대해 설명할 방법이 없었다. 선거 결과는 "대만 인들의 과반수가 하나의 중국을 지지하지 않는 것"으로 보였다. 그리고 "대만인들이 중국에 '노(No)'라고 말할 권리가 있고, 국민투표를 요구할 권리가 있으며, 대만의 미래를 스스로 결정할 권리를 갖고 있다"고 생각하는 것을 의미했다. 이것을 또한 중국의 양안정책이 어그러지고 있으며 미국 부시 대통령의 공개적인 질책조차 대만 유권자들의 마음을 돌릴 수 없었다는 것을 의미했다.

예상대로 천수이볜의 민주진보당이 2004년 12월에 벌어질 총선에서 다수당이 된다면 헌법을 개정하기 위한 국민투표가 불가피해 보였다. 그 시점에 후진타오는 당내 권력을 유지하기 위해 무력사용을 지시해야만 하는 상황에 처해졌다. 한 중국 신문에 실린 논평이 이 때의 상황을 잘 설명해준다.

"중국의 정책결정자들로서는 전쟁을 결정하는 것보다 대만의 독립움직임을 그대로 방임하는 것이 훨씬 더 어려운 일이다. 중국이 전쟁에 패하게 되어 있다 할지라도, 중국의 정책결정자들은 국민들이 대만 독립의 현실을 그대로 받아들이도록 설득하고 묵인할 의지와 권위를 충분히 갖고 있지 않은 것이다(때로 타협의 과정이 더 많은 권위를 필요로 한다)."

전쟁 외의 다른 대안으로 정책전문가들은 한 가지 창의적인 아이디어를 후진타오에게 제안했다. 대만의 국민투표(그리고 미국의《대만관계법》)에 대해 입법수단을 동원하여 대만독립을 저지하는 법률을 제정하기로 한 것이다. 중국의 대중들과 대만, 그리고 미국에게 강경한 모습을 보이면서도 베이징 당국의 손발을 묶지 않는 법률적 대응이었다. 중국 관리들은 이 법안의 최종 초안을 공표하기 전에 미국의 우려를 불식시키기 위해 미국에 미리 조문 내용에 대해 해명했다. 중국 측은 이 법률이 통일을 강요하기 위한 것이 아니라 독립을 방지하기 위해 무력사용을 정당화해주는 것뿐이라고 강조했다. 그들은 법률이 현상유지를 위한 것이라고 말했다. 원래의 명칭도 《통일법(統一法)》에서 후에 《반분열국가법》으로 변경된다. 후진타오는 장쩌민이 조성한 조급한 분위기를 가라앉히고 자신에게 가해지는 압박감에서 벗어나고 싶어했다.

그러나 모든 사람들이 후진타오의 생각에 동의하는 것처럼 보이지는 않았다. 무력을 사용할 수 있는 법적 요건이 너무 모호하고 광범위했다. 그리고 2000년에 발표된 대만관련 백서에 나온 '세 개의 가정(三個如果)'과 판박이였다. 《반국가분열법》 제8조는 세 가지 상황에서 "중국이 비평화적 수단을 사용할 것"이라고 적시하고 있다. 그 세 가지 상황이란, 대만이 분리독립할 경우, 대만을 중국으로부터 분리시킬 수 있는 중대한 사건이 발생할 경우, 그리고 평화적 통일에 대한 가능성이 완전히 상실된 경우 등이다. ('비평화적 수단'이라는 완곡어법을 사용한 것은 미국으로부터의 강한 반발을 피하면서 무력을 사용할 수 있다는 위협의 강도를 높이려는 중국 지도자들의 의도가 반영된 것이다.)

결국 2004년 12월의 총선에서 국민당을 비롯한 야당이 다수석을 차지했고, 중국의 《반국가분열법》의 존재이유는 거의 의미를 상실했다. 대만의 입법원은 국민투표를 통해 헌법을 개정하려는 천수이볜의 계획을 무산시킬 것이다. 부시 대통령도 국민투표가 일방적으로 현상을 변경하려는 행위라고 공개적으로 비판했다. 그러나 법률의 초안이 이미 전국인민대표대회 표결에 붙여졌고 어떤 사람도 이 법안의 보류를 요구하지 못했다. 후진타오 주석도 마찬가지였다. 외국의 관측가들은 이 법률이 단지 무력사용의 권한을 부여하는 것이지 무력사용을 요구하는 것이 아니라는 것과 대만에 대한 긍정적인 제안들을 포함하고 있다는 것에 그나마 안심했다.

미국 정부의 대변인은 이 법률이 '쓸모 없는 것'이라고 다소 비판적인 발언을 했다. 미국 의회는 이 법을 비난했으며 유럽연합은 이 법을 이유로 (천안문 진압 이후 중국에게 부과했던) 무기판매 금지령을 해제하는 결정을 연기했다. 통일의 원칙을 지켜내기 위해 국제적 대가를 치른 것이 국내적으로는 후진타오에게 오히려 도움이 되었고, 대만의 독립을 저지하기 위해서 중국이 무력을 동원할 수 있다는 위협은 한층 더 무게감이 실렸다. 《반분열국가법》은 후진타오와 그의 지도부가 무력사용을 피하기 위한 임시변통의 계책이었지만, 미래의 위기상황에서는 무력사용의 가능성을 높이는 작용을 할 수 있었다. 대만의 도발에 어떻게 대응할 것인가를 토론할 때 군사적 대응을 지지하는 관리들은 이 법률을 인용할 것이다. 그리고 대만의 도발을 분리독립을 향한 '중대한 사건'이라 주장하며 무력 사용의 근거로 삼을 것이다.

대만을 향한 거친 사랑

후진타오는 대만에 대해 병행전략(two-track approach)을 사용하자는 컨센서스를 정치 엘리트 내부에 확산시켰다. 한편으로는 《반분열국가법》에 근거하여 전쟁 준비를 가속화하고, 자신의 원칙을 내세우며 힘을 과시하는 강경한 발언을 한다. 다른 한편으로는 대만인들에게 호의적인 태도를 보임으로써 대만인들의 마음을 얻기 위해 노력하는 것이다.

당 내부적으로는 회람되었지만 외부에는 공개되지 않은 후진타오의 지시사항이 있었다. "전쟁을 준비하고, 대화를 시도하며, 시간이 지연되는 것을 두려워 말라"는 내용이었다. (시간이 지연되는 것을 두려워 말라는) 마지막 부분의 강조점은 통일을 달성하기 위해 서둘렀던 장쩌민과 확연히 대조를 이뤘다. 후진타오의 생각을 잘 알고 있는 정책 자문가들은, 후진타오가 정치적 운명을 통일에 결부시키는 것이 너무도 위험한 일이라는 것을 장쩌민의 실패에서 배웠다고 말한다. 대신에 후진타오와 원자바오는 가난한 사람들을 돕는 것을 자신들의 정치적 유산으로 삼았다. 한 교수는 "후진타오가 장쩌민보다 훨씬 현실주의적인 사람"이라고 말했다. 그는 "후진타오가 가까운 미래에 통일을 기대하지 말아야 한다는 것을 알았다"고 덧붙였다. 후진타오는 대만에 적극적으로 손을 내밀기 전, 내부적으로 먼저 강력한 지도자로서의 명성을 확고히 하려고 했다. (후진타오는 이미 철권통치를 휘둘러 군과 통제연맹의 상당한 신뢰를 얻어낸 전력이 있다. 티벳(西藏)의 당서기로 재임하던 때였다. 그리고 2003년 사스 사태가 발발하고 잠수함 사고가 났을 때 관련 간부들을 직위해제시킨 적이 있다.)

후진타오는《반분열국가법》외에 원칙을 강조하는 새로운 성명들을 내놓았다. 그는 2004년 5월 17일, 전문가 그룹의 찬사를 받은 한 성명을 발표했다. 한 정책 전문가는 "20년 만에 처음으로 대만에 대응하는 차원을 넘어서는 성명서가 나온 것"이라고 평가했다. 또 다른 전문가는 이 선언이 "2000년 이후 대만에 대해 발표된 가장 중요한 선언"이라고 말했다. 사용된 언어가 상당히 강경했던 이 성명의 핵심은 "중국 정부는 '하나의 중국' 정책을 지지하는 입장을 절대로 타협하지 않을 것이며, 대만의 독립을 절대 용인하지 않을 것이고, 어떤 대가를 지불하더라도 분리주의적인 '대만독립' 기획을 철저하고 단호하게 분쇄하겠다"는 것이었다.

2005년 3월의 전국인민대표대회 석상에서 후진타오는 대만 문제를 다루는 자신의 가이드라인을 발표하고《반분열국가법》을 통과시켰다. 가이드라인에는 대만에 대한 확고한 입장과 우호적 입장이 섞여 있었다. 그러나 중국 정부는 '네가지 불허사항(四個絕不)'이라고 불리는 강경한 측면을 부각시켰다. 중국 공산당은 '하나의 중국' 원칙을 확고히 고수하는 것을 토대로, 대만의 당시 야당 및 경제분야 이익집단들과 공동전선을 구축하기 위해 노력했다. 중국의 구상은 우선 정치적으로 천수이볜과 민진당을 고립시키고, 대만 내의 다른 단체들로 하여금 천수이볜의 독립 행보를 저지하도록 격려하는 것이었다. 그리고 새로운 총통이 선출될 2008년 대만 총통선거에 유리한 환경이 조성되길 원했다.

2005년 5월의 두 주간 동안, 중국 공산당은 국민당 주석 롄잔(連戰)과 친민당 주석 송추위(宋楚瑜)를 초청했다. 2004년 총통선거에서 천수이볜에 패배한 두 정치인이다. 두 사람 모두 1949년에 어린 나이로 중국 본토를 떠나온 뒤 중국 땅을 밟아보지 못했었다. 그들의 고향길 여행은 감동적이었고 텔레비전에 대대적으로 방송되었다. 베이징 당국의 우호적인 제스처는 중국인과 대만인들, 심지어 미국인들 사이에서도 큰 반향을 일으켰다. 중국 정부는 롄잔을 빈 손으로 돌려 보내지 않았다. 많은 선물 보따리를 안겨 주었는데, 여러 종류의 대만 과일을 무관세로 수입하겠다는 것, 중국 대륙의 관광객들에게 대만 여행의 입국조건을 완화하겠다는 것, 그리고 대만에 판다곰 두 마리를 선물로 보내겠다는 약속이었다.

판다곰을 선물로 보내겠다는 제안은 중국 대륙과 대만에서 (판다곰의 이름을 어떻게 지을 것이냐에서부터 그 판다곰이 '트로이의 판다'라는 농담이 퍼지는 등) 폭넓은 관심을 불러 일으켰다. 그러나 천수이볜 정부는 판다가 대만의 동물원에서 적절한 돌봄을 받기 어렵다는 이유로 그 제안을 거절했다. 중국 당국은 (1998년 클린턴 대통령이 TV 연설을 했던 것을 모델로) 두 대만 정치인이 TV 생방송에 나와 중국 대중들이게 연설하는 것을 허용하는 등 자신감 넘치는 모습을 보였다. (롄잔은 대만인들 사이에서는 고리타분하고 호감 안가는 정치인으로 여겨졌지만, 중국으로 건너가서는 열정적이고 자신의 생각을 분명히 표현하며 매우 중국적인 정치인이라는 평가를 받으며 중국지도자들보다 훨씬 매력적으로 비쳐졌다.)

두 정치인의 중국 방문 이후 중국 당국의 자애로운 제스처는 계속되었다. 후진타오는 제2차 세계대전 종전 60주년 기념연설에서 국민당이 항전 승리에 공헌한 것을 인정하고 국민당 원로들을 기념식에 초청하기도 했다. 중국의 대학 당국은 대만 학생들이 중국으로 유학 올 경우 중국 학생들과 동일한 학비를 적용하겠다고 발표했다. 베이징 당국은 대만의 학사 학위를 인정할 것이며 대만의 의사들이 중국에서도 면허를 받을 수 있도록 허용하겠다고 했다.

또한 중국 대륙의 관광객들에게 대만 방문이 가능해졌다. 중국과 대만 간의 첫번째 직행 화물편이 2006년 7월 상하이에 도착했다. 중국 당국은 대만 농민들의 호감을 사기 위해 '과일 외교'를 펼쳤다. 중국 정부는 과잉 생산으로 하락한 과일 가격을 안정시켜 주기 위해 대만 바나나 2천 톤을

▌사진▌ 대만 국민당 주석 롄잔이 중국대륙 방문 중에 베이징대학에서 연설하고 있는 모습. 2005년 4월 29일. (Lui Weibing/ Xinhua)

구매하기로 국민당과 협상했다. 《반분열국가법》 및 롄잔과 송추위의 방문을 둘러싼 대중의 관심이 양안관계에 대한 위험할 정도의 비관적 분위기를 가라앉히는 데 도움을 주었다. 그리고 "시간은 중국 편"이라는 분위기가 조성되었다. 결국 중국 지도자들은 대만의 도발에 무력으로 대응해야 한다는 압력에서 잠시나마 벗어날 수 있었다. 그렇다고 후진타오가 대만 정부와의 직접 대화를 제안하거나, 양안 간의 접촉을 위해 '하나의 중국' 원칙을 유보한다거나, 민진당 계열의 관료 및 학자들의 중국 방문을 허락할 정도로 안심하고 있던 것은 아니었다. 양안 협상의 중국측 대표를 맡았던 왕다오한이 별세했을 때는 대만 대표단이 장례식에 참석하여 조문하는 것을 허락하지도 않았다.

정치력에 큰 타격을 입은 천수이볜 총통

2006년 2월 천수이볜은 상징적으로 중요한 의미를 갖는 국가통일위원회를 폐지하겠다는 계획을 갑자기 발표함으로써 다시 한 번 모든 이들을 놀라게 했다. 천수이볜은 국내에서 시들어가는 자신의 지지도를 회복시키고 싶었을 것이다. 대만인들은 늘어가는 국내 문제, 양안관계의 위기, 워싱턴과의 관계악화를 다루는 천 총통의 역량에 신뢰를 잃어가고 있었다. 만약 그것이 천수이볜의 원래 의도였다면 정세판단을 잘못 한 것이다. 천수이볜의 발표에 놀란 부시 행정부는, 대만 정부가 실제로는 국가통일위원회를 폐지할 의도를 갖고 있지 않다는 입장을 분명히 하라고 공개적으로 요구했다. 그리고 천 총통에게 국가통일위원회를 폐지하지 않겠다던 과거의 공약을 이행하라고 촉구했다. 부시 행정부는 막후에서 부단히 대만 정부와 협상했는데, 대만 정부가 과거의 공약에서 벗어나지 않겠다는 입장을 재천명하도록 요청했다. 그 노력이 실패로 돌아가자, 국무부 대변인은 "미국 정부가 천수이볜이 발표한 성명이 국가통일위원회를 폐지한 것은 아니며, 현상을 변경하지도 않았고, 천 총통의 과거 공약들은 여전히 유효한 것으로 이해한다"는 간단한 성명을 발표했다. 중국인들은 천수이볜의 행동에 매우 분개했다. 한 정책 자문가의 말에 따르면, 중국이 양안관계에 얼마나 성의있게 접근하는지와 관계없이 천수이볜의 터무니없는 행동을 막을 수 없다는 것에 내부 회의에 참석한 사람들이 잔뜩 화가 나 있었으며 좌절감을 드러냈다고 한다.

그들은 비난 발언으로 대응하는 수 밖에 없었다. 중국의 매체들은 지도부로부터 문제를 대수롭지 않게 다루라는 요청을 받았다. 말보다 더 강력한 대응책을 마련하라는 대중들의 압력을 피하기 위해서였다. 베이징 당국이 그나마 자제하는 모습을 보인 것은 당시 워싱턴 쪽에서 의외로 천수이볜을 공개적으로 비난해 주었기 때문이다. 2006년 4월, 후진타오와 부시 대통령이 백악관에서 회동을 가졌는데, 덕분에 후진타오는 미국의 지지를 받고 있다는 자신감을 얻게 되었다. 부시 대통령은 천수이볜에 대해 인내하는 마음을 잃어가고 있었는데, 후진타오가 천수이볜이 내놓는 깜짝카드들 때문에 양안관계에 대한 안정적인 방침을 포기하지 말 것을 완곡히 부탁했다. 베이징의 한 정책 자문가는 이런 얘기를 들려줬다. 부시 대통령이 후진타오 주석에게 "대만 문제에 대한 나의 정책은 변하지 않을테니, 앞으로 대만과 문제가 생기면 바로 나에게 전화를 달라"고 말했다는 것이다.

한편, 천수이볜은 정치적 전망이 점점 어두워지고 있었다. 가족과 측근, 그리고 자신이 직접 부패 스캔들에 연루되었다. 천수이볜 총통은 대만 입법원에서 그의 탄핵을 요구하는 여러 차례의 투표에서 살아 남았지만, 여전히 사임을 요구하는 강한 압박을 받고 있었다. 같은 당 출신으로 존경받는 당 원로인 스밍더(施明德)는 직접 대규모 시위를 이끌었고, 시위는 여러 달 동안 지속되었다. 국경절 기념행사까지 지장을 받을 정도였다. 퍼스트 레이디와 총통부에서 일하는 세 명의 측근이 기소되었다. 대만 검찰은 천 총통의 임기가 끝나고 면책특권을 잃는 때를 기다려 그 역시 기소하겠다고 밝혔다. 천수이벤이 2008년 3월까지 임기를 채운다 하더라도 정치적으로 무언가를 이루기에는 이미 절름발이 정권이 되고 말았다.

중국 측은 천수이벤이 곤경에 빠져있는 것을 보고 매우 흡족해 했지만 걱정을 완전히 떨쳐버리지는 못했다. 천수이벤이 헌법개정을 위해 국민투표를 계속 밀어붙였기 때문이다. 대만을 실질적으로 주권을 가진 독립국가로 만들 수 있는 행위였다. 베이징의 입장에서는, 힘을 상실하고 자포자기한 대만 총통이 강한 권력을 쥐고 있는 것과 똑같이 위험한 존재였다. 중국 지도자들이 직면한 근본적인 문제는, 대만이 민주화된 후에는 천수이벤이 앞으로 어떤 행동을 할 지, 또한 대만의 다음 총통이 무엇을 할 지 예측할 수가 없다는 것이었다.

전쟁의 위험

2005년 미국의 전임 국방부 장관인 윌리엄 페리는 홍콩에서의 한 연설에서 "미국이 이라크에 꼼짝 못하고 잡혀 있어서 대만을 수호할 능력이 없기 때문에 인민해방군 장성들이 대만에 군사적 행동을 취하자고 최고 지도부를 설득할 수도 있다"고 크게 우려했다. 한편 대만에서는 미국이 대만을 보호하는 것에 책임감을 갖고 있다는 계산 하에 천수이벤이 독립을 지향하는 대담한 행동을 생각할 수도 있었다. 윌리엄 페리는 "역사상 수많은 전쟁이 종종 오판에서 비롯되었다"고 경고했다. 중국의 분석가들도 동일한 예견을 했는데, "대만 해협의 정세가 변화할 경우, 중국이 분쟁에 휘말려들 가능성이 매우 크다"는 것이었다.

중국과 대만의 불안정한 국내정치가 외교정책과 결합되면서 위험성은 더욱 고조되었다. 중국의 군사력은 강해지고 있는데 대중들에게 전달되는 정보를 통제하는 당의 능력은 약해지면서, 중국의 지도자들은 무력을 사용하라는 국내적 압력에 점점 노출되고 있다. 양안 경제의 상호의존성이 아무리 높아져도 전쟁 가능성을 사라지게 하지는 못한다. 양안의 경제통합은 독재체제의 중국보다 민주주의 체제를 가진 대만에서 훨씬 큰 정책적 영향력을 발휘하는 것으로 보인다. 중국에서는 사영기업과 연해지역, 그리고 경제발전이 '하나의 중국 원칙'보다 중요하다고 생각하는 '침묵하는 다수'에게 정치적 발언권이 없기 때문이다. 일부 용감한 학자들은 유일한 대안이 중국 대중들로 하여금 대만 문제에 주의를 덜 기울이게 하는 것이라고 주장한다.

중국 공산당은 대만문제를 둘러싸고 대중 정서를 자극해서는 안 된다. 그리고 대만문제에 대한 판단과 결정을 미래로 미뤄둬야 할 것이다. 대만문제의 해결이 현대화를 위한 노력보다 중요시되어서는 안 된다. "지금은 빠른 경제성장을 이룰 절호의 기회이므로 전쟁 문제를 성급하게 다뤄서는 안 된다." 그러나 대만문제가 그들이 생각하는 것만큼 중요한 것은 아니라고 중국 대중들을 설득할 수 있을 만큼 중국 지도자들의 권력 기반이 단단하다고 생각하기는 어려운 상황이다.

08

미국

"외부문제가 국내위기로 전이될 가능성"

1999년 5월 7일, 워싱턴 D.C.

어느 상쾌한 금요일 저녁이었다. 국무부 사무실에서 나와 집으로 돌아가는 길에 휴대전화가 울렸다. 국무부 상황실에서 걸려온 전화로, 미군 전투기가 유고슬라비아 벨그레이드에 있는 중국대사관을 폭격했다는 소식이었다. 차를 바로 돌려 다시 사무실로 향하면서 나는 여러 가능성을 생각해 보았다. 나는 근처의 목표물을 공격하는 과정에서 파편이 튀면서 생겨난 '부수적 피해'일 것으로 판단했다. 미 공군은 당시 북대서양조약기구(NATO)의 지휘 아래, 코소보에 있는 알바니아 사람들을 박해하는 유고슬라비아 정부를 압박하기 위해 벨그레이드에 집중 포격을 가하고 있었다. 몇 시간 후 나는 충격적인 사실을 알게 되었다. 미군 B-2 폭격기가 중국대사관을 유고슬라비아 군의 부속 건물로 오인하여, 목표물로 삼아 직접 포격을 가했다는 것이었다. 전투기가 다섯 개의 JDAM 유도탄을 사용하여 대사관을 폭격했는데, 중국인 3명이 죽고 20명이 부상을 당했다.

우리 자신의 비극적인 실책으로 큰 위기를 자초하게 된 것이다. 중국과의 관계를 관장하는 국무부 부차관보로서, 필자는 위기를 진정시키고 중미관계를 회복시킬 책임을 지고 있었다. 필자가 우선적으로 생각한 일은, 대통령을 위시하여 정부 각료들이 즉시 정중하게 사과를 해야 한다는 것이었다. 우리의 사과가 불충분하다고 느끼면 중국인들은 결코 우리를 용서하지 않을 것이며, 이 사건이 절대 사그러들지 않을 것이라는 것을 잘 알고 있었다. 제2차 세계대전 당시 일본의 잔악행위에 대해 그들이 끊임없이 적절한 사과를 요구하며 압박하는 것과 마찬가지 상황인 것이다. 클린턴 대통령이 장쩌민 주석에게 전화를 걸었으나 장 주석은 전화 받기를 거절했다. 클린턴 대통령은 할 수 없이 주중 미국대사인 제임스 새서(James Sasser)를 통해 사과를 전달해야만 했다. 클린턴 대통령은 직접 텔레비전에 출연하여 공개적으로 사과를 표했고, 몇 일 뒤 다시 장 주석에게 전화하여 사과를 전달했으며, 워싱턴에 있는 중국대사관을 방문하여 조문록에 서명했다.

폭격이 일어난 다음 날 저녁 매들린 올브라이트 국무장관은 리자오싱 주미 대사에게 사과하러 직접 중국 대사관으로 향했다. 가는 길에 그녀는 대사에게 초청되어 대사관 앞에 장사진을 친 채 고함과 함께 주먹을 흔들고 있는 중국 기자들 사이를 밀치고 들어가야 했다.

우리는 중국 항공기가 사망자의 유해를 회수하고 부상자들을 후송할 수 있게끔 벨그레이드 주변의 항공 교통을 조정했다. 베이징에 주재하고 있던 새서 대사는 비행기가 착륙할 때 공항에서의 의전에 참석하기를 요청했지만 중국정부는 이를 거절했다. 우리는 즉시 베이징에 고위급 대표단을 보내려 했으나, 중국 정부는 기다리라고 했다. 베이징에 있는 우리 대사관과 여타 도시의 영사관들은 조기를 게양했다. 우리는 생각해 낼 수 있는 모든 방법을 동원해 중국 정부와 중국 국민들에게 애도를 표하려고 노력했다. 매우 실망스럽게도, 마음을 담은 미국의 유감 표명은 중국의 태도 변화에 아무런 영향을 미치지 못했다. 베이징의 거리는 1989년 천안문에

▎사진▎유고슬라비아 벨그레이드 주재 중국대사관에 대한 미군의 폭격 사건 후, 한 시위자가 경찰이 지켜보는 가운데 베이징의 미국 대사관에 돌을 투척하고 있다. 1999년 5월 9일. (Peter Rogers/Getty Images)

서의 민주화 시위 이후 가장 많은 시위 인파로 채워졌다. 대부분 학생들로 구성된 수 만 명의 젊은이들이 베이징에 있는 미국 대사관과 광저우(廣州), 청두(成都) 등의 영사관 앞에서 항의를 했다. 모두들 반미 구호를 외치고 벽돌과 화염병을 던졌다. 시위대는 청두에 있는 총영사 관저를 불태웠다. 미국 언론은 격렬한 전투로 폐허가 된 건물에 죄수처럼, 대사관에 갇혀있는 새서 대사의 사진을 앞다투어 실었다.

학생들은 또한 베이징의 맥도날드와 KFC 매장을 공격했다. 중국 공산당 지도자들은 학생들의 민족주의적인 분노를 미국으로 향하도록 유도했다. 사건 초기부터 중국 관방언론은 이 사건을 고의적이고 파렴치하며 야만적인 행동으로 묘사했다. 중국의 매체들은 미국 대통령과 국무부 장관, 그리고 다른 고위급 관리들의 사과 표명을 늦춰서 보도했고, 청년들의 시위에 대해서는 애국주의적 행동으로 미화하여 보도했다. 정부의 요청에 따라 대학들은 미국 대사관 앞에서 시위할 학생들을 실어 나르기 위해 버

❙사진❙ 시위자들에 의해 큰 피해를 입은 베이징의 미국대사관에 주중 대사인 제임스 새서의 모습이 보인다. 1999년 5월 9일. (AP Photos)

스를 제공했다. 공안은 수수방관하며 폭력적 행위를 내버려 뒀다. 미국 대사관에 진입하는 것만을 막아 설 뿐이었다. 장쩌민 주석은 자신에게 이목이 집중되는 것을 피하면서 시위대에 대한 정부의 지지를 나타내기 위해 부주석인 후진타오를 텔레비전에 출연시켰다. 그러나 "모든 활동이 질서정연하고 법에 입각해야 한다"라고 경고하면서 시위가 너무 과격해지는 것을 경계했다. 중국 정부는 그 해에 남아있던 미국과의 모든 외교 일정을 취소시켰다. 당시의 위기상황에 대한 중국측의 한 연구는 다음과 같이 말하고 있다.

"상당한 압력으로 인해 정부와 대학의 행정당국은 학생들과 시민들에게 시위를 허가해야만 했다. 장쩌민 주석은 나중에 미국 측 인사들에게 '12억의 사람들이 화를 내면 막을 길이 없다'고 전했다."

사실은 이 사건이 일어난 타이밍이 중국 지도자들의 '방어적 반사작용

(defensive reflex)'을 작동시켰다고 볼 수 있다. 1999년은 역사적으로 중요한 사건들을 기념하는 해였다. 중국은 과거에 대한 기념집회가 대규모 시위로 확대되는 경우가 많았다. 1999년 봄, 중국 공산당은 다시 한번 체제에 반대하며 학생들을 거리로 불러낼 수 있는 두 역사적 기념집회를 불안 속에서 준비하고 있었다. 하나는 1919년 5·4 운동의 80주년 기념일이었고, 또 다른 하나는 1989년 6월 4일의 천안문 민주화 운동 10주년 기념일이었다. 장쩌민과 중국 지도자들은 고조되고 있는 긴장감을 이미 감지하고 있었다. 왜냐하면 벨그레이드의 중국 대사관 폭격이 있기 2주 전 그들의 집무실 창밖 너머로 1만 여명의 파룬궁(法輪功) 회원들이 인도변에서 정좌 시위를 하는 것을 보고 심상치 않게 느꼈기 때문이다. 파룬궁은 '기공(氣功)'이라고 불리는 중국의 전통 호흡 훈련을 연마하는 사람들로, 그것이 건강에 도움이 된다고 믿는 비정치적 조직이다. 이 조직은 뉴욕 시에 거주하는 리훙즈(李洪志)라는 인물을 스승이자 지도자로 삼고 있다. 시위자들은 대부분 중년의 화이트칼라 전문직 종사자들로, 그 중에는 공산당 간부와 정부관료도 일부 속해 있었다. 그들은 아주 은밀하게 모습을 드러냈는데, 공안이나 정보기관조차 사전에 그 시위를 인지하지 못했다. 그들은 조용히 중국 공산당 지도자들의 집단 거주지인 중난하이(中南海)를 에워쌌다. 그들은 휴대전화나 인터넷을 통해 은밀히 정좌농성을 조직했다. 파룬궁을 합법단체로 승인해 달라고 당에 청원하기 위한 행동이었다.

공안당국과 주룽지 총리가 당일 저녁까지 해산하도록 설득했음에도 불구하고, 장쩌민 주석은 개인적으로 상당한 충격을 받은 듯 했다. 한 소식통에 따르면, 격노한 장쩌민은 다른 지도자들에게 편지를 썼는데, 치안담당 기관들의 직무유기와 파룬궁이 해외의 지원을 받고 있다는 식의 책임회피에 대해 강도 높게 비난했다고 한다. 공산당 정치국 상무위원회 회의 석상에서 장쩌민은 당의 통치를 위태롭게 한 책임을 물으며 공안당국 최고책임자에게 크게 화를 냈다.

두 주 후 벨그레이드 대사관 폭격사건이 발생했을 때, 장 주석은 미국 정부와 파룬궁, 그리고 젊은 학생들이 공모하여 중국을 공격하고 있는 것처럼 반응했다. 대사관 폭격사건 후, 그는 학생들을 미국 대사관 앞으로

▌사진▌1만 여명의 파룬궁 수련자들이 중국 정부청사 밀집지역인 중난하이에서 평화적으로 시위를 벌이고 있다. 1999년 4월 25일(Greg Baker/ AP Photo)

실어 나를 버스를 제공하라고 대학 당국에 지시했다. 그는 아마 학생들을 미국 대사관 쪽으로 보내지 않으면, 학생들이 천안문 광장이나 중난하이로 향할지 모른다고 판단했을 것이다. 중국 측은 정부가 시위를 조장하고 미국 대사관 앞에서 시위를 벌이도록 학생들에게 버스를 제공했다는 사실을 인정한다.

청두(成都) 출신의 한 학생을 인터뷰한 적이 있는데, 그녀가 살던 도시에서는 미국 영사관 앞에 가서 항의하도록 대학생뿐만 아니라 고등학생까지 동원되었다고 한다. 한 공산당 내부 인사가 개인적으로 내게 알려준 바에 따르면, 장 주석은 벨그레이드 대사관 폭격이 있던 날 밤 늦게까지 장문의 메모를 작성했다고 한다. 그 메모에는 폭격사건에 어떻게 대응할 것인가에 대한 내용이 아니라 파룬궁을 어떻게 진압할 것인가에 대한 내용이었다고 한다. 중국 관리들 중에는 장쩌민이 파룬궁 조직에 대해 어이가 없을 정도로 과잉반응을 보였다고 털어놓는 사람도 있었다. 장쩌민은 파룬궁 조직을 억압하고 해당 지도자들을 투옥시키라고 지시했을 뿐만 아니라, 공원이나 공공 장소에서 기공 수련을 하는 사람들도 모두 체포하라는 명령을 전국적으로 내렸다.

1990년대 말엽 중국의 매체들은 당의 대변자 역할을 할 뿐만 아니라 상업주의적인 뉴스들을 많이 생산해 냈는데, 벨그레이드 폭격사건에 대해 아주 감정적으로 보도했다. 이 사건에 대한 중국 측의 분석에 따르면, 상업적인 매체들이 위기를 악화시켰다는 점을 강조한다. "정부가 여론을 주도하려고 노력했지만, 대중 매체의 시장화와 인터넷의 보급 때문에 정부가 타블로이드 신문의 선정적인 보도를 막기 어려웠다. 이러한 비주류의 목소리들이 위기를 처리하는 과정에서 중국 정부를 상당히 압박했다."

한 신문은 이 폭격사건을 '나치의 전쟁범죄'에 비유했다. 인민일보의 1면 기사에서는 이 폭격을 현대판 제국주의 침략으로 비난하며 의화단 운동 당시와 동일시했다. 이후 인민일보가 기어를 저단으로 바꿔 비난의 수위를 조절한 후에도 '베이징 청년일보'는 계속해서 미국을 질타했다. 그 신문의 과장된 표제는 젊은 독자들의 정서를 격화시켰는데, 예를 들면 '가장 강력한 항의, 가장 큰 목소리, 가장 분개한 행동, 가장 어두운 밤, 가장 야만적인 폭거, 극심한 고통, 가장 강렬한 지지……' 등과 같은 용어들이 사용되었다(당 선전부는 후에 베이징 청년일보에 특별보도상을 수여했다).

연해지역의 상인 계층을 주요 독자층으로 두고 있는 광동 지역의 신문 《남방주말(南方週末)》만이 유일하게 이성적인 목소리로 미국 정부가 의도적으로 중국 대사관을 폭격했다는 주장에 대해 이의를 제기했다. "만약 북대서양조약기구(NATO)가 그 폭격으로 얻을 것이 아무것도 없는 명백한 상황에서 고의적으로 중국 대사관을 폭격하여 중국을 도발하려 했다면 내릴 수 있는 결론은 단 하나다. 나토가 미친 것이다." 남방주말은 또한 미국에 대해 합리적인 시각을 가져야 한다고 주장했다.

"아편전쟁 이후로 중국인들은 미국을 극단적으로 증오하거나 극단적으로 동경해 왔다. 양쪽 모두 중국 사회의 발전과 성숙에 유해할 뿐만 아니라, 미국에 대한 객관적인 이해와 중국 민족주의 정신의 건전한 발전을 위해서도 바람직하지 않다"

그러나 한 군사전문가가 쓴 칼럼에서는 그 공격이 미국과 나토에 의해 의도적으로 기획된 것으로, "국제적 위기에 대해 중국 정부가 어떻게 반응하는지, 특히 갑작스런 사고에 대해 대중의 반응과 여론, 그리고 관련 정책들이 어떻게 움직이는지 탐지하기 위한 것"이라고 분석했다.

나는 미국이 어떻게 그와 같은 끔찍한 실수를 저지르게 되었는지 밝혀내기 위해 정부 조직 내 사고조사위원회를 편성하는 일을 맡았다. 우리는 복합적인 실수가 있었다는 것을 알아냈다. 우선 타격하려고 했던 유고슬라비아 군 기관의 위치를 CIA 직원이 파악하는 과정에서 오래된 데이터베이스를 사용했고, 그것을 재확인하는 과정에서도 애초의 계획과 달리 조직 간에 서로의 정보에 너무 의존적인 자세를 취했던 것이다.

우리는 중국 외교부에 그와 같은 해명서를 건넸고, 베이징 주재 미국대사관 웹사이트에 중국어로 관련 문건을 올렸다. 그리고 사망자와 부상자에 대한 것 뿐만 아니라 건물에 입힌 대규모 피해에 대해서도 보상을 했다. 그러나 우리의 노력에도 불구하고, (미국의 기술과 관리 능력을 너무 과대평가한 나머지) 미국이 그런 바보 같은 실수를 저지를 수 있다는 것 자체를 믿지 않았다.

그리하여 그 폭격은 고의적이었다는 혐의를 벗기 어려웠다. 만약 클린턴 대통령 자신의 공격 의도가 아니었다면, 아랫사람들의 반중국 음모에 의해 기획되었을 것이라고 믿어졌다.

중국 측의 사후 조사보고서에 따르면, 폭격이 의도적이었다는 주장에 의문을 던진 학계 전문가는 거의 없었다. '음모설'을 지지하는 학자들이 점점 논쟁을 지배했고, '오폭설'을 믿는 사람들은 조용히 침묵을 지켜야 했다.

당시 중학생이었던 한 대학생은 다음과 같은 얘기를 들려 줬다. "우리는 폭격이 고의적이었다고 믿었습니다. 왜냐하면 신문과 텔레비전에서 모두 그렇게 얘기했고 다른 의견은 접할 수 없었기 때문이죠. 텔레비전에 나온 전문가들이 예외없이 그 폭격이 의도적이라고 말했고 여러 가지 이유들을 제시했는데 매우 설득력 있는 얘기들이었습니다. 모든 정보가 딱 들어 맞았거든요." 이 여학생은 또한 그 폭격이 만들어낸 가족과 친구들 사이의 연대감을 떠올렸다. "우리는 긴밀하게 하나로 묶여져 있다고 느꼈고, 공동의 적이 있었습니다."

사건이 발생한 몇 년 후 한 정책 전문가는 이렇게 말했다. "거의 모든 지식엘리트와 정책전문가가 지금도 그 폭격이 의도적이었고 음모의 결과라고 믿고 있습니다." 나는 사건의 사실에 근거하여 그들을 설득하려고 최선을 다해 보았지만, 내가 중국에서 만난 대부분의 사람들은 자신들의 견해를 바꾸지 않았다.

그 폭격 사건은 중국을 향한 미국의 의도와 관련하여 대중의 신뢰감을 심각하게 훼손시켰다. 중국 측의 조사보고서는 다음과 같은 결론을 내리고 있다. "미국에 대한 여론의 변화는 가장 심각한 결과 중 하나다. 중국

대사관 폭격 사건은 중국을 미국과 나토가 수립한 새로운 전략의 직접적인 희생자로 만들면서 일반 국민들의 시각에 큰 영향을 미쳤다.”

미국에게 어떤 표정을 지을 것인가?

중국의 지도자들은 미국을 상대하면서 어려운 난관에 직면해 있다. 어떤 면에서 보면, 중국의 성공과 그 지도자들의 권력은 미국과의 협력관계에 의존하고 있다. 만약 미국이 새로운 냉전에 돌입하여 중국을 적으로 선언하고 중국을 경제적으로 봉쇄하려고 한다면, (미국의 동맹국들이 그같은 조치에 협조하지 않을지라도) 중국의 경제성장과 일자리 창출은 둔화될 것이며 국내문제는 악화될 것이다. 미국의 태도가 적대적으로 변할 경우, 인민해방군과 일반 대중들은 군비 증강에 더 많은 자원을 투입하도록 정부를 압박할 것이고 전쟁의 위험은 상승할 것이다.

한 중국 학자는 다음과 같이 설명한다. “역사의 교훈은 후발 강대국이 국제체제에서 주도적 강대국과 협력할 때만 궁극적으로 굴기할 수 있음을 잘 알려 줍니다.”

미국이 19세기에 영국과 별다른 충돌없이 강대국으로 부상할 수 있었던 것이 바로 그런 경우이다. 중국이 평화적으로 부상할 수 있는 최선의 방법은, 책임있는 대국으로 행동하고 기존의 초강대국인 미국에 협조적인 태도를 취하는 것이다. 그러나 다른 한편으로, 중국 내부의 기타 지도자들과 대중들, 그리고 군부는, 중국 지도부가 미국에 맞서기를 기대한다. 정부의 선전과 상업적 언론, 그리고 인터넷 등에 의해 중국의 민족주의적 열정은 고조되었다. 지배적 강대국인 미국은 다른 여러 나라에서와 마찬가지로 중국에서 분노와 의심의 대상이 되었다. 이라크 침공 이후 상황은 더욱 그렇다. 미국에 대항하여 지조있는 태도를 취하는 정치지도자는 미국에 양보하는 태도를 보이는 지도자보다 더 좋은 평가를 받기 마련이다. 타협은 항복으로 간주되기도 한다. "외부의 압력에 약한 모습을 보이면 불행한 결과를 가져 올 것"이라는 것이 오늘날 중국 지도자들이 청조와 중화민국의 패망으로부터 배운 교훈이다. 국제적 위기가 국내적 도전을 불러올 수 있다.

중국의 미국 전문가인 왕지스(王缉思)는 "중미관계에서 중국의 국가안보에 심각한 위협을 줄 수 있는 변수는 바로 외부에서 발생한 문제가 내부 문제로 전이될 때"라고 분석한다. 중국 지도자들은 이러한 난국을 어떻게 풀어나갈까? 장쩌민은 처음에 양다리를 걸치려고 했다. 미국과의 관계를 강화하는 동시에, 자신의 국내적 입지를 강화하기 위해 민족주의 정서를 조장하는 모습을 보였다. 그러나 인권 상황 개선에 대한 미의회의 강경한 입장으로 인해 미국과의 관계 개선은 좌절되었다. 인권 문제는 사실 중국 공산당이 쉽사리 양보할 수 없는 가장 난감한 의제인 것이다. 그리고 벨그레이드에서 발생한 중국 대사관 폭격과 같은 예상 외의 사건들이 일어나면서 중국 국내 상황이 불안정해졌다.

중국 지도자들은 대중 여론이 격앙되었을 때 국제적 위기상황이 위험천만하게 국내적 위기로 전이될 수 있다는 사실을 쓰라린 경험을 통해 배웠다. 치열한 내부 논쟁을 벌인 후, 중국 정부는 미국과 우호적인 관계를 유지하기 위해 자존심을 삼키고 국내적 후유증을 최소화하기로 결정했다. 또한 위기관리 능력을 강화하고 민족주의 정서를 누그러뜨리기 위해 상당한 노력을 기울였다. 중미 관계가 국내정치의 압력을 받지 않도록 하기 위한 조치였다. 표면적으로 중국과 미국의 관계는 상당히 호전되었다. 그러나 그 이면에 중국의 군과 대중들은 계속해서 미국의 의도를 의심하고 있다. 민족주의적 여론과 실용주의적 외교 사이의 격차는 여전히 큰 문제로 남아 있다.

국내적 고려사항들

장쩌민이 처음 베이징으로 올라왔을 때, 중국 공산당의 정치엘리트들은 천안문의 민주화 위기와 소련 붕괴의 곤혹스런 상황 속에서 체제의 생존을 어떻게 지켜낼 것인지를 두고 의견이 크게 갈라져 있었다. 이념을 사수하고자 하는 보수주의자들은 애국주의 교육운동을 강화하고 싶어했다. 중국 공산당에 대한 청년들의 지지를 회복하기 위해서다. 애국주의 교육운동은 서구식 자본주의와 가치관의 위협을 겨냥한 것이기도 했다. 보수주의자들은 미국이 소련을 전복시킨 것처럼 '평화적 전복정책(和平演變)'을 통해 중국 공산당 정권도 전복시키려 한다고 생각했다. 천안문 광장에서 일어난 시위는 중국 학생들 스스로 미국식 민주주의의 긍정적인 이미지를 보여줬다. 시위하는 학생들은 뉴욕 항에 세워져 있는 '자유의 여신상'을 모델로 삼아 7m 높이에 상당하는 '민주의 여신상'을 세웠다. 학생들은 인민해방군 탱크부대가 발포하기 몇 일 전, 이 동상을 천안문 광장으로 옮겼다. 덩샤오핑은 중미관계의 정상화를 기획한 장본인이었음에도 불구하고 천안문 위기 이후부터는 미국과의 관계에 개인적인 애착을 갖지 않았다.

덩샤오핑은 천안문의 민주화 운동 배후에 미국이 있다고 생각했다. 덩샤오핑은 줄곧 실용주의 정책을 추구했는데, 체제 생존의 여부가 충분한 일자리를 만들어내는 것과 중국 국민들의 생활조건을 개선하는 것에 달려 있다고 생각했다. 중국경제는 갈수록 국제화되었고 미국의 투자와 무역에 더욱 의존하게 되었다. 중국 국민들의 반미감정을 부추기고 미국의 반발을 사게 되면, 중국의 경제발전과 정치안정을 위태롭게 만들 수 있었다. 이라크를 상대로 한 미국의 첨단 군사력의 압도적 승리를 보여준 '사막의 폭풍' 작전(1991년)은, 미국에게 과잉대응하는 것이 자살행위나 다름없다는 인식을 확인해 주었다.

▌사진▌ 덩샤오핑이 중미수교 후 미국을 국빈방문하여 로데오 축제에 참석한 장면. 1979년 2월 2일. (Dirck Halstead/ Time Life Pictures/ Getty Images)

덩샤오핑은 1991년에 대외관계에 대한 신중한 기조를 표명했다. "우리는 경제건설을 확고히 견지해야 한다. 외세의 대규모 침략이 없는 한, 계속해서 이 노선을 견지해야 한다. 우리는 '평화적 전복(和平演變)'에 대해 두려워 해서는 안 된다."

중국 관리들은 덩샤오핑의 지시 아래 1991년 중국의 매체들에게 반미적 의도가 담겨있는 보도를 해서는 안 되며 미국 지도자들의 이름을 거명하여 비난해서는 안 된다는 지시를 내렸다. 결국 애국주의 교육운동의 칼끝은 미국 대신 일본으로 향했다. 미국과의 충돌이라는 위험을 감당할 수 없다고 생각했기 때문이다. 마오쩌둥 시대 이래로 중국 교과서에 나오는 미국 역사는 마치 칼 마르크스에 의해 쓰여진 것 같았다. 미국 역사는 자본가들이 노동계급과 흑인, 그리고 빈곤층을 착취해 온 역사로 그려졌다.

그러나 중국의 학교에서 가르치는 미국 역사의 교훈은 젊은이들이 부모나 조부모등 윗세대의 무릎 위에서 배운 일본의 점령시기 역사만큼 잔인하고 쓰라리지는 않았다. 그럼에도 불구하고 애국주의 교육은 중국에 대한 외세의 의도에 대해 보편화된 의심을 만들어 냈고, 결과적으로 미국에 대한 인식에도 영향을 미쳤다. 미국과의 관계를 개선하려는 장쩌민 주석의 움직임은 공산당 지도부 내에서 리펑(李鵬) 총리의 반대에 직면했다. 리펑은 천안문 진압 과정에서의 역할로 인해 미국인들에게 '베이징의 학살자'로 비난을 받았던 인물이다.

장쩌민 주석은 1997년까지는 외교정책에 대해 절대적인 권한을 행사하지 못했다. 리펑 총리가 총리로서 두 번의 임기를 채우고 물러난 1997년이 되어서야 '외사영도소조(外事領導小組)'의 주도권은 장쩌민에게 넘어가게 된다. 그 후에도 리펑은 공산당 정치국 상무위원회의 자리를 지키고 있었으며, 2002년에 장쩌민과 함께 은퇴할 때까지 줄곧 미국에 대한 회의적인 목소리를 냈다. 한 정책 자문가의 말에 따르면, 1998년 클린턴 대통령의 중국방문 계획을 세우는 과정에서 첸치천 부총리는 일부러 리펑이 해외순방을 떠난 시기에 핵심사안을 결정하는 회의를 열었다고 한다. 중국공산당 중앙선전부의 사고방식은 냉전시대의 틀을 벗어나지 못했고, 미국을 향해 '패권주의'리고 부르는 것을 그치지 않았다. 중국인들에게 '패권주의'라는 것은 중국과 같이 떠오르는 세력들을 억압하면서 계속 지배적인 지위를 유지하고 국제사회에서 가장 강력한 나라로 남아있으려는 미국의 욕망을 가리킨다. 1980년대에 공산당 대변지인 《인민일보》에서는 이러한 마오쩌둥 시대의 논쟁적 표현을 사용하는 것을 자제했었다. 이러한 표현의 사용은 천안문 사건의 여파로 다시 증가했으며, 1995년-1996년의 대만해협 위기 이후 더욱 늘어났다. 1997년과 1998년 중미 양국 지도자 간의 상호공식방문 기간에는 줄어들었다가 다시 긴장국면에 들어선 1999년 한 해 중국의 거친 언사는 두 배 이상 늘어났다. 1997년부터 2000년까지 필자가 중국측 협상파트너와 협상하기 위해 베이징에 머무는 동안, 필자는 중국 언론의 강경한 언사와 중국정부의 융통성있는 외교수완 사이에 큰 괴리가 존재함을 알게 되었다.

계절에 따라 냉난방이 과도하게 잘 되는 중국 외교부 안에서 긴 하루를 보내거나 주중 미국 대사관에서 워싱턴에 보고할 사항을 작성하는 긴 밤을 보낸 뒤, 지친 몸을 이끌고 호텔방으로 돌아와 텔레비전을 켤 때마다 필자는 종종 충격을 받곤 했다. 텔레비전 뉴스는 세계 곳곳에서의 미국의 행동에 대해 날카롭게 비판하는 논평을 내보내고 있었다. 필자가 방금 전에 앉아 있었던 협상 테이블의 실용주의적인 분위기와는 큰 대조를 이루고 있었다. 미국에 대해 공개적으로 비난을 퍼붓는 언론과 일반인들의 눈에 노출되지 않는 중미 당국의 상호접촉의 양상은 완전히 딴판이었다. 중국의 대중 매체들은 당 선전부의 지도 아래 미국을 비난했다. 당에 대한 대중적 지지를 규합하기 위해서였다. 반면에 중국 외교관들은 미국 정부와 타협을 하기 위해 바쁘게 움직였다. 한 외교정책 전문가는 "매체들이 미국 외의 다른 나라를 비난하는 경우는 거의 없기 때문에 중국인들의 눈에 미국 같이 나쁜 나라는 없어 보일 것"이라고 말한다. 그는 "미국이 왜 다른 나라를 공격하는지에 대한 이유에 대해서는 매체들이 입을 다물기 때문에 미국은 약자를 괴롭히는 나라로 비쳐질 것"이라고 덧붙였다.

어떻게 인민해방군을 만족시킬 것이냐 하는 문제 역시 장쩌민이 직면한 난제 중에 하나였다. 특히 대만과 연계되는 정책을 결정할 때 그러했다. 로버트 슈에팅거(Robert Suettinger)가 지적한 것처럼, 군이란 조직은 "전통과 이념적 훈련으로 인해 공산당 정권에서 가장 민족주의적이고 배외적인 행태를 보이며, 습관상 가장 직설적으로 말하는 조직"이다.

민간 관료들의 글보다 군 관료들의 글이 미국 패권주의에 대한 비난에 더 열을 올린다. 군 계통의 글을 읽다 보면, 인민해방군이 장기적으로 미국을 중국의 국가안보에 가장 위협이 되는 존재로 인식하고 있음을 알 수 있다. 필자가 인터뷰한 군 관료들과 민간 관료들은 중국 군부 내에도 의견의 편차가 존재한다고 주장한다. 우선 군 관료들은 자신들이 이길 수 없다고 생각하는 싸움에 대해서는 매우 신중한 태도를 취한다. 어느 나라의 군이든 마찬가지다. 그래서인지, 가장 공격적인 목소리는 대부분 군 관료들보다는 민간관료들로부터 나온다. 그러나 중국의 장성들은 외교정책이 너무 유약하다고 생각하면 관련 정책을 비판하는 데 주저하지 않는다. 예를 들어, 1994년 80명의 장성들이 당 중앙위원회에 연명으로 서한을 보낸 일이 있었다. 그 서한은 미국이 "중국에 침투하여 타락시키고, 중국의 일에 개입하여 와해시키려는 시도를 벌이고 있으므로 중국이 원칙을 지키는 태도를 고수해야 한다"고 요청하는 내용이었다. 외교관들은 인민해방군 관료들이 내부회의에서 종종 자신들을 향해 배짱이 없고 나라를 팔아 먹는 부류로 비난한다는 얘기를 들려 준다.

워싱턴에 대한 양보들, 그러나 인권문제는 양보하지 못하는 중국

이러한 국내적 제약에도 불구하고, 중국의 지도자들은 1990년대에 미국과의 관계 개선을 위해 몇 가지 중요한 양보를 했다. 특히 중국 대중들의 관심을 별로 끌지 않는 핵과 미사일 비확산 분야에서 의미있는 양보가 있었다. 5대 핵보유국 중 하나로서 중국은 점점 핵비확산 레짐을 지지하는 입장이 되었다. 중국은 또한 석유수입국으로서 이란과 같은 나라들에 미사일과 핵무기가 판매됨으로써 자신의 안보적 이익이 위태로워질 수 있다는 것을 인식하게 되었다. 이란은 테러리스트들을 지원함으로써 중동 정세를 불안정하게 만들어왔다. 미국의 협상 대표들은 파키스탄과 이란 같은 나라들에 미사일이나 핵 기술이 넘어가지 않도록 하기 위해 추가적인 제제조치의 위협을 적절히 내비치면서 중국으로부터 새로운 약속을 얻어냈다.

1997년 장쩌민 주석의 미국 국빈방문을 앞두고 중국 외교부장 첸치천은 기분 좋은 일로 매들린 올브라이트 국무장관을 놀래킨 일이 있었다. 페

르시아 만을 순찰하는 미 해군 함정들에 위협이 되는 (그러나 국제 규정에서는 규제되지 않은) 대함 크루즈 미사일의 대 이란 판매를 중단해 달라는 미국의 요청을 중국이 받아들여 준 것이다. 중국은 또한 핵확산금지조약에 의해 요구되지 않았음에도 불구하고 이란과의 모든 핵 협력을 종결하는 데 동의했다.

1990년대 미국 의회는 국내정책에 대해서만큼 외교정책 분야에 있어서도 단호한 입장을 보이기 시작했다. 그리고 대중국정책이 그 교본이 되었다. 일단 핵 위기가 진정되자, 미 의회로서는 외교적 결정권을 대통령의 손에 일임할 이유가 커 보이지 않았다. 또한 천안문 사건 이후 미 의회는 중국을 주로 인권이라는 렌즈를 통해 바라보았다.

천안문의 유혈참사 기간에 한 용감한 학생이 인민해방군의 탱크 앞을 막아선 모습은 공산주의 압제의 상징으로 미국인들의 마음 속에 선명하게 새겨졌다. 헝가리와 체코슬로바키아에서 일어났던 대규모 반소련 운동 이후 그 어떤 일보다 인상적인 사건이었다. 그러나 인권 문제는 중국 공산당 독재체제의 존망이 걸려있는 문제이기 때문에 중국의 관리들로서는 가장 양보하기 어려운 사안이었다. 1990년 이후 미국 의회는 인권 침해를 이유로 중국을 정상적인 무역 파트너로 대우(일반적으로는 '최혜국 대우'라고 잘못 불려짐)하는 것과 관련하여 그 지위를 취소하자고 매년 논쟁을 벌였다.

미국 정부는 정치범 석방과 죄수들의 처우 개선, 그리고 전반적인 인권 개선을 위해 중국 당국과 지속적으로 협상을 시도했다. 미국은 중국 정부가 이러한 조치들을 취하는 것이 어렵지 않을 것으로 기대하면서도 기준을 높게 설정하지는 않았다. 중국이 선거 제도나 기타 민주화 방안에 대해서는 거부할 것이 분명했기 때문에, 미국은 반체제인사 문제 해결을 중점으로 삼았다. 이 문제는 국제사면위원회(Amnesty International)와 휴먼 라이트 워치(Human Rights Watch) 등 영향력있는 인권단체, 그리고 언론과 의회가 가장 관심을 두는 사안이었다.

미국 의회는 중국이 인권문제에 대해 실질적 개선을 보이지 않는다면 중국의 수입품에 대해 징벌적 관세를 매기겠다고 위협했다. 그럼에도 불구하고 중국은 미국 정부의 최후통첩을 번번이 무시했다. 만약 중국 정부가 체제 비판자 중 한 명(팡리즈, 웨이징성, 왕단 등)을 석방조치하고 중국을 떠나도록 허가했다면, 그것은 통상 미국 의회의 논쟁이나 정상회담이 끝난 경우였다. 사전에는 그렇게 하지 않았다. 그렇게 하지 않는 이유는 자신들이 미국의 압력에 굴복한 것이 아니라는 것을 보여주기 위함이었다. 이렇게 타이밍을 선택하는 것은 이를 승인하는 지도자가 당 정치국의 동지들로부터 명예를 지키고 싶기 때문이다. 중국이 서명한 《시민적·정치적 권리에 관한 국제규약》도 협상이 일찍부터 시작되었지만, 1998년 클린턴 대통령의 중국 방문 이후에야 조인되었다.

대부분의 중국인들이 정치범들의 이름조차 모르거나 그들의 운명에 별 관심을 두고 있지 않지만(정치적 사건에 대한 뉴스가 국내매체들로부터 차단되기 때문에), 그럼에도 불구하고 중국 지도자들은 석방에 대한 정보가 누설될 수 있고 공산당에 도전하는 다른 단체들을 대담하게 만들 수 있다는 것을 걱정한다. 정치범을 석방하는 정치적 결정은 또한 당정 조직 내에서 강력한 힘을 가진 공안기관의 권한을 침해할 수 있다. 정치적인 발언을 이유로 개인들을 체포한 사건에 대해 필자가 중국 외교관들에게 항의 표시를 하고, 그러한 조치가 중미관계에 얼마나 큰 해가 되는지 상기시킬 때마다 그들은 하나같이 속수무책의 태도를 보였다. 그리고 이렇게 불평했다. "외교부는 어떤 조치도 취할 힘이 없습니다. 국가안전부와 공안부가 너무 막강하기 때문에 사건에 대한 정보조차 우리와 공유하려 하지 않을 것입니다."

중국의 무역지위를 둘러싸고 매년 반복되는 미국 의회의 '중국 때리기'를 종결시키기 원했던 클린턴 대통령은 자신의 설득력에 남다른 자신감을 갖고 있었는데, 취임 후 중국의 인권상황 개선에 대한 책임을 스스로 짊어졌다. 1993년 미 행정부는 이후 중국의 무역지위 연장이 의회의 결의에 의해서가 아니라 행정명령에 의해 연장될 것이라고 선포했다. 중국의 인권상황은 무역지위 연장의 부대조건이 되었다. (의회는 대통령의 결정에 대해 여전히 부결권을 갖고 있었다.) 그러나 중국 정부가 여전히 최소한의 인권 기준을 만족시키지 못하고 계속해서 정치범을 체포하면서, 클린턴 행정부는 현실을 직시하고 1994년에 '미중관계를 보다 넓고 생산적인 틀 위에 올려 놓기 위해' 무역과 인권 이슈를 분리하겠다고 선언했다.

미 의회는 티벳과 같은 인권 이슈에 대해 계속해서 압박을 가했다. 또한 미국 상원의 외교관계위원회 의장(모든 외교적 임명의 승인을 결정하는 영향력있는 자리)인 제시 헬름스(Jesse Helms)는 미국 정부가 오랫동안 티벳을 중국의 일부로 승인해 왔음에도 불구하고 국무부에 티벳 주재 대사직을 만들라고 명했다. 헬름스는 결국 티벳에 '특별조정관' 직을 만들자는 타협안에 동의했다. 그러나 그의 참모들은 1997년 10월 장쩌민이 처음 미국을 국빈 방문하는 바로 그 순간에 국무부가 티벳 특별조정관을 임명해야 한다고 주장했다. 필자는 첸치천 외교부장에게 그 임명안에 관한 사항을 고지할 난처한 임무를 떠맡아야 했다.

미국에게 체면을 구기다

장쩌민은 국내적으로 센 척을 하면서 워싱턴과는 우호적인 관계를 형성하는 양다리 걸치기를 시도했다. 그러나 이 어려운 과제는 미국 국내정치에 의해 유발된 일련의 사건들 때문에 엉망이 되었다. 중국 지도자들 중 누구도 예측할 수 없었고 예방조차 할 수 없었다. 몇몇 사건들이 장쩌민과 중국의 자존심에 큰 상처를 입혔다. 미국을 연구하는 중국의 전문가들에게는 '친미파'라는 딱지가 붙었고, 장쩌민은 국내적으로 중미관계를 옹호하기 어렵게 되었다.

중국의 올림픽 개최 신청

천안문 사건 이후 중국의 국가적 자존심과 대중적 지지를 되살릴 방도로 올림픽 개최보다 더 좋은 방법은 없어 보였다. 일본의 경제 기적은 1964년 올림픽을 개최하면서 시작되었다. 그리고 경제 강국으로서 한국의 부상도 1988년 올림픽을 개최하면서 널리 알려지게 되었다. 이제는 중국의 차례였다.

중국은 1990년 베이징 아시안 게임 때 2000년 올림픽 유치 경쟁에 나서겠다고 선언했다. 폐막식에서 "중국은 아시안 게임의 성공과 함께 올림픽 개최를 고대합니다"라고 적힌 거대한 현수막이 관중석에 내걸렸다. 이후 3년간, "보다 개방된 중국이 2000년 올림픽을 기다립니다"라고 적힌 슬로건의 광고판이 곳곳에 붙었다. 중국 정부는 대중들을 고무시키고 국제올림픽위원회에 올림픽 개최에 대한 중국인들의 폭넓은 지지를 과시하기 위해 천단(天壇)과 만리장성 같은 유적지에서 수천 명이 모이는 대규모 집회를 조직했다. 중국 공산당은 올림픽 개최에 자신의 위신을 걸었다. 필자는 매번 중국에 도착해 공항에서 베이징 시내로 진입할 때마다 2000년 올림픽 개최 홍보간판과 택시의 홍보물을 보고 내심 많은 걱정을 했었다. "올림픽 유치에 실패하면 어쩌려고 저러지……?"

국제올림픽위원회의 결정을 한 달 앞두고 미 하원은 중국의 올림픽 유치에 반대하는 안건을 통과시켰다. 이 안건의 제안자 톰 란토스(Tom Lantos) 의원은 "중국의 끔찍한 인권탄압은 올림픽 정신에 위배된다. 따라서 베이징은 고려대상에서 제외되어야 한다"고 주장했다. 미의회 의원 중에서 유일한 홀로코스트 생존자인 란토스는 히틀러와 나치 정권이 1936년 올림픽을 개최함으로써 국제사회의 존중을 받았던 것처럼 중국이 이와 같은 존중을 받아서는 안된다고 주장했다. 휴먼 라이트 워치와 같은 미국의 국제적인 인권 단체는 국제올림픽위원회 (IOC)를 설득하여 중국의 유치 신청을 거절하도록 많은 운동을 벌였다. 그러나 국제올림픽위원회의 다수표 획득을 확신(그런 확신의 배경에는 IOC 위원장이 결정 과정에서 인권 이슈의 중요성을 공개적으로 무시한 일이 있었음)한 중국정부는 구속력없는 의회의 행동에 전혀 주의를 기울이지 않았다. 중국의 지나친 자신감과 정치적으로 불리한 조건에 대한 무신경은 올림픽유치 위원장으로 천시퉁(陳希同)을 선택한 것을 보면 쉽게 알 수 있다. 천시퉁은 베이징 시장 재임 기간 천안문 시위대를 향한 폭력적 진압 과정에서 중추적 역할을 했던 인물이었다.

IOC가 베이징의 올림픽 유치 신청을 좌절시키고 2표 차로 호주 시드니에 올림픽 개최권을 부여했을 때 중국정부와 대중들은 큰 충격과 분노에 빠졌다. 중국정부와 대중들은 중국의 올림픽 유치에 반대하는 운동을 벌인 미국을 비난했다. (실제로 호주가 두 명의 IOC 위원에게 뇌물을 제공했다는 사실이 나중에 밝혀졌다.) 덩샤오핑의 후계자로 자신의 지위를 확고히 하려고 애쓰던 장쩌민은 체면을 구기고 말았다. 중국정부는 IOC의 결정에 크게 속이 상했던지, 2004년 올림픽 유치를 위해서는 나서지 않았다. 중국이 큰 표차로 2008년 올림픽 유치에 성공했을 때, 중국정부는 화려한 불꽃놀이 등으로 자축했고 거국적인 축하 행사를 생방송으로 내보냈다. 마침 필자가 베이징에 있을 때여서 당시의 기쁨과 흥분을 직접 느낄 수 있었다.

축하행사는 연출된 것이지만 중국 대중들이 느낀 설욕의 심정과 득의양양함은 진짜였다. 그럼에도 불구하고 올림픽 유치에 실패했던 과거의 기억은 미국에 대한 끝없는 분노와 함께 중국인들의 가슴 속에 남았다. 미국이 중국에게서 올림픽의 영광을 탈취해 가려고 했기 때문이다.

대만 리덩후이 총통에 비자를 발급한 미국

클린턴 행정부는 장쩌민에게 굴욕감을 느끼게 만들었다. 그리고 대만 총통의 미국 방문을 허용한 1995년 6월에는 중국의 정치적 위기를 촉발시켰다. 6개월 전 대만에게 유화적인 제안을 내놓았던 장쩌민으로서는 리덩후이 총통의 미국 방문소식이 뒤통수를 얻어맞은 것이나 다름없었다 . 인민해방군과 당내의 강경파들은, 외교부와 장쩌민이 미국의 의도를 잘못 해석하고 국가에 해를 끼쳤다고 맹렬히 비난했다. 그들은 사임을 요구하고 미국과 대만에 대한 강력한 대응을 요구했다. 지방과 국무원 각 부처의 관리들은 대만문제를 다룰 정확한 접근법에 대해 당 중앙에서 분명한 방향을 제시해 줄 것을 요청했다. 보도에 따르면 장쩌민은 당 정치국에 나와 자아비판을 하고 미국에 대해 자신이 환상을 가지고 있었음을 인정했다고 한다. 장쩌민은 중국이 보다 더 "냉철할 필요가 있으며…… 그리고 미국과 서구 세력들이 중국을 서구화하고 해체시킬 전략을 포기하지 않을 것이라는 것을 알아야 한다"고 말했다.

등소평의 병세가 위독해지자, 이 사건은 당내 권력승계를 위한 투쟁으로 번져나갈 조짐을 보였다.

내부 정세가 너무 위태로웠기 때문에, 당 지도자들은 타이베이와 워싱턴에 의해 촉발된 분노를 발산하기 위해 대중들이 거리로 나서는 것을 허용하지 않았다. 중국 지도자들은 리더십 충돌과 대규모 시위가 결합되면 정권에 치명적인 결과를 가져올 수 있다는 것을 천안문 사건을 통해 잘 알고 있었다. 대규모 시위는, 자발적으로 혹는 일부 지도자의 선동에 의해, 칼끝이 당으로 향할 수 있고 취약한 정권을 와해시킬 위험을 안고 있었다. 장쩌민은 군과 정부의 강경파 및 대중들을 달래는 것이 시급하다고 느끼고, 대만을 향해 미사일 훈련을 실시하고 미국과의 전쟁도 불사하는 쪽을 선택했다. 그것이 대중시위를 허용하는 것보다 더 안전하다고 판단했다. 미래 대만관련 위기가 발생할 경우 불길한 선례가 될 수 있기 때문이었다.

공식 보도에 따르면, 1995-96년 대만해협 위기의 결과로 "중미관계는 1979년 양국간의 관계 정상화 이후 가장 낮은 수준으로 떨어졌다"고 한다. 장쩌민은 "중미관계의 현안 문제의 책임은 미국에게 있으며…… 미국은 양국 사이에 놓여있는 문제를 해결하기 위해 확실한 행동을 취해야 한다"고 강조했다. 신문들은 미국을 향해 "패권주의와 무력외교"라는 악평을 쏟아냈고, 미국이 대만을 이용하여 중국을 봉쇄하고 중국을 계속 약한 상태로 잡아두려 한다고 격렬히 비난했다. 학생들과 정책 전문가들은 중국이 강해지는 것을 막기 위하여 미국이 대만을 중국본토로부터 분리시켜 놓으려는 의도를 갖고 있다고 확신하게 되었다.

악화되는 중미 관계의 흐름을 바꾸기 위한 노력으로 양국 정부는 정상간의 국빈방문을 기획했다. 1997년에는 장쩌민 주석이 미국을 방문하기로 했고, 1998년에는 클린턴 대통령이 중국을 방문하기로 했다.

WTO 가입을 둘러싼 낭패

1999년 4월로 예정되었던 주룽지 총리의 미국 방문 일정은 중미관계가 긴장 상태에 있을 때 이뤄졌다. 나토의 지휘 아래 미공군 전투기가 유고슬라비아를 폭격하는 상황이었으며, 미국 정부는 로스 알라모스(Los Alamos) 국립 연구소에 근무하는 대만계 미국인 과학자 리원허(李文和)가 중국에 핵관련 기밀을 넘겼다는 혐의를 제기했다(미국 법정에서는 결국 그의 혐의를 기각시켰다).

중국의 세계무역기구 가입을 둘러싼 협상은 13년 동안 오락가락하면서 별다른 진전이 없었다. 주 총리의 미국 방문을 앞두고 협상은 성공의 문턱까지 와 있었으며, 주룽지의 방문 기간에 양국간 상호협정으로 완결될 예정이었다. 주총리는 미국 방문의 타이밍에 대해 우려하고 있었으나, 중국의 경제개혁을 활성화하고 중국의 기업들을 국제적으로 경쟁력있게 만들기 위해 WTO 가입의 중요성을 절실히 느끼고 있었다. 리펑을 필두로 다른 지도자들은 방미 일정을 연기하라고 촉구했지만 장쩌민은 이에 동의하지 않았고, 결국 주룽지 총리는 워싱턴으로 향했다.

워싱턴에 도착한 주룽지 총리는 "나는 미국 방문을 매우 주저했습니다……현재 미국의 정치적 분위기가 중국에 큰 반감을 갖고 있는 터라 방문할 용기가 나지 않았습니다. 그러나 장쩌민 주석의 뜻을 받들어 이렇게 오기로 결정했습니다"라고 말했다. 주 총리가 워싱턴에 도착하는 날 오후에, 클린턴 대통령은 참모들과 회의를 가진 후 최종적으로 주 총리의 방문기간에 중국의 WTO 가입에 서명하지 않기로 결정을 내렸다. 그날 아침 한 연설에서 클린턴 대통령은 이렇게 말했다. "중국이 국제적 무역규범을 기꺼이 따르기로 결정했는데 미국이 안된다고 말하는 것은 설득력없는 큰 실책이 될 것입니다."

그러나, 진 스펄링(Gene Sperling) 국가경제위원회 의장과 로버트 루빈(Robert Rubin) 재무장관을 포함한 클린턴의 막료들(특히 루빈의 견해는 대통령에게 큰 영향력을 갖고 있었음)은 다른 판단을 했다. 그들은 의회의 비판론자들이 주룽지의 방문에 맞춰 서둘러 협정에 서명하는 것을 두고, 너무 많은 양보를 했다며 가만 있지 않을 것이라는 점을 지적했다. 미의회에서는 중국에 영구적인 정상 무역관계를 허용하는 법안에 대해 투표를 진행함으로써 중국의 WTO 가입을 비준하는 절차를 거쳐야 했다. 협상의 내용이 얼마나 좋느냐와 상관 없이, 무역 법안이라는 것은 의회의 비준을 받는 과정에서 난항을 겪을 수 밖에 없는 힘든 싸움이었다. 그들은 주 총리의 국빈방문 이후 한달 이상을 기다린 후에야 협상을 마무리 하는 것이 좋겠다고 주장했다.

매들린 올브라이트 국무장관, 샌디 버거 국가안보 보좌관, 그리고 협정에 대한 협상 대표를 맡았던 미무역대표부 찰린 바셰프스키 대표의 지지 아래 미국정부 내 친중파들은 시간을 끌수록 좋은 타이밍을 잃게 되는 것이라고 강하게 주장했다. 미국이 만약 제안된 협정에 퇴짜를 놓는다면, 주룽지 총리는 중국에 돌아가 엄청난 비난에 받게 될 것이며, 중국의 이익단체들이 협정안의 구체적인 내용을 알게 되면 중국의 제안은 없던 일이 될 수도 있다는 주장이었다. 백악관의 막료들이 의회 내의 싸움에서 패하

▌사진▌클린턴 미국 대통령과 주룽지 중국 총리가 백악관에서 열린 공동기자회견 석상에 함께 서 있다. 1999년 4월 8일. (Pool/ Getty Images)

는 것을 피하기 위해 제안한 책략은 한편으로는 중국의 국내 정치적 정황을 무시한 처사였다. 클린턴 대통령은 공식 회의가 열리기 직전의 저녁 시간에 백악관 관저에서 주룽지 총리와 비공식으로 만나 나쁜 소식을 전했다. 주 총리와 중국 쪽의 인사들은 불쾌한 기분을 숨기지 못했다. 주 총리는 클린턴 대통령과의 공동 기자회견에서 협정이 체결되지 않은 것은 양국이 서로 제시한 조건에 합의하지 못해서가 아니라 '정치적인 분위기' 때문이라고 말했다.

주룽지 총리의 미국 순방을 동행하는 미국측 대표였던 필자는 주 총리가 뉴욕, 보스턴, 시카고, 덴버 등에 있는 단체들을 만나 협정을 통해 미국 기업들이 얻을 수 있었던 이익과 자신의 실망감에 대해 노골적으로 말할 때 몹시 난감하고 당혹스러웠다. 비행기에서 중국 대표단은 주 총리에게 모욕감을 느끼게 한 클린턴 대통령에 대해 중국 대중들이 어떻게 반응하는지 알아보기 위해 홍콩 신문을 걱정스레 들여다 보곤 했다. 자신의 실수를 즉시 알아차린 클린턴은 당시 뉴욕에 있던 주룽지 총리에게 전화를 걸었다. 클린턴 대통령이 뜻밖의 해결책을 내놓을 수도 있다는 기대감을 갖고 필자는 주룽지 총리가 전화를 받는 순간, 그와 함께 왈도프 아스토리아 호텔의 한 조그만 방에 있었다. 클린턴은 주 총리가 북미 순방이 끝나기 전에 거래를 끝낼 수 있도록 주 총리가 캐나다에서 좀 더 여행을 하면서 시간을 보내는 동안 중국 대표단이 협상을 완성하는 방안을 제시했다. 애석하게도 주룽지는 그 제안을 실행불가능하다고 거절했다. 왜냐하면 그 방안은 중국과 WTO 협상을 진행 중인 캐나다에 너무 무례한 행동이었기 때문이다.

주룽지 총리는 베이징으로 돌아온 뒤, 농업계과 공업계, 네티즌, 그리고 여타 지도자들로부터의 엄청난 비난을 감수해야 했다. 주 총리는 '매국노'라는 비난을 받았으며, 그가 협상한 WTO 무역협정이 현대판 '21개 조항'(제1차 세계대전 이후 일본이 중국에게 부과한 악명높은 조약)이라고 비난했다. 리펑(李鵬)을 필두로 당내 지도자들은 주룽지 총리를 비판했다. 미국에 대해 지나치게 순진한 판단을 했고 중국의 이익을 팔아먹었다는 것이었다. 장쩌민 주석은 원래 중국이 제시한 조건을 승인한 당사자였는데, 모든 책임을 주룽지 총리에게 전가했다. 장쩌민은 "야전 사령관은 왕의 명령을 거스르는 한이 있더라도 적절한 결정을 내려야 하는 것"이라고 말했다. 주룽지의 측근은 주 총리가 장쩌민의 '비열한 권력놀음'의 희생자가 됐다고 말했다.

우연치고는 너무 불행하게도, 이러한 낭패가 벌어진 바로 한 달 뒤, 미국이 실수로 벨그레이드에 있는 중국 대사관을 폭격하는 일이 벌어졌다. 미국과 중국의 관계는 극도로 악화되었다. 클린턴 대통령은 장쩌민 주석에게 되도록 빨리 WTO 협상을 완결짓고 양국 관계를 회복하자고 요청했다. 뉴질랜드 오클랜드에서 열린 아태경제협력기구(APEC) 포럼의 짜투리 시간에 클린턴과 장쩌민은 회담을 가졌다. 협상 재개를 위해 중국 지도자들을 설득하는 과정에서 클린턴 대통령은 장쩌민 주석에게 두 번의 전화를 했고, 중국에 있는 주룽지 총리를 만나기 위해 래리 서머스(Larry

Summers) 재무장관이 중국을 방문했다. 미국의 의도에 대한 중국 대중들과 지도층의 의심은 매우 높았다. 뿐만 아니라 또 다른 실패에 대한 중국 지도자들의 정치적 리스크도 마찬가지로 높았다. 필자가 참석한 1999년 11월의 마지막 협상은 아주 끔찍했다. 중국은 4월의 굴욕을 되갚기 위해 이전에 했던 여러가지 약속들을 철회하면서 터무니없는 요구를 해 왔다. 미국 측 협상대표들은 여러 차례 가방을 싸서 떠날 준비를 했다.

아주 해괴한 밤이었다. 중국의 통상관료들은 우리측 협상팀이 외교부를 떠나지 못하도록 출입문을 잠궈버렸다. 마지막에 주룽지 총리가 나서 난국을 타개했다. 장쩌민과 정치국 상무위원회 위원들의 지지를 획득하여 절충안과 최종합의를 도출해 냈다. 4월에 WTO 관련 합의사항을 퇴짜 놓은 후, 미국 측은 11월에 다소 더 나쁜 조건에 간신히 합의할 수 있었다.

미국에 대해 깊어지는 불신감

중미관계는 1990년대에 여러 차례 우여곡절을 겪었는데, 그 영향으로 중국 대중과 엘리트층 모두가 미국의 의도에 대해 깊은 불신감을 갖게 되었다. 미국에 거주하는 한 중국인의 이야기다. “1996년 내가 중국에서 미국으로 건너 올 때는 일반적으로 중국인들이 미국에 대해 매우 우호적이었습니다. 좋든 싫든 거의 모든 분야에서 미국인들을 동경했습니다. 그러나 10년이 지난 지금 이러한 우호적인 감정은 점차 역전되고 있습니다.”

1990년대 중반 이전에는 중국인들의 기본적인 태도에 대해 신뢰할 만한 서베이 결과나 정보가 없기 때문에 중미 간의 사건들이 얼마나 미국에 대한 중국인들의 여론에 영향을 미쳤는지 확실한 결론을 이끌어 낼 수가 없다. 시간의 변화에 따른 중국인들의 대미 태도 변화에 관한 유일한 과학적 자료는 존스톤(Alastair Iain Johnston)이 분석한 ‘베이징 지역 연구’에서 나왔다. 자료를 보면 미국에 대한 우호적인 감정은 1998년부터 1999년까지 현저하게 하락했으며 2000년에 조금 회복되었다. 그리고 다시 2000년부터 2001년까지 감소했다. (아마도 2001년 4월 군용기 충돌사건의 반작용인 것으로 보인다.) 존스톤은 중국인들의 호의가 사라진 이유가 중미 관계에 있어서의 외부적 충격 때문이라고 설명했다. 존스톤은 젊은 사람들이 나이든 사람들보다 미국에 대해 더 부정적이라는 증거는 발견되지 않았다고 말했다. 그러나 그는 더 좋은 교육을 받고 보다 국제적인 성향을 띠고 있는 중산층이 저소득층보다 미국에 대해 덜 적대적이라는 사실을 발견했다.

젊은이들 사이에서만 실시된 보다 덜 과학적인 조사에서는 미국에 대해 보다 더 심각한 단절감을 볼 수 있었다. 1995년에 대만 총통이 미국을 방문한 후 《중국청년보》가 젊은 독자들을 대상으로 10만 부가 넘는 설문지를 돌렸는데, 당시 조사된 전국적인 여론조사의 결과에 따르면, 87.1%의 응답자가 미국을 중국에게 '가장 우호적이지 않는 나라'로 꼽았고, 57.2%가 미국을 중국인이 '가장 부정적으로 생각하는 나라'로 꼽았다. 그리고 74.1%가 미국을 '중국에 가장 크게 영향을 미치는 나라'로 생각한다는 결과가 나왔다. 미국의 중국대사관 폭격사건 이후 6개 대도시의 고등학생들을 대상으로 실시한 조사에 따르면 미국은 일본보다도 부정적인 평가를 받고 있었다.

폭격사건 이후 케터링 재단(Kettering Foundation)이 중국 학자들을 조직하여 실시한 비과학적인 서베이에서는, 중국인들이 미국의 국내적 성취에 대해서는 긍정적인 태도를 보였지만 미국의 국제적인 행동에 대해서는 부정적인 평가를 했다. 다른 나라에서 실시된 서베이의 결과와 대동소이한 것이었다. 여섯 명의 젊은 저자들이 1996년에 《No 라고 말할 수 있는 중국》이라는 베스트셀러를 펴냈다. 그 책은 올림픽 유치 실패와 대만 총통의 미국 방문과 같은 사건들이 10년 동안 미국의 이상에 대한 그들의 환상을 어떻게 깨버렸는지 격정적으로 묘사하고 있다. 그 책은 중국 대중들로부터 큰 공감을 불러일으켰다. 한 조사에 따르면 1993년 이후 출판된

책 중에서 가장 영향력있는 책으로 평가되고 있다. 몇 년 후 이 저자들은 동일한 유형의 여러 책들에 영감을 불러일으킨 《아직도 No 라고 말할 수 있는 중국》을 속편으로 펴냈다.

1999년의 논쟁

1999년 중국 공산당 지도부가 베이따이허(北戴河)에서 개최한 회의는 팽팽한 긴장감이 감돌았다. 중국 공산당은 그나마 가지고 있던 자신감마저 산산조각 나게 만든 일련의 예기치 못한 사건들로 큰 굴욕감과 충격에 빠지게 되었다. WTO 가입협정의 서명을 둘러싼 클린턴의 집행연기, 파룬궁의 연좌농성, 벨그레이드 중국 대사관 폭격사건과 학생 시위, '특수한 국가 대 국가의 관계'를 천명한 리덩후이 대만 총통의 발언 등이 그것이다. 중국이 호락호락한 상대가 아니라는 것을 보여주기 위해 중국 지도자들 사이에는 대만에 대해 극단적인 군사행동의 감행을 선호하는 정서가 강하게 자리 잡고 있었다. 그러나 결국에는 냉철한 두뇌가 다른 입장들을 압도했다. 장쩌민은 국방예산 확대로 군을 달래면서 대만에 대한 무력사용을 연기하는데 성공했다. 장쩌민은 리펑의 반대 입장을 무릅쓰고, 여러 실망스런 사건들에도 불구하고 "평화와 발전이 주류가 되어야 한다"고 말한 덩샤오핑의 낙관적 평가를 기조로 삼아야 한다는 합의를 도출해 냈다.

그러나 학자들과 연구원들 사이에서 미국의 국제전략에 대한 논쟁은 계속되었고, 비교적 비관적인 입장으로 경도되고 있었다. 미국의 행동에 대한 가장 호의적인 평가라는 것이, 미국이 중국에 대해 포용적인 태도를 보이는 것은 결국 중국을 국내적으로나 국제적으로 억제하기 위한 것이라는 주장이었다. 중국에서 손꼽히는 미국 전문가로 알려져 있는 왕지스(王缉思)는 이것을 아주 노골적으로 말한다. "중화인민공화국 성립 이래로 반세기가 넘는 기간 동안 중국의 정치엘리트들 사이에는 미국이 다른 적대적인 외부세력들과 손을 잡고 중국을 정복하고 분리하며, 약화시키고 나쁜 이미지를 덧씌우기 위해 애를 쓰고 있다는 생각이 널리 받아들여지고 있다." 또 한 명의 저명한 미국 전문가인 추수롱(楚樹龍)은 미국의 전략이 "중국을 서구화시키는 것"이며, 미국의 전략가들과 정치인들이 "'베를린 장벽의 해체'와 같은 현상이 조만간 중국에서도 일어날 것이라고 굳게 믿고 있다"고 주장한다.

엘리트뿐만 아니라 일반 대중들에게도, 이전에 일어난 사건들에 더하여 벨그레이드 폭격사건까지 일어남으로써, 미국이 중국에 대해 호의적인 의도를 갖고 있다는 환상은 완전히 산산조각나 버렸다.

중국의 위기관리

1990년대에 발생한 위기를 통해 중국 지도자들은 대중의 민족적인 정서를 불러일으키는 것에 대가가 있다는 것을 깨닫게 되었다. 예기치 않은 국제적 사건이 중국의 민족적인 자존심에 상처를 입히면, 중국 국내의 반응은 걷잡을 수 없이 요동칠 수 있고, 국내에서나 해외에서 폭력적인 충돌을 불러일으킬 수 있었다. 중국 지도자들은 좋은 관계를 유지하기 위해서 미국에 더 이상 의존할 수 없게 되면서 그들 스스로 더 많은 것을 해야만 했다. 미국은 국내정치로 인해 절름발이가 되었기 때문이다. 1999년부터 중국 지도자들은 여론을 가라앉히기 위해 노력했고 보다 이성적으로 위기에 반응하는 법을 배우기 시작했다. 국제적인 사건들에 대한 중국 공산당의 새로운 가이드라인은 '냉정한 관찰과 침착한 대응'이었다. 중국 지도자들은 천안문 사건 때부터 이미 자신들의 위기관리에 문제가 있다는 것을 인식하고 있었으며 위기관리의 문제를 어떻게 해결할 것인지에 대해 조용히 연구하기 시작했다. 공군 대령인 후핑(胡平)은 1993년에 《국제분쟁의 분석과 위기관리의 연구(國際衝突分析與危機管理硏究)》라는 책을 펴냈는데, 국내적으로나 국제적으로 발생하는 다양한 위기상황을 어떻게 성공적으로 다룰 것이냐에 대한 미국의 연구를 종합적으로 정리한 책이다.

이 책에는 해야할 것과 하지 말아야 할 것에 대한 유용한 행동수칙이 담겨 있다. "제한된 목표를 설정 유지하고 무한한 목표에 대해서는 일단 차치해야 한다", "이념적으로 경직된 태도를 버려야 한다", 그리고 "자신의 행동으로 인해 생겨날 뜻밖의 결과에 대해 미리 생각해야 한다"와 같은 내용들이다. 1995년에서 1996년의 대만 해협 위기가 종결된 후, 인민해방군에 부속된 영향력 있는 싱크탱크인 '중국 국제전략연구기금회(中國國際與戰略研究基金會)'는 쿠바 미사일 위기와 같은 국제적 위기에 한정하여 위기관리에 대한 연구 프로젝트를 진행했다. 그러나 벨그레이드 중국대사관 폭격사건 이후 중국 정부는 더 절박하게 위기관리에 대한 지식을 축적하려 했다. 전문가들로 하여금 중국의 위기뿐만 아니라 국제적 위기에 대한 분석을 하도록 했으며, 정부 내 정보기관들과 밀접하게 연계되어 있는 '중국현대국제관계연구원(中國現代國際關係研究院)' 등 여러 싱크탱크를 참여시켜 연구를 진행시켰다. 사스(SARS) 전염에 관한 선구적 연구자인 칭화대학의 쉐란(薛瀾) 교수는, 2003년 사스(SARS)의 발발이 위기관리의 중요성에 대해 한번 더 경각심을 일깨워 주었다고 말했다. 미국연구 전문가인 왕지스(王缉思)는 중미 양국 간에 "돌발 사건이 양국관계에 영향을 미치는 것을 막기 위해" 위기의 예방과 관리를 강화할 필요가 있다고 여러 차례 강조했다.

연구에 참여한 전문가들은 중국의 위기관리에 중대한 문제점이 한 두가지가 아니라는 것을 발견했다. 우선, 중국의 체제가 적시에 권위있는 결정을 내리기가 어렵다는 것이다. 중국 정부의 결정은 합의에 기반한다. 인민해방군의 한 관리는 "그 누구도 책임 당사자가 되기를 원하지 않는다"고 말했다. 부처 간의 협조가 보다 효율적으로 작동하도록 하기 위해 중국은 2000년에 '국가안전영도소조(國家安全領導小組)'를 설치했다. 이 그룹의 구성원으로는 공안부문과 군, 그리고 외교부 관리들이 포함되어 있다. 그러나 당 정치국 상무위원 중에 4명 만이 이 그룹에 참여할 수 있기 때문에 정치국 상무위원회 상무위원들은 위기상황에서의 결정권을 이 곳에 위임하려 하지 않았다. 그래서 위기관리 절차 상에 또 하나의 조직이 더해진 것에 불과하게 되었다.

두번째로, 중앙선전부와의 협력 및 조정기능이 취약하다. 중앙선전부는 독단적으로 움직이는 경향이 강하다. 그래서 독자적으로 매체들의 보도지침을 지휘하고, 이는 위기처리의 과정을 더욱 복잡하게 만들 수 있다. 중국 측의 한 전문가는 이렇게 말했다. "벨그레이드 중국대사관 폭격사건과 EP-3 군용정찰기 사건의 위기 때, 곧바로 미국이 고의로 한 짓이라고 발표하고 모든 잘못이 미국 쪽에 있다고 발표한 것은 지혜롭지 못한 처사였습니다. 그렇게 함으로써 중국정부는 자승자박의 상황에 빠져들게 된 셈이죠."

세번째로, 이 전문가는 다음과 같은 문제를 지적한다. "지도자들이 국내와 국제적 압력으로부터 균형을 잡을 수 있어야 합니다. 정보가 범람하고 있지만, 정작 결정적인 정보는 부족하고 불확실성이 높은 상황이므로, 지도자들이 자신이 내린 결정이 어떤 결과를 가져오는 지에 대해 알지 못하고 있습니다." 지도자들은 본능적으로 국민들이 관심을 갖고 있다고 생각하는 문제에 즉시 대책을 강구하려고 한다. 그 예로, 벨그레이드 대사관 폭격사건 이후 최초로 내보낸 성명이 무엇이었는지 살펴보자. "지도자들은 국민들이 어떻게 느끼는지 알았고, 이에 대한 압력을 느껴 바로 대응해야만 했습니다. 지도자들은 중국이 국제적으로 계속해서 존중을 받을 것이라는 것을 국민들에게 보여줘야 했습니다. 그렇게 했어도 국민들은 성명서가 너무 진부하다고 생각하는 것 같았습니다."

또 한번의 사고와 또 한번의 위기

위기에 침착하게 대응하겠다고 중국 지도자들이 결심을 하자마자, 중국과 미국을 다시 한번 정면 대치하게 만든 또 다른 불행한 사건이 터지면서 그들의 결심은 시험대에 올랐다. 2001년 4월 1일 아침, 24명의 요원을 태운 미국의 터보프롭 엔진을 단 미해군의 EP-3 정찰기가 하이난다오(海南島)의 동남쪽에서 70마일 떨어진 남중국해의 국제해역 상공에서 정기적인 정찰 임무를 수행하고 있었다. 국제해역에서 안전 거리를 유지하면서 동태를 살피는 군의 일반적 교범과는 달리 중국 해군의 F-8II 전투기는 미군 정찰기와 충돌하여 바다로 추락했다. 그 사고로 중국 조종사가 죽음을 당했다. 미국 정찰기는 심하게 훼손되었고, 무선으로 구조신호를 보내, 결국 하이난다오(海南島)에 있는 중국 해군 소속의 공군기지로 옮겨졌다. 그리고 정찰기에 탑승했던 요원들은 11일 동안 포로로 잡혀있었다.

당시 회의에 참석했던 네 명의 정책 전문가들에 따르면, 중국의 대응은 (베이징 교외를 여행 중이었던 장쩌민과 연락을 취하는데 시간이 걸렸고 그가 베이징으로 돌아오는데 또한 시간이 많이 걸렸기 때문에) 너무 느렸고, (군용기가 관련된 문제여서) 사안이 과도하게 군에 의해 주도되는 문제가 있었다. 사고에 대한 대부분의 정보는 하이난(海南) 해군의 공군기지로부터 왔고, 그들의 관심은 자신들의 조종사들이 비난 받지 않도록 보호하는데 치우쳐 있었다. 인민해방군은 벨그레이드 중국대사관 폭격사건 때처럼, 명백히 미군이 이 사건을 일으킨 것이라고 단언했다.

중국 정부는 본 사건의 공식 입장으로 군의 입장을 채용했으며, 조종사인 왕웨이(王偉)를 국가적 영웅으로 추서했다. 충돌이 일어난지 13시간 후에 발표된 중국의 첫번째 성명은, 미국의 EP-3 정찰기가 중국의 전투기 쪽으로 "갑자기 방향을 틀었으며", 그대로 충돌해 온 것이라고 발표했다. 그리고 미군 정찰기가 허락 없이 중국 영공에 침입한 것이라고 비난했다. 인민해방군은 4월 3일 밤, 자정까지 거의 40여시간 동안 미군 요원들과 미국 정부의 어떠한 접촉도 허락하지 않았다. 리처드 아미티지 미국무부 부장관이 첸치천 부총리에게 전화를 걸어 대화를 시작하려 했지만 첸치천은 전화 통화를 거절했다. "그가 어떻게 감히 전화를 받을 수 있었겠습니까? 첸치천은 영리한 사람이니까 자신이 너무 많은 위험을 감수하고 싶지 않았을 것입니다." 부시 대통령이 직접 장쩌민 주석에게 전화를 걸었어야 했다고 비난하는 중국측 정책자문가가 건넨 말이다.

부시 대통령이 정찰기 요원들의 안전한 귀환을 요구하는 공식성명을 발표한 후, 장쩌민은 자신도 공식성명을 발표해야 한다고 느꼈다. 장쩌민은 미국이 정찰기 충돌사건의 모든 책임을 져야 하며 정찰비행을 당장 중단해야 한다고 발표함으로써, 중국이 돌아갈 여지를 남겨두지 않았다. 중국 외교부 대변인은 미국 측의 사과를 요구했으며, 미국이 국제법을 위반하고 배타적경제수역에 속한 중국의 영해 위에서 '스파이 비행'을 감행함으로써 중국의 주권을 위협했다고 주장했다. 필자가 면담한 내용을 종합해 보면, 중앙선전부와 군은 200해리 안의 배타적경제수역(해양법에 따라 해양자원에 대한 특별한 권리를 부여하는 수역)까지 주권의 범위를 확대해석하는 주장을 펼쳤다. 그러나 이러한 주장은 중국정부의 다른 부처와는 협의를 거치지 않은 것이었다. 후에 중국 외교부와 국무원 신문판공실은 매체의 편집진들에 이 내용을 삭제하라는 지시를 내렸다. 그 내용이 국제법과 배치되는 것이고, "전세계가 중국의 주장이 너무 극단적이라고 생각할 것"이라는 우려 때문이었다.

"미국에게 사과를 요구하자는 결정은 장쩌민 주석 자신의 의견이거나 그의 참모들로부터 나온 생각이었을 것"이라고 당시 회의에 참석했던 전문가는 추측했다. 그는 "일단 장쩌민 주석이 사과 요구를 주장하면, 우리는 그 생각을 만족시킬 방법을 찾아야만 한다"고 덧붙였다. 중국정부는 콜린 파월 국무장관과 부시 대통령이 인명 피해에 대한 유감을 표명하는 구두성명이 부적절하다고 거절했다. 중국 국민들에게 지도자들이 중국의 명예를 지켜낼 수 있다는 것을 보여주기 위해 공식적인 서면사과를 고집했다.

중국 측의 분석에 따르면, 위기상황에 대한 정보가 대중의 관심을 덜 받고 보다 차분한 방식으로 다뤄졌다면 위기상황이 좀 더 쉽게 해결되었을 것이라고 한다. 양측은 "공동으로 사건의 원인을 조사해야 했고 후에 결과를 공표해야 했다."

한 정책전문가는 "처음 몇 일 동안에는 지도자들이 공식적으로 미국을 비판하는 드라마틱한 입장을 발표하는 유혹을 받았습니다. 그리고 인민대회당에서 대규모 국민 집회를 고려하기까지 했습니다"라고 얘기했다. 어떻게 대응할 것인가에 대한 열띤 논쟁 속에서, 군과 공안분야의 관리들은 보다 극단적인 대응을 고집했다. 군 계통 인사 중에는 왕웨이의 전투기와 편대비행을 했던 조종사가 EP-3 정찰기를 공격했어야 했다고 말했다. 어떤 이들은 미국과의 일전을 준비해야 한다고 주장했다. 한 공안 관리는 "중국은 법치국가이므로 미국 비행요원들을 우리 법정에 세워야 한다"고 말했다. 또한 "혹은 비행 요원들을 부분적으로 순서에 따라 석방해야 한다. 우선 여성들을 먼저 석방하고, 다음으로 나머지 비행요원, 마지막에 조종사를 석방해야 한다."고 말했다. 싱크탱크의 전문가들은 신중하게 대응해야 한다고 권고했다. "만약 우리가 한 사람을 억류한다면 마치 모든 사람을 억류하고 있는 것과 같은 국제사회의 반응을 불러일으킬 것"이라고 전문가들은 설명했다. "신속하게 미국의 비행요원들을 석방하고 비행기만 억류해야 하는 것이 낫다"고 제안했다. 전문가들도 너무 유약하게 대처한다는 공격을 듣지 않기 위해서는 미국을 향해 수많은 거친 발언을 내뱉으면서 조언해야만 했다. 한 전문가는 "미국과의 협상보다 내부의 협상이 훨씬 더 어렵다"고 말했다.

인민 해방군은 서면 사과를 받을 때까지 11일 동안 미국 비행요원들을 붙잡아 두었다. 인민해방군은 미국이 비행기를 고쳐서 본국으로 돌아가는 것을 허가하지 않았고, 대신에 비행기를 분해하여 화물수송 방식으로 돌려보내겠다고 주장했다. 인민해방군의 고위 장성은 이렇게 변명했다. "대중여론이 받아들이지 않을 것이기 때문에 우리는 정찰기가 비행하는 방식으로 미국에 돌아가는 것을 찬성할 수 없었습니다. 그러나 분해해서 배로 이송하는 것에는 동의했습니다. 우리는 극단적으로 일을 처리한 것이 아닙니다."

그럼에도 불구하고 장쩌민은 국제적으로 또는 국내적으로 통제불능의 상황을 피하기 위해 상당한 노력을 기울였다. 한 정책전문가는 "장 주석은 처음부터 미국과의 장기적 관계에 부정적 영향을 줄 수 있는 그 어떤 일도 하지 않겠다는 입장이 분명했다"고 말했다. 한 군 관리의 말이다. "장쩌민은 걷잡을 수 없는 상황이 되는 것을 원치 않았습니다. 고위층은 이 위기를 다루는데 있어 매우 조심스러워 했습니다. 그들은 중미 관계에 피해를 주는 것을 원치 않았습니다." 그러나 미국의 관점에서 볼 때, 중국 측은 신중해 보이지 않았다. 부시 행정부(특히 국방부)와 미국 대중들은 중국이 미군 장병들과 여성들을 인질(부시 행정부가 미국 승무원들을 '인질'이라고 부르는 것을 조심스럽게 회피했음에도 불구하고)로 억류하고 있는 것에 분개했다. 화가 난 미국 소비자들은 케이마트(K-Mart)에 전화를 걸어 중국 상품 판매를 중지하라고 요구했다. 그런 전화가 수천 통에 달했다.

사고 직후 나는 상하이에 있었는데, 그 사고로 인해 중국의 대학생들과 교수들의 감정이 매우 격앙돼 있다는 것을 분명히 느낄 수 있었다.

수년 동안 알고 지낸 교수조차 필자에게 예의를 갖춰 얘기하는 것을 어려워했다. 다른 한 교수는 내륙 지방에 있는 대학에서 연설을 마치고 돌아왔는데, 학생들이 모두 군사적 대응을 요구했다고 말했다. 그 교수는 "학생들이 국가의 명예를 지키기 위해 죽을 준비가 되어 있다고 말하더라"고 전했다. 중국 전투기에 비해 몸집이 크고 속도가 느린 미국 정찰기가 사고를 유발한 것이 아닐 것이라고 기술적인 이유를 들어 학생들과 동료들에게 설명을 시도했던 상하이의 한 용감한 물리학자는 자신의 분석이 심한 저항에 부딪혔다고 말했다. 후에 필자와 대화를 나눴던 한 인민해방군 대령은 군 장교들이 "정부가 미국에 굴복한 것에 모두 분노했다"고 말했다. 그리고 "만약 대학 당국이 학생들이 거리로 나서는 것을 막지 않았다면 시위가 일어나지 않는 곳이 없었을 것"이라고 말했다.

사건이 일단락 된 후, 도널드 럼스펠드 국방장관은 한 기자회견에서 미국의 EP-3 비행요원들 사이에서는 조종사 왕웨이가 '탑건(Top Gun)'처럼 행동하기 좋아하는 조종사로 잘 알려진 인물이었다고 밝혔다. 충돌이 일어나기 몇주 전, 왕웨이는 미국정찰기에 접근 비행을 시도하며 전투기 창문에 본인의 이메일 주소가 적힌 종이를 붙여놓고 미국 조종사들을 조롱했었다고 전해졌다. (럼스펠드 장관은 텔레비젼 카메라에 그 장면을 찍은 사진을 보여줬다.) 2000년 12월 말 미국은 인민해방군 조종사가 너무 근접비행하는 것에 대해 중국 정부에 항의했다. 인민해방군 해군의 이러한 보다 더 공격적인 도발은 2000년 하반기에 중국의 남쪽해역 상공에 미군의 정찰비행 빈도가 증가한 것에 대한 보복일 수도 있다. 한 관련 전문가에 따르면, 중국 대중들은 미국 정찰기와 중국 전투기의 충돌 원인에 대한 잘못된 군사정보에 대해서는 별 관심이 없었다. 그들은 오히려 미군이 정기적으로 중국에 근접하여 정찰 비행을 하고 있다는 사실에 더 큰 경각심을 느낀 것이었다고 한다. (이 사건에 대한 중국의 입장을 이해하기 위해 이렇게 가정해 보자. 중국 공군이 정기적으로 캘리포니아 해안선을 순찰하고 있다는 것을 미국인들이 알게 되었을때 어떤 반응을 보일지 상상해 볼 수 있겠다.)

벨그레이드 중국대사관 폭격사건 후에 일어난 반미시위와 같은 일이 또 다시 벌어지는 것을 막기 위해 중국정부는 대학 당국에 학생들을 학교 내에 붙잡아 두라고 지시했다. 중앙선전부는 매체들에게 사건보도를 자제해 달라고 지시했다. (이 위기에 대한 중국 측의 연구는 "주류 매체들에 대한 조처가 중국 대사관 폭격사건 때보다 훨씬 개선되었다"고 평가한다.) 국무원 신문판공실은 EP-3 정찰기 충돌사건이 중국에 대한 고의적인 공격이 아닌 단순한 비행사고였음을 매체의 편집진들에게 이해시키기 위해 기자회견을 개최했다. 국영매체들은 대미관계의 중요성을 강조하고, 다수의 미국인들이 중국에 대해 우호적이라고 독자들을 안심시켰다. 그러나 매체들은 미국이 사고에 대한 보상을 해야 한다는 요구를 잊지 않았다. 신화통신은 부시 대통령이나 데니스 블레어 미 태평양 사령부 사령관의 공격적인 성명에 대해서는 보도하지 않았다. 저널리즘을 가르치는 한 중국의 교수는 "만약 그 내용이 보도되었다면 중국인들은 위압적인 태도의 부시 대통령과 유약한 모습의 장쩌민 주석이 큰 대비를 이루는 것을 보게 되었을 것"이라고 말했다.

타블로이드 매체들은 독자들의 관심을 끌기 위해 위기를 더욱 극적으로 묘사했다. (예를 들어, 《베이징청년보》는 4월 4일자 신문에서 '오만의 증거'라는 헤드라인 밑에 훼손된 미 군용기 사진을 실었다.) 그러나 중국 당국은 벨그레이드 중국대사관 사건 때 사용 했던 것보다는 덜 선동적인 표현을 쓰라는 지시를 내렸다.

▌사진▌ 미국의 EP-3 정찰기와 중국 전투기의 충돌 이후, 이 사건이 《세계신문보》의 일면 기사로 다뤄지고 있다. 헤드라인에는 "미 군용기는 돌아갈 생각조차 하지 마라" 라고 쓰여 있다.

중국지도자들은 인민해방군이 아닌 외교부의 외교관들에게 미국 측과 협상하는데 주도적 역할을 해 줄 것을 부탁했다. 장쩌민은 미국과의 관계를 해칠 수 있는 어떤 행동도 하지 않겠다는 합의를 도출한 뒤, 후진타오 부주석과 첸치천 부총리에게 전권을 위임한 후 유럽순방을 떠났다. 그러나 사실 장쩌민은 그 해외순방 기간 동안에도 함께 동행했던 외교부장과 함께 상황을 지휘했다. 해외 순방을 하면서 장쩌민 주석은 중국이 사과를 요구하는 것은 길가던 사람들이 부딪쳤을 때 예의상 서로 하는 말이기 때문이라고 언급함으로써 미국과 중국 모두가 사고에 책임이 있을 수도 있다는 것을 암시했다.

가장 의미있는 것은 중국 측이 위기를 해결하기 위해 외교적 절충안에 동의했다는 점이다.

미국 측은 조종사의 죽음과 하이난에 착륙하기 위해 허가 없이 중국 영공에 진입한 것에 대해 '매우 미안하다(very sorry)'라고 적은 서한을 보냈지만, '사과한다(apologize)'라는 용어는 사용하지 않았다. 미국은 정찰 비행을 중지하겠다는 데도 동의하지 않았다. 정부에 조언하는 친미적인 성향의 전문가들은 옥스포드 영어사전에 '미안하다(sorry)'의 정의 속에 '사과의 방식 중에 하나'라는 것을 인용하며 중국정부가 타협을 받아들일 것을 건의했다. 협상이 성공적으로 끝난 것에는 중국주재 미국대사인 조셉 프루어(Joseph Prueher)의 외교 수완과 신임도 한몫 했다. 조셉 프루어는 전투기 조종사로 미 해군에서 24년간 복무한 퇴역 해군 장성이었다.

미국을 향한 자신들의 분노를 행동으로 옮기지 못한 채 저지당하고 정부의 소극적인 태도에 불만을 느낀 젊은이들은 자신들의 좌절감을 인터넷에서 발산했다. 저널리즘을 가르치는 교수가 얘기한 것처럼 "인쇄 매체들이 대중의 정서를 반영하는 데 실패했기 때문에, 인터넷 상의 글들은 정부로부터 등을 돌리는 현상"이 벌어졌다. 그는 다음과 같은 예를 들었다. "하루는 외교부 대변인이 충돌사건과 관련해 '적절한(妥善: 신중한 태도를 의미함) 행동을 취할 것'을 언급했습니다. 이후 그 대변인은 '왜 우리가 적절하게 행동해야 하는가'라는 반발과 함께 온라인상에서 엄청난 비난을 감수해야 했습니다. 다음날부터 그 대변인은 '적절한(妥善)'이란 단어를 쓰지 않더군요."

《인민일보》가 운영하는 웹사이트인 강국논단(強國論壇)의 컨텐츠 분석을 통해 주목할만한 점을 알 수 있었다. 4월 1일부터 13일 동안 63%의 게시글이 충돌사건에 관한 것이었는데, 그 중 79%가 지나치게 민족주의적인 내용이었다는 것이다. 어떤 이들은 중국정부가 외부의 침략에 비겁하게 대응했던 청조와 유사하게 행동하고 있다고 비난했다. 사람들은 "장쩌민이 왼쪽 방향지시등을 켜놓고 우회전했다(말은 혁명가처럼 해 놓고, 행동은 친미주의자처럼 했다는 의미)"고 말하며 장 주석을 비난했다. 그리고 "마오쩌둥 주석은 훨씬 강경하게 대응했을 것"이라고 말했다. 베이징의 한 대학생은 "이 두 사건(대사관 폭격사건과 군용기 충돌사고)은 힘이 강하면 원하는 대로 할 수 있다는 것을 알려줬다. 이 사건들을 통해 중국이 부상하고 힘을 가지면 다시는 이런 불행한 일을 겪지 않을 것이라는 희망을 갖게 해 줬다"고 필자에게 말했다.

유사 이래 중미관계가 가장 좋았던 시기

콜린 파월 국무장관은 2003년 한 성명에서 미중 관계가 닉슨 대통령의 1972년 방문 이래 최고의 시기를 보내고 있다고 말했다. 필자가 한 영향력 있는 중국의 미국연구 전문가에게 이러한 평가에 동의하느냐고 물었을 때 그는 한 술 더 떴다. 그는 "현재 양국의 경제협력에 대해 생각하고 장제스 시기(1949년 이전)의 불평등한 양국관계를 감안한다면, 역사상 최고의 시기라고 할 수 있다"고 답했다.

21세기의 첫번째 10년 동안 중미관계는 20세기의 마지막 10년보다 훨씬 더 순조로웠다. 양국 모두 관계개선을 위해 노력했다. 2001년 9월 11일,

▌사진▌ 장쩌민 중국 국가주석이 조지 부시 미국 대통령이 APEC 정상회담에서 인사를 나누고 있다. 2001년 10월 21일. (Joe Marquette/ AP Photo)

뉴욕과 워싱턴 D.C.에서 발생한 테러 공격은 미국으로 하여금 부상하는 중국이 만들어 내는 미래의 어렴풋한 위협보다는 알카에다(al-Qaeda)와 관련 테러조직들의 실제적이고 즉각적인 위협에 더 큰 관심을 집중시키게 만들었다.

미국 정치를 들여다 보면 중국과의 관계는, 유권자와 정치인들이 그 관계에 관심을 많이 기울일 때보다 별로 관심을 기울이지 않을 때가 훨씬 더 좋았다. 베이징의 한 학생은 빈 라덴이 중국을 구했다고 표현했다. "9.11 사건 전에 중국은 공격적으로 행동하며 미국을 자극했습니다. 그런데 테러리스트가 미국의 가장 큰 적이 되고 난 뒤에는 다시 '도광양회(韜光養晦)'(덩샤오핑의 저자세 외교)로 돌아왔습니다."

장쩌민과 후진타오는 격동의 1990년대를 보내면서 미국에 대한 대중정서를 자극하는 것이 실제적 위험을 초래할 수 있다는 것을 배웠다. 미국

정치는 정세가 매우 변덕스러우며, 사고와 위기가 늘 잠재되어 있다. 대중들의 감정을 부추겨 놓을 경우, 위기 상황으로 인한 국내적 격변이나 국제적 충돌이 발생하기 전에 그 문제를 해결하는데 필요한 양국 간의 타협을 이뤄내기가 훨씬 어려워진다. 더욱이, 경제발전과 공산당 통치의 지속을 위해서는 미국의 반발을 유발하지 않는 것이 매우 중요하다. 이러한 목표를 성취하기 위해서 중국은 미국인들에게 중국이 위협이 되지 않을 것이라는 것을 확신시키기 위해 가능한 모든 일을 해야 한다. 그리고 국내 대중의 관심을 중국의 안정을 덜 해치는 일본 쪽으로 돌림으로써 민족주의 성향의 대중들로부터 대미관계를 보호해야 한다.

보다 친절하고 절제된 프로파간다

당 지도부는 1999년 말부터 선전부에 지시를 내렸다. 대중매체들에게 반미적인 레토릭의 수위를 낮추라는 것이었다. 미국을 향한 대중들의 반감을 높이는 것이 위기를 관리하고 안정된 외교를 이끌어 가는데 큰 부담으로 작용하기 때문이다. 중국 외교부 관리들은 미국에 맞서지 못하는 것에 대해 대중들로부터 메일이나 전화를 통해, 그리고 인터넷에서 쏟아져 나오는 자신들에 대한 비난에 큰 압력을 느낀다. 중국 신문의 인신공격과 외국 기자들에 의해 간접적으로 보도되는 내용을 보면서, 중국의 진정한 의도가 우호적이지 않다는 미국인들의 의심은 더욱 증폭된다. 클린턴 행정부는 언론의 적대적인 표현에 불만을 표시하기 시작했으며 부시 행정부도 계속 불만을 표했다. 중국 주재 미국 대사가 학생들이 미국 역사를 편향된 시각으로 배우고 있다고 항의한 적이 있는데, 이후 중국 교육부는 고등학교 교과서를 개정했다.

새로운 프로파간다 노선은 즉시적으로 대중매체들의 변화를 일으켰다. 존스톤(Alastair Iain Johnston)이 중국 저널의 보도내용에 대해 분석한 연구를 살펴보면, 부정적인 의도로 사용된 "다극화(多極化)"라는 표현의 사용은 명백히 줄어들었으며, "세계화(全球化)"라는 보다 공평한 표현의 사용이 증가한 것으로 나타났다. 필자의 분석에 근거해 보면, 《인민일보》에서 '패권주의(霸權主義)'라는 표현의 언급도 2000년부터 줄어들었다. 2001년 군용기 충돌사건 이후 상승세를 보였지만 벨그레이드 중국 대사관 폭격사건 때보다는 온건한 편이었다.

2005년 11월 부시 대통령의 중국방문 때는 중국 신문들의 보도가 매우 긍정적이었다. 《환구시보(環球時報)》는 '협력관계를 위한 부시의 세번째 중국 방문'이라는 헤드라인과 함께 "부시 대통령은 전임자들보다 중국을 더 많이 방문했으며 중국에 대해 보다 실용적인 자세를 보인다"고 소개했다. 기사 밑에는 성조기를 흔들며 웃고 있는 중국 어린이들 사이에 부시 대통령과 퍼스트 레이디인 로라 부시 여사가 둘러싸여 있는 사진이 실렸다. 《인민일보》는 베이징에 도착하기 전에 일본에서 중국을 비판한 부시 대통령의 연설을 영문판에서만 보도하고 중문판에서는 보도하지 않았다. 연설의 내용과 장소가 모두 중국 독자들을 매우 언짢게 만들 수 있었다.

예전에는 중국 매체들이 워싱턴에서 흘러나오는 불쾌한 발언들에 득달같이 달려들었는데, 1999년 이후로는 전혀 반응을 보이지 않는 일이 종종 있었다. 당 지도부는 예민한 대중들도 듣지 못할 것이라고 기대하면서 못들은 척하기 시작했다. 미국과의 관계를 보호하기 위해 중국 지도자들은 신문과 웹사이트에서 대중들의 심기를 건들릴 수 있는 미국의 행동에 대해서는 크게 다루지 말것을 지시했다. 그 예로, 2002년 장쩌민 주석의 대통령 전용기로 예정됐던 보잉 767 비행기에서 중국 엔지니어들이 도청 장치(이 비행기가 텍사스에서 정비를 받을 때 설치되었을 것으로 추측되기도 했음)를 발견했는데, 중국 정부는 이 이야기가 언론에 노출되지 않도록 숨겼으며 인터넷 웹마스터들에게 그 사건에 대한 의견들을 삭제시키라고 지시했다. 2006년 후진타오 주석이 백악관을 방문했을 때는, 그를 환영하는 자리에서 당혹스러운 사건이 일어났다. 우선 통역담당자가 중국의 이름을 '중화인민공화국'이 아닌 대만을 지칭하는 '중화민국'으로 잘못 통역하는 일이 있었고, 또 하나는 파룬궁 기관지의 기자가 후진타오를 향해 고함을 지르는 사건이 발생했다. 그러나 이 난리들은 중국의 모든 텔레비전과 매체들에 의해 보도되지 않았다.

문제는, 대중들이 정부매체보다 상업매체와 인터넷에서 더 많은 정보를 얻고 있는 지금, 미국에 대한 중국 공산당 측의 이러한 변화가 과거처럼 효과적이지 않다는 점이다. 한 인민 해방군 대령은 "미국이 중국에 아주 적대적일 때인 1970년대에도 우리는 미국과의 관계를 정상화시킬 수 있었다. 왜냐하면 대중을 교육할 수 있었기 때문이다. 그러나 지금은 그럴 수 없다. 너무 늦었다"고 말했다.

패권국(Hegemon)과 함께 살아가는 법

1999년 이후, 중국의 외교정책 입안자들은 중국 대중들뿐만 아니라 미국 대중들의 신경을 건드릴 수 있는 워싱턴과의 공공연한 갈등을 피하기 위해 한발짝 물러나는 자세를 보였다. 기본 목표는 중국이 위협적인 존재가 아니라는 것을 미국에 설득하고자 했던 것이고, 중국에서의 반미감정이 대미관계를 어그러뜨리거나 공산당 체제에 등을 돌리게 만드는 것을 방지하기 위한 것이다. 최근에 중국 정부는 문제를 일으켜 세간의 이목을 끄는 것보다 조용히 미국의 정책을 수용하는 것이 안전하다는 것을 알게 되었다.

중국정부는 대중들에게 워싱턴과의 충돌을 부각시키기보다 오히려 숨기고 싶어 했다. 아마 이러한 이유때문에 2005년 부시 대통령이 베이징을 방문했을 때, 중국정부는 미국 측이 클린턴과 장쩌민 간에 진행됐던 생방송 기자회견 때처럼 기자회견을 개최하자는 미국측의 요청을 거절했을 지도 모른다.

다분히 의식적으로 장쩌민, 후진타오 및 중국의 지도자들은 부상하는 강국이 기존의 강대국에게 도전할 때 발생할 수 있는 위험한 오해들을 풀기 위해 노력했다. 두 차례에 걸친 특별 집단학습 모임(2003년 11월과 2004년 2월에 진행됨)에서 당중앙 정치국 24인의 위원들은 전원 출석하여 학계 전문가들로부터 15세기 이후 강대국들의 흥망성쇠와 중국의 정세에 미칠 함의에 대한 강의를 청취했다. 독일과 일본의 부정적인 사례도 논의되었다. 소련의 몰락에서 배운 교훈은 만약 군사적으로 미국에 도전하려 하면 파멸할 수 있고, 내부적인 문제로 인해 붕괴할 수 있다는 것이었다.

"화평굴기"라는 슬로건은 원래 중국의 위협에 대한 미국의 두려움을 완화시키기 위해 후진타오의 조언자인 정비젠(鄭必堅)이 개발해 낸 것이다. 상하이의 한 학자는 이 슬로건이 "미국의 귀에 긍정적으로 들렸을 것"이라고 설명했다. 그것이 전달하는 메시지가 "중국이 추구하는 발전의 길이 미국의 권위에 도전하는 길 위에 있지 않다"는 것이었기 때문이다.

베이징대학의 자칭궈(賈慶國) 교수는 "이해관계와 견해에 큰 충돌이 일어날 수 있는 사안에 있어서 중국정부가 중미관계에 피해가 가지 않도록 하기 위해 상당히 노력해 왔다"고 말한다. 2002년 초 미국의 이라크 침공은 중미 관계에 긴장을 가져왔다. 그러나 장쩌민 주석은 이라크 문제가 미국과의 관계를 개선하는데, 그리고 2002년 부시 대통령의 크로포드 목장을 방문하는데 방해가 되지 않도록 하기로 결심했다. 때문에 베이징 당국은 이라크 전쟁에 대해 별다른 내색을 하지 않는 접근법을 취했다. 그리고, 언론에게는 다양한 견해를 표출하도록 했고, 대중들에게는 인터넷 상에서 전쟁에 대한 찬성과 반대를 표시하는 탄원서를 조직하는 것을 허용했다. 미국 전문가인 왕지스의 말에 따르면, 중국의 외교정책은 유엔을 통해 문제를 해결하는 원칙을 고수하는 것이다. 그러나 한편으로 "중국이 미국과 외교적으로 정면충돌하지 않으려 하고, 결과적으로 중국이 미국의 전략적 이익에 해가 될 수 있는 문제는 회피하고 있다는 것"을 미국정부가 이해하게 되었다. 이라크 전쟁에 대한 해설을 위해 TV에 출연한 중국의 전문가들은 중앙선전부로부터 부시, 체니, 또는 럼스펠드의 이름을 특별히 거명하거나 미국의 군사 작전에 대해 비판하는 것을 자제하라는 지시를 받았다고 한다.

2005년 9월 후진타오 주석의 미국방문(태풍 카트리나로 인해 뉴욕에서 부시 대통령과 회담을 갖는 것으로 일정이 제한되었음)을 보좌했던 한 정책보좌관의 말에 따르면, 후진타오 주석이 미국 대통령을 안심시키기 위해 새로운 "삼불(三不)" 정책을 발표할 계획이었다고 한다. 그 내용은 다음과 같다. 첫째, 중국은 글로벌 차원에서 미국에 도전하지 않을 것이다. 둘째, 중국은 아시아에서 미국을 배제하려고 하지 않을 것이다. 셋째, 중국은 무역과 같은 양자적 이슈에 대해서 미국과 맞서지 않을 것이다. 한마디로 말하면, "도전도 없고, 배제로 없고, 대립도 없다"라는 입장이었다.

중국의 국제관계 전문가들은 미국에 대한 중국정부의 호의적인 태도를 변호하는 연구논문들을 열심히 발표했다. 전문가들은 다음과 같이 주장했다. 패권주의에 단호하게 맞서는 원칙을 유지해야 하지만, "중국이 패권주의에 반대한다는 것이 꼭 패권적 정책을 추구하는 모든 국가들과 언제든지 정면으로 충돌하고 대립해야 한다는 것을 의미하지는 않는다"고 말했다. 그러나 민족주의적인 평론가들로서는 미국이 중동에서 그 어느 때보다 '패권주의적으로' 행동하고 있는데 미국에 대해 자신들이 입을 다물고 있어야 한다는 것이 매우 좌절스러운 일이었을 것이다. 중국공산당 중앙당교의 한 교수는 미국의 이라크 개입에 대해 서구의 비평가들은 '패권주의'보다 '일방주의'라는 표현을 채택하고 있다고 말했다. 그는 "일방주의라는 표현이 비판적 의미를 담고 있지만 훨씬 외교적인 표현"이라고 말했다. 그리고 패권주의에 대한 중국의 반대입장 역시, "감정적이고 단순하거나 한쪽으로 치우친 것이 되어서는 안 되며……자제하고 전술적인 태도를 중시해야 하고……협력과 상생을 중시해야 하며……세계평화의 유지가 패권주의를 반대하는 것에 우선해야 한다"고 주장했다.

중국의 외교정책 전문가들 중에는 '무분별한 민족주의 정서'가 중국을 미국과의 전쟁으로 몰아 넣을 수 있다고 심각하게 우려하는 사람들도 있었다. 그들은, 중국이 미국을 향해 '노(No)'라고 말할 수 있어야 하고 군사력을 강화해야 한다는 정서가 남녀노소 가릴 것 없이 널리 받아들여지고 있는 것으로 관찰하고 있다. 선박제조기술 관련 전문잡지에 실린 익명의 평론으로 의외의 흥미로운 내용을 담고 있던 한 글에서는 '감정적 민족주의'와 '역인종주의(reverse racism)'가 중국을 미국과의 군사적 충돌로 몰아갈 수 있다고 주장했다. 중국은 "미국과 같은 나라들이 중국을 고립화시키고 적대적으로 대하려는 시도에 침착하고 합리적으로 대응"하는 '건설적인 민족주의'를 채택해야 한다. 그것이 "독일과 일본의 운명을 피하는 길"이다. 사회학자인 저우샤오쩡(周孝正)은 2005년에 쓴 글에서 대만과 통일하기 위해서 "군에 있는 일부 장성들이 전쟁에 대해 성급하게 말하는 것"을 비판하면서, 그런 거동이 '끔찍한 일'이라고 말했다.

장쩌민 주석은 은퇴 전의 마지막 정치 보고 석상에서, 절제된 모습을 보이는 외교정책이야말로 중국의 국력을 강화하는 현명한 선택이 될 것이라고 언급했다. 마치 이러한 외교가 공산당원들의 폭넓은 지지를 받고 있는 듯한 뉘앙스였다. 장쩌민은 2002년 11월에 개최된 제16차 전국대표대회에서 "전반적으로 볼 때, 우리에게 21세기 첫 20년은 우리가 꽉 붙잡아야 할 중요한 전략적 기회의 시기이며 많은 것을 이룰 수 있는 기간이다"라고 말했다. 아이러니컬하게도 중국은 1999년 미국 《국가안보전략보고서》에서 '전략적 기회의 시기'라는 표현을 도용했다. 이 보고서에는 2015년 또는 2020년 전에는 그 어떤 강국도 미국을 따라 잡을 수 없기 때문에 미국이 새로운 질서를 형성하고 미국의 글로벌 리더십을 실현할 기회라는 의미가 담겨 있었다.

그러나 테러가 일어난 2001년 9월 11일 이후, 장쩌민은 중국에게 미국과의 관계를 개선하는, 그리고 국내 경제개발을 가속화하는 아주 좋은 전략적 기회의 시기가 주어졌다는 것을 깨달았다. "9.11 테러 이후 미국의 전략적 초점이 다소 조정되었다. 결과적으로 중국은 더 오랫동안 평화와 발전을 이룩할 수 있는 환경을 갖게 되었고, 자신들의 더 많은 힘을 국가를 발전시키는 데 집중할 수 있었다." (중국의 군사전략가들은 반대로 9.11 사건에 대해 보다 냉소적인 견해를 갖고 있다. 그들은 다음과 같이 주장한다. "미국 국가안보전략의 기본 목표는 반테러리즘 전쟁을 통해 현재의 '전략적 기회의 시기'를 충분히 살려 새로운 세기에 지속적 우위를 추구하고, 미국의 패권 하에 단극화된 세계질서를 확보하고 유지하는 것이다.")

중국의 부상에 대해 현자와 같은 통찰력을 제시하는 리콴유 전 싱가포르 총리는 중국 지도자들이 경험한 학습의 과정을 이렇게 조명한다. "나는 중국 지도자들이 다음과 같은 것을 배웠을 것이라 생각합니다. 군사적으로 미국과 경쟁하면 패가망신할 것이다. 그러므로 40년에서 50년 동안은 군사적 경쟁을 피하고, 머리를 조아리며 미소를 띠어야 한다는 것이죠."

국가미사일방어(NMD) 체계와 핵의 관계

미국에 대해 자제하는 중국의 모습은 미국의 국가미사일방어체계 이슈를 다루는 태도에서도 엿볼 수 있다. 1998년부터 클린턴 행정부는 북한으로부터의 핵 공격 혹은 다른 국가의 우발적인 발사로부터 미국 본토를 보호하기 위해 국가미사일방어 체계를 배치하는 것을 고려했다. 처음에는 북한과 특별히 언급되지 않은 아시아 국가들의 미사일 위협에 대항하기 위해 알래스카에 요격기를 배치하는 수준으로 시작되었다. 그러나 국가미사일방어 체계 기술에 대한 초기의 테스트 결과는 그리 낙관적이지 않았다. 결정을 내리기 전 클린턴 대통령이 선언한 선결조건 중 하나는 NMD에 대한 다른 국가들의 반응이 미국 안보에 어떤 영향을 미칠 것인가를 먼저 판단해야 한다는 것이었다. 미국은 러시아의 반응에 가장 신경을 썼다. 왜냐하면 클린턴은 NMD의 배치가 미소 간에 체결했던 ABM 조약 파기로 이어지는 것을 원하지 않았기 때문이다. 그래서 미 행정부 관리들은 미리 러시아와 협의를 시작했다. 러시아는 수천 기 이상의 핵탄두 탑재 가능 미사일을 소유하고 있기 때문에, 미국이 미사일 방어체계를 배치하더라도 러시아는 여전히 제 2의 공격능력을 갖고 있었다. 만약 어느 한 국가가 공격하면 상대 국가가 보복할 것이기 때문에 어느 나라도 먼저 공격하지는 않을 것이다. 따라서 미러 간의 전략적 관계는 안정적으로 유지될 것이다.

"그렇다면 중국은 어떠한가?" 필자는 정부에서 함께 일하던 동료들에게 틈나는 대로 질문했다. "중국 측에도 그들의 입장을 물어봐야 하지 않을까?" 중국의 전략 핵탄두 미사일의 수량은 소량(핵탄두를 탑재한 장거리 미사일의 경우 약 20기 정도로 추정됨)이기 때문에 중국의 전략가들은 소규모 차원의 국가미사일방어체계라 할지라도 두려움을 가질 수 있었다. 중국의 2차 핵 공격 능력을 무력화시킬 수 있기 때문이다. 이론상, 미국은 선제 공격을 통해 중국의 핵무기를 대부분 훼손시킬 수 있다. 그리고 난 후 국가미사일방어체계를 작동시킨다면 미국은 파괴시키지 못한 중국의 핵무기로부터 국토를 방어할 수 있을 것이다. 그리고 사실 미국은 그렇게 하지 않겠다고 중국을 확신시킬 방법이 없다. 그러므로 중국의 입장에서는 미국의 미사일 방어체계가 실제로 그들을 겨냥한 위험한 무기와 다를 바 없다. 결국 중국은 전략적 균형을 회복하기 위해 자신들의 핵 군사력을 증강해야 할 것이고 2차 보복능력의 확보를 위해 전략 미사일을 보다 더 기동성있게 만들어야 할 것이다. 그러나 중국의 여러 분석가들이 우려하는 것처럼, 만약 중국이 미국과 핵무기 경쟁을 벌인다면 중국은 "자신들의 자원을 고갈시키고 경제발전에 큰 해를 끼치게 될 것"이다. 또한 책임있는 대국으로서의 국제적인 평판을 훼손시키고 미국과의 상호신뢰관계도 파괴될 것이다.

중국 관리들은 러시아가 이미 국가미사일방어(NMD) 체계에 함께 대응하자고 자신들을 설득하고 있다고 필자에게 말해주었다. 그러나 중국 측은 위험을 무릅쓰고 러시아의 방패막이 신세가 되는 것을 경계했다. 중국 관리들은 러시아가 결국에는 자신들의 국가안보에 실질적 피해를 입지 않기 위해 미국의 국가미사일방어 계획에 말없이 따르게 될 지도 모른다는 의혹을 가졌다(그 의혹은 사실로 드러났다).

미국 정부가 드디어 국가미사일방어 체계에 대한 논의를 시작하기 위해 2000년에 고위급 관계부처 합동 태스크포스를 꾸려 베이징을 방문했을 때, 미국 측은 이 미사일방어체계가 중국의 핵 위협을 제압하기 위한 것이 아니라는 것을 장담했다. 중국 관리들은 여전히 불안해 했고 미국이 자국 안보의 완결성을 위해 중국의 안보를 위협하고 있다고 비난했다. 그러나 중국 정부는 미국이 중국 본토의 미사일 공격으로부터 대만을 보호하기 위해 배치를 고려하는 '전역미사일방어(TMD)'체제라고 불리는 해당 지역을 위한 미사일방어시스템에 대해 더 큰 걱정을 했다. 대만을 위한 전역미사일방어 체제는 미국이 대만과 자신들의 정보를 공유하고 지휘와 통제를 조정해야 한다. 결과적으로 두 나라 군대가 긴밀한 동맹 타입의 관계에까지 이를 수 있게 된다. 중국을 더욱 우려하게 만든 것은 전역미사일방어 체제를 미국과 대만이 공동으로 발전시킴으로써 대만인들에게 '안전에 대한 환상'을 심어 줄 수 있고 독립 움직임을 부추길 수 있다는 점이었다. 중국의 관점에서 대만의 전역미사일방어 체제와 미국의 국가미사일방어 계획의 결합은 매우 위협적인 것이었다. 대만은 더욱 대담하고 도발적으로 행동할 것이고, 미국은 중국으로부터의 핵 보복에 대해 걱정하지 않고 양안문제에 개입할 수 있게 되는 것이다.

클린턴 대통령이 국가미사일방어 체계 배치에 대한 결정을 차기 행정부로 넘기기로 결정하고 부시 대통령이 탄도탄요격미사일(ABM) 협정을 폐기하고 미사일 방어체제 구축에 박차를 가하기로 결정한 후, 국가미사일방어계획 이슈는 뜨거운 논쟁을 불러일으켰다. 중국 과학자들의 말에 따르면, 국가미사일방어 체계는 인터넷 상에서 핫토픽이 되었으며 관련 웹사이트가 맥도널드 햄버거 분점만큼 생겨났다고 한다.

그러나 중국 측에서는 이 사안을 중요한 대중적 논쟁이 되지 않도록 경계하면서 조용히 대처하기로 결정했다. 2001년에 군 계통의 싱크탱크에서 일하는 한 관리는 필자에게 이렇게 말했다. "중국에게 있어서 미국과의 관계는 중국의 안보에 가장 중요한 부분입니다. 따라서 중국 정부는 그 관계에 비례하여 국가미사일방어 체계에 대응할 것입니다. 그리고 대미관계가 악순환으로 흐르거나 미국과 군비경쟁을 벌이는 방향으로 나아가지 않도록 삼가 할 것입니다." 그는 다음과 같은 말을 덧붙였다. "중국은 무엇을 해야 하는지 확실히 알고 있지 못 했습니다. 군비를 확장하거나 방어체계를 뚫을 전력을 더욱 발전시킬 필요가 있을 수도 있겠죠. 어쨌든 중국으로서는 국가미사일방어 체계가 중국을 겨냥한 것이 아니라는 것과 미국이 중국의 전쟁 억지력을 훼손할 의도가 없다는 것을 보장받고 싶어했습니다." 필자는 그에게 미사일방어 체계가 중국의 안보를 위협할 의도가 없다는 것을 미국이 중국에게 어떻게 설득하면 좋겠느냐고 반문했다. 그는 이렇게 대답했다. "만약 미국이 국가미사일방어 체계의 레이다망 배치를 제한적으로 운용한다면(즉, 보호망을 소규모로 그리고 얇게 유지하는 것), 양국관계에 대해 책임있는 모습을 보여주는 것이라고 할 수 있죠. 우리는 또한 어떻게 하면 이 문제가 양국관계에 미칠 수 있는 피해를 최소화할 수 있는지에 대해 논의해야 할 것입니다."

부시 행정부는 그러나 중국의 우려를 불식시키기 위해 NMD 배치 계획을 조정할 생각이 없었다. 미국이 자신을 보호하기 위해 두텁고 물샐 틈없는 미사일 방어망(기술적으로 성공할 가능성이 높지 않음에도 불구하고)을 강행함에 따라, 중국은 양국 관계에 미칠 피해를 최소화하기 위해 고군분투해야 했다. 중국의 대책은 무기체계의 기동성을 높임으로써 쉽게 파괴되지 않고 전투지속성을 확보하는 것이었다. 또한 공습 교란장비 등을 통해 침투능력을 강화하기로 했다. 미국이 중국에게 위협을 느낄 수 있는 핵무기 경쟁은 피하기로 했다.

중미 간의 경제적 상호의존

주룽지가 2000년에 칭화대학을 방문하여 연설했을 때, 학생들은 그에게 중국이 직면한 가장 중대한 국제적 위협이 무엇인가에 대해 물었다. 그는 "미국의 경제문제"라고 대답했다. 중국과 미국 경제 간에 상호의존도가 높아지면서 양국관계에 대한 중국 지도자들의 사고방식이 바뀌었다. 미국의 통계에 따르면, 미중 간의 교역액은 1980년의 50억 달러에서 2005년에는 2,853억 달러로 증가했다. 홍콩, 대만, 일본, 그리고 한국보다는 적지만, 미국은 중국에게 매우 중요한 해외직접투자국이다.

중국이 2001년부터 미국정부의 국채를 대거 매입하기 전에는 양국 간의 경제관계가 비대칭적이었다. 우선, 미국의 대중 수출이 중국의 대미 수출보다 훨씬 적었다. 해외투자의 흐름은 거의 일방적이었다. 만약 미국 경제가 비틀거리면 중국 경제도 큰 피해를 입을 수 있었다. 미국 경제가 중국 경제 상황에 영향을 받는 것과 비교할 수 없었다. 중국은 또한 양국 간의 정치관계를 보호해야 할 강한 동기를 갖고 있었다. 만약 미국이 중국을 포위해야 할 적으로 선언한다면 중국의 경제성장과 국내 안정은 큰 타격을 입을 수 있었다.

중국의 대미 경제 의존도가 중국으로 하여금 대미관계를 조심스럽게 다루도록 만들었다. 그러나 이러한 경제의존도가 양국 간에 새로운 마찰의 원인이 되기도 했다. 1999년 11월 중국의 WTO 가입에 대한 협상을 하면서 필자는 "미중관계에서 가장 큰 문제가 무역 마찰이 될 날을 고대한다"고 찰린 바셰프스키 미무역대표부(USTR) 대표에게 말한 적이 있다. 그러나 이렇게 빨리 그러한 순간이 오게 될 줄은 전혀 예상치 못했다.

중국의 WTO 가입은 미국의 무역적자를 없애주지 못했을 뿐만 아니라 좁혀주지도 못했다. WTO 회원국이 된 후 중국은 자국 시장에 더 많은 수입품이 들어올 수 있도록 허용했다. (미국에게 중국은 가장 빨리 성장하는 수출시장이었다.) 다른 한편으로 중국은 외국 기업들이 수출 지향의 제조

▎후진타오 중국 국가주석이 워싱턴 레드몬드에 있는 마이크로소프트 본사를 방문했을 때 빌 게이츠와 자리를 함께 한 모습. 2006년 4월 18일. (Andy Clark/ AFP/ Getty Images)▎

공장을 중국으로 이전하게끔 유도했다.

그 결과, 중국의 수출은 계속해서 늘어났으며 미중 사이의 무역 역조 현상은 수습할 수 없을 정도가 됐고 민감한 정치문제로까지 떠 올랐다. 2000년, 미국의 중국과의 무역수지 적자는 일본과의 무역수지 적자를 넘어섰다. 이후 중국은 계속해서 미국에 무역수지 불균형을 일으키는 가장 큰 원인국이 되고 있다. 미국의 대중 무역 적자는 1980년의 35억 달러에서 2000년에는 838억 달러로, 2005년에는 2천억 달러로 불어났다. 중국은 미국의 취업시장을 빼앗아 간 셈이었는데, 2000년과 2004년의 미국 대통령 선거에서는 이 문제가 중요한 화두가 되었다. 중국은 미국의 DVD와 CD, 약품 등 지적재산권을 침해하는 행동들을 통해 미국의 생산자들에게 커다란 좌절감을 안겨 줬다. 미 의회 의원들은 중국이 환율을 조작함으로써 수출품의 가격은 낮추고 수입품의 가격은 높이고 있다고 비난했다. 즉, 중국이 변동환율제를 도입하지 않고 환율을 달러에 연동시키는 것이다. 미 의회 의원들은 베이징 당국이 환율을 평가절상하지 않으면 제재를 가하겠다고 위협했다.

중국은 미국 국채를 사들이기 위해 수출과 해외투자에서 벌어들인 막대한 양의 외환보유고를 사용하기 시작했다. 중국 정부가 그렇게 한 것은 주로 경제적 동기에서 비롯되었다. 미국 정부의 국채를 보유함으로써 외환보유고를 가장 안전하게 운용할 수 있었다. 그러나 중국의 정책결정자들이 양국의 경제를 결합시킴으로써 얻을 수 있는 정치적 이익을 염두에 두지 않은 것은 아니었다.

양국 모두 지금은 서로를 필요로 한다. 한 중국 작가는 미국과 중국이 경제적으로 '샴 쌍둥이'라고 묘사했다. 2005년 중국의 추정에 따르면, 중국은 외환보유고의 70% 이상을 미 재무부 명의로 발행하는 채권을 사들이는 데 사용했다. 미국에 중국 자본이 유입되면서 미국 소비자들은 저금리와 높은 수준의 소비를 향유할 수 있게 되었다. 하지만 미국 경제가 파산을 면하기 위해 중국에 과도하게 의존하게 되면서, 미국인들은 중국이 미국에게 자본 유입을 중단할 경우에 대해 불안감을 느끼기 시작했다. 2006년 11월 민주당이 상하 양원을 모두 장악하게 된 다음 날, 중국 인민은행 행장은 1조 이상의 외환보유고를 달러가 아닌 다른 화폐로 다각화하겠다는 계획을 발표했다. 이 때문에 국제 투자자들이 보유 중인 달러를 대량으로 매각하게 되면서 달러 가치가 폭락했다. 그 타이밍이 우연일 수도 있겠지만, 미국의 번영과 글로벌 영향력이 점점 중국의 손에 달려있다는 것을 보여준 사건이었다. 중국의 분석가들은 양국의 이해관계가 밀접하게 연결되도록 만드는 경제적 상호의존성을 대체로 환영한다. 그러면서도 미국이 양국의 경제 및 무역 관련 이슈를 '비정치적 원칙'에 따라 다룰 수 있을 지에 대해서는 의문을 제기한다.

중국 해양석유총공사(CNOOC)의 미국 유노칼(UNOCAL) 인수 실패

경제적으로 중국에 대한 공포감이 형성된 2005년 여름, 중국의 국영 석유회사인 해양석유총공사(CNOOC)가 미국의 거대 정유회사인 유노칼(UNOCAL)을 인수할 계획이라는 뉴스가 워싱턴 정가를 발칵 뒤집어 놓았다.

바로 몇 달 전에 중국기업인 레노보(Lenovo)가 IBM의 퍼스널 컴퓨터 사업부문을 인수하고 중국의 가전회사인 하이얼(Haier)이 메이텍(Maytag)을 인수하겠다고 입찰에 참여한 일은 상대적으로 가벼운 사건이었다. 그러나 중국 정부가 미국 석유회사를 인수할 수도 있고 미국 에너지 안보의 숨통까지 조일 수 있다는 데에 생각이 미치자 미국의 매체들과 정치인들을 커다란 충격을 받았다. 유노칼 인수에 참여한 미국 석유회사 셰브론(Chevron)은 중국해양석유총공사(CNOOC)와의 입찰 경쟁에서 이기기 위해 안보 위협을 과장하고 집중적인 로비활동을 벌였다. 중국해양석유총공사(CNOOC)는 자체적으로 로비스트를 고용하고 외국기업의 미국기업 인수를 검토하는 미 재무부 산하의 부처 합동위원회에 공식적인 검토를 신청했다. 중국의 입찰 금액은 185억 달러로 셰브론이 제시한 164억 달러보다 훨씬 많았다.

중국해양석유총공사(CNOOC)는 유노칼이 저장하고 있는 석유의 70%가 아시아에 있기 때문에 에너지 안보에 대한 미국의 우려가 근거없는 것이라고 주장했다.

미국이 소비하는 석유와 가스 중에 유노칼이 공급하는 량은 1%가 안 된다.

중국해양석유총공사(CNOOC)는 유노칼이 미국에서 생산하는 모든 에너지를 미국에 그대로 남겨둘 것이며 유노칼의 미국 직원들을 모두 고용하겠다고 약속했었다.

그럼에도 불구하고 미 하원은 중국해양석유총공사(CNOOC)의 유노칼 인수가 미국의 안보에 해가 될 것이라는 이유로, 중국의 유노칼 인수 안을 엄청난 표차(398대 5)로 부결시켰다.

한편, 중국기업의 미국 석유회사 합병안이 불붙인 정치적 폭풍에 베이징은 매우 놀라고 침통해 했다.

중국해양석유총공사(CNOOC)는 정부로부터 독립된 기업문화와 정교하고 효율적인 경영때문에 세계적으로 잘 알려진 기업이었다. 중국해양석유총공사는 중국정부의 감독기관으로부터 승인을 얻었지만(중국 정부는 정책적으로 해외로 나가 새로운 에너지원을 찾을 것을 격려하고 있었음), 정부 지도자들이나 외교정책 관리들과 의논하지는 않았었다.

대미관계를 담당하는 한 외교부 관리는 신문을 통해 중국해양석유총공사의 입찰 참가 사실을 알았다고 했다. 그는 중국해양석유총공사의 총경리인 푸청위(傅成玉)에게 전화를 걸어 바로 접견했다. 푸청위 총경리는 자신감에 넘쳐 있었다. 어쨌든 그는 골드만 삭스와 국제적인 금융기관들로부터 자문을 받고 있었다. 한 인터뷰에서 그는 "중국해양석유총공사가 서구의 선진 기업들이 세워놓은 시스템을 그대로 따르고 있다"고 말했다. 푸청위는 유노칼의 거의 모든 자산이 미국 밖에 있기 때문에 미국인들에게 문제가 되지 않을 것이라고 설명했다. 외교부 관리는 푸청위에게 "미국 의회의 정치적 반응을 절대로 과소평가해서는 안 된다"고 조언했다고 한다. 미국은 자신들의 전략적 이익을 글로벌 차원에서 규정하기 때문에 자산이 미국에 속해 있지 않아도 의회가 반발할 수 있다고 설명했다. 그러나 그의 조언은 너무 늦은 것이었다.

워싱턴 주재 중국 대사관 역시 중국해양석유총공사의 입찰 건을 둘러싼 논쟁이 그 해 가을로 예정되어 있던 후진타오 주석의 첫 백악관 방문 일정에 차질을 가져올까 봐 우려했다. 주미 중국대사관의 권고 아래 중국해양석유총공사는 2005년 8월 2일 자신들이 불러일으킨 '전례없는 정치적 반대' 때문에 입찰 포기를 발표했다.

유노칼을 합병하려는 시도는 중국이 국제기업계에 뛰어들어 활동하려는 것에 대해 미국이 어떤 반응을 보일 것인지를 알려주는 계기였다. 중국이 국제상업계의 통상적인 룰에 따라 행동할지라도 미국이 중국을 저지할 것이라는 점을 보여 주면서 미국은 그 시험에 통과하지 못했다. 미국의 격렬한 반발에 묵사발이 난 중국해양석유총공사의 푸 총경리는, 서구인들이 중국에 가르쳐 준 것과 그들이 하는 방식에 차이가 있다는 깨달았다고 말했다. 이 사건은 미국의 시장주의 원칙에 대한 중국 지식인들의 냉소주의를 심화시켰다. 한 대학생이 한 말이다. "미국은 항상 자유무역을 강조한다. 그러나 중국해양석유총공사를 막아 서기 위해 자신들은 정치적 힘을 사용했다. 미국은 말과 행동이 다르다. 중국은 서구보다 더 국제시장 시스템을 지지하고 있다."

한 중국정부의 관리는 "미국에 대한 중국인들의 기대감이 산산히 부서졌다"고 표현했다. 그는 이렇게 말했다. "우리가 책임있게 행동하는 것과 상관없이 미국이 우리를 저지할 것이라고 생각하게 되었다." (두 명의 중국 관리들은 필자에게 자신들이 갖고 있는 의혹을 토로했다. 미 의회가 아니라 부시 행정부, 구체적으로 체니 부통령과 연결되어 있는 석유산업의 이해관계가 그 협상을 어그러뜨려 놓은 것이 아니냐는 것이었다.) 대중들의 불만 표출에 대해 우려심을 갖고 있던 중국정부는 언론에 이 논란과 관련하여 신화통신에서만 기사화하라고 지시했다. 아이러니컬하게도, 이 소란은 중국 정부로 하여금 중국 기업들이 미래에 비슷한 문제를 일으키지 않도록 감독하는 기능을 강화하도록 만들었다. 결국, 관련 사안을 검토하는 고위급 지도자들로 이뤄진 심의기구가 설립되었다. 미국이 에너지 쟁탈전을 상업적인 것이 아닌 지정학적 '거대 게임'으로 다루는 덕분에 중국도 똑같이 행동하게 만들고 있다.

미래의 위험들

후진타오가 국가주석이 되고 중국공산당 총서기가 된 후, 그는 미국에 대해 매우 신중하고 호의적인 태도를 계속 취해 왔다. 미국의 환심을 사는 데 너무 진력해서 정책 관련 집단들로부터 비난을 받았던 장쩌민과 달리, 후진타오는 아시아 이웃 국가들과의 관계 개선에 좀 더 힘을 쏟았다.

후진타오는 또한 자신의 권력을 다지고 정치적 불안을 해소하기 위해 비정부조직과 매체에 대한 당의 통제를 강화했다. 그러나 그는 미국을 비난함으로써 자신의 국내적 지지를 강화하겠다는 유혹은 이겨냈다.

베이징과 워싱턴 간의 협력은 상대적으로 원활하게 진행되었다. 2001년 군용기 충돌사건 이후 그 어떠한 위기도 중미관계를 흔들지 못했다. 이 기간에 중국의 국제적 이미지도 상당히 개선되었다. 서베이에 따르면, 세계는 미국보다 중국을 더 긍정적으로 보고 있는 것으로 나타났다.

그럼에도 불구하고, 중미 관계의 긴장이 완전히 해소된 것은 아니다. 미국에서 테러에 대한 두려움이 어느 정도 감소하자 중국의 위협에 대한 오래된 두려움이 다시 고개를 들었다. 그리고 일자리 감소와 무역적자에 대한 걱정으로 그 두려움은 더욱 강화되었다. 중국의 부상에 대한 미국의 정치적 반응은 소련이 야기시켰던 냉전적 두려움과 성장이 둔화되기 전 일본이 야기시켰던 경제적 두려움을 결합시킨 형태로 나타날 수 있다. 2006년 미국에서의 여론조사에 따르면, 중국을 우호적으로 보는 사람과 부정적으로 보는사람들의 그룹이 고르게 분포하고 있는 것으로 나타났다. 대다수의 미국인들이 중국경제가 미국경제를 따라잡는 것을 긍정적으로도 보고 부정적으로도 보고 있다. (미시간 주와 오하이오 주 등에 거주하는 사람들은 확실히 중국과의 경쟁에 덜 낙관적이다.) 그러나 미국은 중국의 이웃 국가들보다 중국에 대해 더 냉담하고, 중국을 파트너로 보기보다는 라이벌로 간주하는 경향이 더 강하다. 미국 대중의 4분의 3이 중국의 군사대국화를 경계한다. '화평굴기'와 '책임있는 강국'이라는 중국의 유쾌한 레토릭은 중국이 미국에 대해 매우 우호적인 의도를 갖고 있다는 것을 제대로 납득시키지 못했다. 여론조사에 따르면, 미국인들 중 58%가 중국이 국제사회에서 책임있게 행동할 것이고 점에 대해 전혀 신뢰하지 않거나 매우 신뢰하지 않는 것으로 응답했다. 그리고 60%가 중국이 자신들의 외교정책을 수립할 때 미국의 이익을 고려하지 않을 것으로 생각한다고 답했다.

만약 중국의 지도자들이 미국의 평범한 시민들이나 경제적 이해관계자들에게 책임있는 태도를 보이지 않는다면, 중국이 미국에 도전할 수 있을 만큼 충분히 강해졌을 때는 무엇이 그들의 태도 변화를 막을 수 있겠는가? 중국 전체적으로는 미국과의 분쟁을 피하는 것에 큰 이익이 걸려 있다. 그러나 긴장이 고조될 경우 중국 국내에서 누가 그 긴장을 효과적으로 누그러뜨릴 수 있을까? 미국과의 교역 관계에서, 그리고 보다 광범위하게는 세계화 그 자체로부터 큰 이익을 보고 있는 중국의 이익집단들과 연해 지역의 지방들은 아직 외교정책 결정과정에서 발언권이 없다. 그리고 특정한 외교정책에 대해 로비도 하지 않는다. 해외투자를 끌어들이고 지역의 상품을 수출함으로써 성장을 촉진하고 일자리를 창출하기 원하는 지방정부의 관리들은, 중국공산당 중앙위원회 내에서 최고 지도자들이 신경을 쓰고 있는 가장 큰 세력집단이다. 그러나 이들이 대만 또는 일본 때문에 유발된 위기상황 하에서, 즉 애국주의적 열정을 불러일으킬 수 있는 위기상황 하에서, 당과 군의 지도자들을 견제하고 저지할 수 있을 지에 대해서는 큰 의문이 들 수 밖에 없다.

5년 이상의 기간 동안, 중국의 관영 매체들은 미국에 대해 보다 친절하고 신중한 논조를 유지해 왔다. 교육 당국은 미국 역사에 대해 덜 비판적인 어조를 담기 위해 교과서를 여러 차례 개정했다.

이 시기에 반미적인 대중 여론을 불러일으킬 수 있는 사건은 발생하지 않았다. 중국 지도자들은 미국의 이라크 전쟁에 대해서 아주 조용히 대응했다. 비록 그렇다 하더라도 최근의 여론조사에 따르면, 중국의 대중들은 여전히 미국에 대해 높은 불신감을 갖고 있는 것으로 나타났다. 어쩌면 벨그레이드 중국대사관 폭격사건이나 군용기 충돌사건 직후보다 더 미국을 불신하고 있는지도 모른다. 존스톤(Alastair Iain Johnston)은 베이징 시민들 사이에서 2002년과 2003년, 그리고 별다른 위기가 없었던 2004년 동안, 미국에 대한 호감도가 많이 떨어졌다는 것을 발견했다. 특별히 이라크 전쟁 이후 다른 국가들에서 관찰되는 것과 비슷한 양상으로, 국가로서의 미국과 국민으로서의 미국인을 구별하여 생각하려는 경향과 미국이라는 나라보다는 미국인들에게 더 긍정적인 감정을 느끼고 있는 것으로 나타났다.

'퓨 리서치 센터(The Pew Research Center for the People and the Press)'가 글로벌 태도 조사 프로젝트의 일환으로 중국 도시지역에서 서베이를 실시했다. 2005년, 중국인의 42%가 미국에 대해 호감을 갖고 있는 한편, 53%는 부정적으로 보는 것으로 나타났다. (일본에 대해서는 더욱 부정적으로 나왔다. 17%가 호감을 갖고 있었고, 76%는 부정적이었다.) 중국인들은 또한 16개국의 국민들 중에서 미국인들이 가장 열심히 일하지 않는다(44%)고 인식하고 있었고, 35%의 사람들만이 미국인들이 정직하다고 생각하고 있었다. 대다수의 중국인들은 미국인이 폭력적(61%)이고 탐욕스럽다(57%)고 생각했다. 2006년 BBC 여론조사에서 62%(1년 전보다 20% 높아짐)의 중국인들이 미국이 세계에 부정적인 영향을 미치고 있다고 대답했다. (미국에 대한 중국인들의 부정적 인식은 세계 평균보다 21%나 높았다.)

또한 중국 도시지역에서 조사된 비교적 덜 과학적인 서베이에서는 중국 국민들이 미국 정부에 대해 매우 불신하고 있는 것으로 나타났다. '환구시보'가 중국사회과학원 미국연구소와 함께 실시한 2005년 조사에 따르면, 중국 국민의 약 3분의 2가 미국인들을 좋아한다고 응답한 반면, 반 이상의 중국인들이 미국 정부가 중국을 견제하고 있다고 답했다. 단지 10%의 중국인만이 미국정부가 중국에 우호적이라고 생각했다. 여론조사 기관인 허라이즌 컴퍼니(Horizon Company)가 실시한 조사에 따르면, 중국인들의

70.3%(1999년)와 74.4%(2004년)가 중국에게 가장 우호적이지 않은 나나로 미국을 꼽았다.

이라크 전쟁은 다른 국가에서와 마찬가지로 중국에서도 미국에 대한 존경심을 크게 손상시켰다. 경제학을 전공하는 한 대학원생은 필자에게 이렇게 말했다. "미국은 국내적으로는 민주적이지만 해외에서는 패권적으로 행동한다. 사실 두 명의 사담 후세인이 존재한다고 생각하는데, 한 명은 이라크의 사담이고, 또 다른 한 명은 부시 대통령이다. 이라크 문제는 중국에서 뜨거운 이슈이고, 우리들은 봉황 TV를 통해 계속 추이를 지켜보고 있다."

중국의 엘리트들은 미국이 유일한 수퍼파워로서의 지위를 유지하기 위해 중국을 약화시키고 종속적인 존재로 만들려는 의도를 갖고 있다고 여전히 의심한다. 첸치천 전 부총리는 한 내부 연설에서 미국이 군사력을 사용해서 세계에 군림하기 위해 반테러 전쟁을 핑계거리로 삼았다고 묘사했다.

로버트 졸릭 전 국무부 부장관은 2005년의 한 연설에서 중국이 국제사회에서 '이해관계자(stakeholder)'로 행동해야 한다고 촉구했다. 부시 대통령 또한 그 표현을 채용했다. 그들의 의도는 중국이 만약 책임있게 행동한다면 미국이 중국과 권력을 나눠 가질 준비가 되어 있다는 신호를 보낸 것이었다. 그러나 일부 중국의 전문가들은 그 개념을 전지구적 치리의 부담을 중국에게

전가함으로 중국의 부상을 늦추려는 미국의 책략이라고 해석했다.

대미 관계를 보다 긍정적인 방향으로 이끌어 가려는 중국정부의 노력에도 불구하고 미국의 의도에 대한 중국 대중들의 일반화된 의심은 중국의 정치문화 속에 깊이 뿌리내려 있는 것으로 보인다. 앞으로도 미국과의 위기(특히 대만이나 일본과 연결된 위기)는 언제라도 대중들의 분노를 불러일으킬 수 있고, 중국의 명예를 모욕하는 행동에 군사적으로 대응하지 않을 경우 체제 붕괴로 이어질 수 있다고 중국 지도자들이 믿는 상황에까지

다다를 수도 있다. 왕지스(王缉思)의 평가는 이렇다. "작년을 포함해서 지난 2년 동안 양국 관계에 큰 진전이 있었음에도 불구하고, 양국 사회의 대중들이 서로에 대해 품고 있는 정치적인 이미지는 기본적으로 부정적이다…… 혹시라도 양국 간에 예상치 못한 사건이 벌어진다면, 각자의 사회에 잠재되어 있는 '적국 이미지'가 수면 위로 떠올라 중요한 정치적 위기와 안보적 위기를 만들어 낼 것이다."

09

중국의 약점과 미국의 위험

2005년 가을, 후진타오 주석은 부시 대통령을 접견했다. 당시 후 주석은 국내적으로 직면한 내부문제들을 열거하며, 그 문제들을 처리하느라 버거운 상황이기 때문에 중국이 세계적으로 위협세력이 될 리 없다는 것을 강조했다. 부시 대통령을 안심시키려는 노력이었다. 외부세계에서 보기에 중국은 강국처럼 보이지만, 중국 지도자들의 눈에 중국은 취약하고 가난하며 내부문제가 복잡하게 뒤얽혀 있는 나라이다.

그러나 중국의 내부적 취약성은 우리를 안심시키지 못한다. 중국의 급성장하는 국력보다 중국 내부의 취약성이 오히려 더 큰 위험요인이기 때문이다. 공산당의 통치 정당성 부족과 위기의식은 지도자들을 무모하게 행동하도록 만들 수 있다. 대만이나 일본과 연결된 위기 상황에 직면하게 되면 더욱 그럴 것이고 미국과의 군사적 충돌도 불사할 수 있다.

만약 중국의 경제성장이 둔화되고 내부 문제가 증가하면 중국의 지도자들은 '꼬리로 몸통을 흔들고 싶은(wag the dog)' 유혹에 빠질 수도 있다.

즉, 국제적 위기를 조성하여 국내적 지지 세력을 규합하는 행위를 말하는 것이다. 더 큰 가능성을 보이는 것은, 중국의 지도자들이 위기에 직면했을 때, 자국민들에게 비굴하고 약한 모습을 보이기 두려워해서 쉽게 양보하지 않을 것이라는 점이다. 중국의 국내적 취약성이 가져 온 위험을 이해하고 이러한 이해에 근거해 정책을 수립할 때만, 중국과 일본의 정책결정자들이 재앙을 불러올 전쟁을 피할 수 있을 것이다.

중국의 내부적 도전

25년 동안의 시장개혁과 글로벌 경제로의 개방은 중국사회 전체를 근본적으로 바꾸어 놓았다. 그러나 공산당 통치체제에는 위협의 씨앗이 뿌려졌다. 공산당은 더 이상 국민들의 일거수일투족을 감시할 수 없으며, 통제는 더욱 어려워졌다. 1억이 넘는 농민들이 도시로 이주했다. 중국 노동력의 4분의 3이 정치적 감시를 덜 받는 국유부문 밖에서 고용되고 있다.

2005년에 중국은 3천만 명이 해외여행을 다녀왔다. 대학 및 전문대학의 학력을 가진 사람 중에 90%는 인터넷을 통해 정보를 습득한다. 중국 공산당 지도자들은 언론과 인터넷 검열을 강화함으로써 종종 자신들이 얼마나 예민해져 있는지 대중들에게 속내를 들킨다.

클린턴 대통령은 1999년 4월 중국을 주제로 하는 연설에서 다음과 같은 언급을 했다. “주먹을 꽉 쥔다는 것은 힘이 없음을 나타내는 반증이다.”

부유층의 사치스런 생활방식과 학비나 의료비를 마련할 수 없어 고통을 겪는 가난한 농민 및 도시 농민공 간의 생활격차가 사람들을 더욱 분개시키고 있다. 일반 국민들은 관리들이 부를 축재하는 것이 부패와 뇌물을 통한 것이지 스스로 열심히 노력하거나 능력으로 된 것이 아니라고 생각한다. 성난 도시 군중들은 사고로 보행자를 친 고급 승용차의 부유한 운전자들을 폭행하기도 한다.

중국의 국영의료체계는 시장경제를 실시함으로써 붕괴되었고, 대부분의 국민들은 의료비를 지불할 수 있는 어떤 보험도 갖고 있지 않다. 한 때 많은 이들의 부러움을 샀던 중국의 공공의료 시스템은 더 이상 존재하지 않는다. 2003년 사스(SARS)가 발발했던 시기에는 3백 명이 넘는 시민들이 사망했고, 조류독감은 수많은 생명을 앗아갔다. 중국의 공기 및 수질 오염은 세계에서 가장 나쁜 상태다. 하천의 공업폐기물은 대규모 시위의 주범이 되고 있다. 대규모 환경재해가 폭동을 불러오기도 한다.

국영기업에서 해고된 노동자들은 날마다 항의 시위를 벌이고 있고, 농촌 지역의 소요사태는 날이 갈수록 확대되고 있다. 도시의 인권보호 운동가들은 농촌에 내려가 농민투쟁을 조직한다. 중국지도자들은 왕조의 몰락이 전통적으로 농민들의 무장 봉기에서 시작되었다는 것을 잘 알고 있다. 그래서 부단히 농촌에 자금을 투입하여 위험스런 긴장상태를 누그러뜨리기 위해 노력하고 있다.

중국 공산당이 역사로부터 학습한 또 하나의 교훈은, 민족주의가 불만에 휩싸여 있는 사회집단들을 응집시켜 혁명운동으로 변모시킬 수 있는 정서적 플랫폼이라는 것이다. 청조와 중화민국이 무너진 것은 모두 서구열강이 중국을 잠식하고 있는데 이에 맞서지 못하는 정부에 대한 불만이 민족주의 운동으로 연결된 것이었다. 최근 몇 년간 미국과 일본에 대한 증오가 수십 만 명의 학생들을 거리로 나오게 만들었다. 중국 지도자들이 만약 민족주의의 기세를 통제할 수 없게 된다면 중국은 전쟁의 길로 들어설 수 있으며, 앞선 두 정권과 마찬가지로 중국 대중은 공산당 정권에 등을 돌릴 수 있는 것이다.

중국인들의 표현대로라면, '내부의 무질서와 외부의 압력'이 병행하여 일어난 것이다. 중국에 대해 종종 통찰력 있는 관측을 내놓는 전임 싱가포르 총리 리콴유(李光耀)는 현재 중국의 지도자들이 독일이나 일본의 전철을 밟지 않으려고 경제발전에 치중하고 있다고 확신하지만, 다음 세대가 이 노선을 계속해서 이어나갈 지는 우려된다고 말했다. "우리는 지도자들의 마음을 알지만 현장에 있는 사람들의 정서는 완전히 별개의 문제입니다. 사람들을 응집시킬 수 있는 공산주의 이데올로기가 더 이상 존재하지 않기 때문에, 지금은 통치의 근거가 애국주의와 민족주의에 의해 지탱되고 있는 것입니다."

중국의 지도자들은 자신들의 정치생명이 단합된 과두체제와 군의 충성을 유지하는 것에 달려 있다는 것을 잘 알고 있는데, 대중의 시위 확산을 방지하는 것도 그만큼 중요하다는 것을 알고 있다. 현재까지 중국 지도자들은 일련의 조치를 통해 여러 이해당사자들의 필요를 만족시키는 데 성공해 왔다. 국내 경제성장을 지속시키는 실용주의적 외교정책, 일본 및 대만, 때로는 미국을 향한 거침없는 발언, 인민해방군 국방예산의 두자리 수 증액 등이 그것이다. 그러나 리더십 경쟁은 피할 수 없는 현실이고 때에 따라 정책의 차이가 발생할 수 밖에 없다.

중국 외교정책의 양면성은 모두 내부의 취약성에 뿌리를 두고 있다. 중국은 국제사회의 반발을 무마시키고 자신의 온건한 목표를 보여주기 위해 책임있는 대국으로 행동한다. 경제성장이 중단되고 수백만 명의 노동자가 실업상태로 내몰리며 도시와 농촌의 불안이 외부적 요인에 의해 자극받는 것을 피하기 위해서다. 반면에 중국은 때때로 일본, 대만, 미국에 대해 성급하고 감정적인 대응을 하는데, 이것은 일반대중, 군부, '통제 연맹(공안과 선전관련 기구 등)'에 대해, 그리고 서로 서로에게 자신들이 국가적 자존심과 주권을 지켜낼 결연한 방어자임을 입증할 필요가 있기 때문이다.

따라서 일본, 대만, 미국과 관련한 민감한 이슈에 대해 타협적인 태도를 취하는 것은 항복으로 여겨질 수 있고, 정치적 자살에 해당한다. 결국 중국의 감정적 대응은 온건한 국가목표를 교란하고, 중미양국을 곤란에 빠뜨릴 수 있다.

중국은 어떻게 자신의 문제를 해결할 수 있을까?

중국 지도자들은 스스로를 구석으로 몰아가고 있다. 그들의 가장 큰 적은 자기 자신이다. 한 중국 정책 자문가는 다음과 같이 말했다.

"만약 중국의 부상이 도전을 일으키게 된다면 그 도전은 다름아닌 중국 자신에게서 시작될 것입니다. 일본, 대만, 미국의 정치인들이 중국의 귀에 거슬리는 말을 할 때마다 중국 지도자들은 거칠게 대응할 필요를 느낍니다. 국내적 비판을 피하기 위해서입니다. 설사 그들이 이 세 정부와의 평화적 공존이 중국의 경제 및 안보상의 이익과 연결된다는 것을 알고 있다 하더라도 그 대응은 차이가 없을 것입니다."

그러나 중국 지도자들은 이러한 곤경에서 벗어날 수 있는 몇 가지 방안을 아직 갖고 있다. 정치적으로 실행가능하며 권위주의 정치체제를 전체적으로 흔들지 않고도 해결할 수 있다. 중국 지도자들은 그들의 시스템이 위기에 너무 느리게 반응하거나 너무 성급하게 반응하고 있다는 것을 인정한다. 위기 관리를 향상시키기 위해서 조직 개선에 초점을 맞추기보다 호전적 행동을 요구하는 국내적 압력을 줄이거나, 그에 대한 대응력을 기르는 것이 더 좋은 대안이다.

독단적 민족주의에 대한 공식적 지지를 멈춰야 한다

천안문 사건 이후 애국주의 교육운동을 통해 통치 정당성을 재건하려 했던 중국 공산당의 노력이 오늘날 중국 청년들 사이에 배타적 민족주의를 부추겼다. 이제 중국 공산당은 민족주의적 감정을 부추기기보다 진정시키도록 노력해야 한다. 중국 교육부는 비교적 공정한 태도로 미국 역사를 다루도록 교과서를 개정했다. 일본에 대해서도 같은 태도를 취해야 한다. 예를 들면, 일본이 전후에 이룩한 경제기적과 평화헌법에 대한 내용을 보충할 필요가 있다. 똑 같은 일이 발생하는 것을 원하지 않는다면 교과서를 통해 1900년 의화단의 배외적 폭력행위를 미화해서는 안 된다. 중국은 캠퍼스와 매체에서 일본에 의한 역사적 상처를 추모하는 기념식을 거행하는 것을 이제는 중지해야 한다. 이러한 의식은 독단적 민족주의의 불길을 확산시킬 뿐이다.

긍정적 민족주의를 배양한다

중국 지도자들의 입장에서는 외국인에 대한 적대감을 부추기는 것보다 긍정적 국가정체성을 주입하는 것이 더 안전할 것이다. 교과서에서 근대 중국이 당한 '100년 치욕'의 피해를 부각시키기보다 중국의 정치가, 개혁가, 기업가, 과학자들이 이뤄낸 성취를 강조해야 한다. 현대 중국은 2008년 올림픽 개최의 영예 등을 포함해 많은 자랑스런 성취를 이뤄냈다. 우주로 사람을 보낸 것이나 기타 경제적, 기술적 위업을 자랑하는 것이 피해의식을 키우는 것보다 정치적 지지를 얻는데 덜 위험한 방법이 될 것이다.

사영기업에 자율권을 부여한다

중국의 세계화된 경제와 평화적 외교관계로 가장 큰 혜택을 입은 그룹은 지방 관리들과 사영기업가들이다. 중국 정부는 그들에게 외교정책에 있어서의 발언권을 부여해야 한다. 현재 중국의 외교정책결정은 고도로 중앙집권화되어 있으며, 민족주의적 성향이 강한 대중, 군부, 정보 및 통제 연맹(그들은 중국 지도자들로 하여금 무모한 행동을 하게 만든다)에 대해 균형을 맞춰줄 주체가 없다. 지방정부의 관리들은 형식상 당 지도부에 대한 책임을 지는 기구인 당 중앙위원회에 오를 수 있다. 장쩌민이 사영기업가들을 공산당에 입당할 수 있도록 허가한 것은 매우 적절한 조치였다. 그러나 단 한 명의 사영기업가만이 중앙위원회 후보위원 자리에 올라 있다. 중국 정치는 아직 경제개혁에 상응하는 개혁을 진행하지 못하고 있다. 이러한 부조화 상황에서 국제적 충돌을 무마하는데 가장 큰 이해관계가 걸려있는 그룹을 소외시키는 것은 위험한 일이다.

군에 대한 문민통제를 강화한다

지금의 중국 지도자들은 혁명기 군과 어깨를 나란히 하고 전투에 참여했던 '장정(長征) 세대'보다 인민해방군이 자신들을 지지해 줄 것이라는 것에 대해 확신이 부족하다. 지금의 인민해방군은 더 이상 정치국 상무위원회의 자리에 선출되지 않고, 정치보다 국방업무에 전념하고 있는 것으로 보이지만, 군에 대한 문민의 통제는 아직 완전하지 않다. 그래서 중국 지도부는 군의 지지를 얻지 못할까 봐 인민해방군의 예산증액 요구를 거부하기가 어렵다. 매년 중국의 군비지출이 두 자릿수 증가하는 것을 보면 잘 알 수 있다. 군 관리들은 원칙적으로 민간 정치인들보다 전쟁으로 인한 인명피해를 더 의식하고 있지만, 군 장성들은 결국에는 많은 예산을 필요로 하는 구축함, 잠수함, 전투기를 구매하여 사용하고 싶어한다. 전쟁은 군비증강의 산물이기도 하다. 군비증강이라는 '도로' 위에 과속방지턱을 설치하기 위해서는, 예산을 보다 투명화하고 입법기구인 전국인민대표대회에서 예산분배에 대한 토론을 공개적으로 진행하는 것도 좋은 방법이 될 것이다.

현재 중앙정부와 국방 관련 예산은 국가기밀로 취급되고 있다. 국방예산과 민생 프로그램 중 어떤 것을 우선시할 것인가를 결정하는 입법상의 토론(소위 '총과 버터'의 논쟁)을 허용한다면, 국방 지출에 대한 효과적인 감독이 가능할 것이고, 국내적 필요를 우선적으로 만족시킴으로써 국민들의 더 큰 지지도 얻어낼 수 있을 것이다.

언론에 대한 통제를 푼다

중국의 대중매체는 갈수록 시장지향적으로 바뀌고 있지만, 정부의 통제를 완전히 탈피한 것은 아니다. 중국의 정책결정자들은 언론통제를 통해 민족주의적 압력의 증가를 관리하고 있다. 중국의 상업화된 신문, 잡지, 텔레비전, 인터넷 뉴스 사이트들은 독자와 시청자를 확보하기 위해 서로 사투를 벌이지만, 신문 보도의 주제 선택에 있어서는 여전히 당(黨) 선전기관의 지시를 따라야 한다. 독자의 주목을 받기 위해 출판물들은 경쟁적으로 일본, 대만, 미국 등으로부터 오는 위협 및 도발과 관련된 생생한 뉴스들을 게재한다. 이러한 선정적인 스타일은 마오쩌둥 시대의 무미건조한 보도 풍조에 비해 사람들의 관심을 더 많이 끌고 있다. 매체의 보도는 편향적이고, 민족주의적 신화를 만드는 방향으로 경도되어 있으며, 국민들에게 필요한 균형적 시각을 제공하지 않는다.

신문과 인터넷 상의 발언들은 역으로 지도자들에게 영향을 미친다. 지도자들로 하여금 모든 국민들이 민족주의의 광신도인 것처럼 오인하게 만드는 것이다. 이런 악순환을 끊어버릴 방법은 중앙선전부를 제약하고 언론에 대한 규제를 푸는 것이다. 그리고 국민들이 자유롭게 정보에 접근할 수 있도록 해야 한다. 이렇게 하는 것이 도리어 지도자들로 하여금 좀 더 정확하게 여론의 동향을 살피고 판단할 수 있도록 도울 것이다. 매체에 대한 규제를 풀면 지도자들은 더 자신감을 갖게 될 것이며, 자신들의 통치 정당성도 높일 수 있을 것이다.

언론의 자유는 현재 중국 공산당의 정권유지에 있어서 최대의 걱정거리인 부패문제를 해결하기 위한 유용한 도구이기도 하다. (혹자들은 민주정치 없이 언론의 자유가 있을 수 없다고 한다. 그러나 과거에 많은 이들이 민주정치 없이 시장경제가 있을 수 없다고 했다. 중국은 이러한 인과관계를 깨뜨려 버린 전력이 있다.)

대만 정부와의 대화를 재개한다

중국 본토와의 경제통합이 갈수록 긴밀해지고 있음에도 불구하고, 대만의 민주화는 분리주의적 정체성을 강화시키고 있다. 그리고 정치적으로 점점 독립을 공식화하는 방향으로 나아가고 있다. (역자주: 천수이볜 총통 시기를 말함) 중국 내부에서는 대만의 독립선언에 대해 중국 당국이 어떤 무력시위도 하지 않고 그냥 좌시한다면 공산당 체제가 붕괴될 것이라는 보편적 인식이 퍼져 있다. 중국 지도자들은 진퇴양난의 상황에 빠져 있고 그들의 정치적 운명은 대만 총통이 어떤 행동을 취하느냐에 달려 있다. 이 또한 중국 지도자들이 컨트롤할 수 없는 문제다. 중국으로서는 대만의 독립지향적인 움직임을 저지하기 위해 워싱턴에만 전적으로 의지할 수는 없는 상황이다. 미국 대중들이 보편적으로 대만을 지지하고 있기 때문에 미국 정부의 정책 또한 대중 여론에 묶여 있다.

중국 지도자들은 어떻게 대만해협의 위기를 풀어 나갈 것인가? 어떻게 대만이나 미국으로부터 불거져 나온 정치적 모욕과 군사적 대립 사이의 진퇴양난의 상황을 모면할 수 있을까? 중국이 현재 취하고 있는 방식은, 경제적 수단을 통해 대만의 국민당과 친민당을 자기편으로 끌어들이는 한편, '반분열국가법(反分裂國家法)'이라는 강경한 태도를 취하는 것이다. 이러한 일련의 대책이 중국 내에서는 통할 수 있지만, 주권국가가 되겠다는 대만의 움직임을 돌려 세우도록 대만 총통을 설득하기도 어렵다.

중국 당국은 1995년과 1996년 사이 대만해협에서 대규모 군사훈련을 실시함으로써 자신들의 결심을 내보였다. 이러한 행동이 내부적으로는 지지를 얻을 수 있었지만 전쟁의 위기를 낮추는 데는 실패한 정책이었다. 중국의 군사력이 미국과 대만에 비해 발전 속도가 더 빨라짐에 따라 양안 간의 충돌 가능성은 더 높아진다. 반면에, 정보를 취득하는 국민들의 채널을 제한하는 중국 당국의 능력과 정책결정자들이 대중여론에 끌려가지 않을 힘은 점점 약해지고 있다. 두 힘이 동시에 잡아당기고 있기 때문에, 대만에 대해 무력을 행사할 것을 요구하는 국내적 압력은 크게 높아지고 있다. 후진타오와 중국 지도부에게 있어서, 어떠한 전제조건도 설정하지 않고 대만정부와 직접 대화를 진행하는 것은 국내적 곤경에서 벗어나고 대만의 독립 움직임을 무력화시킬 수 있는 최고의 책략이다. 중국 정부가 협상의 목적을 달성하기 위해 전제조건을 내려 놓았던 전례가 없던 것이 아니다. 1997년 중국은 '하나의 중국'이라는 조건을 달지 않고, 대만의 협상 대표단을 중국에 초청했다. 물론, 지금의 후진타오가 실행하기에는 쉽지 않은 조치다.

중국 지도자들은 수년간 협상의 원칙을 계속 사수해 왔다. 대만 총통이 직접 '하나의 중국'을 입밖에 내지 않는 한, 대만 정부와의 직접적인 대화를 거절해 왔다. 후진타오가 만약 '하나의 중국' 원칙에서 물러나서 대만 총통을 예우한다면, 동료 지도자들과 통제연맹 및 군부의 비난을 피할 수 없을 것이다.

중국 정부는 현재 타이베이 시장이자 2008년 국민당의 총통후보로 나서 총통으로 선출될 가능성이 높은 마잉지우(馬英九)가 '하나의 중국' 원칙을 인정하기를 기대하고 있다. (역자주: 마잉지우 총통이 당선되기 전의 상황임. 마잉지우는 총통에 당선된 후 '92 컨센서스(九二共識)'라는 입장 하에 '하나의 중국' 원칙을 인정하고 있음.) 그러나 만약 천수이볜(陳水扁) 총통이 일부러 위기를 부추기거나 마잉지우가 자신들의 바람대로 따르지 않는다면, 어떻게 될 것인가? 차라리 지금 타협을 하고 국내적 비난을 감수하는 것이 상황을 최악으로 몰고 가는 위험을 무릅쓰는 것보다 낫지 않을까?

긍정적인 측면에서 보면, 미국과 세계 각국은 후진타오 주석의 지도력에 박수를 보낼 것이며, 대만이 중국의 양보에 상응하는 모습을 보이도록 압력을 가할 것이다. 중국의 지도자들은 '하나의 중국' 원칙으로부터의 용기있는 전환에 대한 국내의 반응에도 놀라게 될 것이다. 중국 엘리트들과 군부, 그리고 열정적인 젊은 네티즌들은 당연히 비난하겠지만, 침묵을 지키는 다수의 대중들로서는 전쟁의 위험이 줄고 양안의 교착상태가 진일보한 것에 대한 긍정적 안도감 속에 양안 간의 대화 재개를 환영할 것이다. 일반 대중들이 관심을 기울이는 것은 대만을 잃어버리지 않는 것이지, 정부의 공식적인 입장이 세부적으로 어떤 것인지가 아니다. 중국 지도자들이 편집증적인 가정을 내려 놓는다면, 다른 외교정책 사안에 대한 것과 마찬가지로 대만에 대해서도 보다 융통성 있는 정책을 취할 국내적 자유가 있다는 것을 알게 될 것이다.

미국은 무엇을 할 수 있는가?

미국은 중국 지도자들로 하여금 미국의 조언에 귀를 기울이도록 강제할 방법이 없다. 그러나 미국 자체적으로 중국을 향해 어떻게 생각하고 어떻게 행동할 것인지에 대해서는 스스로를 강제할 수 있다. 미국이 자신의 생각과 행동을 통제하는 것이 무엇보다 중요한 이유는 중국이 항상 책임있게 행동하거나 자국에게 가장 큰 이익을 가져다 주는 방향으로 행동하지 않을 수도 있기 때문이다. 미국이 중국에 대해 취하는 작은 말과 행동이 모두 중국의 내부 정치를 거쳐 반향을 불러 일으킨다. 중국의 부상이 자신들에게 위협이 될 것인가에 대해 미국인들이 우려하는 것처럼 중국인들도 중국에 대한 미국의 의도에 대해 우려한다. 미국은 부상하는 중국과 공존하는 법을 배울 수 있을까? 세계의 넘버원 국가로서 미국은 중국의 부상을 억제하는데 힘을 쏟고 패권적 지위를 유지하려고 계속 노력할까?

중국인들과 중국의 지도자들은 미국의 일거수일투족을 주시하고 있다. 역사적으로 부상하는 세력들이 전쟁을 일으킨 것은, 그들이 본질적으로 호전적이기 때문이 아니라 기존의 강대국이 부상하는 도전세력을 잘못 다루었기 때문이었다. 과거의 역사에 근거해 보면, 중국 같은 부상 세력과 미국 같은 기존의 강대국 간의 관계에 대한 전망은 그리 밝지 않다. 두 핵

강대국 간에 직접적인 충돌이 일어날 수도 있다. 그러한 충돌은 중미 양국에 큰 피해를 가져다 줄 뿐만 아니라 아시아 지역은 물론이고 전세계에 재앙을 초래할 것이다.

미국과 중국이 극단으로 흐르지 않으면서 세력전이가 이루어지려면, 양국의 국내정치가 얼마나 복잡하게 작동하는지를 이해하는 세심하고 적절한 정치수완을 필요로 할 것이다. 미국인들은 자신들의 말과 행동이 중국 내부에서 어떤 반향을 일으킬 것인지에 대해 유념하면서, 중국 지도자들로 하여금 자신들이 주장하는 것처럼 책임있는 대국으로 행동하도록 이끌어야 한다. 대중들과 군부, 그리고 통제연합의 속성인 민족주의적 열정이 공격적인 행태로 전환되지 않도록 주의해야 할 것이다.

중국의 국제적 행위에 우선적 관심을 두자

매들린 올브라이트 전 국무장관은 중미관계가 '다면적'인 성격을 띠고 있다고 말했다. 양국 간에 논쟁의 소지가 다분한 문제들이 너무 많이 놓여 있기 때문이다. 신앙의 자유와 노동권의 제한에서부터 낙태의 강요, 지구 온난화를 악화시키는 문제, 티벳에 대한 탄압, 미국 제조업 일자리 위협 문제, 헐리우드 영화에 대한 저작권 침해 등 중국의 각종 법률과 관행은 미국에 있는 여러 단체들의 심기를 불편하게 만든다. 그러나 미국의 핵심적인 국가이익은 중국으로 하여금 국제사회에서 공격적으로 행동하지 않고 협조적인 태도를 취하면서 군사적 충돌을 피하도록 하는 데 있다.

중국에 아직도 만연해 있는 억압적 관행이 눈에 거슬린다 할지라도, 민주화와 인권 증진의 목표는 우선순위에서 밀려 날 수 밖에 없다. 중국의 폐단에 대해 계속해서 손가락질을 할 경우, 중국 대중들의 반감만 사게 된다. 이렇게 되면 중국 지도자들이 미국에 대해 타협적인 행동을 취하기가 어려워진다. 헨리 키신저는 이렇게 주장했다. "미국의 지도자들이 신중하다면, 단기적 압력을 가함으로써 얻어낼 수 있는 이익을, 중국의 민족주의 정서를 부추김으로써 생겨날 수 있는 위험에 대비해 그 손익을 견줘봐야 한다."

더욱이, 중국의 정치개혁은 우리의 희망처럼 외부 압력을 통해 실현될 수 있는 것이 결코 아니다. 외부 자극이 아니라 국내적 요구가 정치적 전환을 일으킨다. 반발을 불러올 수 있는 설교나 처벌이 아니라, 우리가 이뤄놓은 역동적인 민주사회의 모습이 더 많은 진보를 가져다 줄 것이다. 정부에 참여한 경험을 통해, 중국의 인권증진을 위한 미국의 전형적인 접근법(공개적으로 망신을 준다거나 제재조치로 위협을 가하는 방식)이 미국 국민들의 호응은 얻겠지만 중국에서는 역효과를 일으킬 수 있다는 것을 배우게 됐다.

민주화에 대한 신념을 가진 사람들을 포함하여 대부분의 중국인들은 미국이 중국의 국내문제에 간섭하는 것에 분개한다. 그리고 혼란을 피하기 위해서 자국의 정치적 변화가 점진적으로 이뤄져야 한다고 믿는다. 민주화를 촉진시키려는 지나친 간섭과 노력은 중국을 약화시키려는 고의적인 억제책으로 여겨질 것이다. 인권 문제를 지나치게 강조하면 미국과의 협력적인 관계를 지지하는 중국 내 목소리는 잦아들게 마련이다. 그런 주장을 하면 매국노로 몰리게 될 것이기 때문이다.

강력한 군사력을 유지하자

국내적 압력이 중국 지도자들로 하여금 무모한 행동을 하도록 몰아갈 수 있다는 점을 인식하고 있다면, 도발을 방지하기 위해 미국이 아태지역에서 강력한 군사력을 계속 유지할 필요성을 더욱 긍정할 수 밖에 없게 된다. 중국의 정책 결정자들로 하여금 위기에 직면했을 때, 태평양 지역과 미군에 대해 의식하도록 해야 할 것이다. 미군이 대만을 방어하고, 일본 및 한국이라는 동맹국과 아시아의 우방들을 보호할 의지와 능력을 가지고 있다는 것을 중국 측에 인식시킬 필요가 있는 것이다.

대외적으로 약한 모습을 보일 경우, 중국의 지도자들은 국내에서 민심을 잃게 될 것이기 때문에, 미국은 중국 지도자들이 호전적인 행동을 할 경우 더 큰 대가를 치르고 패배 당할 수 있다는 것을 알릴 필요가 있다. 헨리 키신저의 말을 다시 인용하자면, "미국 외교정책이 직면하고 있는 도전은 중국 민족주의를 자극하지 않고 잘 관리하는 것이고, 또 한편으로는 중국 민족주의가 위협으로 변할 때 단호하게 대처하는 것"이다 미국이 압도적인 군사적 우위를 유지한다면 중국의 온건파들에게도 도움이 될 것이다. 중국의 온건파들은 중국이 소련처럼 미국과 군사적으로 경쟁하게 되면, 소련처럼 내부에서부터 붕괴할 수 있다고 주장한다.

군사력을 과시하지는 말자

미국이 중국의 군사적 도발에 신속하게 대응할 수 있다는 것을 보여주는 대신에, 미국은 무력을 과시하지 않는 신중한 자세를 취해야 한다. 기존의 지배적 강국이 새로운 강국의 부상에 대처하는 최선의 길은 차분하게 자신의 힘을 유지하는 것이다. 스스로 얼마나 강한지에 대해 덜 언급하는 것이 더 좋다. 도전 세력 내부로부터 발끈하게 하는 일이 일어나지 않도록 해야 한다. 미국은 중국의 세력 범위 내에서 가장 강력한 군사력을 가진 국가이다. 중국이 부상하면 할수록 이러한 모순적 상황은 점점 중국(특히 인민해방군)으로 하여금 불안감을 느끼게 만들 것이다. 미국의 대통령이었던 제임스 먼로(James Monroe)가 1823년에 유럽의 열강들에 대해 북미와 남미에서 환영받지 못할 것이라는 선언을 채택한 반면, 현재까지 중국의 지도자들은 아시아 지역에서 먼로주의(Monroe Doctrine)을 선언하지 않았다. 실제로, 장쩌민 주석이나 후진타오 주석은 개인적으로 부시 대통령에게 중국이 아시아에서 미국을 밀어낼 의도가 없음을 분명히 했다. 그러나 만약에 미국이 중국에 대한 군사적 우위를 호언장담하면서 중국 대중들과 군부의 적대적 감정을 건드린다면, 아시아에서 미군이 주둔하는 문제에 대해 중국 지도자들이 침묵을 유지하면서 가만히 있기는 점점 어려워질 것이다.

호놀룰루에 위치한 미국의 태평양 사령부는 중국 및 기타 아시아 국가들의 군대와 협력적인 군사교류를 펼치는 등 제법 탁월한 업적을 쌓아왔다. 앞으로도 인민해방군과의 더 투명한 협력관계를 유지하고 강화시켜야 한다. 중국과 미국의 해군이 함께 훈련하는 모습을 담은 TV와 신문의 사진들은 중국의 이웃나라에 미군이 주둔하는 것에 대한 중국 내 반발을 희석시키는 데 큰 도움이 될 것이다. 미국은 동남아시아 국가들의 해군이 말라카 해협과 기타 해로의 요충지에서 해적과 테러리스트들을 소탕하기 위한 공동순찰 과정에 중국과 미국의 함정들을 초빙하도록 유도할 수 있다.

결론적으로, 미국은 이 지역에서 강력한 군사력을 유지하는 한편, 중국인들에게 이 지역이 두 나라가 공존하기에 충분히 큰 지역임을 확신시키는데 최선을 다해야 한다.

일본이 군사 강국이 되도록 내버려 두지 말자

중국 지도자들에게 가장 폭발성이 강한 외교 사안은 일본이다. 그럼에도 불구하고, 부시 행정부는 중국과 한국 내의 정치적인 반발을 무릅쓰고 책임 분담과 세력 균형을 염두에 두면서, 일본이 아시아 지역에서뿐만 아니라 아프가니스탄과 이라크 지역 등지에서 미국의 군사적 파트너가 되는 것을 적극 장려했다. 미국의 후원 덕분에, 일본은 제2차 세계대전에서의 패배 이후 군사적으로 스스로를 제한해 왔던 기존의 기조를 수정하는 중이다. 앞으로 몇 년 뒤에는 일본이 '평화헌법'을 개정하고 무시무시한 군사강국으로 나설 가능성이 높다. 일본의 일부 조직들 중에는 핵무기 보유까지 주장하기도 한다. 미국은 일본의 재무장에 대해 매우 너그럽게 생각하겠지만, 중국과 한국은 절대 그럴 수 없다. 중국을 견제하고 아시아 지역에서 안정을 유지한다는 측면에서 미국은 일본과 비용을 분담할 수 있을 지 모르지만, 미국은 중국의 여론을 자극하는 대가를 치르게 될 것이다. 이렇게 되면, 중국 지도자들 입장에서는 일본과의 관계를 호전시키는 것 자체가 불가능해질 수 있다.

중국과 한국에서 일본의 평판은 더욱 나빠질 것이며, 미일 동맹의 가치는 평가절하될 것이다. 대만을 방어하기 위해 일본과 손을 잡을 수도 있다는 모양새는 특히나, 타는 불에 기름을 끼얹는 격이 된다. 클린턴 행정부는 일본에 주둔하고 있는 미군이 지역적 우발사태—대만에 대한 군사행동도 그 범위에 해당될 수 있는—에 대응할 수 있도록 조용히 일본과의 군사협정을 재협의 했다. 그러나 그 협정의 범위가 대만에까지 미친다는 것을 공개적으로 표명하는 식으로 중국의 면전에 들이대지는 않았다.

부시 행정부는 대만을 보호하는 데 일본을 개입시키는 것에 대해 더욱 단도직입적인 태도를 취했다. 캘리포니아 연해에서 육해군 공동상륙작전을 펼치는 합동훈련까지 할 정도였다. 이러한 행동은 중국 지도자들로 하여금 일본에 대해 물러설 수 없도록 만들 것이다. 여론의 압박이 그만큼 심하기 때문이다. 중일관계가 악화되면 미국에도 심각한 안보위협을 초래한다. 양국 국민들 간의 강렬한 적대감은 두 나라 지도자들을 자극하여 동중국해에 있는 유전과 가스전을 둘러싸고 군사적 충돌로 이어지게 할 수도 있다. 만약 그런 사태가 벌어진다면, 일본의 보호국으로서 미국은 어쩔 수 없이 개입할 수 밖에 없을 것이다. 많은 논쟁을 불러일으키고 있는 역사 문제를 덮어 둘 묘안을 찾는 과정에서 중국과 일본 어느 쪽도 미국의 중재를 환영하지는 않겠지만, 미국은 3자 대화의 기회를 찾을 필요가 있다.

클린턴 행정부가 중국, 일본, 미국 간의 정기적인 3자 대화를 제안했지만, 중국은 당시 그 제안을 받아들이지 않았다. 하지만 3자 대화는 중일 간의 불신이 공공연한 충돌로 흐르는 것을 방지하는 데 큰 도움을 줄 것이다.

중국과 대만 간의 문제를 해결하자

중국의 외교정책이 얼마나 이성적으로 바뀌었는지의 문제와 상관없이, 대만 문제는 여전히 감정적으로 처리될 수 밖에 없는 사각지대로 남아 있다. 대만이 독립을 선언하게 되면 중국의 체제는 붕괴될 수도 있다는 가설이, 불안감을 안고 있는 중국 지도자들로 하여금 무력을 사용해서라도 공식적인 독립 움직임에 조치를 취하도록 만들 것이다. 한 발 물러서는 것이 그들에게는 더 큰 대가를 치르게 만들 것이기 때문이다. 중국 지도자들은 1995년과 1996년에 무력 시위를 감행했고, 이후에도 그렇게 할 가능성이 높다. 권력을 유지하는 데 필요하다고 느낀다면 2008년 올림픽도 희생시킬 기세였다. 불안감에 빠져 있는 중국 지도자들과 대만 독립세력 사이에 팽팽한 대립 상태가 지속된다면, 이는 미국의 국가안보에 심각한 위협이 될 것이다.

미국은 《대만관계법(Taiwan Relations Act)》에 따라 대만의 자위(自衛)를 도울 의무가 있다. 대만 해협은 미군이 세계에서 전쟁에 말려들 가능성이 가장 높은 지역이지만, 다른 한편으로 외교적으로 개입해서는 안 된다고 미국 스스로 늘 되내이는 희한한 지역이기도 하다.

수십 년 동안, 미국의 대통령들은 선언적인 정책에 자신들 스스로를 묶어 두었다. 그들은 편파적이지 않은 입장—하나의 중국 원칙과 중미 간의 세 가지 공동 커뮤니케(1972년, 1979년, 1982년에 서명됨)—과 대만관계법을 주문 외듯이 반복해 왔다. 목적은 중국이 대만을 공격하는 것을 저지하고 대만이 독립을 선언함으로써 싸움을 일으키는 것을 방지함으로써 대만 해협의 현상(status quo)을 유지하는 데 있었다.

클린턴 대통령과 부시 대통령 모두 미국이 대만의 독립을 지지하지 않으며, 현상(現狀)을 변경하는 일방적 행동을 지지하지 않는다는 것을 명백히 했음에도 불구하고 두 명의 전임 대만 총통(리덩후이, 천수이볜)의 공식적인 독립을 향한 점진적 조치를 막는 데 실패했다. 미국은 또한 대만의 반대편에 있는 푸젠(福建) 해안에 700여 기의 미사일을 배치하는 등 유사시 무력으로 대만문제를 해결하려고 중국 당국이 군비를 증강했던 움직임도 막지 못했다.

양쪽의 정치인들은 미국의 말에 귀 기울이는 것보다 강경하게 맞서는 것이 더 높은 인기를 끌 수 있고 국민들 앞에서 더 강해 보인다는 것을 배우게 되었다. 이에 따라 미국 정부가 이런 위험한 상황을 통제할 수 있는 힘도 점점 약해졌다.

미국 대중들은 대만을 방어하는 과정에서 인민해방군과의 전투에 미국의 병사들과 해군을 투입하는 것에 적극적이지 않다. 2006년 여론조사에 따르면, 중국이 대만을 침략할 경우 미국인의 거의 3분의 2가 미군을 동원하는 것에 반대했다. 그러나 미국이 대만 방어에 실패한다면, 아시아 지역에서 미국의 영향력과 신뢰는 엄청나게 떨어질 것이다.

상황이 이처럼 위태로운 이상, 미국은 스스로 묶어버린 손을 풀고 외교력을 발휘하여 중국과 대만 양쪽의 지도자들이 대만해협의 평화를 해치지 못하게 해야 한다. 2006년 3월, 미 국무부는 공개적으로 전례없는 최후통첩을 천수이볜 대만 총통에게 보내는 등의 반가운 조치를 취했다. 천수이볜 총통이 2000년과 2004년 대선에서 승리한 후 내세웠던 대만의 정치적 지위에 어떠한 변경도 시도하지 않겠다는 약속을 이행해야 한다는 내용이었다. 미 국무부의 성명서는 만약 천수이볜 총통이 현 상황을 변경하기 위해 추가적 조치를 취할 경우, 미국이 가만히 있지 않겠다는 뜻을 내비쳤다. 대만에 대한 무기판매 승인을 보류하거나, 대만 관리들의 공식방문에 대한 비자 발급 거부 및 미국 경유도 거부하는 등의 제재조치를 취하는 등 가능한 보복조치를 담고 있었다. 부시 행정부는 실제로 천수이볜 총통의 라틴 아메리카 순방 길에 미국을 경유하고 싶다는 대만 정부의 요청을 거절함으로써 강력한 의지를 드러냈다.

중국에 대해서는, 미국의 대통령이 중국 국가주석과 둘만의 비공식 회담을 갖는 방식으로 양안 문제에 대해 흉금을 터놓고 대화해야 한다. 양안

문제가 미중관계를 얼마나 왜곡시켜 왔는지에 대해 솔직히 이야기를 나눠야 한다. 교착상태에 대한 평화적인 해결이나, 대화에 장애가 되는 요소들은 일단 제쳐놓자는 합의가 장기적 차원에서 이뤄질 수만 있다면, 중국과 미국의 관계는 훨씬 더 긴밀해 질 수 있을 것이다. 중미 간의 군사협력도 가능할 것이며, 대만으로 인해 중국의 평화적 발전이 위태롭게 될 가능성도 낮출 수 있을 것이다.

미국은 중국 정부와 대만 문제를 논의할 때 짜여진 각본에 따라 움직이려고 노력한다. 왜냐하면 1982년 미 국무부가 대만에 약속한 사항들 때문이다. 미국은 대만에 대한 무기판매와 관련하여 중국과 상의하지 않을 것이며 중국과 대만 간에 어떠한 중재 시도도 하지 않을 것이라는 내용이었다. 그러나 미국과 대만의 안보상황은 기존의 틀을 뛰어넘을 것을 요구하고 있다. 제약 없는 열린 토론을 거쳐 중국으로 하여금 대만과 정치적인 화해의 길로 들어설 수 있도록, 동원할 수 있는 모든 수단을 찾아야 한다.

중국을 존중해 주자

한 세기 동안 국제사회에서 푸대접을 받아 왔던 중국의 국민들과 지도자들은 국제사회의 존경과 인정을 갈망하는데, 특히 미국으로부터의 존중을 기대한다. 중국은 주변국가들과의 관계에서 우호관계나 동반자관계를 선언하는 공식적인 상호 성명서에 서명하도록 재촉해 왔다. 중국인들은 고위급 인사들의 국빈방문과 같은 정중한 교류를, 세계가 중국을 주요 강대국으로 기꺼이 받아들이는 고무적인 징후로 받아들인다.

다행히 미국으로서는 중국에 대해 존중감을 표하는 것이 어려운 일이 아니다. 국회가 받아들이기 어려운 다른 유인책을 동원하는 것에 비하면 더욱 그렇다. 1997년 장쩌민 주석은 워싱턴을 국빈방문함으로써 클린턴 대통령과 개인적인 우의를 다졌고 미국과의 관계개선에 주력했다. 후진타오 주석은 자신의 국빈방문에서 원래 제안되었던 부시 대통령의 텍사스 개인 목장에서 주말 일정을 보내는 것 대신에, 백악관에서의 국빈 만찬과 기타 공식 행사를 전부 거행해 주기를 원했다.

중국에서는 격식을 차린 의식이 비공식적인 친밀감을 나누는 것보다 더 큰 존중감을 의미한다. 부시 행정부가 중국의 요청을 거부하고, 백악관에서의 오찬에만 합의한 것은 실책이었다. 미국은 중국 지도자들에게 아낌없는 존중감을 표해야 한다. 이렇게 널리 홍보되는 행사는 중국의 지도자들을 으쓱하게 만들고 대미 관계에 대해 더 깊은 애착을 형성할 것이다.

이러한 의식들이 갖는 상징성은 중국 지도자들이 귀국했을 때 그들이 자신들의 인기를 유지하기 위해 편협한 민족주의의 힘에 기댈 필요를 줄여 줄 것이라는 데 있다. 중국을 여러 종류의 중요한 다자간 회담에 참여시키면, 중국과 그 지도자들의 위신을 높여줄 수 있고 그들에게 세계질서 유지에 대한 더 강한 책임감을 부여할 수 있을 것이다.

중국은 WTO의 회원국이 된 것이 국제사회가 중국을 승인하는 의미를 갖는 것으로 간주했다. 중국은 또한 거의 모든 군비통제조약과 핵비확산체제에 가입했다. 이제는 세계 제4위의 경제대국이 된 중국을 국제경제를 선도하는 그룹인 G8(미국, 캐나다, 프랑스, 독일, 영국, 이탈리아, 일본, 러시아)의 회원국으로 진입시킬 때가 되지 않았을까? 중국을 국제질서 안으로 끌어들이는 것은 중국이 국제사회에서 감정적으로 행동하기보다 책임감있게 행동하도록 국내여론을 형성하는데 도움을 줄 것이다. 미국의 정책결정자들로서는, 북한과 이란의 핵확산문제 및 수단의 대량학살 문제 등 오늘날 가장 시급한 지구촌의 문제들을 해결하는 과정에서 중국의 도움이 없어서는 안 된다는 새로운 현실이, 심리적으로 적응하기에 꽤 불편한 것이다. 그러나 미국은 더욱 적극적으로 이러한 문제들에 대해 중국과 함께 논의해야 하며, 더 활발히 외교적인 노력을 기울여야 한다. 미국 관리들은 중국 측의 협상대상자들과 더 빈번한 '전략 대화'를 통해, 세계적 영향력과 이해관계를 갖는 강대국으로 우뚝 선 중국의 출현에 환영의 뜻을 표해야 할 것이다.

중국의 경제적 부상에 과잉 반응하지 말자

중국이 세계의 경제강국으로 부상하자, 일부 미국인들은 심리적 공황에 빠져들고 있다. 미국이 세계 경제를 이끌어 온 지 이미 한 세기가 지났고, 미국인들은 이것을 신이 내려준 특권인 것처럼 여겨왔다. 미국은 과거 일본이 자동차와 전자공학 분야에서 미국과 어깨를 나란히 하기 시작했을 때 히스테리적으로 반응했고, 일본인들이 록펠러 센터와 같이 상징적 의미가 큰 부동산들을 구매하려 하자 국가적 자존심에 상처를 입은 적이 있다. 지금 미국인들은 당시와 마찬가지로 중국에 신경질적인 반응을 보이고 있다. 왜냐하면 중국이 미국을 바짝 추격하고 있을 뿐만 아니라, 미국이 중국에게 큰 부채를 안고 있기 때문에 심리적으로 큰 낭패감을 느끼고 있는 것이다. 중국의 부상은 또한 미국인들로 하여금 과거 냉전시기에 가졌던 냉전적 정서를 부추긴다. 미국은 여러 지역에서 확대되고 있는 중국의 영향력과 군사적 현대화에 우려를 금치 못 한다. 냉전시기 소련의 세력 확대와 미소간의 미사일 격차에 걱정하던 것을 연상시킨다.

만약 중국으로부터의 도전 때문에 미국인들이 자신들의 약점을 고치려 한다면, 그 도전은 미국에게 유익한 영향을 미치는 셈이 된다. 미국은 정부의 재정적자 악화, 개인 부채 증가, 교육제도의 실패, 그리고 기초과학 분야에 대한 정체된 정부의 투자 등 여러 약점들을 노출하고 있다. 1950년대 소련이 스푸트니크호(1957년 소련이 발사한 최초의 인공위성) 발사에 성공했을 때 미국은 과학교육에 대대적으로 투자하기 시작했다. 1980년대 및 1990년대에 미국은 일본의 도전에 대처하기 위해 기업 구조조정을 실시하고, 정부 차원의 정책 문제들을 고치기 시작했다. 그리고 이러한 작업들은 효과가 있었다.

오늘날 미국은 여전히 중국이 지니지 못한 많은 장점들을 갖고 있다. 중국을 비난하거나 징벌하는 대신에 우리 자신의 문제를 고치는 데 전념한다면 미국은 여전히 우위를 지켜나갈 수 있을 것이다. 토머스 프리드먼이 말한 것처럼, 문제는 중국이 미국에게 '희생양이 될 것이냐, 스푸트니크호가 될 것이냐'이다. 불행히도 냉전적 공포감과 보호주의적 본능이 미국의 경제적 이성을 마비시키고 있다. 미국의 과잉반응은 중국의 국민들과 지도자들에게, 미국이 중국에 대해 적대적 의도를 품고 있다는 생각을 갖게 할 수 있다. 그렇게 되면 중국을 경제적 라이벌 수준에서 전면적 수준의 적국으로 돌려세우게 된다.

경제학자들이 환율은 무역수지 적자를 만들어내는 가장 미미한 원인에 불과하다고 평가하고 있음에도 불구하고, 미국 의회의 의원들은 중국의 환율 '조작'에 제재를 가하겠다고 위협을 가함으로써 무역수지 적자를 줄이려고 노력한다.

중국의 국영기업인 중국해양석유총공사(CNOOC)가 미국의 유노칼(Unocal)을 인수하려던 시도는 과도한 피해의식에 사로잡힌 미국 의회의 반발 때문에 결국 철회되었다. 중국 공산당 지도부는 중국이 당한 모욕에 대해 매체들이 보도하지 못하게 억제함으로써 중국 국민들이 분노를 표출하지 않도록 막았다. 그러나 관련 뉴스들은 어떤 방식으로든 해외로부터 스며들어 왔다.

정상적인 상업 거래를 정치화하고 국가안보의 문제인 것처럼 몰아감으로써, 미국은 중국 지도자들과 국민들에게 불신감을 심는다. 중국이 아무리 게임의 규칙을 따른다 하더라도, 미국이 중국의 경제부상을 막고 미국의 주도적 지위를 지켜내기 위해 수단과 방법을 가리지 않을 것이라는 부정적 인상을 심어주고 있는 것이다. 이러한 메시지는 중국 국민들의 반감을 불러일으킬 뿐만 아니라 중국 지도자들로 하여금 책임있는 행동을 하도록 만드는 동기를 앗아갈 것이다. 중국 지도자들이 어떻게 행동하든지와 상관없이 미국인들이 중국을 눌러버리려고만 한다면, 중국이 왜 굳이 책임있는 대국으로 행동하려고 하겠는가?

결론 맺기

부상하는 중국과의 일전을 방지하는 것은 미국의 외교정책이 직면하고 있는 가장 어려운 도전과제가 되었다. 미국은 과연 그것을 해낼 수 있을까? 미국은 복잡한 국내정치 상황에 영향을 받는다. 미국 사회의 여러 그룹들이 각기 자신들의 단기적 이익에 따라 중국의 부상에 반응하고 있고, 미국의 정치인들은 중국에 대한 선거민들의 두려움을 선거에 이용하려는 유혹을 받는다. 게다가 중국에 대한 미국의 정책은 진공상태에 있는 것이 아니다. 외부적 영향을 받는다.

미국은 이라크와 북한, 그리고 기타 지역에서 어떻게 자국의 외교적 목표를 달성하는가? 그리고, 이러한 외교 목표들을 달성하기 위해 미국은 다른 국가들과 얼마나 잘 협력하는가? 이런 질문들에 대한 답이 앞으로 미중 협력에 영향을 미치는 변수가 될 것이다. 중국 대중들이 타블로이드 신문과 인터넷 뉴스 사이트를 통해 열심히 국제뉴스를 찾아보고 있기 때문이다.

초강대국으로 떠오르고 있는 중국의 국내정치적 취약성을 인식함으로써 중국을 보다 객관적으로 보려는 노력이 필요하다. 그렇게 함으로써 중국과 대립하는 실수를 피할 수 있을 것이다. 중국의 경제적 부상에 과잉 반응하는 것, 아시아에 주둔하는 미군을 감축하는 것, 공개적인 위협이나 군사적 움직임으로 중국 대중들의 민족주의 정서를 자극하는 것, 그리고 일본 및 대만과의 관계에 대한 잘못된 접근 등을 삼가야 한다.

중국에 대한 가장 큰 바람은, 중국의 지도자들이 국내 문제를 다룰 때처럼 책임감 있는 자세로 국제문제에 접근하는 것이다. 이러한 상황은 저절로 일어나지 않는다. 중국이 내부적으로 번영하고 발전할수록 중국 지도자들은 더욱 정치적으로 취약성을 느끼게 된다. 그만큼 미국의 언행이 중요하다. 미국이 중국의 부상에 어떻게 접근하느냐에 따라 중국의 책임있는 태도를 강화시켜 줄 수도 있고, 중국의 감정을 악화시킬 수도 있는 것이다. 만약 중국이 책임있는 모습을 보이기만 한다면, 중국이 자신의 힘과 영향력을 좋은 방향으로 쓸 것이라는 것도 기대할 수 있다. 미국과 손을 잡고 평화를 유지하고 테러리즘과 싸우며, 세계경제의 안정과 개방에 기여하고 빈곤을 줄이며 지구온난화를 늦추는 등의 노력에 함께 할 것이다.

일부 낙관적인 중국인들 중에는 심지어 중미관계가 영미관계처럼 긴밀해질 수도 있다고 생각한다. 즉, 중국이 아시아를 이끌고 미국이 세계를 이끄는 것이다. 그러나 중국이 공산주의 체제로 남아있는 한, 양국 간에 그렇게 완벽한 조화를 상상하는 것은 쉽지 않다. 미국은 아시아의 주요국인 일본, 러시아, 인도 등이 중국과 지역 내 리더십을 분담하길 기대한다. 그러나 만약 미국이 중국의 취약성을 올바로 인식하고 중국을 고립시키려는 시도를 버리는 성숙한 지혜를 발휘한다면, 중국과 미국이 지역 리더십과 전지구적 리더십의 책임을 분담하는 동반자적 관계의 비전이 실현될 수도 있을 것이다.

판도라의 상자 중국

초판 인쇄 2013년 2월 20일
초판 발행 2013년 2월 28일

저　　자 Susan Shirk
역　　자 강준영, 장영희

발 행 인 박 철
발 행 처 한국외국어대학교 출판부
130-791 서울특별시 동대문구 이문로 107
전화 02)2173-2495~7
FAX 02)2173-3363
홈페이지 http://press.hufs.ac.kr
전자우편 press@hufs.ac.kr
출판등록 제6-6호(1969. 4. 30)
편집·디자인 (주)이환디앤비 02)2254-4301
인쇄·제본 SM C&P 02)468-6100

ISBN 978-89-7464-818-3 93910　　정가 18,000원

* 잘못된 책은 교환하여 드립니다.

HUEBOOKs는 한국외국어대학교출판부의 인문학도서 Sub Brand이다. 한국외대의 영문명인 HUFS, 사람을 위하는 Humanism, 교육의 Education, 색조의 Hue의 다의적인 뜻으로 해석할 수 있으며, 인문학도서 출판에 대한 의지가 담겨있다.